CCLR PFCCL

LAW&BUSINESS 法商图书

工程保险
合同纠纷裁判指引

常设中国建设工程法律论坛第十三工作组 著

法律出版社 | LAW PRESS
北京

图书在版编目(CIP)数据

工程保险合同纠纷裁判指引 / 常设中国建设工程法律论坛第十三工作组著. -- 北京 : 法律出版社, 2023
ISBN 978-7-5197-8511-6

Ⅰ. ①工… Ⅱ. ①常… Ⅲ. ①建筑工程-保险合同-经济纠纷-审判-中国 Ⅳ. ①D922.297

中国国家版本馆CIP数据核字(2023)第212965号

工程保险合同纠纷裁判指引
GONGCHENG BAOXIAN HETONG JIUFEN CAIPAN ZHIYIN

常设中国建设工程法律论坛第十三工作组 著

责任编辑 慕雪丹 章雯
装帧设计 汪奇峰 鲍龙卉

出版发行 法律出版社
编辑统筹 法商出版分社
责任校对 赵明霞
责任印制 胡晓雅
经 销 新华书店

开本 710毫米×1000毫米 1/16
印张 30.25 字数 510千
版本 2023年11月第1版
印次 2023年11月第1次印刷
印刷 天津嘉恒印务有限公司

地址:北京市丰台区莲花池西里7号(100073)
网址:www.lawpress.com.cn
投稿邮箱:info@lawpress.com.cn
举报盗版邮箱:jbwq@lawpress.com.cn

销售电话:010-83938349
客服电话:010-83938350
咨询电话:010-63939796

书号:ISBN 978-7-5197-8511-6
定价:109.00元

凡购买本社图书,如有印装错误,我社负责退换。电话:010-83938349

常设论坛第十三工作组成员

姓　名	工作单位	职　务
召集人		
李　琪	原最高人民法院法官 原中国人保财险总公司法律合规部主要负责人	
张晓霞	北京植德律师事务所	合伙人
顾　问		
曹文衔	上海申同律师事务所	律师
潘　渊	广州市捷诚保险公估有限公司	总工程师
张　峰	资深保险专家	
成　员(以姓氏拼音为序)		
陈　杰	北京大成（济南）律师事务所	高级合伙人
陈现安	江苏良翰律师事务所	合伙人
樊奇娟	深圳国际仲裁院	副总法律顾问
李　馨	北京市中伦律师事务所	合伙人
刘　爽	北京市炜衡律师事务所	高级合伙人
马林君	中铁十局集团有限公司	法律合规部部长
潘　芳	中石化江苏油建工程有限公司	总法律顾问
汤　雷	上海市锦天城（南京）律师事务所	高级合伙人
王君英	苏州金螳螂建筑装饰股份有限公司	法务合约中心总监
吴咸亮	上海至合律师事务所	高级合伙人
信长森	中铁上海工程局集团第三工程有限公司	总法律顾问
杨　松	北京市中闻（重庆）律师事务所	执行主任
张　炯	北京市中伦律师事务所	合伙人
赵粹李	重庆坤源衡泰律师事务所	合伙人
朱加赛	北京观韬中茂（南京）律师事务所	高级合伙人
朱永超	上海至合律师事务所	高级顾问
秘　书		
陈姗姗	北京中伦（杭州）律师事务所	律师
韩　艺	北京天驰君泰律师事务所	律师

常设论坛第六届主席会议成员

（按轮值顺序排序）

姓名	主席会议任职	工作单位	职务
陆春玮	轮值主席	上海仲裁委员会	副主任、秘书长
王唯骏	轮值主席	上海国际经济贸易仲裁委员会/上海国际仲裁中心	秘书长
张光宏	轮值主席	宁波仲裁委员会	副主任、秘书长
谷　岩	副主席	中国国际经济贸易仲裁委员会	仲裁院副院长
陈福勇	副主席	北京仲裁委员会 / 北京国际仲裁中心	副秘书长
安　欣	副主席	深圳国际仲裁院	副院长
于　涛	副主席	石家庄仲裁委员会	副秘书长
王天喜	副主席	广州仲裁委员会	副主任
徐文新	轮值副主席	西安仲裁委员会	副主任、秘书长
徐　芳	轮值副主席	合肥仲裁委员会	副主任、秘书长

常设论坛专家咨询委员会委员

（除特别注明外按姓名首字母排序）

姓　名	工作单位	职　务
Mohamed S. Abdel Wahab	ICC Governing Body for Dispute Resolution Services	Vice-Chair
（联席主席）	埃及Zulficar & Partners 律师事务所	创始合伙人
辛正郁（联席主席）	北京市天同律师事务所	合伙人
Alexis Mourre	Mourre Gutierrez Chessa Arbitration律师事务所	创始合伙人、独立仲裁员
Anthony Houghton SC	香港德辅大律师事务所	资深大律师
Michael David Kuper SC	南非仲裁基金会	主席
Michael E. Schneider	瑞士仲裁协会	荣誉主席
	瑞士 LALIVE 律师事务所	创始合伙人
Jakob Ragnwaldh	斯德哥尔摩商会仲裁院	副主席
	瑞典MannheimerSwartling律师事务所	合伙人
Jeremy Nicholson QC	英国 4 Pump Court 出庭律师事务所	御用大律师
John Bishop	仲裁事务所（Arbitration Chambers）	独立仲裁员
Nikolaus Pitkowitz	维也纳国际仲裁中心	主席
	Nikolaus & Partners 律师事务所	创始合伙人
Sarah Grimmer	Twenty Essex大律师事务所	独立仲裁员
Sir Vivian Ramsey	新加坡国际商事法庭	法官
Stavros Brekoulakis	英国伦敦玛丽女王大学	教授
Tony Dymond	美国德普律师事务所	合伙人
VK Rajah SC	新加坡Duxton Hill Chambers	资深大律师

常设论坛秘书长会议成员

姓　名	秘书长会议任职	工作单位	职　务
孙　巍	秘书长	北京市中伦律师事务所	合伙人
贾　珅	秘书长	中国国际经济贸易仲裁委员会上海分会	秘书长
张皓亮	副秘书长	北京仲裁委员会/北京国际仲裁中心	业务拓展（国际案件）处处长
黄郭勇	副秘书长	深圳国际仲裁院	国际合作与发展处处长 江门中心（江门仲裁委员会）主任
游奕清	副秘书长	石家庄仲裁委员会	业务一部副部长
江　岚	副秘书长	广州仲裁委员会	国际仲裁部部长
韦龙艳	副秘书长	上海仲裁委员会	建设工程仲裁院秘书长
徐之和	副秘书长	上海国际经济贸易仲裁委员会/ 上海国际仲裁中心	研究部部长
黄震宇	副秘书长	宁波仲裁委员会	秘书处副主任
刘　红	轮值副秘书长	西安仲裁委员会	仲裁研究中心主任
刘小成	轮值副秘书长	合肥仲裁委员会	副秘书长

序　言

常设中国建设工程法律论坛第十三工作组成立于2020年11月，最终形成调研成果《工程保险合同纠纷裁判指引》（以下简称《指引》）。《指引》坚持以问题为导向，系统梳理了建设工程保险实践中突出的问题，并对其提出了裁判思路和处理建议，以期为裁判者提供参考。

工程保险是横跨工程技术、保险和法律的交叉领域。此类合同纠纷随着国内工程建设规模日益增长、工程保险市场逐渐扩大的情况，也呈现上升趋势，而多年来关于工程保险合同纠纷解决的研究成果却付之阙如。第十三工作组立足于工程保险实务，系统梳理了相关保险的常见争议问题，结合保险法的基本原理和工程领域的行业特点，探寻工程保险合同纠纷的处理路径，旨在提升工程保险合同纠纷的裁判质量，填补这一领域的空缺，促进建设工程法律界形成共识。

本次调研及成果编纂按照建设工程相关险种进行划分，分为工程一切险、工程责任保险、工程质量潜在缺陷保险和工程保证保险等四个章节。每一个章节均采用总分结构，即首先对该险种的基本概念及特点等进行简要介绍，之后针对该险种在实践中易产生争议的问题进行分析。成果采用裁判指引形式，每篇指引按照裁判规则、条文主旨、理解与适用的体例进行编写。其中，“裁判规则”以司法解释的表述方式，对工程保险合同纠纷中某一特定问题的裁判思路及规则进行总结；“条文主旨”是对条文内容的具象化描述；“理解与适用”则是对条文内容适用过程中需要注意的问题进行说明，对条文形成的法律依据和学理观点进行介绍，并通过学理论证和实证分析相结合的方式阐述工作组对争议问题应如何裁判的观点和理由。此外，《指引》还将《中国人民财产保险股份有限公司建筑工程一切险条款（2009版）》《中国人民财产保险股份有限公司工程险附加险条款》作为附录，为读者阅读本书并借鉴建设工程保险合同的争议解决思路提供了便利。

第十三工作组自成立以来，因受新冠疫情影响，无法正常开展线下会议和调研。但工作组仍克服重重困难，在北京召开一次线下工作会议，并通过线上会议方式召开十余次全体会议和组长会议，持续深入调研，不断完善文稿。囿于线下企业调研活动的限制以及建设工程保险合同纠纷的复杂性和专业性，《指引》尚存在进一步完善的空间，欢迎广大读者提出宝贵的意见和建议，我们将虚心受教，并根据反馈情况对《指引》作出进一步的完善和修订。

常设中国建设工程法律论坛第十三工作组汇集了一批专业造诣深厚、实务经验丰富的前法官、律师、企业法务、保险公估人、仲裁机构代表等专业人士。第十三工作组成立的目的是专题调研建设工程保险合同纠纷的实务问题，工作组各成员均为一线的工作者，他们从不同的角度总结了实务中最常见和疑难的热点问题，并通过学理论证与实证分析相结合的方式，对问题进行研析，并提出裁判思路和处理方法的建议。在此，我们隆重介绍第十三工作组全体成员，他们是：

召集人

李　琪　原最高人民法院法官
　　　　原中国人保财险总公司法律合规部主要负责人

张晓霞　北京植德律师事务所合伙人

顾　问

曹文衔　上海申同律师事务所律师

潘　渊　广州市捷诚保险公估有限公司总工程师

张　峰　资深保险专家

成　员（以姓氏拼音为序）

陈　杰　北京大成（济南）律师事务所高级合伙人

陈现安　江苏良翰律师事务所合伙人

樊奇娟　深圳国际仲裁院副总法律顾问

李　馨　北京市中伦律师事务所合伙人

刘　爽　北京市炜衡律师事务所高级合伙人

马林君　中铁十局集团有限公司法律合规部部长

潘　芳　中石化江苏油建工程有限公司总法律顾问
汤　雷　上海市锦天城(南京)律师事务所高级合伙人
王君英　苏州金螳螂建筑装饰股份有限公司法务合约中心总监
吴咸亮　上海至合律师事务所高级合伙人
信长森　中铁上海工程局集团第三工程有限公司总法律顾问
杨　松　北京市中闻(重庆)律师事务所执行主任
张　炯　北京市中伦律师事务所合伙人
赵粹李　重庆坤源衡泰律师事务所合伙人
朱加赛　北京观韬中茂(南京)律师事务所高级合伙人
朱永超　上海至合律师事务所高级顾问

秘　书

陈姗姗　北京中伦(杭州)律师事务所律师
韩　艺　北京天驰君泰律师事务所律师

需要特别指出的是,除前述第十三工作组成员外,还有众多辅助调研人员参与了《指引》的调研工作,他们是蒋怡凡、李果秋、史云梦、许信、于文菊、张丽娜、张明洋、钟祖璇。

第十三工作组全体成员及辅助调研人员为本次调研慷慨无私地付出了大量的时间和精力,在此对他们的付出致以崇高敬意和衷心感谢!

此外,还要感谢常设论坛的成员、观察员和建设工程法律界的众多同仁对第十三工作组给予的热情帮助和真诚鼓励。感谢北京市炜衡律师事务所为召开工作组会议提供的有力支持与保障。感谢法律出版社法商分社社长薛晗女士和责任编辑慕雪丹女士、章雯女士对《指引》的审校和出版工作提供的大力支持。第十三工作组成果凝聚着工作组成员和无数行业同仁的智慧、汗水与情怀。

法律之路漫漫,我们将始终心怀感激,踔厉奋发,笃行不怠!

孙　巍

常设中国建设工程法律论坛秘书长

《中国建设工程法律评论》主编

2023 年 11 月 15 日

全称、简称对照表

一、法律

全　　称	简　　称
《中华人民共和国民法典》	《民法典》
《中华人民共和国保险法》	《保险法》
《中华人民共和国民法总则》	《民法总则》
《中华人民共和国民事诉讼法》	《民事诉讼法》
《中华人民共和国侵权责任法》	《侵权责任法》
《中华人民共和国安全生产法》	《安全生产法》
《中华人民共和国海商法》	《海商法》
《中华人民共和国道路交通安全法》	《道路交通安全法》
《中华人民共和国社会保险法》	《社会保险法》
《中华人民共和国招标投标法》	《招标投标法》
《中华人民共和国行政处罚法》	《行政处罚法》
《中华人民共和国行政强制法》	《行政强制法》

二、行政法规

全　　称	简　　称
《中华人民共和国建设工程质量管理条例》	《建设工程质量管理条例》
《中华人民共和国招标投标法实施条例》	《招标投标法实施条例》
《保障农民工工资支付条例》	《农民工工资条例》

三、司法解释、各地法院裁判指导意见

全　　称	简　　称
最高人民法院	最高院
高级人民法院	高院
中级人民法院	中院
仲裁委员会	仲裁委
最高人民法院《关于适用〈中华人民共和国保险法〉若干问题的解释(一)》	《保险法司法解释一》
最高人民法院《关于适用〈中华人民共和国保险法〉若干问题的解释(二)》	《保险法司法解释二》
最高人民法院《关于适用〈中华人民共和国保险法〉若干问题的解释(三)》	《保险法司法解释三》
最高人民法院《关于适用〈中华人民共和国保险法〉若干问题的解释(四)》	《保险法司法解释四》
最高人民法院《关于保证保险合同纠纷案件法律适用问题的答复》	最高院《关于保证保险合同纠纷案件法律适用问题的答复》
最高人民法院研究室《关于对〈保险法〉第十七条规定的"明确说明"应如何理解的问题的答复》	最高院《保险法第十七条"明确说明"问题的答复》
最高人民法院《关于适用〈中华人民共和国民法总则〉诉讼时效制度若干问题的解释》	最高院《诉讼时效制度的解释》
最高人民法院《关于适用〈中华人民共和国民法典〉有关担保制度的解释》	最高院《民法典担保制度解释》
最高人民法院《关于审理建设工程施工合同纠纷案件适用法律问题的解释(一)》(法释〔2020〕25号)	《建设工程合同司法解释(一)》
最高人民法院《关于审理建设工程施工合同纠纷案件适用法律问题的解释》(法释〔2004〕14号)	《建设工程合同司法解释》
最高人民法院《关于审理建设工程施工合同纠纷案件适用法律问题的解释(二)》(法释〔2018〕20号)	《建设工程合同司法解释(二)》

续表

全　称	简　称
最高人民法院《关于当前形势下审理民商事合同纠纷案件若干问题的指导意见》(法发〔2009〕40号)	最高院《关于当前形势下审理民商事合同纠纷案件若干问题的指导意见》
最高人民法院《关于审理建筑物区分所有权纠纷案件适用法律若干问题的解释》	最高院《建筑物区分所有权司法解释》
最高人民法院《关于审理人身损害赔偿案件适用法律若干问题的解释》	《人身损害赔偿司法解释》
北京市高级人民法院《关于审理汽车消费贷款纠纷案件及汽车消费贷款保证保险纠纷案件若干问题的指导意见(试行)》(京高法发〔2005〕215号)	北京高院《关于审理汽车贷款纠纷及汽车消费贷款保证保险案件的意见》
福建省高级人民法院民事审判第二庭《关于审理保险合同纠纷案件的规范指引》(2015年)	福建高院《关于审理保险合同纠纷案件指引》
上海市高级人民法院民事审判第五庭《关于审理保险代位求偿权纠纷案件若干问题的解答(一)》(沪高法民五〔2010〕2号)	上海高院《关于审理保险代位求偿权案件解答(一)》
住房和城乡建设部、国家发展和改革委员会、财政部、人力资源和社会保障部、中国人民银行、中国银行保险监督管理委员会《关于加快推进房屋建筑和市政基础设施工程实行工程担保制度的指导意见》(建市〔2019〕68号)	《关于加快推进房屋建筑和市政基础设施工程实行工程担保制度的指导意见》
广东省高级人民法院《关于审理保险合同纠纷案件若干问题的指导意见》(粤高法发〔2011〕44号)	广东高院《关于审理保险合同纠纷案件指导意见》
山东省住房和城乡建设厅、山东省财政厅、中国银行保险监督管理委员会山东监管局、中国银行保险监督管理委员会青岛监管局《关于开展房屋建筑和市政工程施工质量保证保险工作的意见(试行)》(鲁建质安字〔2020〕7号)	《关于开展房屋建筑和市政工程施工质量保证保险工作的意见(试行)》

四、其他

全　称	简　称
《全国法院民商事审判工作会议纪要》（法〔2019〕254号）	《九民纪要》
《第八次全国法院民事商事审判工作会议（民事部分）纪要》	《八民纪要》
中国保险监督管理委员会《关于保证保险合同纠纷案的复函》（保监法〔1999〕16号）	保监会《关于保证保险合同纠纷案复函》
中国保险监督管理委员会《关于大型商业保险和统括保单业务有关问题的通知》（保监发〔2002〕16号）	保监会《关于大型商业保险和统括保单业务有关问题通知》
中国保险监督管理委员会《关于加强财产保险共保业务管理的通知》（保监发〔2006〕31号）	保监会《关于加强财产保险共保业务管理通知》
中国银行保险监督管理委员会《财产保险公司保险条款和保险费率管理办法》（中国银行保险监督管理委员会令2021年第10号）	银保监会《财产保险公司保险条款和保险费率管理办法》
中国保监会、工业和信息化部、商务部、人民银行、银监会《关于大力发展信用保证保险服务和支持小微企业的指导意见》（保监发〔2015〕6号）	保监会等《关于大力发展信用保证保险服务和支持小微企业的指导意见》
建设部、中国保险监督管理委员会《关于推进建设工程质量保险工作的意见》（建质〔2005〕133号）	建设部、保监会《关于推进工程质量保险工作的意见》
中国银行保险监督管理委员会《再保险业务管理规定》（中国银行保险监督管理委员会令2021年第8号）	银保监会《再保险业务管理规定》
中国保险监督管理委员会《保险公司管理规定》（中国保险监督管理委员会令2015年第3号）	保监会《保险公司管理规定》
上海市建设交通委、市住房保障房屋管理局、市金融办上海保监局《关于推行上海市住宅工程质量潜在缺陷保险的试行意见》（沪建交联〔2012〕1062号）	上海住建委等《关于推行上海市住宅工程质量潜在缺陷保险的试行意见》

续表

全　　称	简　　称
上海市人民政府办公厅《转发市住房城乡建设管理委等三部门〈关于本市推进商品住宅和保障性住宅工程质量潜在缺陷保险的实施意见〉的通知》(沪府办规〔2019〕3号)	《关于上海市推进商品住宅和保障性住宅工程质量潜在缺陷保险实施意见》
中国保险监督管理委员会《财产保险公司再保险管理规范》(保监发〔2012〕7号)	保监会《财产保险公司再保险管理规范》
中国保险监督管理委员会《关于规范保险机构对外担保有关事项的通知》(保监发〔2011〕5号)	保监会《关于规范保险机构对外担保有关事项通知》
广州市工程建设项目审批改革试点工作领导小组办公室《关于印发小型低风险工程试点工程质量安全保险工作方案(1.0)的通知(试行)》(穗建改〔2020〕26号)	广州工程建设项目审批改革办公室《关于质量安全保险工作方案通知》
中国(福建)自由贸易试验区厦门片区管理委员会、厦门市建设局、厦门市金融工作办公室、中国保险监督管理委员会厦门监管局《中国(福建)自由贸易试验区厦门片区建设工程保险制度试点暂行办法》(厦自贸委〔2017〕6号)	福建自贸区管委会、厦门建设局、厦门金融工作办公室、厦门保监局关于《福建自贸区工程保险试点暂行办法》
财政部、建设部《建设工程价款结算暂行办法》(财建〔2004〕369号)	《建设工程价款结算暂行办法》
安徽省住房和城乡建设厅、中国保险监督管理委员会安徽监管局(已撤销)《关于推行工程质量保险试点工作的通知》(2018年)	安徽住建厅、安徽保监局《关于推行工程质量保险试点工作的通知》
人力资源和社会保障部、住房和城乡建设部、交通运输部、水利部、中国银行保险监督管理委员会、国家铁路局、中国民用航空局《工程建设领域农民工工资保证金规定》(人社部发〔2021〕65号)	《工程建设领域农民工工资保证金规定》
住房和城乡建设部	住建部
建设行政主管部门、建设主管部门	建设主管部门
中国银行保险监督管理委员会	银保监会
机动车交通事故责任强制保险	交强险

续表

全　　称	简　　称
中国人民财产保险股份有限公司	人保财险公司
中国平安财产保险股份有限公司	平安财险公司
中国人寿财产保险股份有限公司	国寿财险公司

目　录

第一章

工程一切险

导 论

一、工程一切险的基本概念

工程一切险系财产一切险的一个分支，包括建筑工程一切险及安装工程一切险。

（一）建筑工程一切险的概念

建筑工程一切险，是针对工程项目在建设过程中可能出现的自然灾害和意外事故而造成的物质损失，以及被保险人依法应对第三者的人身伤亡和财产损失承担的经济赔偿责任提供保障的一种综合性保险。通常附加第三者责任险。

（二）安装工程一切险的概念

安装工程一切险，是建筑工程一切险的姊妹险种，适用于各种设备、装置的安装工程（包括电气、通风、给排水以及设备安装等工作内容）。安装工程一切险承保在整个施工期间因自然灾害和意外事故造成的物质损失，以及被保险人依法应承担的第三者人身伤亡或财产损失的民事损害赔偿责任，通常附加第三者责任险。

（三）建筑工程一切险与安装工程一切险的区别

1. 保险责任范围不同

建筑工程一切险承保各类民用、工业和公用事业建筑工程项目，包括道路、水坝、桥梁、港埠、引水供水工程等，在建造过程中因自然灾害或意外事故而引起的一切损失。安装工程一切险则是针对各种设备、装置的安装工程的保险，主要保险责任为自然灾害及意外事故方面。

2. 风险开始时间不同

建筑工程一切险的保险标的自开工以后逐步增加，保险额也随之逐步提高，工程越接近完成，保险金额越大。安装工程一切险的保险标的一开始就存放于施工现场，保险人自始承担全部货价的风险，风险相对集中。同时，对于安装工程来说，在设备安装好并开始运行后，安装施工中的各种问题才有机会充分暴露，因此，在工程的试车阶段和保证阶段将会面临更大风险，这些危险在建筑工程一切险中是没有的。

3. 风险成因不同

在一般情况下，建筑工程一切险的标的多处于暴露状态，因此自然灾害造成建筑工程一切险的保险标的损失的可能性较大，而安装工程一切险的保险标的，除桥梁、石油化工等特殊工程外，多数是建筑物内安装及设备，受自然灾害影响的可能性较小，但由于其较强的技术性，因此受人为事故造成损失的可能性较大。

4. 风险损失率不同

安装工程在交接前必须经过试车考核，而在试车期内，任何潜在的因素都可能造成损失，损失率要占安装工期内总损失的1/2以上。由于风险集中，试车期的安装工程一切险的保险费率通常较高。建筑工程项目则无试车风险。①

5. 除外责任不同

建筑工程一切险将设计错误造成的损失一概除外。安装工程一切险将设计错误而引起的保险财产本身的损失以及为换置、修理或矫正这些缺点错误所支付的费用除外，对由此引起的其他损失则予以赔偿。

二、工程一切险的特点

工程一切险属于财产保险范畴，它是在火灾保险意外伤害保险及意外责任保险基础上发展起来的一种综合保险。工程一切险与其他保险险种相比具有以下特点：

1. 承保风险的特殊性。工程一切险承保的保险标的大多裸露于风险中，同时，作为保险标的的在建工程在保险期间始终处于建设的动态过程中，各种风险因素错综复杂，风险程度较一般财产险标的更高。

2. 保险标的的价值逐渐增大。保险标的的价值随工程的进展逐渐增加，工程越临近竣工，产值增加，保险金额越大，因此，保险金额的确定具有特殊性，保险金额的确定方法不同于其他保险。

3. 受人为因素影响大。工程是由人设计、制造、安装、施工的，潜在地存在作业中的过失、错误等人为因素较强的危险。同时，危险的大小还与施工人员

① 参见李慧民、盛金喜、马海聘编著：《建设工程保险概论》，科学出版社2016年版，第54－55页。

的技巧、熟练程度等技术水平有关。

4. 被保险人的广泛性。被保险人是指其财产或人身受保险合同保障，在保险事故发生后，享有保险金请求权的人。因工程涉及主体较多，凡对保险标的具有利益的关系方，即保险标的的所有人和保险事故发生时遭受损失的有关各方，都有可能成为工程一切险的被保险人。因此，在建筑工程保险中，被保险人往往包括多个主体，如业主、承包商、分包商、设计单位、监理单位、设备及材料供应商、顾问、贷款银行等。

5. 保险期限的不确定性。建筑工程保险的保险责任期限，不是按年计算，而是根据预定的工程施工工期天数来确定，自工程动工之日起或建筑、安装项目的材料、设备卸至工地时开始，至工程竣工验收或实际投入使用时止；保险期限的长短，一般由投保人根据需要或工程合同期限确定。一般财产保险的保险期限是以年为单位的年度保险或以月为单位的短期保险，到期续保，而建筑工程保险不以年为单位计算，是以工程实际的工期为计算单位，在工程完毕交付使用后即告责任终止，转入财产保险，不存在续保。

三、工程一切险的构成要件

（一）投保人

《建设工程施工合同（示范文本）》（GF－2017－0201）第18.1条约定："除专用合同条款另有约定外，发包人应投保建筑工程一切险或安装工程一切险。"《建设工程施工合同（示范文本）》（GF－2020－0216）第18.1.1条约定："双方应按照专用合同条件的约定向双方同意的保险人投保建设工程设计责任险、建筑安装工程一切险等保险。"上述示范文本之外，并无相关法律法规及文件对工程一切险的投保人作出明确的要求，一般由工程的发包人或承包人进行投保。

实践中主要存在以下四种投保方式：

1. 施工总承包模式下的投保。发包人负责设计和提供部分材料，承包人负责除发包人供材以外的其他材料及工程施工。此时，承发包双方均可作为投保人。

2. 工程总承包模式下的投保。承包人对项目的设计、施工、采购实行总承包，此时承发包双方均可作为投保人，但在这种情况下，承包人需对工程的质量、安全、工期和造价等全面负责，因此往往由承包人投保。

3. 分段承包模式下的投保。在公路工程、管道工程或安装工程中，发包人往往将一项工程分标段发包给若干承包人。这时,一般由发包人出面投保,以避免因各承包人分别投保而产生时间差。

4. 施工单位只提供劳务的承包方式。发包人负责设计、提供材料及技术指导,承包人只提供劳务。这种情况下,一般由发包人投保。

(二)被保险人

工程一切险的被保险人与一般财产的被保险人不同,凡在建设期间对工程承担风险或具有利益关系的各方均可以作为工程保险的被保险人,并且在一个保险合同项下可以有多个被保险人。建筑工程一切险的被保险人主要包括以下几方:

1. 建设单位,即工程项目所有人;

2. 施工单位,包括总承包人和分承包人;

3. 其他工程主体,包括勘察单位、设计单位、监理单位、咨询单位、材料及设备供应商等;

4. 其他关系方,如投资方、贷款银行等。

当同时存在多个被保险人时,往往会附加交叉责任条款,其作用是使保险人对于共同被保险人之间造成的相互的第三者责任不予追偿。

(三)保险项目和保险金额

保险项目是指保险范围所涵盖的内容。保险金额是指保险人就所承保的保险标的对被保险人所负的最高赔偿金额或责任。工程一切险的保险项目包含物质损失部分、第三者责任部分及附加险部分;物质损失部分要确定其保险金额,第三者责任部分要确定其赔偿限额。

1. 物质损失部分的保险项目和保险金额

物质损失部分的保险项目包括:建筑工程(包括永久和临时工程及材料);业主提供的物料及项目;安装工程项目;施工用机械设备;场地清理费,工地内现成的建筑物;业主或承包人在工地上的其他财产。

(1)建筑工程。建筑工程是工程一切险的主要保险项目,包括建筑主体工程、建筑物内的装修、设备、配套的道路和桥梁、水电设施等土木建筑项目,存放在工地的建筑材料、设备和临时的建筑工程也包括在内。该部分保险金额为承包工程合同总额,包括设计费、施工费、材料费、设备机械费、运杂费、保险费、税费以及其他费用。在工程施工期间,因物价波动、设计变更等原因施工合同金额可能会发生变动,因此投保时可先按工程预算金额确定保险金额,完工后再按工程决算金额调整保险金额,保险费按调整后的保险金额重新核算。

(2)业主提供的物料及项目。业主提供的物料及项目是指未包括在上述施工合同价款内的、由业主提供的物料及负责建造的工程。这个保险项目的保险金额可按该部分标的的重置价值确定。

(3)安装工程项目。安装工程项目指在施工合同价款内未被包含的机器设备安装工程项目,如建筑内的电力、供水、供暖、空调等设备的安装。该项保险金额为其重置价值,但所占保额一般不超过总保险金额的20%,超过20%的按安装工程一切险费率计收保费;如超过50%的,则应单独投保安装工程一切险。

(4)施工用机械设备。该项目是指施工过程中所需的各类机械设备,如起重机、铲车、打桩机、钻机、脚手架、铲车、水泥搅拌设备、临时供水供电设备等,有关的附属工具及物料也包含在内。该项保险金额应按重置价值确定。

(5)场地清理费。该项是指在发生保险事故后为清理场地所必须支出的费用,该项保险金额可按工程的具体情况由保险人和投保人协商确定,一般大的工程不超过施工合同金额的5%,小工程不超过施工合同金额的10%。

(6)工地内现成的建筑物。工地内现成的建筑物是指不在承包工程范围内的,业主或承包人所有的或由承包人保管的工地内已有建筑物。该项保险金额由双方共同商定,但最高不应超过其实际价值。

(7)业主或承包人在工地上的其他财产。该项是指不包括在以上范围内的其他财产。如需投保,保险金额可参照上述标准由双方协商确定,并列明财产名称及其保险金额。

以上七项保险金额的总和为物质损失项目的总保险金额。在确定保险金额时应当注意:工程一切险物质损失部分中的建筑工程项目(建筑工程的主体项目)的保险金额应为保险工程完工时的总价值,包括原材料费用、设备费用、建造费、安装费、运保费、关税、其他税项和费用,以及由业主提供的原材料和设备费用。条款中对按施工合同约定的工程概预算总造价投保的,被保险人的义务有:

(1)工程造价中包括的各项费用因涨价或升值原因而超出原保险工程造价时,尽快书面通知保险人,由保险人据此调整保额;

(2)在保险期限内对相应的工程细节作出精确的记录,并允许保险人在合理的时候对该项记录进行查验;

(3)保险工程的建造期超过3年的,必须从保单生效日起每隔12个月向保

险人申报当时的工程实际投入金额及调整后的工程总造价,保险人据此调整保费;

(4)保险期限届满后3个月内向保险人申报最终的工程总造价,保险人据此以多退少补的方式对预收保费进行调整。

否则,针对以上各条款,保险人将视为保险金额不足,一旦发生保险责任范围内损失时,对各种损失按比例赔偿。

2.第三者责任险的赔偿限额

第三者责任险的赔偿限额通常由投保人与保险人协商确定。赔偿限额要按人身伤害和财产损失分别确定。一般有两种规定方法:

(1)只规定每次事故的赔偿限额,无分项限额,无累计限额。这种方法适用于第三者责任风险不大的工程。

(2)先规定每次事故人身伤亡及财产损失的分项赔偿限额,再规定每人的赔偿限额,然后将分项的人身伤亡限额加财产损失限额构成总的每次事故的赔偿限额,最后再规定一个保险期限内的累计赔偿限额。这种方法适用于第三者责任风险大的工程。

(四)保险期限

1.建设期物质损失及第三者责任保险

建筑工程保险的保险责任自保险工程在工地动工或用于保险工程的材料设备运抵工地之时开始,至工程所有人对部分或全部工程签发完工验收证书或验收合格,或工程所有人实际占有或使用或接收该部分或全部工程之时终止,以先发生者为准。但在任何情况下,建筑期保险期限的开始或终止不得超出保险合同明细表中列明的建筑期保险生效日或终止日,由此可见,保险的开始有两种情况:(1)工程破土动工之日;(2)用于保险工程的材料及设备等运抵工地之日。通常规定两者以先发生者为准。动工日包括打地基在内,如被保险人不投保地基工程,也可同意,但应在投保单中列明。

保险的终止日也有两种:(1)业主签发完工验收证书或验收合格,或业主实际占有或使用或接收工程之日,如部分占有或使用或接收,则该占有或使用或接收部分的保险责任终止;(2)保险期限终止日。两者以先发生之日为准。如保险合同载明的保险期限已到期,而工程尚未完工,被保险人可以在原保险期限结束前向保险人提出书面申请,请求延长保险期限。保险人同意后,应立即出具批单加批,并视展延期的长短和风险情况考虑是否加收保险费。

2. 保证期

保证期自工程验收完毕移交后开始，至保险合同上注明加保月份数或保单规定日期终止，以先发生者为准。

保证期保险有两种：

（1）有限责任保证期保险。其主要承保在保险合同载明的保证期内，承包人因履行施工合同所约定的保修责任，过程中因保险责任范围内风险所造成工程标的损失。对于其他原因造成的损失概不负责。本条款不包括第三者责任保障。

（2）扩展责任保证期保险。其主要承保在保险合同上载明的保证期内，承包人因履行施工合同所约定的保修责任，过程中因保险责任范围内的风险所造成工程标的损失及在完工证书签发之前建筑期内由于施工原因造成保证期内发生的工程损失。

3. 试车考核期

在安装工程一切险中，一般还应包括试车考核期。试车考核期的长短一般根据安装工程合同中的约定来确定，但不得超出安装工程保险单明细表中列明的试车和考核期限。保险人负责在此期间内设备试车考核所引发的损失及赔偿责任。试车考核期的保险责任一般不超过 3 个月，如超出的，需要另行加收保费。此外，如被安装的是旧机器设备，保险合同在试车开始时即终止，保险人不承担试车考核期及维修期的保险责任。

（五）保险费率的厘定

由于建筑工程的同一工程的不同保险项目的风险程度不一，尤其是大型工程，因而应分项确定。建工险的费率一般由以下几个方面组成：

1. 建筑工程所有人提供的材料及项目、安装工程项目、场地清理费、工地内已有的建筑物、所有人或承包人在工地的其他财产等，为一个总的费率，整个工期实行一次性费率；

2. 建筑用机器、装置及设备为单独的年度费率，如保期不足一年，按短期费率计收保费；

3. 保证期费率，实行整个保证期的一次性费率；

4. 各种附加保障增收费率，实行整个工期一次性费率；

5. 第三者责任险，实行整个工期一次性费率。

厘定保险费率主要考虑所承保工程风险的大小，具体到建筑工程则主要考虑以下几方面的因素：

1. 工程所在地的特征。这一方面表现为工程所在地的地理、气象等特征，如发生地震的可能性和烈度、汛期长短及严重性，降雨、暴风情况等；另一方面表现为施工工程所在具体位置的地质、水位情况，以及相邻建筑物和交通条件等。

2. 工程本身的特征。主要包括工程的技术特征，如结构体系、结构材料建筑高度基础埋深与相邻建筑物的间距、施工方法及复杂程度等。

3. 工期长短。工期越长，保险人承担责任的风险越大，其费率也就越高。对于两年以上的施工期可按常规情况考虑，而对于一年以内的工程则要考虑雨季、冬季施工的影响，其费率具有特殊性。

4. 免赔额的高低。一般来讲，免赔额较低，被保险人承担的风险相对较低，其费率自然要高一些。

5. 承包商、设计师、监理工程师的技能及责任心也是影响施工过程风险的主要因素。

6. 不同保险公司其管理水平及服务也存在差别，其提供的费率差距也很大。

7. 类似工程的损失历史记录也影响保险费率的高低。

四、工程一切险的发展

由于建筑工程项目存在建设周期长、投资力度大、技术要求高、参建单位众多等特点，不可预见因素较多，建筑行业面临更高的财产、人身责任等风险。因此，职能部门正在积极推行建筑工程一切险。

交通运输部于2018年3月27日发布的《公路水运工程生产安全事故应急预案》第5.3条规定："项目建设单位应按规定投保建筑工程一切险等险种。"

《建设工程施工合同（示范文本）》（GF－2017－0201）第18.1条约定："除专用合同条款另有约定外，发包人应投保建筑工程一切险或安装工程一切险；发包人委托承包人投保的，因投保产生的保险费和其他相关费用由发包人承担。"

上海市人民政府办公厅于2017年9月30日印发《关于促进本市建筑业持续健康发展的实施意见》要求："以公众利益和公共安全为导向推出符合本市实际情况的制度性、管控型保险政策，积极引导施工期间的建筑工程一切险及第三者责任险、设计责任险等。"

江苏省交通厅于 2007 年 8 月 25 日印发《江苏省交通建设工程重大生产安全事故应急预案》第 6.4 条规定:“项目建设单位应按有关规定投保建筑工程一切险及其附加险,以保证事故发生后的赔付。”

对在建工程投保工程一切险,是企业维护自身财产安全的有力措施。与此同时,依法审理与工程一切险相关的保险合同纠纷,维护被保险企业的合法权益,对鼓励企业合理分散经营风险,促进建筑行业健康发展亦具有十分重要的积极意义。

第1.1条 【缴纳保费至保单出具前发生保险事故的赔偿处理原则】

工程保险中，投保人已缴纳全部保费，而保险人尚未出单时发生保险事故的，如投保人仅缴纳保费而未提交投保单或投保单存在瑕疵的，保险合同未生效，被保险人要求保险人承担赔偿责任的，不予支持。

投保人已提交投保单并已缴纳全部保费，保险人尚未出具保单时发生保险事故的，如符合承保条件，被保险人要求保险人承担赔偿责任的，应予支持。

【条文主旨】

本条系关于工程保险实务中，投保人已经缴纳保险费，保险人尚未出具保单情形下发生保险事故，保险人是否承担赔偿责任的处理规则。

【理解与适用】

保险合同是投保人与保险人约定保险权利义务关系的协议。《保险法》第13条规定："投保人提出保险要求，经保险人同意承保，保险合同成立。保险人应当及时向投保人签发保险单或者其他保险凭证。保险单或者其他保险凭证应当载明当事人双方约定的合同内容。当事人也可以约定采用其他书面形式载明合同内容。依法成立的保险合同，自成立时生效。投保人和保险人可以对合同的效力约定附条件或者附期限。"

保险合同作为诺成性合同，只要投保人与保险人双方自愿达成合意，保险合同即可成立。投保人缴纳保费、保险人按照约定承担保险责任，都是投保人和保险人的合同义务，是保险合同成立并生效后才产生的法律责任，而不是合同成立的必要条件。一般情况下，保费是否交付对保险合同的效力并无影响，即保险合同不以交付保费为生效要件；当事人约定以保险单或暂保单的签发或者其他条件的具备作为合同成立要件的除外。

工程保险是工程项目建设过程中，发包人或承包人为了工程顺利完成而对建设中可能产生的人身或财产损失，向保险人投保以应对并化解风险的行为。建筑工程一切险的保险项目包括物质损失、第三者责任及附加险三部分，其中物质损失部分主要包括建筑工程主体、存放在施工场地内的物料、场地清理费等;第三者责任险部分,主要包括被保险人在保险期限内因发生与承保工程直接相关的意外事故而造成工地内以及邻近区域的第三者人身伤亡、疾病或财产损失等。

因工程保险标的的特殊性,保险人对工程保险进行的核保时间通常较长,如果一概要求保险人对保险费预收后、作出同意承保的意思表示之前发生的风险承担责任,显然有失公平。若一概坚持签发保险单之前保险合同尚未成立,则等同于鼓励保险人收取保费后,故意拖延核保、出具保险单,以便推卸责任,将导致保险行业无法健康长久地发展。对于此类问题的实务处理,应当在保障保险人与被保险人双方的权益之中寻找平衡点。

《保险法司法解释二》第 4 条规定:"保险人接受了投保人提交的投保单并收取了保险费,尚未作出是否承保的意思表示,发生保险事故,被保险人或者受益人请求保险人按照保险合同承担赔偿或者给付保险金责任,符合承保条件的,人民法院应予支持;不符合承保条件的,保险人不承担保险责任,但应当退还已经收取的保险费。保险人主张不符合承保条件的,应承担举证责任。"根据对该条文的理解和对以往裁判案例的分析,我们认为同时符合以下条件的,保险人应当承担赔偿责任:(1)保险人接受了投保人提交的投保单;(2)保险人收取了保费;(3)符合承保条件。投保人预付保险费,而保险人在合理期限届满后未退回保险费也未作出承保意思表示的,依据"信赖利益保护原则"和"公平原则",只要符合承保条件,保险人应当承担保险责任;保险人认为不符合承保条件的,由保险人进行举证。

基于此,在工程保险实务中,可以参照《保险法司法解释二》第 4 条的规定分情况进行处理:

一、投保人仅缴纳保费未提交投保单,核保未完成,保险合同未成立的,被保险人无权要求保险人赔偿

投保单除了作为投保人的书面要约外,其另一作用是提供保险标的的基本信息,以供保险人审查并决定是否承保。投保人导致保险人无法完成核保的,不能据此推断保险人有承保的意思表示。

工程实务中,常出现投保人已缴纳保费但投保单未通过审核,保险人未完成核保的情况。这种情况下,保险人未接受投保人提交的投保单或投保单存在

瑕疵，保险人无法审查投保的工程项目、建筑材料等是否符合承保条件，亦无法作出承保的意思表示，因而保险合同关系未正式建立，保险人不承担保险责任。

二、投保人已提交投保单并缴纳保费，保险人尚未出具保险单时，发生保险事故的，根据具体情况确定被保险人是否有权要求保险人承担保险责任

（一）因保险人原因未及时出具保单的，若符合承保条件，被保险人有权要求保险人承担保险责任

《保险法司法解释二》第4条规定的制定背景是：保险实务中存在个别保险人收取保费后恶意拖延核保，或已完成核保、尚未作出承诺时因发生保险事故而拒绝签发保单的不诚信行为；该条司法解释的原意，即根据保险法上的“最大诚信原则”限制上述不诚信行为，维护投保人、被保险人的合法权益。

保险单的交付是保险人的单方义务，违反该义务的责任在于保险人，保险人迟延出单的行为导致在已收取保费并同意承保的情况下，出现了一段“保险真空期”。该种特殊情况，视为保险公司对投保人提出的要约作出承诺，应当承担赔偿责任。保险人若认为其不应承担保险责任，依据“谁主张，谁举证”的举证责任分配原则，应对保险标的或被保险人不符合承保条件承担举证责任。

临沂中院（2014）临商终字第746号案认为：保险人预收保险费，且符合承保条件，应认定合同成立生效，保险人应当按照保险合同承担赔偿责任。一是从民法关于权利与义务相一致的基本原理分析，保险人对其预先收取保险费的行为应当提供相应的对价。保险人预收保险费使投保人本应在合同生效后才应履行的交付保险费义务提前履行，从履行义务的对等性分析，保险人亦应提前履行其义务，而保险人提前履行义务的体现应当是就其作出是否同意承保意思表示前发生的风险依照保险合同审查，符合承保条件的，即应当承担保险责任。二是应当符合保险法的最大诚信原则。最大诚信原则作为保险法的基本原则之一，在整个保险法的制度架构中居于基础性地位，具体的制度设计不应与之相违背。如果保险人收取了保险费且符合承保条件，仍认定保险合同不成立，保险人不必对此前发生的风险负责，则等于在法律层面上肯定或宣示保险人的迟到承诺为合法，其结果势必刺激、鼓励保险人在收到保险费后拖延承诺和滥用权利阻却合同成立，有违保险法的最大诚信原则。

锦州中院(2014)锦民二终字第 00200 号案认为:关于上诉人与被上诉人之间的保险合同是否成立问题,依照《保险法司法解释二》第 4 条的规定,上诉人的团险部经理先到被上诉人的工地具体查看,后在被上诉人单位填写团体保险投保单,该投保单明确载明保险期间、被保险人数,并收取了保费。其作为上诉人团险部的经理,属承办建筑工程保险中团体险的专业人员,应完全具备履职的工作经验,其所做的上述工作能够充分证明,被上诉人的投保是符合承保条件的。经理的行为应当认定为职务行为,代表着上诉人保险公司。被上诉人作为投保人投保,上诉人作为保险人承保的意思表示真实,该保险合同成立。原审判决由上诉人承担理赔责任正确。

滁州中院(2020)皖 11 民终 1185 号案持同样观点:保险人在不能举证证明该投保不符合承保条件的情况下,应当及时出具保险单,在此期间发生的保险事故,保险人应当依据涉案保险单承担涉案事故的赔偿责任。

相较于一般保险,工程保险具有保险期限不确定的特殊性,工程保险的保险期间通常不以出具保险单为保险责任承担要件。平安财险公司、国寿财险公司等保险公司的《建筑工程一切险条款》①均约定:保险人的保险期间是自保险工程在工地动工或用于保险工程的材料、设备运抵工地之时起始,以先发生者为准。

因此,工程保险合同成立后,即使未取得保单,投保人因工程要求已进场施工或运抵材料、设备的,应当视为保险期间开始,是否出具保险单并不阻却保险人承担赔偿责任。

(二)提交投保单与签发保险单尚在合理期间范围内,保险人已尽到说明义务,被保险人仍自行展开施工或对保险标的进行处置,保险人对前述情形下发生的保险事故不承担赔偿责任

保险人及其工作人员应当遵守诚实信用原则,履行说明义务,向投保人如实说明与保险合同有关的重要情况,尤其是保险公司的责任及责任的免除、保险金额、保险责任期间、违约责任及其处理等。根据最高院《保险法第十七条"明确说明"问题的答复》的规定,保险人如能举证其已履行明确说明义务的,法院应当认定其履行了提示义务;此种情况下,如果被保险人仍自行动工或对保

① 人保财险公司制定的人保(备案)〔2009〕N251 号《建筑工程一切险条款(2009 版)》(以下简称《建筑工程一切险条款(2009 版)》)。

险材料、设备进行处置,发生保险事故的,被保险人无权要求保险人承担保险责任。

第 1.2 条 【暂保单期间发生保险事故的赔偿处理原则】

在保险条款商谈过程中,暂保单作为暂时性保护措施时,暂保单期间发生保险事故,被保险人要求赔偿的,应予支持。

保险公司分支机构在未获总公司审批前出具暂保单,暂保单期间发生保险事故,被保险人要求保险公司赔偿的,应予支持。

保险代理人基于保险公司授权出具暂保单,且代理人的行为使被保险人有理由相信其已经获得保险公司授权时,被保险人要求赔偿的,应予支持。

【条文主旨】

本条是关于保险人向投保人签发暂保单后,尚未正式签发保险单前发生保险事故,被保险人要求赔偿时处理原则的规定。

【理解与适用】

暂保单又称“临时保险书”,是保险单或保险凭证签发之前,保险人发出的临时单证。“暂保承诺”与保险人预收保险费且未予承保的情形不同,暂保单载有明确的期限、保险责任范围、保险金额等约定,是在正式保险单出具之前保险人先行给予投保人的一种临时保险凭证。在工程一切险中,暂保单通常表述为:“我方自某年某月某日起对某项目工程一切险的暂保承诺,暂保期限为 × 天,我方将根据最终签订的保险条件,负责对暂保单期间发生的事故进行赔偿处理。”

因而,“暂保承诺”本质上是临时保险单,属于保险单的一种,具有与正式保险单同等的法律效力。保险人向投保人交付“暂保承诺”的行为表明,保险人已同意承保,而不是“未作出是否承保的意思表示”。此时,投保人与保险人之间已经成立了临时保险合同,如发生保险事故,被保险人有权要求保险人按照工程一切险暂保单的约定承担给付保险金的责任。

一、保险条款商谈过程中,暂保单作为暂时性保护措施时的处理原则

在保险合同签订过程中,缔约双方完全谈妥前,为了对投保人提供暂时性的保护,保险人出具暂保单作为保险证明。实践中,保险人可能以暂保单系其单方制作,属于要约而非承诺为由,主张暂保单不能证明保险合同已经成立并生效,拒绝理赔,从而引发争议。暂保单期间发生保险事故,被保险人要求赔偿,此时是否支持,保险法及司法解释均未明确规定。我们认为,此种情形的暂保单与“其他保险凭证”类似,可以参照关于保险单的相关规定处理。

《保险法》第13条规定:“投保人提出保险要求,经保险人同意承保,保险合同成立。保险人应当及时向投保人签发保险单或者其他保险凭证。保险单或者其他保险凭证应当载明当事人双方约定的合同内容。当事人也可以约定采用其他书面形式载明合同内容。依法成立的保险合同,自成立时生效。投保人和保险人可以对合同的效力约定附条件或者附期限。”由此,我们认为,在保险条款商谈过程中,暂保单作为暂时性保护措施时,应将暂保单视为“其他保险凭证”;暂保单期间发生保险事故,被保险人要求赔偿的,应予支持。

焦作市解放区法院(2004)解民初字第666号案认为:根据《保险法》第13条、第21条之规定,保险合同主要有保险单、保险凭证、投保单、暂保单几种。

深圳市南山法院(2011)深南法民二初字第382号案认为:当事人签订的暂保单系双方的真实意思表示,内容不违反法律、法规的强制性规定,合法有效,双方应当按照该暂保单约定履行各自的义务。某公司已就涉案货物向保险公司投保,货物丢失损失属于保险公司保险赔偿的受理范围,保险公司应按照该暂保单的约定,向某公司履行赔偿或者给付保险金义务。

东莞第二法院(2018)粤1972民初1938号案认为:暂保单为保险公司接受投保人的投保申请而出具的单据,应视为承诺而并非要约,保险公司应对暂保单记载的期间及内容对被保险人承担保险责任。

二、保险公司的分支机构获总公司审批前出具暂保单涉及争议的处理原则

保险公司的分支机构在接受投保后,签发保险单须以获得总公司审批为前提的,保险单要在一定时间后才能够交付。保险单签发前,保险公司的分支机构可能会用暂保单或其他保险凭证来代替保险单。暂保单期间出险的,保险人

可能以其分支机构出具的暂保单未获总公司授权或审批为由，拒绝承担保险责任，引发争议。我们认为，此种情形的暂保单应参照保险单的相关规定处理。

《保险公司分支机构市场准入管理办法》第 2 条第 3 款规定："本办法所称保险公司分支机构，是指保险公司依法设立的分公司、中心支公司、支公司、营业部、营销服务部。"《保险法》第 74 条第 2 款规定："保险公司分支机构不具有法人资格，其民事责任由保险公司承担。"由此，我们认为，保险公司分支机构在未获总公司审批前出具暂保单期间发生保险事故，被保险人要求保险公司赔偿的，应予支持。

三、保险代理人办妥手续前，暂保单作为证明文件并发生相关争议的处理原则

保险代理人在争取到保险业务后，向保险人办妥保险单手续前，可能向被保险人出具暂保单作为保险关系的证明。实践中，保险事故发生后被保险人理赔时，保险人可能以保险代理人未获授权为由，主张暂保单无效，并拒绝承担保险责任，从而引发争议。我们认为，此种情形可以参考关于代理的相关规定进行处理。

《民法典》第 162 条规定："代理人在代理权限内，以被代理人名义实施的民事法律行为，对被代理人发生效力。"由此，我们认为，保险代理人基于保险公司明示授权情况下出具的暂保单对保险人具有约束力。在保险代理人没有明示授权而直接向被保险人出具暂保单时，如果保险代理人的行为使一个理性人有理由相信该保险代理人有代理权，该暂保单对保险人同样具有约束力。暂保单期间发生保险事故，被保险人要求保险人赔偿的，应予支持；反之，则不予支持。

第 1.3 条 【保险人未及时完成核赔的责任承担】

保险人在收到被保险人的赔偿请求后，无正当理由未能在法定或约定期限内完成核赔或怠于履行定损结果通知义务的，被保险人要求保险人赔偿除应付保险金以外的其他损失的，应予支持。

【条文主旨】

本条系保险事故发生后，保险人未能在法定或者约定的期限内完成核赔义

务时，如何承担保险责任的适用原则。保险人怠于履行核赔义务的，应支付保险金，承担对被保险人相应损失的赔偿责任。

【理解与适用】

一、相关法律规定、保险条款约定

《保险法》第 23 条规定："保险人收到被保险人或者受益人的赔偿或者给付保险金的请求后，应当及时作出核定；情形复杂的，应当在三十日内作出核定，但合同另有约定的除外。保险人应当将核定结果通知被保险人或者受益人；对属于保险责任的，在与被保险人或者受益人达成赔偿或者给付保险金的协议后十日内，履行赔偿或者给付保险金义务。保险合同对赔偿或者给付保险金的期限有约定的，保险人应当按照约定履行赔偿或者给付保险金义务。保险人未及时履行前款规定义务的，除支付保险金外，应当赔偿被保险人或者受益人因此受到的损失。任何单位和个人不得非法干预保险人履行赔偿或者给付保险金的义务，也不得限制被保险人或者受益人取得保险金的权利。"

《保险法司法解释二》第 15 条第 1 款规定："保险法第二十三条规定的三十日核定期间，应自保险人初次收到索赔请求及投保人、被保险人或者受益人提供的有关证明和资料之日起算。"

《建筑工程一切险条款(2009 版)》第 36 条规定："保险人自收到赔偿保险金的请求和有关证明、资料之日起六十日内，对其赔偿保险金的数额不能确定的，应当根据已有证明和资料可以确定的数额先予支付；保险人最终确定赔偿的数额后，应当支付相应的差额。"

二、法律适用及司法实践

保险人的核赔义务是指在保险事故发生后，根据被保险人或受益人提出的索赔请求，对保险标的损害情况进行调查核定，并履行相应赔付义务的行为。

根据《保险法》第 23 条的规定，保险人收到请求后，应在法定期限内进行核定、通知与赔付。即保险人在出险后，应依据被保险人提供的资料及时进行内部审核，以确定是否属于承保的赔偿责任范围，以及是否存在免除保险人责任的情形、事故损失大小等。即便工程保险相较其他财产保险情况更为复杂，保险人亦应当在 30 天或者保险合同约定的期限内完成核定。保险人应及时向被保险人通知核定的结果，对其是否应承担保险责任以及承担份额进行说明，并及时履行赔付义务。

对于“核定期限”的起算，被保险人除提出索赔请求外，还应提供与损失有关的证明和资料，当两者同时满足时，才开始计算核定期间。保险人认为被保险人提交的有关证明和资料不完整的，依据《保险法》及《保险法司法解释二》第15条的规定，保险人应当一次性通知被保险人补充提供，扣除期间自通知到达被保险人之日起计算。如果保险人未履行通知义务，被保险人提交有关证明和资料期间不应自核定期间内扣除。

保险人未及时履行给付保险金义务的，将构成违约行为，应当承担相应的违约责任或者赔偿损失，该损失是指保险人应当支付的保险金的利息损失。

龙岩中院(2020)闽08民终268号案认为：工程事故发生后，原告即向保险公司报案，后保险公司拒不对本次事故造成的财产损失进行评估，亦未进行保险理赔，保险公司应当向原告支付延期支付保险理赔款造成的利息损失。

四川高院(2016)川民终28号案认为：赔偿或给付保险金是保险人主要的合同义务，该案隧道塌方事故发生后，原告公司于2008年9月10日即向财险公司提出索赔，该索赔行为即包含了申请保险理赔的意思表示。根据《保险法》第23条的规定，虽然该案当事人对赔付金额存在较大差异，但财险公司应当依约据实承担赔付责任的基本事实成立。财险公司在保险事故发生后长达数年的时间里，未履行保险人的主要义务，应承担主要责任。原审法院根据实际情况，判令财险公司自2008年11月10日开始按照人民银行同期流动资金贷款利率计算利息，符合法律规定，并无不当。

第1.4条 【保险人拒绝先行赔付，被保险人请求赔偿的处理原则】

工程保险事故发生后，被保险人应当及时向保险人申请理赔并提交相关证明和资料，保险人在收到理赔申请及相关资料后应当及时核定，超过60日尚未最终确定赔偿数额的，保险人应当将可以确定的赔偿金额先行赔付给被保险人。

如果保险人违背先行赔付原则，应当对被保险人因此产生的损失承担赔偿责任。

保险人赔偿范围包括迟延履行期间债务利息和其他可以证明的损失。

【条文主旨】

本条是关于保险金先行赔付制度的规定。在保险责任明确的情况下，对于赔偿金额部分明确的，保险人应当先行赔付；保险人违背先行赔付原则，应当对被保险人承担赔偿责任。

【理解与适用】

先行赔付制度，即保险人经过核定，认为属于保险责任范围，但是保险金赔偿给付的具体数额尚不能最后确定的，保险人应当按照可以确定的数额或者约定的数额向被保险人先行赔付。由于被保险人在发生保险事故后，对于损失弥补具有较强的需求，而实践中保险人拖延理赔的情况较为突出，先行赔付制度的法律规定，具有重要的现实意义。

一、相关法律规定和保险条款约定

《保险法》第 25 条规定："保险人自收到赔偿或者给付保险金的请求和有关证明、资料之日起六十日内，对其赔偿或者给付保险金的数额不能确定的，应当根据已有证明和资料可以确定的数额先予支付；保险人最终确定赔偿或者给付保险金的数额后，应当支付相应的差额。"《建筑工程一切险条款（2009 版）》第 36 条关于保险人义务的约定与《保险法》第 25 条的规定一致。

二、"先行赔付"系保险人法定义务

本条关于保险人"应当根据已有证明和资料可以确定的数额先予支付"的规定，属于保险人的法定义务，保险人不履行此项义务的，对被保险人因此受到的损失应承担相应的赔偿责任。保险法设计先行赔付制度系为保护被保险人利益、维护社会公平。

需要指出的是，尽管"先行赔付"系保险人的法定义务，但是"先行赔付"应当以部分赔付金额可以确定为前提条件，在条件不成就的情况下，对于被保险人先行赔付的请求不应支持。

最高院（2019）最高法民申 4482 号案认为：该案因某公司起诉至法院时，《保险公估终期报告》尚未作出，理赔数额亦不能确定，郑州财产保险公司先予支付理赔款的条件也未成就，某公司要求自起诉时计算理赔款利息没有依据，

原判决以《保险公估终期报告》作出之日作为计算理赔款的利息的起算日并无不当。

三、司法实践中保险人未履行“先行赔付”义务的赔偿标准

在关于建筑工程一切险的案件中，当保险人未依法履行“先行赔付”义务时，法院通常裁判保险人承担迟延付款利息损失或违约金。

恩施市法院(2016)鄂2801民初2246号案认为：原告于2014年11月8日向被告书面申请赔付第一次事故的保险金，被告于2014年11月10日收到申请，根据《保险法》第25条之规定，被告对第一次事故的损失一直未给予赔付，因此，原告要求被告支付第一次事故保险金的利息损失，予以支持，但起始时间应自2015年1月10日起算，利率按中国人民银行同期贷款基准年利率(一至三年)6.15%计算。

上海市徐汇区法院(2019)沪0104民初1626号案认为：保险公司存在怠于履行核定和先予理赔的法定义务导致未能及时解付赔款，应当按照合同约定支付相应的违约金。故保险公司应当以确定的理赔金额为基数，按照日利率5‱的标准支付违约金。

甘肃高院(2017)甘民终111号案认为：诉讼期间亦属于被上诉人因不能获赔而持续遭受损失的期间，一审判决按照同期银行贷款利率计算并无不当。该案一审法院认为：原告主张以其索赔申请1000万元的50%为预赔付基础，按中国人民银行同期贷款利率计算迟延付款损失，因该赔偿基数500万元低于实际应赔偿金额，且符合法律规定，对该应支付而未支付的理赔款项，保险公司应当承担相应的赔偿责任。

最高院(2017)最高法民申5103号案认为：中铁十七局一公司在原审中提交了其于2013年6月20日向联合保险甘肃分公司提交出险通知书及索赔资料等证据，联合保险甘肃分公司认为2013年6月20日只是出险时间而非中铁十七局一公司申请理赔的时间，但并未提交证据证明其主张，故不予支持。由于联合保险甘肃分公司实际并未支付任何理赔费用，实际上扩大了中铁十七局一公司基于涉案洪水事故发生的损失。

如果被保险人有证据证明有其他损失的，保险人也应当予以赔偿。例如，海拉尔铁路运输法院(2019)内7103民初4号案认为：机动车损失保险，保险人未及时理赔，被保险人因为投保车辆不能及时修复，对出行造成影响，法院判决

保险人赔偿交通费用损失(车辆租赁费用)。[①]

第 1.5 条 【保险标的受让人主张保险赔偿的处理原则】

保险标的转让的,受让人承继被保险人的权利和义务。保险标的转让的,被保险人或受让人应及时通知保险人。否则,因转让导致保险标的危险程度显著增加而发生的保险事故,受让人向保险人主张赔偿责任的,不予支持;但保险事故发生与因转让行为导致的保险标的危险程度显著增加无因果关系的除外。

被保险人、受让人就保险标的转让事宜履行通知义务后,保险人作出答复前发生保险事故,受让人主张保险人按照保险合同承担赔偿责任的,应予支持。

【条文主旨】

本条是关于保险标的转让后发生保险事故,受让人是否有权主张保险赔偿的处理原则。被保险人或受让人及时履行通知义务的,受让人有权主张保险赔偿;未及时履行通知义务的,以保险标的危险程度是否显著增加、是否与保险事故存在因果关系为评判原则。

【理解与适用】

保险实务中,保险标的转让后,转让人和受让人均未履行通知义务情形下发生保险事故的,保险人通常会以未收到转让通知为由拒绝理赔。我们认为,未履行通知义务并不必然阻却保险人赔偿义务的履行。

一、相关法律规定及保险条款约定

《保险法》第 49 条规定:"保险标的转让的,保险标的受让人承继被保险人的权利和义务。保险标的转让的,被保险人或者受让人应当及时通知保险人,但货物运输保险合同和另有约定的合同除外。因保险标的转让导致危险程度

---

① 参见最高人民法院保险法司法解释起草小组编著:《〈中华人民共和国保险法〉保险合同章条文理解与适用》,中国法制出版社 2010 年版,第 172 – 173 页。

显著增加的,保险人自收到前款规定的通知之日起三十日内,可以按照合同约定增加保险费或者解除合同。保险人解除合同的,应当将已收取的保险费,按照合同约定扣除自保险责任开始之日起至合同解除之日止应收的部分后,退还投保人。被保险人、受让人未履行本条第二款规定的通知义务的,因转让导致保险标的危险程度显著增加而发生保险事故,保险人不承担赔偿保险金的责任。”

《建筑工程一切险条款(2009 版)》第 40 条约定与《保险法》第 49 条规定保持一致。浙江高院《关于审理财产保险合同纠纷案件若干问题的指导意见》第 16 条、江西高院《关于审理保险合同纠纷案件若干问题的指导意见(一)》第 8 条亦有类似规定。

二、司法实践中关于受让人是否有权请求保险人承担赔偿责任的具体分析

(一)因转让行为致使保险标的危险程度显著增加并导致保险事故发生的认定

《保险法司法解释四》第 4 条规定:“人民法院认定保险标的是否构成保险法第四十九条、第五十二条规定的‘危险程度显著增加’时,应当综合考虑以下因素:(一)保险标的用途的改变;(二)保险标的使用范围的改变;(三)保险标的所处环境的变化;(四)保险标的因改装等原因引起的变化;(五)保险标的使用人或者管理人的改变;(六)危险程度增加持续的时间;(七)其他可能导致危险程度显著增加的因素。保险标的危险程度虽然增加,但增加的危险属于保险合同订立时保险人预见或者应当预见的保险合同承保范围的,不构成危险程度显著增加。”

结合《保险法》及其司法解释的规定,对于工程保险中的危险程度显著增加情形,应以工程保险合同约定的承包危险种类以及保险标的是否存在重大变更为标准进行判断。

河南高院(2016)豫民终 529 号案认为:所谓保险标的危险程度显著增加,是指保险合同当事人在订立合同时未曾预见到,但在保险期间内有关保险标的危险因素或危险程度显著增加。暴雨、洪水灾害属于合同约定的保险种类,发生于合同约定的保险期间,故该案不存在危险程度显著增加的情形。被告依据《保险法》上述规定,以该案构成危险程度显著增加为由请求判决其不承担赔偿

保险金的责任,不能成立。

根据“谁主张,谁举证”的法律原则,应当由保险人就转让行为使得保险标的危险程度显著增加,并导致发生保险事故,承担举证责任。

（二）受让人或被保险人及时履行通知义务的,由保险人承担转让空档期的保险责任

《保险法司法解释四》第5条规定:“被保险人、受让人依法及时向保险人发出保险标的转让通知后,保险人作出答复前,发生保险事故,被保险人或者受让人主张保险人按照保险合同承担赔偿保险金的责任的,人民法院应予支持。”

这一规定体现了对被保险人合法权益的保护,一定程度上也是以保险标的转让通知义务覆盖了危险程度显著增加的通知义务。

西昌市法院(2021)川3401民初5236号案认为:原告在受让了《采矿工程承包合同》的全部权利、义务后,原被保险人立即向保险公司提出了变更,并提交了申请材料,保险公司在收到材料后,应当及时告知原告需补充的材料并及时作出处理,由于保险公司未及时作出答复和处理,导致保险事故发生时仍未完成变更流程,对此,保险公司存在过错,依法应当由保险公司按照保险合同承担给付原告保险金的责任。

第1.6条　【被保险人施救措施必要性、施救费用合理性的认定原则】

保险事故发生后,被保险人应当尽力采取必要的措施,防止或者减少损失,被保险人请求保险人承担其支付的必要、合理的施救费用的,应予支持。

施救费用是否必要、合理,应以一般理性被保险人的标准判断;被保险人因为故意或重大过失造成施救费用的不合理支出,不应由保险人承担。

【条文主旨】

本条是关于保险事故发生时,被保险人为了防止或者减少保险标的损失而采取了必要的施救措施,其要求保险人支付必要的、合理的施救费用时,如何处理的规则。

【理解与适用】

保险合同是最大诚信合同,不仅在保险合同订立时要遵守此项原则,在整个合同履行过程中也都要求当事人秉承最大诚信原则。保险不只是一种灾后补偿的事后救济手段,还具有防灾防损的积极效果。在建筑工程一切险中,被保险人在保险事故发生时,通常身处事发地,具有及时、主动地设法抢救、防止损失扩大的便利。而且,被保险人对保险标的的性能、状况、事故现场等更为熟悉,尽力采取措施,能够防止损失扩大,在整体上亦有利于避免社会财富的损耗。

一、相关法律规定和保险条款约定

《保险法》第 57 条规定:“保险事故发生时,被保险人应当尽力采取必要的措施,防止或者减少损失。保险事故发生后,被保险人为防止或者减少保险标的的损失所支付的必要的、合理的费用,由保险人承担;保险人所承担的费用数额在保险标的损失赔偿金额以外另行计算,最高不超过保险金额的数额。”

《保险法司法解释四》第 6 条规定:“保险事故发生后,被保险人依照保险法第五十七条的规定,请求保险人承担为防止或者减少保险标的的损失所支付的必要、合理费用,保险人以被保险人采取的措施未产生实际效果为由抗辩的,人民法院不予支持。”

济南中院《关于保险合同纠纷案件 94 个法律适用疑难问题解析》第 44 条“施救减损费用合理必要性的判断标准”规定:“……被保险人依据保险法第五十七条第二款支付的费用是否必要、合理,应以一般理性被保险人的标准判断。被保险人为防止或者减少保险标的的损失所采取的措施,即使未发生防止或减少保险标的损失的效果,但因此支付的费用依据当时的情况符合前款规定的标准,被保险人主张保险人承担的,应予支持。”

《建筑工程一切险条款(2009 版)》第 42 条关于投保人、被保险人义务约定:“投保人、被保险人知道保险事故发生后,被保险人应该尽力采取必要、合理的措施,防止或减少损失,否则,对因此扩大的损失,保险人不承担赔偿责任。”

二、施救措施必要性的认定

(一)履行施救义务的时间条件

被保险人履行施救义务的时间条件为保险事故已经发生。只有在保险标的发生承保危险后，被保险人的施救义务才存在履行的基础，故被保险人履行施救义务的时间条件为保险标的已经发生承保危险。

（二）履行施救义务的主观条件

被保险人履行施救义务的主观条件为其知道或者应当知道保险事故已经发生。鉴于被保险人与保险标的之间的关系最为紧密，在保险合同约定的承保危险发生后，被保险人通常情况下能够首先知晓危险的发生，进而采取施救措施。

（三）履行施救义务的客观条件

履行施救义务的客观条件为被保险人具备防止保险标的损失扩大的可能性，并不苛求被保险人采取的措施产生实际效果。如果保险标的损失的扩大已成定局，则被保险人没有履行施救义务的必要；如果被保险人强行施救所产生的费用，保险人不应补偿。

三、施救费用合理性的认定

关于何为"必要的且合理的费用"，是一个事实问题而非法律问题。应以一般理性被保险人的注意义务去判断哪些施救费用是合理的。

（一）被保险人施救的目的是减损

被保险人采取施救措施的目的是防止或者减少正在发生的保险事故给保险标的本身造成的损失，而非保险事故发生后清理现场或者预防新的损失的发生。

江苏高院（2014）苏商终字第 00369 号案认为：由保险人承担的费用应当是指保险事故发生后，直接针对保险标的本身的损失的防止或减少所支付的费用，而不是在保险标的的损失已经确定后，进一步针对保险标的的残骸所支付的费用。该案中，危房拆除费用以及受损货物保管场地租赁费，并非保险事故发生后为防止或减少保险标的的损失所支付的费用，而是保险事故结束后保险标的损失已经确定的情况下，进一步针对保险标的的残骸所支付的费用。因此，该费用不属于保险人应当赔偿的范围。

（二）被保险人施救对象属于保险责任范畴

被保险人采取施救措施的对象应属于保险责任范畴，如果保险责任不成立或者施救对象超过了保险标的物范围，则被保险人就此支付的费用，保险人不负责补偿。

最高院(2017)最高法民申1972号案认为:根据签订的《建筑工程一切险合同》保险条款第5条、第6条的约定,保险事故发生后,被保险人为防止或减少保险标的损失所支付的必要的、合理的费用,保险人按照保险合同的约定负责赔偿的前提是保险责任事故发生造成保险标的的损失产生。该案公估公司认为保险责任不成立,故依据双方约定,施救费不在应当赔付之列。

最高院(2013)民提字第121号案认为:原审法院对于被保险人关于施救费用举证责任的要求并无不当。但该部分费用中包括了被保险人厂区内所有建筑物及设施的施救费用,显然超过了所涉保险标的物范围,超出部分不应由保险公司承担。

(三)施救费用因保险事故发生而产生

被保险人施救费用的产生是因为保险事故的发生所支出的合理、必要费用,不包含保险事故发生之前就应该支出的费用。

延安中院(2017)陕06民初85号案认为:保险合同约定,保险人负责赔偿由物质损失直接引起的修理、重建、重置和其他为使工程完工而采取的合理措施的费用,但在损失发生前本应采取的防损减损措施的费用除外。鉴定机构认定的病害损失费用是原告修建受损保险标的原始工程造价,修复该受损保险标的所需的费用为病害修复费,根据上述保险合同约定,保险公司负责赔偿的合理费用为病害修复费用,对病害损失费用不负责赔偿。

广州中院(2019)粤01民终10085号案认为:该案保险事故是因溶洞等固有不良地质问题造成投保基础工程的持力层承载力不足,为保障施工安全和预防上盖建筑物倒塌风险,被保险人在施工过程中因溶洞问题而进行检测、勘察、补强修复工作而产生的基桩、地质查证勘察费用、补强修复费用、基础工程修复后检测费用,系为查明和确定事故性质、原因和保险标的的损失程度所支付的必要的、合理的费用,应由保险人负责赔偿。但是,被保险人亦确认,其在投保前即已知道涉案工程项目可能因为该地段溶洞产生影响,需进行初探检测和预处理,这些工序虽是案涉工程为后续施工安全而进行的必要步骤,但并不属于保险责任范围中约定的自然灾害造成的物质损坏或者保险事故发生后被保险人为防止或减少保险标的的损失所支付的必要的合理费用,保险人抗辩初探检测和预处理相关费用不应计入理赔范围,合理有据,法院予以采纳。

第 1.7 条　【未及时履行通知义务，致使事故原因或损失无法查明的赔偿处理】

被保险人、投保人在保险事故发生后未及时履行通知义务，保险人以事故原因或损失无法查明为由拒绝赔偿，被保险人能够举证证明保险事故的性质、原因和损失程度并要求保险人承担赔付责任的，应予支持；

保险人要求投保人、被保险人承担因此增加的定损理赔成本费用并从保险金中扣除的，应予支持。

【条文主旨】

本条系关于保险事故发生之后，被保险人、投保人未及时履行通知义务，保险人以事故原因或损失无法查明为理由拒赔的，对保险人的责任承担及赔偿范围应当如何确定的适用规则。

【理解与适用】

一、本条基本释义

（一）投保人、被保险人在保险事故发生后负有通知义务

《保险法》第 21 条规定："投保人、被保险人或者受益人知道保险事故发生后，应当及时通知保险人。故意或者因重大过失未及时通知，致使保险事故的性质、原因、损失程度等难以确定的，保险人对无法确定的部分，不承担赔偿或者给付保险金的责任。但保险人通过其他途径已经及时知道或者应当及时知道保险事故发生的除外。"

大众保险股份有限公司《建筑工程一切险条款》第 42 条约定："投保人、被保险人知道保险事故发生后，被保险人应该：1. 尽力采取必要、合理的措施，防止或减少损失，否则，对因此扩大的损失，保险人不承担赔偿责任；2. 立即通知保险人，并书面说明事故发生的原因、经过和损失情况；故意或者因重大过失未及时通知，致使保险事故的性质、原因、损失程度等难以确定的，保险人对无法确定的部分，不承担赔偿责任，但保险人通过其他途径已经及时知道或者应当及时知道保险事故发生的除外；3. 保护事故现场，允许并且协助保险人进行事故调查，对于拒绝或者妨碍保险人进行事故调查导致无法认定事故原因或核实

损失情况的，保险人对无法核实的部分不承担赔偿责任；4. 在保险财产遭受盗窃或恶意破坏时，立即向公安部门报案；5. 在预知可能引起第三者责任险项下的诉讼时，立即以书面形式通知保险人，并在接到法院传票或其他法律文件后，立即将其送交保险人。”

保险事故发生后，知晓事故发生并及时查勘定损是保险人理赔的前提和起点，因此，投保人、被保险人在保险事故发生后应当依据法律规定或者合同约定履行通知义务。

（二）违反通知义务并不必然导致实体权利丧失，被保险人仍然可以通过继续举证方式主张权利，保险人应当在查明的责任范围内承担责任

《保险法》第 21 条的立法初衷是敦促投保人、被保险人采取措施推动保险人勘查定损的快速进行，协助收集和保存证据材料，有利于之后确定损失数额进行理赔，并非免除保险人所有的保险责任。被保险人未及时履行出险通知义务，导致事故发生经过、原因、损失程度客观上无法查明，且被保险人就此举证不能时，保险人可主张对损失无法确定的部分豁免赔偿责任，由被保险人承担举证不能的不利后果。换言之，对于可以确定的损失部分，保险人仍然要在承保范围内承担相应的赔偿责任。

二、投保人、被保险人怠于履行通知义务时，保险人赔偿责任在实务中的处理

（一）被保险人对案涉保险事故原因和损失举证不能的，保险人不承担赔偿责任

深圳中院（2019）粤 03 民终 11254 号案认为：被保险人未在发现保险事故后立即向保险人报案，也未以书面方式向保险人报告事故发生的具体情况，其客观上造成了报案迟延，其所称对理赔程序不熟悉并非报案迟延的免责理由。因被保险人的集中报案模式，事故现场无法保留、还原，保险人不能及时赶赴现场进行事故勘验，无法准确核实和确定每次事故发生的性质、原因以及损失程度。被保险人的迟延报案致使每次保险事故的发生时间、损失程度、损失金额等均无法查清，尽管被保险人在该案提交系列证据主张其损失金额，但该损失金额为被保险人自行统计的金额，因此对于被保险人的诉讼请求，法院不予支持。西安中院（2018）陕 01 民终 9326 号案对此持有相同意见。

（二）保险人在公估定损报告、第三方鉴定意见书认定损失范围和数额内承担保险责任

云浮中院（2019）粤53民终1095号案认为：被保险人虽未及时报案，但在事故发生后积极对事故进行处理，且被保险人主张的各项损失均有鉴定机构的鉴定结论及票据，保险事故的性质、原因、损失程度均可确定，被保险人的主张符合法律规定及合同约定。且根据《保险法》第57条之规定，被保险人为防止或者减少损失采取必要性措施而支付的费用，其主张符合《保险法》第57条之规定及建筑工程一切险条款第6条的约定，合法合理，法院予以支持。两项合计费用未超出建筑工程一切险承保范围，保险人应在保险合同范围内承担保险赔偿责任。

三、保险人通过其他途径已经知道或者应当知道保险事故发生的，应综合全案事实和证据认定保险事故和责任划分

南安市法院（2015）南民初字第437号案认为：根据《保险法》第21条之规定，被保险人未及时通知保险人的，保险人仅对无法确定事故性质、原因、损失程度的部分不承担赔偿责任，且保险人通过其他途径已经及时知道或者应当及时知道保险事故发生的除外。该案中，根据原被告提供的证据材料及原被告各方当庭的陈述，结合庭审查明的情况，可以确定事故发生的性质、原因及损失程度，并且被告提供的出险信息表显示，被保险人于事故发生当日向该保险公司泉州中心支公司报案，虽报案对象非本案被告厦门分公司，但上述两家保险公司均系该保险公司的分支机构，保险公司应当能及时知悉该案保险事故的发生，故保险公司关于该案事故不属于保险事故、其不承担保险责任的辩解意见，于法无据，法院不予采信。

第1.8条　【转包、违法分包或者借用资质的实际施工人主张保险利益的处理原则】

实际施工人请求保险人给付保险赔偿金的，应当向人民法院或者仲裁机构证明自己在保险事故发生时，对保险标的具有保险利益；实际施工人不能证明的，对其保险金赔偿请求权不予支持。

【条文主旨】

在建设工程存在转包、违法分包或者借用资质等违法情形时,实际施工人能够证明对保险标的具有保险利益的,可以请求保险人给付保险赔偿金。

【理解与适用】

一、相关法律、地方司法文件规定

《保险法》第12条规定,财产保险的被保险人在保险事故发生时,对保险标的应当具有保险利益;保险利益是指投保人或者被保险人对保险标的具有的法律上承认的利益。

浙江高院《关于审理财产保险合同纠纷案件若干问题的指导意见》第13条中规定,“财产保险的保险利益应具备合法、确定和可用货币衡量三个条件。保险标的不合法,不当然导致保险利益不合法”。

济南中院《关于保险合同纠纷案件94个法律适用疑难问题解析》第24条中规定:“财产保险的保险利益可分为财产上的既有利益、基于现有利益而产生的期待利益、责任利益等三类。”

上海高院《关于审理保险合同纠纷案件若干问题的解答(二)》第6条规定:“……被保险人请求保险人给付保险赔偿金的,应当向人民法院证明自己在保险事故发生时,对保险标的具有保险利益,即其对承保风险导致的损失具有法律所承认的、经济上的利害关系。被保险人不能证明的,人民法院对其保险金给付请求权不予支持。”

二、实际施工人作为被保险人对被保险工程具有保险利益

(一)实际施工人可以作为被保险人

工程保险实践中,保险合同中通常将建设单位、总承包单位、分包单位、监理单位等都约定为“被保险人”。例如,《某市地铁工程建筑/安装工程一切险及第三者责任险保单》中约定,“被保险人”包括:“某市轨道交通建设服务中心、某市轨道交通一号线建设运营有限公司和/或任何直接/间接承包商和/或任何指定分包商和/或任何分包商和/或一切顾问和/或供应商和/或融资银行为贷款人和/或其他享有权益人,以各自利益为限,包括但不限于:业主、承包商、分

包商、设计单位、监理单位、顾问、供货商、贷款银行等”，也有的保单将“其他享有权益人”表述为“工程相关利益方”。

我们认为，在建设工程存在转包、违法分包或者借用资质等违法情形的情况下，实际施工人可以成为“其他享有权益人”或者“工程相关利益方”。详见本书第 1.11 条“工程一切险中，被保险人的认定标准”。

（二）实际施工人作为被保险人具有保险利益

保险利益反映了投保人或者被保险人与保险标的之间经济上的利害关系。保险利益的构成包含三个要件：(1) 保险利益具有适法性；(2) 保险利益具有可确定性；(3) 保险利益可用货币衡量。

保险法规定保险利益应是“法律上承认”的利益，即保险利益具有适法性。但是，保险利益的适法性不能完全等同于合法性。至于“法律上承认”，指的应是保险利益合法性要求，而非要求以法定权利为基础。法律上承认的利益不能解释为合法权利，而应理解为合法的经济利益，只要投保人或者被保险人对保险标的具有法律上的经济利害关系，即可认定其具有保险利益。例如，大连中院（2019）辽 02 民终 9966 号案认为：该案保险事故即暴雨发生在作为投保人和被保险人的花卉绿化公司对案涉工程施工、养护期间，花卉绿化公司因保险事故实际承受了案涉工程的风险和损失，与作为保险标的案涉工程具有法律上的经济利害关系，因此应当认定其对案涉工程具有保险利益。

根据《建设工程合同司法解释一》第 43 条之规定，实际施工人可以向发包人主张权利，换言之，实际施工人与保险标的之间的利害关系经过法律的价值判断，是正面的，即实际施工人对建设工程享有的利益具有适法性，是法律上承认的利益。这种利益是可以确定并且可用货币衡量的，因此实际施工人对建设工程享有的利益满足保险利益的构成要件，即实际施工人具有保险利益。

四川绵阳中院（2018）川 07 民终 48 号案认为：星辰公司作为投资人对其正在建设的泗耳河一、三级电站具有保险利益，其作为投保人与保险公司签订保险协议，该协议约定的被保险人为“星辰公司/施工单位/工程监理/工程相关利益方”。由于施工单位即该案被告淮阴公司将承建的泗耳河三级电站的首部枢纽项目分包给原告孙某某，原告孙某某即属于保险协议约定的“工程相关利益方”，即被保险人。

施工合同无效是否会影响实际施工人的保险利益？我们认为，无论何种事由导致施工合同被确认无效，对于被保险的工程进行了人、材、机等投入的实际施工人,仍应认为具有保险利益。湖北高院(2019)鄂民终892号案认为:参照《建设工程合同司法解释》关于“发包人未取得建设工程规划许可证等规划审批手续确认建设工程施工合同无效的,或者存在其他致使合同无效的情形的,建设工程经竣工验收合格,承包人请求参照合同约定支付工程价款的,应予支持”的规定,苏中建设公司承建的工程无论是否通过规划审批,其作为分包工程承建方,无论施工合同是否有效,苏中建设公司为完成的工程量投入了设备、材料、人工等施工成本,未来可获得的相应的工程款或成本损失等可期待利益,仍是法律上承认并保护的。

第1.9条 【工程一切险保险责任终止时间的认定】

工程一切险中,除保险合同另有约定外,保险责任的终止以下列时间中先发生者为准:(1)工程竣工验收合格之日;(2)发包人或工程所有人实际占有、使用或接收工程之日。如果前述时间超出保险单载明的保险期间范围,则以保险期间届满之日为准。

除保险合同另有约定外,部分工程先于整体工程被发包人或工程所有人占有、使用或接收的,该部分工程保险责任的终止以下列时间中先发生者为准:(1)该部分工程完工验收合格之日;(2)该部分工程未经完工验收,发包人或工程所有人实际占有、使用或接收该部分工程之日。如果前述时间超出保险单载明的保险期间范围,则以保险期间届满之日为准。该部分工程保险责任的终止,不影响保险人对整体工程中其他部分应承担的保险责任。

关于“竣工验收合格”“完工验收合格”以及发包人或工程所有人“占有、使用或接收”行为的认定,应结合合同约定、当事人举证、工程类型等实际情况综合判断。

【条文主旨】

本条是关于工程一切险中,不同情形下保险责任终止时间认定的规定。需要考虑的情形包括“竣工验收合格”“完工验收合格”以及发包人或工程所有人的“占有”“使用”“接收”行为对保险责任终止的影响,以及工程的不同类型、工程整体与部分的关系等因素。

【理解与适用】

建筑工程一切险，保障的是建筑工程施工建设过程中，保险标的因自然灾害或意外事故导致的物质损失。我国建筑工程一切险条款源自国际通行的《建筑工程一切险慕尼黑再保险公司条款》，经过 1995 年和 2009 年两次修订，《建筑工程一切险条款（2009 版）》成为当下国内建工险的标准通行文本，各大保险公司的建工险条款基本以此作为范本。①

关于保险责任的终止，《建筑工程一切险条款（2009 版）》第 30 条第 1 项规定："保险人的保险责任自保险工程在工地动工或用于保险工程的材料、设备运抵工地之时起始，至工程所有人对部分或全部工程签发完工验收证书或验收合格，或工程所有人实际占有或使用或接收该部分或全部工程之时终止，以先发生者为准。但在任何情况下，建筑期保险责任的起始或终止不得超出本保险单载明的建筑保险期间范围。"

如何准确理解和适用上述标准条款，对实务中保险责任终止的判断非常重要。

我们认为，建筑工程一切险保险责任的终止，是从时间维度上对保险责任的限制，其与保险期间密切挂钩，且可能受到与工程竣工日期关联的诸多事实情况认定的影响，包括"竣工验收合格"和"完工验收合格"以及发包人或工程所有人的"占有""使用""接收"行为等，这些事实的认定在实务中具有复杂性且形式并不唯一，需结合当事人的举证情况，综合研判相关事实的发生与否及具体时间，并根据时间在先者进一步判定保险责任的终止时间。

对于不同类型的工程而言，受限于政府主管部门对"验收"概念界定的多样性以及验收程序的多元化，在判断"竣工验收"和"完工验收"的标准方面，需要关注专业工程的特点，结合建筑工程一切险关于保险期间的约定进行分析，探究当事人的真实意思，避免完全照搬有关管理性规范、僵化认定"竣工验收"和"完工验收"。

在部分工程先于整体工程进行完工验收并投入使用，或虽未进行完工验收但被发包人或工程所有人实际占有、使用或接收的情况下，还需要区别处理整体工程不同部分的保险责任终止时间。

---

① 参见邬梓明：《建筑工程一切险适应性调整研究》，中国财政经济出版社 2015 年版，第 3－5 页。

一、保险责任终止时间的一般认定规则

除保险合同另有约定外，保险责任的终止一般以下列时间中先发生者为准：(1)工程竣工验收合格之日；(2)发包人或工程所有人实际占有、使用或接收工程之日。如果前述时间超出保险单载明的保险期间范围，则以保险期间届满之日为准。

(一)工程竣工验收合格的认定标准

竣工验收，是指承包人完成了建设工程合同全部施工作业后、投入使用前，发包人按法律规定及合同约定的质量标准进行的验收。竣工验收合格是工程投入使用的法定前提，竣工验收合格之日一般作为工程竣工日期。

对此，《民法典》第799条规定："建设工程竣工后，发包人应当根据施工图纸及说明书、国家颁发的施工验收规范和质量检验标准及时进行验收。验收合格的，发包人应当按照约定支付价款，并接收该建设工程。建设工程竣工经验收合格后，方可交付使用；未经验收或者验收不合格的，不得交付使用。"《建筑法》第61条规定："交付竣工验收的建筑工程，必须符合规定的建筑工程质量标准，有完整的工程技术经济资料和经签署的工程保修书，并具备国家规定的其他竣工条件。建筑工程竣工经验收合格后，方可交付使用；未经验收或者验收不合格的，不得交付使用。"《建设工程质量管理条例》第16条进一步规定："建设单位收到建设工程竣工报告后，应当组织设计、施工、工程监理等有关单位进行竣工验收。建设工程竣工验收应当具备下列条件：(一)完成建设工程设计和合同约定的各项内容；(二)有完整的技术档案和施工管理资料；(三)有工程使用的主要建筑材料、建筑构配件和设备的进场试验报告；(四)有勘察、设计、施工、工程监理等单位分别签署的质量合格文件；(五)有施工单位签署的工程保修书。建设工程经验收合格的，方可交付使用。"

但是，对于竣工验收合格的标志，在国家法律法规层面并无统一规定，司法实践中的认定莫衷一是。

第一，在房屋建筑和市政工程领域，竣工验收合格的认定标准并不唯一，且在很大程度上受限于当事人的举证情况，应当根据工程资料进行综合判断。

《房屋建筑和市政基础设施工程竣工验收规定》对房建和市政工程的竣工验收程序进行了细化，并明确竣工验收应形成"经验收组人员签署的工程竣工验收意见"。但是，"工程竣工验收意见"的具体载体，国家规定层面没有给出统

一要求，地方实操上也不完全一致。司法实践中，既有将《单位（子单位）工程质量竣工验收记录》作为竣工验收合格证明的，如最高院（2013）民申字第911号、（2015）民一终字第104号、（2017）最高法民终612号案；也有将《工程竣工验收报告》《工程竣工验收记录》《单位工程竣工验收报告》等其他文件作为证明的，如最高院（2017）最高法民申3347号案以《工程竣工验收报告》作为竣工验收合格证明，而北京高院（2013）高民终字第1039号案以《单位工程竣工验收报告》作为竣工验收合格证明。

第二，不同行业政府主管部门对专业工程"验收"概念的界定存在差异，应当根据工程资料，具体分析工程全部完成后、投入使用前的验收时点，避免僵化认定"竣工验收"。

以水利、水电和公路工程为例，《水利工程建设项目验收管理规定》（水利部令第30号）第28条规定，对于水利工程，"竣工验收应当在工程建设项目全部完成并满足一定运行条件后1年内进行"。《水电工程验收管理办法》第22条规定，水电工程的竣工验收"应在工程基本完工或全部机组投产发电后的一年内"开展。根据《公路工程竣（交）工验收办法》第16条的规定，公路工程（包括桥梁工程、隧道工程等）的竣工验收应满足通车试运营2年以上的前提条件。

由此可见，在主管部门相关规范性文件中，水利、水电、公路等其他专业工程的"竣工验收"环节是在完工且运行或投产后一定期限进行的，这与《民法典》及《建设工程质量管理条例》等上位法关于"竣工验收"后方可投入使用的一般性规定存在偏差；对应上位法的"竣工验收"节点，相关规范性文件中体现的概念是"完工验收"或"交工验收"，措辞上并不统一。主管部门希望通过工程投入使用后的检验环节，结合产能和运营数据的反馈，达到全面验收的监管目标，是不同专业工程的特点所决定的，反映的是行政监管的需要。但是，在裁判过程中，需要回归建筑工程一切险的本质（其承保的是工程建设作业过程中发生的风险）及上位法关于"竣工验收"的规定，从保险合同约定及工程实际情况出发，分析工程全部完成后、投入使用前的验收是哪一个时间点，避免完全照搬有关行政管理性规范、僵化认定"竣工验收"。

第三，对于竣工验收合格的证明资料，应当根据证据规则具体分析，认定其是否构成竣工验收合格的标志及竣工验收合格的具体时间。

对于《单位（子单位）工程质量竣工验收记录》《工程竣工验收报告》《工程竣工验收记录》《单位工程竣工验收报告》《交工验收单》等工程实务中常见的

竣工验收文件,在裁判中需要注意:

首先,应当分析该等文件中是否有关于工程未完成项等保留事项;

其次,即便相关文件已载明“验收合格”,但如果根据监理日志/周报/月报、施工日志/周报/月报、工程会议纪要、工程合同补充协议等其他证据,足以证明届时尚未竣工验收合格的,应当结合其他证据,综合判断竣工验收合格的时间,并以此作为判断保险责任终止时间的要素之一。

例如,嘉兴秀洲区法院(2008)秀洲民二初字第 742 号案认为:涉案公路工程交工验收报告载明“交工日期为 2007 年 12 月 29 日”,保险人据此主张工程已于 2007 年 12 月 29 日验收完毕、保险责任终止;法院认为,交工验收报告第 11 项记载了“部分互通连接线尚未全部完成”,且此后承包人还于 2008 年 1 月 18 日至 20 日开工施工建设了工程的部分面层工程,最终监理审核时间为 2008 年 1 月 30 日,据此认定保险人关于保险责任终止的主张不成立。

又如,天津北辰区法院(2018)津 0113 民初 2182 号案认为:涉案工程《公路工程交工验收证书》上载明的“交工验收时间”(2017 年 5 月 15 日)与发包人落款时间(2017 年 12 月 25 日)不一致,法院认为,根据发包人项目经理部出具的《情况说明》,足以证实保险事故发生时(2017 年 11 月 10 日)涉案工程尚在承包人控制下,并未交付转移,仍由承包人看护并承担损失风险,据此认定保险人关于保险责任终止的主张不成立。

(二)发包人或工程所有人实际占有、使用或接收工程的认定标准

如前文所述,竣工验收合格是工程投入使用的法定前提。但是,工程实务中,发包人或工程所有人可能基于提前使用或投入运营的需求,在工程尚未竣工验收合格的情况下即接收或使用工程。

《建设工程合同司法解释一》第 9 条规定:“当事人对建设工程实际竣工日期有争议的,人民法院应当分别按照以下情形予以认定:(一)建设工程经竣工验收合格的,以竣工验收合格之日为竣工日期;(二)承包人已经提交竣工验收报告,发包人拖延验收的,以承包人提交验收报告之日为竣工日期;(三)建设工程未经竣工验收,发包人擅自使用的,以转移占有建设工程之日为竣工日期。”第 14 条规定:“建设工程未经竣工验收,发包人擅自使用后,又以使用部分质量不符合约定为由主张权利的,人民法院不予支持;但是承包人应当在建设工程的合理使用寿命内对地基基础工程和主体结构质量承担民事责任。”

根据上述规定,建设工程未经竣工验收,发包人擅自使用的,由于发包人对

未经竣工验收即使用工程的违法性是明知的，主观上存在过错，应就该过错承担责任，故在此情况下以工程转移占有之日作为竣工日期。[1]

基于《建筑法》及上述司法解释的价值判断，延伸到工程保险领域，未经竣工验收，发包人或工程所有人实际占有、使用或接收工程的，认定竣工日期的标准发生了变化，保险责任的终止时间也会受到影响。

发包人或工程所有人的"占有"、"使用"或"接收"属于事实行为，实践中需要根据案件具体情况进行认定。对于房建工程而言，认定上相对简单，发包人进驻或接收钥匙，一般被认定为已接收、占用或使用。例如，最高院（2014）民申字第 501 号案认为：发包人在涉案工程尚未竣工验收的情况下，接收了房屋的钥匙并对外销售房屋，构成擅自使用。最高院（2018）最高法民申 5316 号案认为：案涉工程未经竣工验收，物业公司即进驻并接收房屋钥匙，构成发包人擅自使用。对于其他专业工程，认定上可能比较复杂，涉及工程本身控制权转移及使用状态的判断。例如，常熟市法院（2016）苏 0581 民初 10762 号案认为：涉案长江澄通河段铁黄沙整治工程没有断流施工，仅凭堤外防护格栅上的漂流物残留痕迹不能简单认定涉案工程已实际投入使用。

值得注意的是，虽然很多工程合同中都设置了"工程接收证书"的概念，但即便发包人或工程所有人签发了《工程接收证书》或类似文件（如《移交单》《初步接收证书》等），也不宜"一刀切"地认定构成"占有"、"使用"或"接收"，仍需要根据实际情况分析研判。如果有相反证据，证明发包人或工程所有人并未按照工程接收证书接管已完工工程、工程实际上仍由承包人管控的，应当结合其他证据，综合判断发包人或工程所有人实际占有、使用或接收工程的时间，并以此作为判断保险责任终止时间的依据。

（三）保险单载明的保险期间范围

建筑工程一切险的保险单中一般会就保险期间进行约定，且多体现为具体的时间跨度，通常与工程施工工期相等，如"×年×月×日至×年×月×日"或"自×年×月×日起×个月"等类似表述。保险人实际承担保险责任的前提条件是被保险工程处于施工过程中，而保险期间是保险人承担责任时间的上

① 参见最高人民法院民事审判第一庭编著：《最高人民法院建设工程施工合同司法解释（一）的理解与适用》，人民法院出版社 2021 年版，第 108 页。

下限。[①]

如果保险期间的截止日约定为绝对日期的,如"×年×月×日"或类似表述,则按照"工程竣工验收合格之日""发包人或工程所有人实际占有、使用或接收工程之日"中先发生者认定保险责任终止时间时,不应超过该绝对日期;如有超过的,应以该绝对日期作为保险责任的终止时间。

二、部分工程被提前占有、使用或接收的,保险责任终止时间的认定规则

除非保险合同另有明确约定,否则部分工程先于整体工程被发包人或工程所有人占有、使用或接收的,该部分工程保险责任的终止以下列时间中先发生者为准:(1)该部分工程经完工验收合格的,为完工验收合格之日;(2)该部分工程未经完工验收的,为发包人或工程所有人实际占有、使用或接收该部分工程之日。如果前述时间超出保险单载明的保险期间范围,则以保险期间届满之日为准。

该部分工程保险责任的终止,不影响保险人对整体工程中其他部分应承担的保险责任。

(一)部分工程完工验收合格的认定标准

竣工验收是整体工程完成后、投入使用前的法定验收环节;部分工程完工验收是整体工程实施过程中,对需要提前使用的部分工程进行的中间验收环节。竣工验收作为工程结束后相对清晰的环节,其证明资料尚且没有统一标准,对于部分工程的完工验收而言,情况更是纷繁复杂。

以房屋建筑和市政工程为例,根据《建筑工程施工质量验收统一标准》(GB 50300－2013)的规定,竣工验收前的验收环节及证明,主要涉及《检验批质量验收记录》《分项工程质量验收记录》《分部工程质量验收记录》。对于水利水电工程,根据《水利水电建设工程验收规程》(SL 223－2008)的规定,竣工验收前的验收环节及证明,主要涉及《分部工程验收鉴定书》、《单位工程验收鉴定书》、《单项合同工程完工验收鉴定书》、《阶段工程验收鉴定书》[包括枢纽工程导(截)流、水库下闸蓄水、引(调)排水工程通水、首(末)台机组启动等关键阶段的阶段验收]、《部分工程投入使用验收鉴定书》等。

因此,实务中,关于部分工程完工验收合格的标志,需要根据保险标的、工

① 参见陈津生编著:《建设工程保险实务与风险管理》,中国建材工业出版社2008年版,第34页。

程特点、验收环节、工程合同的履行情况以及当事人举证情况进行综合研判。值得注意的是：

第一，“部分工程”与“整体工程”的区分，是根据保险合同关于保险标的的约定来判断的。一般而言，保险标的针对的投保工程之全部建设内容为“整体工程”，投保工程之部分建设内容为“部分工程”。建设工程实践中，不同工程的发包模式不一，发包人可能基于工期需求、商务安排等，将一个项目划分成若干标段或若干专业，分别发包给不同的承包人。这种情况下，如果投保人就各标段工程或各专业工程，分别购买了若干份建筑工程一切险，则各标段工程或各专业工程应分别作为“整体工程”看待；如果投保人就各标段工程或各专业工程，统一购买了一份建筑工程一切险，则各标段工程或各专业工程应作为“部分工程”看待。

第二，建设工程的施工和验收是随着工程进度逐项、分批实施的，贯穿整个工程建设过程，因此，仅部分工程完工验收合格尚不足以导致该部分的保险责任终止，如果该部分工程没有被发包人或工程所有人占有、使用或接收，则相应的保险责任并未终止。司法实践层面，法院对于部分工程完工验收合格即构成该部分保险责任终止事由的认定较为谨慎，是否按照工程总造价收取保费、关于“完工”“完工验收”的约定是否属于“格式条款”等，均成为裁判考量的因素。例如，浙江高院(2008)浙民二终字第203号案认为：“虽然防渗墙分部工程在保险期内经工程施工、设计、监理和项目法人四家单位阶段验收质量合格，但水电站整体工程在被洪某袭击防渗墙损坏事故发生时仍处施工阶段，尚未作竣工验收……虽然在建筑工程一切险及第三者责任险条款中载明：‘除非另有约定，在本保险单保险期限终止以前，保险财产中已由工程所有人签发完工验收合格或实际占有或使用或接受的部分’属保险人的除外责任，但在建筑工程一切险保单明细表中双方同时特别约定：‘本保险按工程总造价承保建工一切险及第三者责任险，保险责任至建筑工程完工之日止。’该约定通常应理解为保险人是按工程总造价承保收费，其保险责任也相应至水电站建筑工程总体完工，由工程所有人和有关单位签发完工验收合格即保险期限届至时止，之后如发生保险事故，保险人的保险责任才可免除。退而言之，在双方对保险责任条款约定的‘完工验收’‘建筑工程完工’含义理解发生争议时，根据《中华人民共和国保险法》第三十一条规定，应作出有利于被保险人和受益人的解释。依照《中华人民共和国合同法》第四十一条规定，对合同格式条款的理解发生争议的，应当按照通常理解予以解释。对格式条款有两种以上解释的,应作出不利于提供格式条款一方的解释。故本案保险合同由保险公司一方提供,双方对保险合同中约定的格式条款理解发生争议时,原审法院按照法律规定作出有利于被保险人的解释合法有据。故保险公司上诉提出水电公司只要对泄洪闸分部工程完工签发验收合格,即属于保险合同约定的除外责任范围,保险公司不负赔偿责任的理由缺乏法律依据,不予支持”。法院最终结合其他理据认定保险人就整体工程(包括该部分工程)的保险责任未终止。

(二)发包人或工程所有人实际占有、使用或接收部分工程的认定标准

关于发包人或工程所有人“占有”、“使用”或“接收”行为的判断,我们在前述第一点中已进行分析,在此不再赘述。

值得提出的是,工程实践中,施工现场承包人众多,且普遍存在交叉施工的情况,承包人甲的前一工序完工后可能需要先行验收,作为承包人乙下一工序的施工基础。如果投保人就项目整体工程购买了一份建筑工程一切险,则上述由于工序安排造成的部分工程先行验收及后续施工的利用,一般不应视为发包人或工程所有人对部分工程的占有、使用或接收;如果投保人就各专业工程分别购买了建筑工程一切险,则各专业工程应视为相应保险合同项下的“整体工程”,此时,应适用上述第一点“保险责任终止时间的一般认定规则”对各专业工程保险责任是否终止进行分析和判断。

(三)部分工程保险责任的终止,不影响整体工程其他部分的保险责任

如前文所述,《建筑工程一切险条款(2009 版)》关于保险责任终止规定如下:“保险人的保险责任自保险工程在工地动工或用于保险工程的材料、设备运抵工地之时起始,至工程所有人对部分或全部工程签发完工验收证书或验收合格,或工程所有人实际占有或使用或接收该部分或全部工程之时终止,以先发生者为准。但在任何情况下,建筑期保险责任的起始或终止不得超出本保险单载明的建筑保险期间范围。”

就上述规定,能否解读出“一旦部分工程验收合格,或工程所有人实际占有、使用或接收该部分工程(必然先于整体工程的验收或占有、使用、接收发生),保险人的保险责任即终止”?从字面意思上,确有产生该种歧义的可能性,但是,我们认为,从立法精神、保险解释和公平原则的角度,部分工程保险责任

的终止,不应影响整体工程其他部分的保险责任。[①] 理由如下:

第一,建筑工程一切险的保险期间与工程工期挂钩,而从建筑法体系下工程工期的处理原则来看,部分工程提前使用的法律后果,仅是发包人难以追究该部分工程的质量和工期责任,立法精神和原则应一脉相承,在工程保险中也应得到贯彻。

第二,保险法对格式条款秉承不利解释原则,在合同条款有两种以上解释的,应作出有利于被保险人的解释。

《保险法》第 30 条规定:"采用保险人提供的格式条款订立的保险合同,保险人与投保人、被保险人或者受益人对合同条款有争议的,应当按照通常理解予以解释。对合同条款有两种以上解释的,人民法院或者仲裁机构应当作出有利于被保险人和受益人的解释。"司法实践中,不乏以本条作为根据作出对被保险人有利解释的案例。例如,前述浙江高院(2008)浙民二终字第 203 号案中,在双方对保险责任条款约定的"完工验收""建筑工程完工"含义理解发生争议时,应作出有利于被保险人的解释,保险人提出的只要对泄洪闸分部工程完工签发验收合格,即属于保险合同约定的除外责任范围,缺乏法律依据。

第三,如果认为部分工程提前使用,则整体工程保险责任终止,对被保险人而言并不公平,也不符合保险法的最大诚信原则。

工程保险作为工程领域风险转移的主要手段,其目的是为转移参建方因保险事故对工程作业活动产生影响而导致的经济损失。在发包人仅使用部分工程的情况下,整体工程其他部分的风险程度并未发生变化,保险人就其他部分免责的理据不足。举个极端的例子,如果发包人在写字楼工程竣工验收前,接

---

① 该观点也得到了保险行业从业人士和学者的支持。例如,艾幼明等在《责任保险与建筑安装工程保险》一书中认为,当大型工程的各个分项开工和竣工日期各不相同时,保险责任终止时间所指的"对部分工程……签发完工验收证书或验收合格,或业主实际占有或使用或接收该部分……工程之时终止"系指先行验收,或实际占有、使用或接收的部分工程的责任终止时间。参见艾幼明、关惠清、沈晓风编著:《责任保险与建筑安装工程保险》,中国商业出版社 1996 年版,第 142 – 145 页。此外,孙智在《工程保险》一书中亦指出,整体工程中的各个单项的保险责任终止点可以分别对待,"如果被保险工程在规定的保险期限内已有部分项目竣工,并经建设单位验收或接收或投入使用,该已竣工验收项目至此保险责任即告终止……在实际操作中,为了避免单个项目办理承保所带来的繁重的工作量,避免承保条件不一致或造成遗漏,往往对整体工程采用一张大保险单的形式,承保工程所有的项目,并以最早的工程项目动工之日为保险期限的起始,以最后一个工程项目的竣工之时为终止,形成一个总保险期限(这个期限很可能是十几年),这并不意味着保险单中所有的工程项目的保险期限都以最后一个项目的终止日为准。所以,保险单中部分单个项目竣工或业主接收或投入使用之时,保险期限即告终止"。参见孙智:《工程保险》,中国三峡出版社 2000 年版,第 129 – 131 页。

收了某一层办公室，如果由此导致整个大楼的保险责任归于终止，发包人和承包人都将面临非常大的法律风险。如果确实产生如此大的影响，保险人理应遵循最大诚信原则，在订立保险合同前对保险责任终止条款给予提示和说明。

实际上，通观《建筑工程一切险条款(2009版)》，其在第8条约定："下列损失、费用，保险人也不负责赔偿：……(六)除非另有约定，在本保险合同保险期间终止以前，保险财产中已由工程所有人签发完工验收证书或验收合格或实际占有或使用或接收部分的损失。"该条款界定的免责范围也是限于"……部分的损失"，并未扩大至整体工程，因此，从整体解释角度而论，上述保险责任终止条款应拆分理解，且部分工程保险责任的终止，不应影响整体工程其他部分的保险责任。

此外，部分工程提前使用后，如发生保险事故的，在保险理赔过程中，可能存在难以区分已使用工程和未使用工程的情况，尤其是当已使用工程并非独立的单体时，区分不同部位的保险责任，可能在厘清损失范围时存在难度。但该问题系定性之后的定量问题，可凭借已使用工程与整体工程的物理及逻辑关系，通过损失核算的方式解决，而不应因此认定部分工程提前被发包人或工程所有人占有、使用或接收就导致整体工程其他部分的保险责任同时终止。

第1.10条 【工程保险诉讼时效期间的确认】

在工程保险纠纷中，被保险人或第三人请求适用3年的诉讼时效期间，应当予以支持。

【条文主旨】

本条旨在解决工程保险中诉讼时效期间的适用问题。《立法法》第103条规定："同一机关制定的法律、行政法规、地方性法规、自治条例和单行条例、规章，特别规定与一般规定不一致的，适用特别规定；新的规定与旧的规定不一致的，适用新的规定。"该条确定了一般法与特别法、新法与旧法之间的适用规则。但被保险人或者第三人向保险人请求赔偿或者给付保险金的诉讼时效期间存在适用特别法还是新法的矛盾局面，从保护被保险人或第三人的利益出发，我们认为适用3年的诉讼时效期间更为合理。

【理解与适用】

根据现行法律的相关规定，被保险人、第三人向保险人请求支付保险赔偿金的诉讼时效期间存在较多争议。自《民法总则》颁布到《民法典》正式出台，向人民法院请求保护民事权利的诉讼时效期间为 3 年，改变了《民法通则》规定的适用 2 年普通诉讼时效的基本规则。《保险法》第 26 条关于财产保险、责任保险对诉讼时效的规定并没有修改，仍旧适用 2 年的诉讼时效期间。根据《立法法》第 103 条关于法律适用原则的规定，“同一机关制定的法律、行政法规、地方性法规、自治条例和单行条例、规章，特别规定与一般规定不一致的，适用特别规定；新的规定与旧的规定不一致的，适用新的规定”，同一机构制定的法律，特别法优于一般法，新法优于旧法。因《民法总则》或《民法典》相较于《保险法》，均为新法，但《保险法》属于特别法，应当如何理解适用诉讼时效期间的相关规定，在司法实践中也存在较大的争议。

一种观点认为，基于特别法优于一般法的基本原则，应当适用 2 年的诉讼时效。例如，最高院在(2020)最高法民申 1398 号案中(本案一二审时《民法总则》尚有效)认为：该案中，在承运人翁某某等和托运人兴鑫公司已经就运输合同项下的货物损失金额协商一致，对案涉货物损失金额及赔偿责任无争议的情形下，兴鑫公司向保险公司提出赔偿请求符合《保险法司法解释四》第 14 条的规定。根据《保险法》第 26 条的规定，被保险人向保险人请求赔偿或给付保险金的诉讼时效期间为两年，自知道或应当知道保险事故发生之日起计算。该案事故发生之日为 2017 年 1 月 10 日，兴鑫公司向保险公司请求赔付的时间为 2018 年 5 月 18 日，因此，原审判决认定兴鑫公司向保险公司请求赔付未超过两年的诉讼时效期间，并不缺乏证据证明。

北京金融法院(2021)京 74 民终 429 号案认为：《保险法》第 26 条第 1 款规定，“人寿保险以外的其他保险的被保险人或者受益人，向保险人请求赔偿或者给付保险金的诉讼时效期间为二年，自其知道或者应当知道保险事故发生之日起计算”。该案中，李某某主张应当适用《民法总则》关于 3 年诉讼时效的规定，就此该院认为，《保险法》与《民法总则》均为全国人大或全国人大常委会制定的民事单行法，《保险法》相较于《民法总则》为特别法，它们之间对于诉讼时效问题有不同规定时，应当遵循特别法优先于一般法的规则，适用《保险法》的规定。李某某与人保公司之间的纠纷系财产责任保险纠纷，应当适用《保险法》2

年诉讼时效的规定。

河南高院(2021)豫民申 1813 号案认为:《民法总则》第 188 条第 1 款规定,"向人民法院请求保护民事权利的诉讼时效期间为三年。法律另有规定的,依照其规定"。《保险法》第 26 条第 1 款规定,"人寿保险以外的其他保险的被保险人或者受益人,向保险人请求赔偿或者给付保险金的诉讼时效期间为二年,自其知道或者应当知道保险事故发生之日起计算"。《保险法》相对于《民法总则》来说属于特别法,该案系财产保险合同纠纷,应适用《保险法》关于诉讼时效期间为 2 年的规定。

另一种观点认为,基于新法优于旧法的原则,应当适用 3 年的诉讼时效。如济南中院(2021)鲁 01 民终 5404 号案认为:虽然《民法总则》与《保险法》属于一般法与特别法的关系,但《民法总则》规定的 3 年诉讼时效与《保险法》规定的 2 年诉讼时效均属于对同一事项作出的不同规定,性质均为一般诉讼时效期间,且两者均属于基本法,二者在效力等级上处于同一位阶,故优先适用新法优于旧法原则,且 2017 年 10 月 1 日《民法总则》施行之日,该案诉讼时效期间尚未届满,因此适用《民法总则》3 年诉讼时效期间。《保险法》第 26 条第 1 款规定的 2 年诉讼时效期间与《民法通则》规定的一般诉讼时效期间相一致,该诉讼时效期间并非特别诉讼时效,根据新法优于旧法原则,一审法院确定该案诉讼时效期间应当适用《民法总则》规定的 3 年诉讼时效期间并无不当,该院予以确认。

四川高院(2020)川民再 344 号案认为:《保险法》第 26 条规定,人寿保险的诉讼时效为 5 年,其他保险的诉讼时效为 2 年。前者属于特殊诉讼时效,后者实质上仍是基于《民法通则》而规定的 2 年普通诉讼时效。至《民法总则》施行后,普通诉讼时效均延长至 3 年。依照最高人民法院《关于适用〈中华人民共和国民法总则〉诉讼时效制度若干问题的解释》第 2 条"民法总则施行之日,诉讼时效期间尚未满民法通则规定的二年或者一年,当事人主张适用民法总则关于三年诉讼时效期间规定的,人民法院应予支持"的规定,至《民法总则》施行之日即 2017 年 10 月 1 日,该案诉讼时效期间未超过《民法通则》规定的 2 年,故应适用《民法总则》规定的 3 年诉讼时效,张某某起诉未超过诉讼时效,一审判决认定正确。

诸暨市法院(2020)浙 0681 民初 8529 号案认为:该案涉及《民法总则》与《保险法》对诉讼时效规定的冲突适用问题。根据 2017 年 10 月 1 日起施行的

《民法总则》第 188 条之规定，诉讼时效期间调整为 3 年，法律另有规定的，依照其规定。《保险法》则规定了人寿保险之外，其他保险合同纠纷的诉讼时效期间为 2 年。依据《立法法》(2015 年修正)第 88 条、第 92 条规定的法律适用原则，我国法律法规的适用遵循“上位法优于下位法”“特别法优于一般法”“新法优于旧法”的原则。《民法总则》有关诉讼时效的规定属于“新法”，而《保险法》关于诉讼时效的规定属于“旧法”，故依据“新法优于旧法”的原则，在《民法总则》实施后应适用 3 年诉讼时效期间。

基于法律适用的基本原则以及上述案例，就工程保险诉讼时效期间适用 3 年的诉讼时效更为合理。虽然《立法法》规定了特别法优于一般法，但是对特别法的理解不能仅从字面意义出发。应当从《保险法》第 26 条规定的 2 年诉讼时效期间的立法背景、目的、时间节点出发，予以考量。因有的单行法中规定 2 年诉讼时效期间早于《民法通则》之规定，该规定应有自身的特殊性，如《继承法》。但是在《民法通则》颁布后，新制定的单行法在诉讼时效期间的规定上如果与《民法通则》相一致，则必然存在对一般法的依附性。有学者认为，纵然民事单行法中规定 2 年诉讼时效期间各有其立法目的，但是在《民法通则》实施的背景下，民事单行法中先于《民法通则》规定了 2 年诉讼时效期间，该期间在客观上与《民法通则》规定的普通诉讼时效期间无异，单行法中后于《民法通则》规定的 2 年诉讼时效期间乃是基于《民法通则》之规定作出，对《民法通则》有完全的依附性，其本质与普通诉讼时效期间相同，之所以在民事单行法中规定 2 年诉讼时效期间，是因为立法机关在制定特别法时沿用或者照抄《民法通则》的规定，表明有意遵从《民法通则》。① 随着《民法典》的颁布，《民法通则》已经被《民法典》总则编取代，关于诉讼时效期间的规定也应当取而代之。

2017 年 12 月 20 日北京高院民一庭发布的《适用诉讼时效制度参考意见》规定亦印证了上述观点，其认为：“2017 年 9 月 30 日之前(本意见中‘之前’、‘之后’均包括本日)施行的民事单行法中规定的诉讼时效为二年的，其性质与《民法通则》规定的二年普通诉讼时效无异，故根据新法优于旧法的原则，在《民法总则》施行后应适用三年的诉讼时效期间。”根据该规定，《保险法》的颁布日期晚于《民法通则》，其第 26 条规定的 2 年诉讼时效期间仅是为将人寿险与其他险种的诉讼时效期间相区别开来，除人寿险以外的其他保险的诉讼时效期间

---

① 参见李适时主编：《中华人民共和国民法总则释义》，法律出版社 2017 年版，第 21 页。

与《民法通则》的一般规定，在性质上并无一般与特殊之分。故根据当前《民法典》对民事诉讼时效期间的规定以及新法优于旧法的法律适用基本原则，人寿保险以外的其他保险的被保险人或者受益人，向保险人请求赔偿或者给付保险赔偿金的诉讼时效期间应为 3 年。

因《保险法》仅规定了被保险人或受益人向保险人请求赔偿或者给付保险赔偿金的诉讼时效期间为 2 年，而第三者是否适用该诉讼时效的规定，法律并没有给出明确结论。虽然理论界对“第三者”在责任保险中的法律地位认识已经有了新的变化，认为我国《保险法》允许特定情形下的第三者可以直接向保险人行使请求权，保险公司在承保范围内将保险金赔付给“第三者”，此种附条件的授予第三者直接请求权的法律地位，被称为“准第三受益人（quasi thirdparty beneficiary）”。[①] 但是“准受益人”并不等同于受益人，根据《保险法》第 18 条第 3 款之规定，受益人是指人身保险合同中由被保险人或者投保人指定的享有保险金请求权的人。因此，受益人概念仅适用于人身保险合同之中，在工程保险中，并无受益人这一概念。在无特别法规定情况下，第三者行使保险金支付请求权的诉讼时效期间应当跳出《保险法》，直接依据《民法典》第 188 条第 1 款之规定：“向人民法院请求保护民事权利的诉讼时效期间为三年。法律另有规定的，依照其规定。”故适用普通的 3 年诉讼时效期间即可。

第 1.11 条 【工程一切险中，被保险人的认定标准】

工程一切险中，“被保险人”的范围应根据保险合同约定确定，合同约定不明的，应结合合同解释原则确定。

未被约定为被保险人的主体以被保险人的身份主张保险赔付时，原则上不予支持，但在同时满足以下条件时，应将其视为被保险人：（1）该主体为保险标的的所有权人，且因保险事故遭受实际损失；（2）合同约定的被保险人不具有保险利益，或虽具有保险利益，但认可由实际受损的所有权人请求保险赔付；（3）保险人知道或者应当知道保险标的的所有权以及保险利益的归属。

① 参见李青武：《论责任保险中“第三人”的法律地位》，载《学术界》2014 年第 8 期。

【条文主旨】

本条是关于工程一切险中被保险人认定标准的规定。被保险人的范围除了依据保险合同的约定进行确定外,还要考虑某些虽未约定为被保险人,但是确实因保险事故遭受了损失的主体。

【理解与适用】

在工程保险实务中,关于被保险人的范围,是根据保险合同的约定确定,还是以对保险标的具有保险利益为前提,具有一定争议。同时,由于工程项目体量庞大,参与主体众多,工程实践中也存在保险合同约定的"被保险人"过窄,从而未将实际遭受损失的相关主体纳入合同约定范畴的情况。在此种情况下,该相关主体能否请求保险赔付,实务中也存在不同的观点,有必要进一步厘清。

一、原则上被保险人的范围应根据保险合同的约定确定

《保险法》第12条中规定:"财产保险的被保险人在保险事故发生时,对保险标的应当具有保险利益……被保险人是指其财产或者人身受保险合同保障,享有保险金请求权的人。投保人可以为被保险人。"第48条规定:"保险事故发生时,被保险人对保险标的不具有保险利益的,不得向保险人请求赔偿保险金。"

由此可见,"被保险人"是基于保险合同约定而产生的,是享有保险金请求权的人,其具体范围应根据保险合同的约定确定,不以投保人为限。被保险人具有保险利益是请求保险金赔付的前提条件,并非认定被保险人范围的前提条件。

司法实践中,大多数法院也以保险合同的约定作为认定被保险人的依据。例如,株洲市渌口区法院(2020)湘0221民初1451号案认为:案涉工程发包人以自己为被保险人投保了建设工程一切险,保险事故发生后,总承包人向保险人请求赔付保险金。对此,法院认为:总承包人在施工过程中因自然灾害导致损失的,应当根据建设工程施工合同的约定向发包人主张赔偿,其不是被保险人,无权向保险人主张保险赔付。

又如,淄博中院(2020)鲁03民终3472号案认为:保险人提供的保单明确列明了被保险人为"青岛正大农业发展有限公司青州分公司",法院据此认定上诉人"青州市溢生源生物饲料有限公司"不应为案涉财产一切险的被保险人。

实践中还存在另一种情况：工程保险合同中约定总承包人 A 公司为被保险人，工程实施过程中，发包人更换了总承包人，但并未对保单中约定的被保险人进行更改。随后，工程发生保险事故，新总承包人 B 公司向保险人主张赔付。对此，我们认为，B 公司并非保险合同约定的被保险人，不应享有保险金请求权。

司法实践中，也有部分法院在认定相关主体是否为被保险人时，并非从合同约定的角度出发，而是从该主体是否具有保险利益角度出发。例如，哈尔滨中院（2017）黑 01 民终 2133 号案认为，承运人"张某某不是货物的所有人，基于保险利益原则，不能成为货物运输险的被保险人"。但我们理解，被保险人的认定应秉持从约定的原则，即根据保险合同的约定来确定，而被保险人保险金请求权的发动，则取决于保险事故的发生、被保险人保险利益受损、不存在免责事由等复杂因素，因此，除非有特别的情况（详见下文第三部分的讨论），被保险人在保险事故发生时是否具有保险利益，系被保险人能否请求保险金层面需探讨的问题，而不是界定被保险人范围的前提条件。

二、被保险人的认定应遵循合同解释原则

（一）保险合同对被保险人的资格附加限定条件时，被保险人的认定应结合限定条件判断

《民法典》第 142 条第 1 款规定："有相对人的意思表示的解释，应当按照所使用的词句，结合相关条款、行为的性质和目的、习惯以及诚信原则，确定意思表示的含义。"就合同解释而言，其解释方法包括文义解释、整体解释、目的解释、习惯解释和诚信解释。在所有解释方法中，文义解释应具有优先性。文义解释，是指通过对合同使用的文字和词句的含义进行解释，以探求合同当事人在合同中表达的真实意思。[①] 因此，当保险合同对被保险人的利益或承保范围进行限制性约定——例如，约定为"被保险人以其各自对保险标的的利益为限"或"被保险人以其现场工作为限"时，还应结合此类限定条件对被保险人进行限缩解释，即相关主体应在满足合同约定的限定条件时才被认定为被保险人。在这方面，法院观点也较为统一。

例如，江西高院（2020）赣民终 99 号案认为：案涉保单约定的被保险人为

① 参见最高人民法院民法典贯彻实施工作领导小组主编：《中华人民共和国民法典合同编理解与适用（一）》，人民法院出版社 2020 年版，第 38－39 页。

"业主大唐国际抚州公司、承包商广东电力研究院及其分包商、工程监理公司、供货商、项目融资方，各方以各自所拥有与该项目相关的权益和利益为限"。上诉人江安公司主张其为被保险人，对此，法院认为，根据原审法院查明江安公司认可的事实，在事故发生时，江安公司对保险标的并不具有保险利益，其主张为被保险人没有事实依据。我们认为，江西高院的判决之所以提及保险利益，是因为案涉保险合同在约定被保险人范围时，即考虑了各被保险人对保险标的享有的保险利益。因此，江西高院仍然是在保险合同约定的基础上，结合合同解释原则来认定被保险人的。

针对该问题，英国法也有类似规定。在适用英国法的某光伏纠纷案件中，发包人投保的安装一切险保险合同对被保险人的定义为：被保险人"包括任何层级的所有其他承包商……前述各方以其现场活动为限（*all other contractors of any tier ... for their onsite activities only*）"。项目出险后，保险人和总承包人、支架供应商之间对于支架供应商是否为被保险人产生争议。虽然支架供应商可以被认定为"承包商"，属于保险合同约定的被保险人类别，但因为项目出险原因是支架设计存在缺陷，而根据英国法，设计活动一般不会被认定为"现场活动"，因此，基于保险合同的约定，该支架供应商不应被认定为被保险人。

（二）当保险合同仅约定"承包人"或"施工单位"为被保险人时，"承包人"或"施工单位"应被解释为包括实际施工人

在建筑工程领域，当保险合同未就具体的被保险人单位名称进行约定，仅泛泛地约定"承包人"或"施工单位"为被保险人时，实际施工人是否构成被保险人可能存在争议。

对此，我们认为，在保险合同约定"承包人"或"施工单位"为被保险人时，实际施工人应当被认定为被保险人。理由在于：

首先，从文义解释角度而言，"承包人"或"施工单位"在文义上应包括了实际从事施工活动的主体，而未附加有关法律效力及合法与否的价值判断。同时，从目的解释角度而言，即便"承包人"或"施工单位"的约定被认定为约定不明，从投保人在保险合同中约定"承包人"或"施工单位"的目的来看，投保人系旨在为建筑工程中可能因保险事故遭受损失的施工主体提供保障，而存在实际施工人的情况下，实际施工人便是实际承受损失的施工主体之一。此外，将"承包人"或"施工单位"解释为包括实际施工人，也更符合保险法领域有利于被保险人的解释原则。

其次，实际施工人作为对建设实际投入成本并负责施工的主体，对保险合同保障的工程享有一定的经济利益。《建设工程合同司法解释一》规定了实际施工人具有在一定范围内主张工程款和代位行使转包人和违法分包人对发包人的债权的权利，从侧面上肯定了实际施工人对工程享有的利益。

最后，从工程一切险的保障对象来看，工程一切险保障的正是建设各方对工程享有的利益，凡在工程建设期间要承担工程有关风险责任的有关各方，即拥有保险利益的各方，均可作为工程保险的被保险人。[①] 实际施工人作为实际承担建设工作的一方，要承担与合法有效的承包合同项下的合法承包人一样的风险，其利益理应获得保障。

江苏高院（2016）苏民再32号案，法院也支持了上述观点。该案中，案涉保险合同约定，"被保险人：公用水务公司、承包商分包商和/或约定分包商、有关联专业供应商和/或顾问工程师、监理公司、设计单位和/或供货商以及由业主确定的与工程项目有关的有关权利和利益的其他关联方"，并未明确实际施工人是否为被保险人，但法院在对被保险人的定义进行解释时认为，作为实际施工人的建淳公司亦系被保险人。

三、未被约定为被保险人的主体以被保险人的身份主张保险赔付时，人民法院或者仲裁机构原则上不予支持，但在满足特定的条件时，应将保险标的的所有权人视为被保险人

如前文所述，被保险人应以合同约定为准，未被约定为被保险人的相关主体不应享有保险金请求权。但工程实践中，确实存在因各种原因，保险合同未将相关主体约定为被保险人，而该相关主体在保险事故发生后实际遭受了损失的情况，此时，其是否有权请求保险金赔付，在实务中有一定的争议。

当相关主体未被约定为被保险人时，我们认为，根据保险法的规定、保险利益原则及保险的职能，在同时满足以下条件时，可扩大保险合同约定的"被保险人"的解释，将该相关主体视为被保险人：（1）该主体为保险标的的所有权人，且因保险事故遭受实际损失；（2）合同约定的被保险人不具有保险利益，或虽具有保险利益，但认可由实际受损的所有权人请求保险赔付；（3）保险人知道或者应当知道保险标的的所有权以及保险利益的归属。

---

① 参见孙智：《工程保险》，中国三峡出版社2000年版，第78－79页。

对于条件(1),《保险法》第49条第1款规定,“保险标的转让的,保险标的的受让人承继被保险人的权利和义务”。我们认为,根据该条款规定,只有保险标的的转让人(所有权人)享有被保险人的权利和义务,受让人才可能承继,因此,该条款在一定程度上可理解为所有权人具有法定被保险人的地位。此外,当保险标的所有权人因为保险事故遭受了实际损失,却未被约定为被保险人时,如仅按照保险合同约定认定被保险人,则其将完全丧失通过保险获得救济的机会,与保险利益原则及保险分散风险和补偿损失的价值不符①。

对于条件(2),根据保险利益原则,保险利益存在的主要目的是防止赌博和道德风险,以保证实际遭受损失的主体得到赔付。② 因此,当约定的被保险人不具有保险利益而无法获得保险赔付,或虽具有保险利益,但认可由实际受损的所有权人请求保险赔付时,将保险标的的所有权人视为被保险人,更符合保险利益原则。

对于约定的被保险人认可由实际受损的所有权人请求保险赔付,司法实践中存在以下几种具体情况:

1. 约定的被保险人明确同意保险标的的所有权人行使保险金请求权

阿克苏中院(2022)新29民终305号案认为:虽然案涉车辆保险合同中载明的被保险人为案涉车辆的挂靠运营单位,但法院认为,被上诉人作为涉案车辆的实际所有人,享有对涉案车辆的保险利益,同时根据被保险人出具的证明,被保险人同意在发生保险事故时,由车辆所有人自行承担财产损失和主张保险赔付,被保险人不行使保险金请求权。综合考虑,法院认为被上诉人应视同被保险人,享有在案涉保险合同下主张保险货物损失的权利。

2. 约定的被保险人不反对保险标的的所有权人行使保险金请求权

惠州中院(2019)粤13民终6951号案认为:承租人以其经营的惠东县平山南天家具厂展销中心公司的名义,对包括其承租房屋在内的财产,投保了财产综合险,保险事故发生后,案涉房屋所有权人向保险人请求赔付保险金。对于房屋所有权人是否享有保险金请求权,一审法院认为,虽然涉案保险单载明的投保人和被保险人是“惠东县平山南天家具厂展销中心”,但考虑到:首先,所有权人为涉案房屋的合法权益人;其次,承租人对所有权人直接向保险人索赔不持反对

① 参见温世扬主编:《保险法》(第3版),法律出版社2016年版,第61页。

② 参见温世扬:《保险法》(第3版),法律出版社2016年版,第229－230页。

意见，一审法院支持了所有人具有请求保险赔付的权利。二审法院认可一审法院的论证，认为房屋所有权人应被视为被保险人，具有保险赔偿金请求权。

3. 约定的被保险人怠于行使保险金请求权

德州中院(2022)鲁14民终109号案认为：被上诉人是保险车辆的实际所有人和使用人，被保险人车辆的挂靠单位仅是名义上的被保险人，并不对挂靠车辆的运行具有支配和控制的权利，"在车辆挂靠单位怠于行使赔偿请求权的情况下，应赋予车辆所有人向保险公司索赔的权利，此种请求权符合保险法的立法本意，故明某某作为实际车主具有保险利益，应视为被保险人"，并据此认定车辆所有人具有保险金请求权。

对于条件(3)，诚实信用原则是民法基本原则，保险合同是诚信合同[①]，保险合同双方更应遵守诚信原则。如果保险人明知或者应当知道保险标的的所有权以及保险利益的归属，特别是在合同约定的被保险人不具有保险利益的情况下，却仍然对保险标的进行承保，我们认为，基于诚信原则和保险法有利于被保险人的解释原则，应对"被保险人"作扩大解释，将实际受损的所有权人视为被保险人，赋予其保险金请求权。

综上所述，当保险合同对"被保险人"的约定范围过窄，导致相关主体未被约定为被保险人时，该主体能否以被保险人身份请求保险赔付，我们认为，原则上不应给予支持，但在满足上述特定的三个条件时，可对保险合同约定的"被保险人"作扩大解释，将实际受损的所有权人视为被保险人。

第1.12条 【建筑工程一切险的免责条款中"被保险人及其代表"的认定标准】

建筑工程一切险中，保险人以"被保险人及其代表的故意行为或重大过失行为造成的损失、费用"为由主张不予赔偿的，就"被保险人代表"的认定，人民法院或者仲裁机构应以相关主体是否有权代表被保险人针对保险标的作出独立的意思表示作为判断标准。就工程项目而言，除被保险人的法定代表人外，被保险人代表还应包括施工单位项目经理、建设单位项目负责人以及被保险人专门授权的人，通常不含被保险人的一般雇员。

---

① 参见温世扬主编：《保险法》(第3版)，法律出版社2016年版，第664页。

【条文主旨】

本条是关于建筑工程一切险的免责条款“被保险人及其代表的故意行为或重大过失行为造成的损失、费用,保险人不负责赔偿”中,被保险人及其代表认定范围的规则。

【理解与适用】

在建筑工程一切险中,保险人大多会在保险合同中约定,如被保险人及其代表存在故意或重大过失行为,保险人可援引免责条款。《建筑工程一切险条款(2009 版)》第 28 条约定:“下列原因造成的损失、费用,保险人不负责赔偿:……(四)被保险人及其代表的故意行为或重大过失行为……”因此,在判断保险人能否根据上述条款主张免责时,对于“被保险人及其代表”范围的界定非常重要。

实践中,司法机关对于“被保险人代表”的理解并不完全一致。特别是,被保险人雇员(包括管理人员和一般雇员)是否可以认定为“被保险人代表”,目前的讨论并不充分,司法机关或是笼统地以“被保险人”作为行为主体作出裁判,甚少涉及代理权层面的探讨;或是简单地以一般雇员不构成“被保险人代表”为由否定保险人的免责主张。因此,本条对这一争议进行进一步的厘清。

一、被保险人的认定

《保险法》第 12 条第 2 款、第 5 款规定,“财产保险的被保险人在保险事故发生时,对保险标的应当具有保险利益”;“被保险人是指其财产或者人身受保险合同保障,享有保险金请求权的人。投保人可以为被保险人”;第 48 条规定:“保险事故发生时,被保险人对保险标的不具有保险利益的,不得向保险人请求赔偿保险金。”

由此可见,“被保险人”的具体范围应根据保险合同的约定确定,不以投保人为限。我们认为,被保险人在保险事故发生时是否享有保险利益,系被保险人能否请求保险金需探讨的问题,而不是界定被保险人范围的前提条件。当然,如果保险合同未将对保险标的具有保险利益的主体(例如,保险标的所有权人)约定为被保险人,而该等主体在保险事故发生后系实际受损人,其是否有权请求保险金赔付，实务中存在不同观点。除非在特定情境下进行扩张解释，原则上，“被保险人”是一个约定概念，应当结合保险合同的具体条款进行判断。

需要注意的是，在判断保险人能否因被保险人的故意或重大过失行为免责时，应当将被保险人作为一个整体进行考量。只要被保险人之一存在相应行为并导致保险标的的损失，保险人即可援引“被保险人及其代表的故意或重大过失行为”主张免责，其他被保险人以自身不存在相关行为为由主张赔付时，不应得到支持。

二、被保险人代表的认定

关于被保险人代表，现行法律法规没有明文规定，保险合同通常也没有明确约定。被保险人代表的认定可沿用民商事法律关于代表和代理的理论。我们认为，被保险人代表是指有权代表被保险人针对保险标的作出意思表示的自然人。在建筑工程领域中，被保险人通常以法人形式出现，个别情况下被保险人可能为自然人。由于自然人作为被保险人时，其代表一般为该人委托的代理人，法律关系比较简单，这里不再赘述，以下仅对被保险人为法人时被保险人代表如何界定进行阐述。

（一）就工程项目而言，除被保险人的法定代表人外，被保险人代表还应包括施工单位项目经理、建设单位项目负责人以及被保险人作出专门授权的人

《民法典》第61条规定：“依照法律或者法人章程的规定，代表法人从事民事活动的负责人，为法人的法定代表人。法定代表人以法人名义从事的民事活动，其法律后果由法人承受。法人章程或者法人权力机构对法定代表人代表权的限制，不得对抗善意相对人。”

基于对法人本质认识的不同，民法理论上关于法定代表人的性质形成了代表说和代理说两种学说。我国民商法理论主流观点为代表说，认为法定代表人与法人为同一人格，法定代表人之行为即法人之行为。[①] 大多数学者认为，根据《民法典》和《公司法》的规定，我国实行法定代表人制度，公司的表意依赖于法

---

① 参见最高人民法院民法典贯彻实施工作领导小组主编：《中华人民共和国民法典总则编理解与适用》（上），人民法院出版社2020年版，第317页。

定代表人(作为代表)及公司决议或法定代表人授权的代理人实现。[①]

由于法人的日常经营活动十分繁杂,仅由法定代表人一人完成工作并不现实,此时,法定代表人通常会委托代理人代表公司开展一定的业务活动。在工程领域,常见的是被保险人委派的、全面负责项目建设工作的施工单位项目经理及建设单位项目负责人(业主代表)。对此,《建筑施工企业项目经理资质管理办法》(建建字〔1995〕1 号,已失效)第 2 条规定:"……建筑施工企业项目经理,是指受企业法定代表人委托对工程项目施工过程全面负责的项目管理者,是建筑施工企业法定代表人在工程项目上的代表人"。《建设单位项目负责人质量安全责任八项规定(试行)》规定:"建设单位项目负责人是指建设单位法定代表人或经法定代表人授权,代表建设单位全面负责工程项目建设全过程管理,并对工程质量承担终身责任的人员"。

我们认为,基于上述规定和行业惯例,就工程项目而言,保险合同约定施工单位或建设单位为被保险人时,除非法定代表人授权时有明确限制,应当认为施工单位的项目经理和建设单位的项目负责人能够分别代表施工单位和建设单位的意志作出决策,因而应被认定为被保险人代表。

此外,由于保险合同对"被保险人代表"的约定通常并不十分明确,文义上难以判断"被保险人代表"是指法理上的"人格代表"还是"授权代表"。我们认为,如果被保险人通过法定代表人授权其他人员(例如,施工单位的技术负责人、质量负责人、安全负责人等主要管理人员)代表被保险人针对保险标的作出意思表示的,则该等主体在授权范围内也构成被保险人的授权代表。

(二)除非另有专门授权,一般雇员通常不构成被保险人代表

除非得到特别授权,被保险人的一般雇员不应被视为被保险人代表。理由在于:首先,从文义解释的角度而言,该免责条款将"被保险人代表"与"被保险人"并列列出,即意味着,"被保险人代表"必须为能代表被保险人意志的主体,而按商业惯例,被保险人一般雇员的职责范围通常仅限于按照指令完成相应工作,而不具备影响被保险人决策的能力,无法代表被保险人。其次,"被保险人及其代表的故意行为或重大过失行为"系保险人的免责事由,基于保险法有利

---

① 参见焦娇:《公司代表人制度研究》,西南政法大学 2010 年博士学位论文;何建:《公司意思表示研究》,复旦大学 2014 年博士学位论文;刘斌:《公司治理视域下公司表意机制之检讨》,载《中国政法大学学报》2021 年第 2 期;蒋大兴:《公司组织意思表示之特殊构造——不完全代表/代理与公司内部决议之外部效力》,载《比较法研究》2020 年第 3 期。

于被保险人的解释原则，对“被保险人代表”范围的认定宜作限缩解释。这一点也得到了建设工程和工程保险业内人士的支持。①

司法实践中，有法院认为，一般雇员不构成被保险人代表。例如，福建厦门中院(2005)厦民终字第2183号案认为：根据保险理论及实践，“被保险人及其代表”均指一个单位或公司的法定代表人、董事长、副董事长、董事、经理、副经理、总会计师、总工程师或上级单位派驻该公司或单位的代表，不包括一般雇员。讼争大豆受损的原因在于被保险人(中禾公司)的机修工未将盖板盖好，导致台风将雨水刮进桶仓引起。而一般雇员的故意或重大过失，只要不是被保险人指使或授意的，不属于保险公司免责的范围。此外，在(2016)苏民再32号案中，江苏高院对施工单位雇佣人员和施工单位的负责人也进行了区分，同样将前者排除在“被保险人代表”的范围外。

但需要注意的是，尽管一般雇员通常不构成被保险人代表，但实务中，一般雇员的过错行为可能是因执行指令导致，而相关指令可能由被保险人代表发出。此时，还需要判断被保险人代表是否有指示或管理方面的过错。

第1.13条 【工程一切险中，保险人以“被保险人及其代表的故意行为或重大过失行为造成的损失、费用，保险人不负责赔偿”为由主张免责的，如何认定“故意或重大过失行为”】

建筑工程一切险中，保险人以“被保险人及其代表的故意行为或重大过失行为造成的损失、费用”为由主张保险人不负责赔偿的，就“故意或重大过失行为”的认定，人民法院或者仲裁机构应从主观过错、客观行为和因果关系三个维度进行综合判断。

其中，在主观过错方面，需要考虑被保险人及其代表是否有追求保险事故或保险标的损失发生的主观故意，或是否存在未尽到合理注意义务的重大过失。就未尽到合理注意义务的认定，除考虑一般理性人的注意义务外，人民法院或者仲裁机构还应结合被保险人及其代表所在行业、专业程度、职业岗位等情况进行具体分析。

① 参见罗莉：《被保险人重大过失致损的法律后果》，南开大学2020年硕士学位论文；谢雄耀主编：《隧道工程建设风险与保险》，同济大学出版社2019年版，第581页。

【条文主旨】

本条是关于建筑工程一切险的免责条款“被保险人及其代表的故意行为或重大过失行为造成的损失、费用,保险人不负责赔偿”中,被保险人及其代表的“故意或重大过失行为”应当如何认定的处理规则。

【理解与适用】

建筑工程一切险,保障的是建筑工程施工建设过程中,保险标的因自然灾害或意外事故导致的物质损失。与其他类型的保险一样,建筑工程一切险作为建筑行业市场主体分散社会风险之机制,目的在于减轻投保人或被保险人遭受风险时的损失,保险人原则上不能以过失相抵规则①减轻自身责任。但是,如投保人或被保险人存在故意或者重大过失行为时,仍要求保险人不加区别地全额赔付,则易滋生道德风险,有违保险制度本意。

关于“故意或重大过失行为”,《保险法》第 27 条第 2 款规定:“投保人、被保险人故意制造保险事故的,保险人有权解除合同,不承担赔偿或者给付保险金的责任;除本法第四十三条规定外,不退还保险费。”《建筑工程一切险条款(2009 版)》第 28 条规定:“下列原因造成的损失、费用,保险人不负责赔偿……(四)被保险人及其代表的故意行为或重大过失行为……”

实务中,如何准确理解及判断被保险人及其代表的“故意或重大过失行为”,对判定保险人能否据此主张免责非常重要。

一、“故意或重大过失”的法理释义

《民法典》关于过错的规定②及学理上的分类和解释主要集中在侵权责任领域。在民法学理论中,所谓“过错”分为“故意”和“过失”两种。

“故意”是指行为人明知其行为会发生侵害他人民事权益的后果,仍有意为

---

① 关于过失相抵规则,主要见于传统违约和侵权领域。对此,《民法典》第 592 条规定:“当事人都违反合同的,应当各自承担相应的责任。当事人一方违约造成对方损失,对方对损失的发生有过错的,可以减少相应的损失赔偿额。”第 1173 条规定:“被侵权人对同一损害的发生或者扩大有过错的,可以减轻侵权人的责任。”

② 《民法典》第 1165 条规定:“行为人因过错侵害他人民事权益造成损害的,应当承担侵权责任。依照法律规定推定行为人有过错,其不能证明自己没有过错的,应当承担侵权责任。”

之的一种主观心理状态。[①] 对此,《美国侵权法第二次重述》第8条规定,故意是指被告希望其行为导致某损害结果,或者相信其行为基本上必定(substantially certain)会导致该结果。如果行为人对所出现结果之确信有所下降,则其主观心态便不再是故意,而是轻率。[②]

"过失"是指行为人对侵害他人民事权益之结果的发生,应注意或能注意却未注意的一种心理状态。过失包括疏忽和懈怠,都是行为人对应负的注意义务的违反。行为人对自己行为的结果,应当预见或者能够预见而没有预见,为疏忽;行为人对自己行为的结果虽然预见了但轻信可以避免,为懈怠。[③]

过失从程度上而言,可分为重大过失、一般过失与轻微过失。其中,"重大过失"是指行为人连最普通人的注意都没有尽到,或者说,行为人是以一种"异乎寻常的方式"违背了必要的注意。这种行为是"特别重大而且在主观上不可宽恕的违反义务的行为,其已经显著地超出了通常的过失程度"。[④] 重大过失一般表现为"行为人极端疏忽或极端懈怠的心理状态"。[⑤] 与普通过失相比,重大过失属于有认识的过错,是很大程度上可以预防和避免的过错,是道德可责难性较强的过错;而普通过失通常是无认识的过错,是客观过错(至少判断标准是客观的),是很大程度上无法完全杜绝乃至大幅度减少的过错,是道德责难越来越趋向于无的过错。[⑥]

保险法理论中关于"故意"及"过失"的理解,与民法学基本理论一脉相承,但在这种主观心理状态表现出的客观行为及产生的结果上,与侵权行为法领域的侵权行为及损害后果有差异,需要结合相关因素进行综合判断。

二、"故意或重大过失行为"的认定标准

司法实践中,法院在就被保险人及其代表构成"故意或重大过失行为"及保险人由此免责的认定上,标准是较为严格的。以下诸多方面都有可能成为司法机关认定保险人是否应当免责的衡量因素:(1)从被保险人角度,被保险人及其

① 参见《民法学》编写组编:《民法学》,高等教育出版社2019年版,第420-421页。

② 参见叶名怡:《重大过失理论的构建》,载《法学研究》2009年第6期。

③ 参见《民法学》编写组编:《民法学》,高等教育出版社2019年版,第420-421页。

④ 参见《民法学》编写组编:《民法学》,高等教育出版社2019年版,第420-421页。

⑤ 参见杨立新、梁清:《客观与主观的变奏:原因力与过错——原因力主观化与过错客观化的演变及采纳综合比较说的必然性》,载《河南省政法管理干部学院学报》2009年第2期。

⑥ 参见叶名怡:《重大过失理论的构建》,载《法学研究》2009年第6期。

代表是否有追求事故发生的主观故意、是否尽到其合理注意义务、是否通过行政主管部门的合法审批、是否存在安全等方面的违规行为、其行为与保险事故的发生是否具有因果关系、是否使保险标的危险程度显著增加且未尽危险程度增加的通知义务;(2)从保险人角度,保险人对保险标的可能遭受保险事故及损失后果是否有预见可能性、是否存在未就相关免责条款充分提示说明等情形。

我们认为,当被保险人及其代表未尽到合理注意义务,行为有严重瑕疵或违法违规,因此导致保险事故或者损失发生,保险人能够据此在一定程度上免责或完全免责,但认定被保险人及其代表“故意或重大过失行为”时,应当非常谨慎,并从以下三个维度进行综合判断:

(一)主观过错方面:被保险人及其代表是否存在追求保险事故或保险标的损失发生的主观故意,或者是否存在未尽到合理注意义务的重大过失

1. 被保险人及其代表是否存在主观故意

被保险人及其代表的“故意”,是指其明知自己的行为可能造成保险事故发生或导致保险标的损失,而仍追求这种结果发生的心理状态。例如,施工单位希望通过火灾事故获得保险理赔,制造火灾事故并追求在建工程的损失发生,即为“故意”。

北京四中院(2018)京04民终60号案认为:故意是行为人明知其行为会发生侵害他人民事权益的后果,仍有意为之的主观心理状态,其以对将发生损害后果的明知和对后果有所认识后具有实现该后果的决意为条件。

2. 被保险人及其代表是否存在重大过失

被保险人及其代表的“重大过失”,是指其应当预见到自己的行为可能造成保险事故发生或导致保险标的损失,尽管在很大程度上可以预防和避免,但因为极端疏忽大意而没有预见(疏忽大意的重大过失)或者已经预见而极端懈怠、轻信能够避免(过于自信的重大过失),以致发生这种结果的心理状态。例如,施工单位违反《消防法》关于消防设计审查的强制性规定,导致火灾事故及在建工程的损失发生,即为“重大过失”。

参考《人保财险公司财产综合险条款(2009版)》第43条关于“重大过失行为”的释义,“重大过失”是行为人不但没有遵守法律规范的较高要求,甚至连人们都应当注意并能注意的一般标准也未达到的心理状态。

需要说明的是,认定被保险人及其代表是否构成“重大过失”,关键在于判断其是否“未尽合理注意义务”。重大过失的认定标准有主观标准和客观标准

之争。主观标准认为,重大过失应当以行为人的预见程度来认定;客观标准认为,重大过失应当以是否尽到特定环境所要求的谨慎义务为标准。① 实践中,重大过失的认定宜采取主客观标准相结合的原则,并通过以下要素进行综合判断:

第一,被保险人及其代表是否违反法律的强制性规范。

所谓强制性规范,是指"命令当事人应为一定行为之法律规定",是"要求当事人必须采用特定行为模式的强行性规范"。一个规范之所以为强制性规范,在于"该规范必然适用而不是可能适用"。② 强制性规范指法律的规定必须严格遵循,当事人不得改变,其表明了法律的价值判断,违反之将关系到相关行为的效力能否得到认可。③ 当法律通过强制性规范对行为人的注意义务进行规定时,行为人应当明晰自己的义务同时依照法律的规定去履行,怠于履行或者未履行,造成损害结果的,属于重大过失。④

行为的违法性,是判断行为人主观上存在重大过失的标准之一。如果被保险人的行为是经过审批的或是合法作业的环节之一,则一般不宜被认定为"故意或重大过失"。例如,最高院(2019)民申393号案认为:根据事故调查报告,发生燃爆事故时,被保险人的生产是合法试生产,被保险人的试生产行为并不构成故意或重大过失,保险人不能因此免责。再如,陕西高院(2019)陕民终597号案认为:被保险人破坏溢洪道进行施工是经过当地水务局合法审批之后才实施的,也是其施工过程中必不可少的环节,故被保险人并不存在重大过失。

第二,被保险人及其代表是否本身认知能力较强。

如果被保险人及其代表作为特定的群体,在特定行业、专业、职业等条件下未注意到该群体、行业、专业、职业岗位所应当注意的一般义务,或违反特定行业及职业行为规范的强制性要求,也可能构成"重大过失"。

建筑工程一切险中,施工单位往往是被保险人之一,作为具有专业经验的建筑施工企业,其"故意或重大过失"往往体现为违反有关质量、安全等方面法

---

① 参见杨立新、李怡雯:《债权侵权责任认定中的知悉规则与过错要件——(2017)最高法民终181号民事判决书释评》,载《法律适用》2018年第19期。

② 参见许中缘:《禁止性规范对民事法律行为效力的影响》,载《法学》2010年第5期。

③ 参见江必新、何东宁等:《最高人民法院指导性案例裁判规则理解与适用·公司卷》,中国法制出版社2015年版,第389-391页。

④ 参见杨立新、李怡雯:《债权侵权责任认定中的知悉规则与过错要件——(2017)最高法民终181号民事判决书释评》,载《法律适用》2018年第19期。

律的强制性规定或行业、职业规范的强制性要求。但需要注意的是，工程规范和标准非常庞杂，究竟哪些属于强制性规范，相关规范性文件可能并未给予明确界定（即便部分工程规范或标准的发布公告或说明中有所描述，但并非绝对且唯一的判断标准），具有较强的技术性特点，需要结合违反相关要求对工程质量和安全的影响、造成的危险程度等进行综合判断。

例如，东莞市第一法院（2019）粤 1971 民初 31208 号案认为：被保险人安排未取得特种作业操作资格证书的员工从事电焊作业，且未对该员工进行岗前和在岗的安全生产教育培训，未保证该员工熟悉相关岗位的安全生产规章制度和安全操作规程、掌握必需的安全操作技能，构成重大过失。

第三，被保险人及其代表的行为是否造成保险标的的巨大危险。

除“行为人主观上对行为的性质与损害有认识”之外，对重大过失的判断也应考虑行为人在客观上是否制造了“巨大的危险”。如果行为人违反注意义务的行为制造了一种明显且严重的危险，并且行为人对危险结果有高度盖然性认识，则可能构成“重大过失”。在认定“巨大的危险”时，应从危险转化为损害的可能性、损害现实化后的严重性以及行为人采取预防措施的成本等方面进行考量。①

例如，彭泽县法院（2020）赣 0430 民初 1621 号案认为：被保险人作为使用特种设备的化工企业，在明知使用 7#反应釜前必须要经过检测且该反应釜未按要求定期检测时，仍伪造资料使该反应釜通过检测并投入使用，未注意到不按有关规定进行检测可能会忽略设备存在的质量缺陷和安全隐患，从而造成损失。此外，被保险人在事故前违规停用了控制压力、温度的安全联锁装置，亦未尽到审慎的注意义务，被保险人在使用特种设备的过程中存在重大过失，符合保险合同约定的保险人免责情形。

需要强调的是，以上要素并非构成“重大过失”缺一不可的必要条件，而是协同互补的关系。同一个案件中有可能同时出现肯定性要素与否定性要素，需要结合案件具体事实，根据证明力的强弱，综合考虑并作出合理的判断。②

从司法实践来看，认定被保险人及其代表不构成“故意或重大过失”的案件

---

① 参见叶名怡：《重大过失理论的构建》，载《法学研究》2009 年第 6 期；参见陈本寒、艾围利：《怎样确定民法上过错程度及其区分标准》，载《中国社会科学院研究生院学报》2011 年第 3 期。

② 参见杨立新、李怡雯：《债权侵权责任认定中的知悉规则与过错要件——（2017）最高法民终 181 号民事判决书释评》，载《法律适用》2018 年第 19 期。

数量，相较于认定其构成“故意或重大过失”的案件数量高了很多。我们将部分案例情况摘录如下，供读者参考。

最高院（2015）民申393号案认为：事故调查报告显示事故的直接原因是“安全负责人刘某某对其危险性认识不足，处理时判断不全面”，该事故的发生并非被保险人的主观故意或重大过失导致，故未支持保险人的免责主张。

云南高院（2017）云民终444号案认为：该案被保险人已在车间配备了灭火器装置，已尽到其合理注意义务，在无证据证明被保险人对火灾原因存在故意或者重大过失的情况下，保险人的保险责任不能减免。

成都中院（2020）川01民终7458号案认为：被保险人雇请工人李某清理屋顶的排水槽，李某虽使用电源，但并非使用明火作业，同时，被保险人对清理过程中李某会使用角磨机打磨排水槽以及会产生火花并非“应当预见而没有预见或对此予以放任”的情形，故未支持保险人的免责主张。

佛山中院（2016）粤06民终8521号案认为：公安机关交通管理部门出具的《道路交通事故认定书》显示，被保险人负本次事故的同等责任，而非主要责任或全部责任，故保险人主张被保险人在道路施工过程中未按规定设置规范的安全警示标志和安全防护措施属重大过失行为，依据不足。

青岛中院（2016）鲁02民终26号案认为：被保险人将涉案取暖炉作为车间的取暖装置及用于烘烤衣物并离开，存在一定过失，但在无法确定火灾原因的前提下，无论被保险人及其代表是否存在过失，都无法直接认定其对保险事故存在重大过失，故不支持保险人的免责主张。

（二）客观行为方面：被保险人及其代表故意或重大过失的心理状态是否外化为客观行为

学理上认为，过错是对行为人主观心理状态的评价，只有存在加害行为与损害后果等客观要件后，方有讨论过错的必要。脱离客观要件，单独讨论过错是没有意义的。事实上，过错涉及何种内容，通常也要由客观构成要件决定。[①]

单纯的“故意或重大过失”仅属于被保险人及其代表的一种主观状态，这种状态需要通过客观行为体现出来。这里的客观行为包括作为和不作为。所谓“作为”，是指行为人实施了积极的、导致损害发生的行为；而“不作为”，是指行为人应当履行某项法定或约定的作为义务而未履行，这里的“作为义务”可能是

① 参见《民法学》编写组编：《民法学》，高等教育出版社2019年版，第420－421页。

某一法律明确规定的，可能是行为人先前的行为产生的，还可能基于当事人约定而产生。①

例如，彭泽县法院（2020）赣0430民初1621号案认为：被保险人"违规停用了控制压力、温度的安全联锁装置"且"反应釜未按要求定期检测"，前者属于"作为"情形，后者属于"不作为"情形。

实际上，客观行为往往与主观心理状态无法截然分割，在判断被保险人及其代表是否构成"故意或重大过失"时，需要结合外化的行为本身进行分析，而行为又是在主观心理状态作用下的呈现方式，二者在认定上具有不可分割性。

（三）因果关系方面：被保险人及其代表的行为是否具有致损性，即行为与损害结果之间是否有因果关系

从纯粹逻辑分析角度而言，在判断是否构成"故意或重大过失行为"时，不需要延伸考虑因果关系，但是，因果关系的判断对保险人能否以被保险人及其代表的"故意或重大过失行为"主张免责具有重要影响。从实务角度出发，我们建议在分析"故意或重大过失行为"时，将"致损性"作为维度之一。

所谓"致损性"，即故意或重大过失行为需要发生作用力，即引发保险事故或造成损失结果。本质上，判断被保险人及其代表的行为是否具有致损性，就是在分析相关行为与保险事故或损失发生是否具有因果关系，具体而言：

第一，如果被保险人及其代表存在"故意或重大过失行为"，但这种行为并不当然或不直接导致保险事故发生或保险标的损失产生，保险人据此主张免责的，不应得到支持。

例如，云南高院（2017）云民终444号案认为：该案保险事故经公安消防大队认定系电路老化短路所致，保险事故的发生与被保险人超出经营范围、是否合理设置生产车间并无因果关系，保险人的保险责任不能减免。

第二，如果被保险人及其代表存在"故意或重大过失行为"，该等行为直接导致了保险事故的发生，进而造成了保险标的损失，保险人据此主张免责的，应予支持。

例如，北京四中院（2018）京04民终60号、东莞第一法院（2019）粤1971民初31208号、彭泽县法院（2020）赣0430民初1621号案件中，法院在认定被保险人存在故意或重大过失行为的同时，也从该等行为导致保险标的损失发生的

① 参见黄薇主编：《中华人民共和国民法典释义》（下），法律出版社2020年版，第2234－2235页。

角度，认定二者存在因果关系。

第三，如果被保险人及其代表存在“故意或重大过失行为”，该等行为虽然没有导致保险事故，但与保险事故共同作用造成了保险标的损失，保险人据此主张免责的，除非该等行为对损失发生占主导作用，否则，不应得到支持。

例如，最高院（2015）民二终字第15号案认为：被保险人擅自拆除消防水泵房导致消火栓系统内水压不足，客观上导致火灾发生后救援工作未能正常进行，造成损失扩大，并由此酌情认定对于火灾事故造成的损失，由保险人与被保险人按8∶2的比例承担；最高院二审认为，被保险人拆除的系消防水泵房而非消防水泵，且消防部门并未认定拆除消防水泵房系火灾成因，故对保险人以被保险人拆除消防水泵房构成重大过失为由要求免责的主张不予支持。从该案可以看出，虽然被保险人的行为可能存在一定的瑕疵，但保险人未能证明被保险人的行为与火灾事故具有因果关系的，最高院最终未支持保险人的免责主张。

此外，需要注意的是，《保险法》第52条规定：“在合同有效期内，保险标的的危险程度显著增加的，被保险人应当按照合同约定及时通知保险人，保险人可以按照合同约定增加保险费或者解除合同……被保险人未履行前款规定的通知义务的，因保险标的的危险程度显著增加而发生的保险事故，保险人不承担赔偿保险金的责任。”如果被保险人及其代表的“故意或重大过失行为”导致保险标的的危险程度显著增加进而导致发生保险事故的，可能会与上述“被保险人及其代表的故意行为或重大过失行为造成的损失、费用”发生竞合。发生竞合的情况下，应当结合被保险人援引的请求权基础进行判断及分析。

第1.14条 【工程一切险中，保险人以“行政行为造成的损失、费用，保险人不负责赔偿”为由主张免责的，如何认定“行政行为”】

工程一切险中，保险人以“行政行为造成的损失、费用”为由主张保险人不负责赔偿的，关于行政行为，保险人应当就以下两方面进行举证：

（1）该行为是由行政机关，法律、法规、规章授权的组织或行政机关委托的主体作出的；

（2）该行为直接导致保险标的本身的损失、费用。

保险人无法就上述两方面进行举证的，就其免责主张，人民法院或者仲裁机构不予支持。

【条文主旨】

本条是关于工程一切险免责条款中，如何界定“行政行为造成的损失、费用”处理的规则。我们认为，是否支持保险人以“行政行为”作为免责事由，需要从两个层面进行综合判断：其一，应当判断作出该行政行为的主体是否为行政机关，法律、法规、规章授权的组织或行政机关委托的主体，即该行为是否属于行政行为；其二，在该行为属于行政行为的前提下，应当进一步判断其是否给保险标的本身造成损失、费用，即行政行为是否与保险标的损失、费用之间存在直接因果关系。

【理解与适用】

建筑工程一切险，保障的是建筑工程施工建设过程中，保险标的因自然灾害或意外事故导致的物质损失。因此，因行政行为给保险标的造成损失、费用的，不属于保险人损失赔偿范畴。为避免出现保险人滥用“行政行为”这一事由免责，应当对此处的“行政行为”之内涵和外延予以厘定。

一、保险合同关于“行政行为”条款的变迁

《建筑工程一切险条款（2009 版）》中，就“行政行为”这一免责事由已从 1995 版合同约定的“政府命令或任何公共当局的没收、征用、销毁或毁坏”修改为“行政行为或司法行为”，从而与《慕尼黑建筑工程再保险条款（2009 版）》中的“governmental or judicial action”约定保持一致。我们认为，从该条款的修改足以窥见在《建筑工程一切险条款（2009 版）》的语境下，行政行为之外延有所扩展，不再局限于政府命令、没收、征用、销毁或毁坏五种情形。令人遗憾的是，《建筑工程一切险条款（2009 版）》并未进一步对行政行为的具体内涵和外延进行界定。因此，实践中必然会对该语境下的“行政行为”理解产生争议，故对“行政行为”在此种语境下的内涵和外延予以进一步剖析和厘定十分必要。

二、行政行为的概念和内涵

对特殊语境下的行政行为进行剖析应当首先厘清在行政法体系下，行政行为之概念和内涵为何，方能追本溯源，并为构建特殊语境下的特殊理解夯实基础。

“行政行为”一词最早出现于法国行政法学领域,此后,它逐渐成为各国行政法学的一个核心范畴和概念性工具。对什么是行政行为,理论上有着不同的学说。以下主要介绍三种主流学说,分别为行为主体说、行政权说和公法行为说。

1. 行为主体说。该学说认为,行政行为是指行政机关的一切行为。也就是说,凡是行政机关的行为,包括行政机关运用行政权所作的事实行为和没有运用行政权所作的私法行为,都属于行政行为。行为主体说是以对国家机关的划分,即把国家机关分为立法机关、行政机关和司法机关为前提的,因此又称为行政行为的形式界定说。①

2. 行政权说。该学说认为,只有行使行政权的行为,即运用行政权所作的行为才是行政行为。例如,我国台湾地区学者张金鑑认为,“行政行为系指行政机关或组织的构成人员依法规推行职务及执行方案或计划的活动,换言之,亦是公务人员推行政令及处理公务的活动”②。也就是说,行政行为包括行政法律行为、行政事实行为和准法律行为三类,而不包括行政机关没有运用行政权所作的私法行为。行政权说是以对国家权力的划分及对行政权的界定为前提的,因此又称为行政行为的实质界定说。③

3. 公法行为说。该学说认为,行政行为是具有行政法(公法)意义或效果的行为。公法行为说一致认为应将私法行为和事实行为排除在行政行为范围之外,但在外延上却存在不同的观点。第一,全部公法行为说。该说认为,行政行为包括全部有公法意义的行为。也就是说,行政行为既包括抽象行政行为,也包括具体行政行为。④ 第二,立法行为除外说。该说认为,行政行为包括除行政立法行为以外的全部有行政法意义的行为。也就是说,抽象行政行为中的行政立法行为不属于行政行为,但制定规范性文件的行为属于行政行为。行政行为包括制定规范性文件的行为和具体行政行为。⑤ 第三,具体行为说。该说认为,

---

① 参见姜明安主编:《行政法与行政诉讼法》(第5版),北京大学出版社、高等教育出版社2011年版,第775页。

② 张金鑑:《行政学新论》,台北,三民书局股份有限公司1984年版,第166页。

③ 参见姜明安主编:《行政法与行政诉讼法》(第5版),北京大学出版社、高等教育出版社2011年版,第776页。

④ 参见王名扬:《法国行政法》,中国政法大学出版社1988年版,第132页;罗豪才主编:《行政法学》(新编本),北京大学出版社1996年版,第105-116页。

⑤ 参见姜明安:《行政法与行政诉讼》,中国卓越出版公司1990年版,第237页。

行政行为是行政主体就具体事件所作的公法行为;行政主体对不特定人或事所作的抽象行为不属于行政行为。此外,该说的多数学者还认为行政主体对内部行政相对人所作的内部行为及行政契约亦不属于行政行为。[①] 第四,合法行为说。该说认为,行政行为应当是行政主体所作的一种合法行为。只有合法的行为才能发生预期的行政法效果,违法行为即使发生了相应的法律后果也不能得到法律的保护,并不是行政主体所期望的行政法效果。我国的少数学者和实务界人士持该说。[②] 显然,合法行为说受到了民事法律行为界定说的影响,同时也误解了行政行为的从属法律性这一特征,不适应行政复议和行政诉讼的现实需要。因此,该说并没有得到学界的支持和实务界的认同。[③]

如上述介绍,关于行政行为的学说理论繁多,不同学说理论内部还存在诸多分歧,因此,对行政行为进行类型化的区分和理解十分必要。

三、行政行为的类型和外延

关于行政行为的类型及其包括的范围,我们采用了现行行政法体系下最为通用的分类体系,即行政行为以是否具有法律效果为标准,可以分为行政法律行为和行政事实行为。[④]

行政法律行为,是指行政主体运用行政权设定、变更或者消灭特定或不特定相对人权利义务的行政作用,包括行政立法行为、行政创制性文件、行政解释性文件、具体行政行为和行政合同等。行政事实行为,是指行政主体运用行政权实现行政目的,但并没有产生相应法律效果的行政作用,包括行政调查、行政指导等。

行政法律行为以单方意志还是双方意志为标准,可以分为单方行政行为和双方行政行为。单方行政行为,是指行政主体为实现行政目的单方面运用行政权所作的行为,包括行政立法行为、行政规范性文件和具体行政行为。双方行

---

① 参见姜明安主编:《行政法与行政诉讼法》(第5版),北京大学出版社、高等教育出版社2011年版,第779页。

② 参见刘勉义:《论行政行为与行政机关事实行为的界分》,载刘莘、马怀德、杨惠基主编:《中国行政法学新理念》,中国方正出版社1997年版,第118页;王军旺、王美群、崔华:《对"行政法律行为"概念探讨》,载《行政法学研究》1997年第2期。

③ 我国姜明安教授是最早提倡这一学说的学者,但后来放弃了这一主张。参见姜明安:《行政法与行政诉讼》,中国卓越出版公司1990年版,第236页;姜明安:《行政法与行政诉讼法》,高等教育出版社1997年版,第58页。

④ 参见姜明安主编:《行政法与行政诉讼法》(第5版),北京大学出版社、高等教育出版社2011年版,第779-789页。

政行为，是指行政主体与对方当事人平等、协商一致所形成的协议或合同，包括行政合同和行政协议。

单方行政行为以所针对相对人是否特定为标准，可以分为抽象行政行为和具体行政行为。抽象行政行为是指行政主体运用行政权，针对不特定相对人所作的行政作用，包括行政立法和行政规范性文件。具体行政行为是指行政主体运用行政权，针对特定相对人设定权利义务的行政作用。①

关于行政行为的类型和外延，具体可见图 1－1 所示的模式体系②：

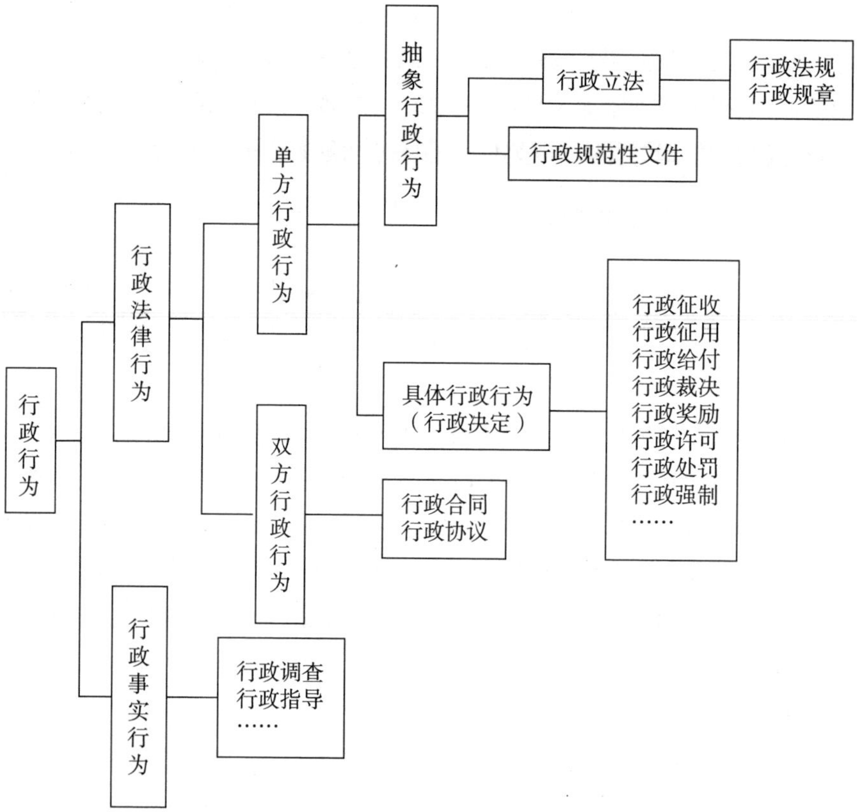

图 1－1 行政行为的类型和外延

① 参见姜明安主编：《行政法与行政诉讼法》（第 5 版），北京大学出版社、高等教育出版社 2011 年版，第 779 页。

② 参见姜明安主编：《行政法与行政诉讼法》（第 5 版），北京大学出版社、高等教育出版社 2011 年版，第 769 页。

上述行政行为的体系化诠释，在行政法学上表现为行政行为的具体范畴，指在理论或实务上对行政行为的内容和程序都已形成固定的、共同的、典型特征的体系。[①] 因此，我们认为，在对保险领域免责条款的“行政行为”之范畴进行理解时，应当参照上述行政行为的类型体系，且不应限定于特定的某几种或某种类型。理由在于：其一，《建筑工程一切险条款（2009 版）》第 28 条并未对“行政行为”进行限定或限缩，若将行政行为限定于特定的某几种或某种类型，则于法无据。但需要澄清的是，并非任何行政行为均可构成保险人的免责事由，如本条第四部分所述，还需要通过因果关系予以判断和限缩。其二，如本条第一部分所述，保险合同的条款变迁，也在一定程度上反映出《建筑工程一切险条款（2009 版）》就“行政行为”之范畴有扩展之意。

四、因果关系的判定

如上文所述，关于行政行为之界定的学说繁多，行政行为之分类细碎繁杂，故在保险人援引行政行为进行免责时，应当对行政行为进行限缩性理解，即当且仅当该行政行为给保险标的本身造成损失、费用时，才能构成保险人的免责事由，即该行政行为与保险标的本身之损失、费用之间应存在决定性的因果关系。

为进一步解释“行政行为与保险标的本身之损失、费用之间应存在决定性的因果关系”，我们将通过如下情景示例进一步说明。

情景一：

行政机关从城市规划角度出发，对被保险人建设中的工程进行征收，以扩建道路，对于在建工程的损失，保险人基于行政行为主张免责的，应予支持。

情景二：

行政机关从保护人民生命安全角度出发，对上游水库进行泄洪，故开闸泄水，造成下游在建工程被冲毁，对于在建工程的损失，保险人基于行政行为主张免责的，应予支持。

不难看出，前述免责情形存在以下两个共同点：其一，相关行为（征收、泄洪行为）均属于行政行为；其二，行政行为给保险标的（在建工程）本身造成了损失、费用。

那么，在行政行为未给保险标的本身造成损失和费用的情况下，例如，工程

---

① 参见姜明安主编：《行政法与行政诉讼法》（第 5 版），北京大学出版社、高等教育出版社 2011 年版，第 782 页。

建设中，被保险人因触犯法律法规而被行政机关处以罚款，或者行政机关在保险事故发生后进行救灾、评估等产生了相关费用，对于此类行政罚款、行政机关的救灾评估费用或类似性质的其他费用，保险人能否基于“行政行为”要求免责？在实践中，就此问题存在争议。但我们认为，结合“行政行为”所在保险条款[①]列举的其他情形及合同解释原则来看，该条款中的免责情形应当仅限于给保险标的本身造成损失、费用的情况。上述行政罚款、行政机关的救灾评估费用或类似性质的其他费用，并非保险标的本身的损失、费用，因此，如保险人援引“行政行为”作为免责事由的，应当不予支持。

实际上，上述列举的行政罚款、行政机关的救灾评估费用或类似性质的其他费用，应属于“后果损失”范畴，以《建筑工程一切险条款(2009版)》为例，保险人可基于其第29条“下列损失、费用，保险人也不负责赔偿：……(二)罚金、延误、丧失合同及其他后果损失……”的请求权基础主张免责。

综上所述，对于保险人以“行政行为造成的损失、费用”作为免责事由的，首先应对该行为是否属于行政行为进行判断，其次应对该行政行为与保险标的本身之损失、费用的发生进行因果关系判定。对于非保险标的本身之损失、费用，保险人应当考虑能否基于其他请求权基础主张免责，而非适用“行政行为”造成的损失、费用这一免责事由。

第1.15条　【工程一切险中，保险人以投保人未履行如实告知义务为由主张免责的，如何认定告知义务的主体、履行方式、告知内容及履行时间】

工程一切险中，保险人以投保人未履行如实告知义务为由主张免责的，人民法院或者仲裁机构应当从告知义务的主体、告知方式、告知内容、告知时间等方面进行综合判断。

告知义务的主体仅为投保人，保险人以被保险人未履行告知义务为由主张免责的，人民法院或者仲裁机构不予支持。

---

① 以《建筑工程一切险条款(2009版)》为例，其第28条载明：“下列原因造成的损失、费用，保险人不负责赔偿：(一)战争、类似战争行为、敌对行为、武装冲突、恐怖活动、谋反、政变；(二)行政行为或司法行为；(三)罢工、暴动、民众骚乱；(四)被保险人及其代表的故意行为或重大过失行为；(五)核裂变、核聚变、核武器、核材料、核辐射、核爆炸、核污染及其他放射性污染；(六)大气污染、土地污染、水污染及其他各种污染。”

订立保险合同时，投保人仅对保险人询问的内容负有如实告知义务，投保人告知的内容应与保险标的或被保险人相关、是投保人明知的事项且为足以影响保险标的的重要事实，被保险人以投保人负有超出前述范围的告知义务为由主张免责的，人民法院或者仲裁机构不予支持。

保险合同生效后，投保人告知义务消灭，保险人以合同生效后投保人未履行告知义务为由主张免责的，人民法院或者仲裁机构不予支持。

【条文主旨】

本条是关于工程一切险的告知义务在实务中如何理解与适用的规则，主要包含司法实践中，保险人以投保人未履行如实告知义务为由主张免责时，对于告知义务中的告知主体、告知方式、告知内容、告知时间等事项的认定。

【理解与适用】

建筑工程一切险，保障的是建筑工程施工建设过程中，保险标的因自然灾害或意外事故导致的物质损失。与其他类型的保险一样，工程一切险作为建筑行业市场主体分配社会风险之机制，投保人亦负有如实告知义务（又称告知义务），以使保险人能够精确地厘定风险。我国《保险法》第16条对投保人的告知义务予以规定，且《建筑工程一切险条款（2009版）》亦以第33条、第37条对此问题进行了约定。

司法实践中，保险人以投保人未履行如实告知义务为由主张免责时，告知义务的主体、告知方式、告知内容、告知时间等方面仍存在诸多争议。保险人免责的主张是否可以得到支持，需基于对法律规定的正确理解和适用。我们认为，是否支持保险人免责应从多个层面进行综合判断，逐一进行认定和排查。

一、告知义务的性质

在订立保险合同的过程中，为准确地进行风险厘定，平衡双方利益，投保人需在订立保险合同时，向保险人履行如实告知义务。如实告知义务是投保人应履行的核心义务之一，其最重要的理论基础为诚实信用原则与对价平衡原则。①

① 参见李飞：《保险法上如实告知义务之新检视》，载《法学研究》2017年第1期。

而如需进一步解构和明晰告知义务之内涵与外延，则需首先明确其性质。

告知义务为《保险法》明确规定的法定义务，其区别于保险合同中约定的危险发生的通知义务、危险增加的通知义务等，投保人不得以保险合同未约定为由，拒绝履行。

告知义务是法定的先合同义务，其存在于保险合同的缔约阶段。《保险法》第16条第1款规定：“订立保险合同，保险人就保险标的或者被保险人的有关情况提出询问的，投保人应当如实告知。”由此可见，告知义务的履行先于合同成立。投保人在磋商阶段对该义务的履行情况是保险人判断是否承保的基础。如投保人在磋商阶段故意隐瞒与订立合同有关的重要事实或提供虚假信息，可能因违反先合同义务而需承担《民法典》第500条规定的缔约过失责任。

二、告知义务的主体

告知义务的履行主体仅为投保人，保险人不得以被保险人未履行告知义务为由主张免责。

(一)观点之争

关于告知义务的主体，尽管《保险法》第16条第1款规定“订立保险合同，保险人就保险标的或者被保险人的有关情况提出询问的，投保人应当如实告知”，但纵观我国立法过程和司法实践，就告知义务的履行主体存在以下三种观点。

第一种观点，将告知义务的主体限定为投保人，被保险人无告知义务。持有此种观点的学者认为：其一，基于严格的文义解释，《保险法》及其司法解释均未将“投保人”的内涵扩张至被保险人，且《保险法》第10条第2款明确规定，“投保人是指与保险人订立保险合同，并按照合同约定负有支付保险费义务的人”，故将法定义务扩张解释至被保险人，于法无据。[①] 其二，最高院在告知义务主体的认定层面虽有观点反复的情况，但最终亦将告知义务的主体限定为投保人，这体现了我国立法与司法实践的倾向。最高院《关于适用〈中华人民共和国保险法〉若干问题的解释(二)》(公开征求意见稿)第5条规定，“投保人和被保险人不为同一人时，投保人的如实告知义务及于被保险人。对同一事实，其中一人已经如实告知的，视为投保人已经履行告知义务。投保人和被保险人告知

① 参见刘建勋：《新保险法：经典、疑难案例判解》，法律出版社2010年版，第130页。

内容不一致,保险人仍同意承保的,按照保险法第 16 条第 6 款的规定处理”,但在 2013 年 5 月 6 日最终通过的《保险法司法解释二》中未采纳这个条款,学界一般认为最高院放弃了这种观点,仍将如实告知义务的主体限于投保人。①

第二种观点,告知义务的主体应为投保人和被保险人。持有此种观点的学者认为:其一,被保险人通常是最为了解保险标的的主体之一,就保险人的询问事项,被保险人之回答应最为真实和具体,若被保险人不是告知义务之主体,则保险利益之平衡、风险之厘定将成为无法落地的具文。其二,保险合同中约定的危险发生的通知义务主体、危险增加的通知义务主体等多为投保人与被保险人,告知义务与前述义务之本质类同,被保险人理应秉承诚实信用原则履行告知义务。②

第三种观点,告知义务的主体需基于投保人和被保险人是否为同一人加以判断。持有此种观点的学者认为:被保险人是否应当履行告知义务,应首先判断投保人和被保险人是否为同一人。如二者不为同一人时,投保人的如实告知义务及于被保险人。例如,在财产保险中,投保人在绝大多数场合下同时也是被保险人,当两者分离的时候,被保险人作为标的财产的所有人或权利人,对标的物状况知之最详;在人身保险中,投保人与被保险人不为同一人时,被保险人作为危险事故之客体,对危险事项的了解最透彻,尤其是对自己的身体健康状况,除被保险人本人外无以作答。因此,在投保人和被保险人不为同一人时,被保险人亦负告知义务。③

我们认为,告知义务的主体应当限定于投保人,其合理性在于:

其一,《保险法》第 10 条第 2 款明确定义,“投保人是指与保险人订立保险合同,并按照合同约定负有支付保险费义务的人”。将投保人的内涵扩张至被保险人,正当性存疑。此外,违反该告知义务的法律后果是保险目的可能落空。因此,扩张义务主体的范围理应十分谨慎。如仅因商业惯例和风险厘定之需求便陡增一方的法定义务,同样缺乏合理性基础。

---

① 参见温世扬主编:《保险法》(第 3 版),法律出版社 2016 年版,第 102 页。

② 参见江朝国:《保险法基础理论》,中国政法大学出版社 2002 年版,第 151 - 165 页;施文森:《保险法总论》,台北,三民书局股份有限公司 1995 年版,第 115 页;梁宇贤:《保险法新论》(修订新版),中国人民大学出版社 2004 年版,第 110 页;周玉华:《最新保险法释义与适用》,法律出版社 2009 年版,第 34 页。

③ 参见樊启荣:《保险契约告知义务制度论》,中国政法大学出版社 2004 年版,第 166 页。

其二，在工程实践中，保险合同签订时，往往没有确定施工单位、分包单位等被保险人，且被保险人在工程建设中也可能发生变化，因此，如将告知义务扩张至被保险人，将使告知义务不具有操作性。同时，即便已经确定施工单位，保险人也可以通过保险合同约定被保险人的告知义务。在保险人有其他救济途径的情况下，没有必要强行扩张解释，将被保险人划入告知义务的主体范围中。

其三，在投保人与被保险人不是同一主体的情况下，保险合同是一个纯粹的利他合同。如仍要求被保险人履行告知义务，则是对法律作出的扩大解释，与合同相对性的原则不符。①

另外，将告知义务主体规定为投保人和被保险人并非通例。例如，我国台湾地区和澳门特别行政区均将告知义务的主体限定为投保人。我国台湾地区“保险法”第64条第1款规定，“订立契约时，要保人对于保险人之书面询问，应据实说明”；《澳门商法典》第973条规定，“投保人最迟应于订立合同时以完整及明确方式向保险人声明其所知悉或通常应知悉且能影响风险评估之一切情况，不论此等情况是否列于所收到之问卷”②，又如，德国《保险合同法》第19条规定：“在订立保险合同之前，对于保险人以书面方式询问的对其决定订立保险合同有重要影响的事实，投保人应当向保险人如实告知。在保险人接受投保人的订约请求后但正式签订保险合同前，如果保险人向投保人询问了上述重要事实，则投保人有义务就上述事实向保险人如实告知。”③再如，《欧洲保险合同法原则》第101条规定：“投保人订立合同时，应该将自己知道或者应该知道的、且保险人清楚准确问到的情形告诉保险人。”④

（二）司法实践

在司法实务中，就告知义务的主体认定亦存在一定的分歧。山东高院《关于审理保险合同纠纷案件若干问题的意见（试行）》第5条规定：“投保人与被保险人非同一人时，保险人主张被保险人未履行如实告知义务而拒绝承担责任的，人民法院不予支持。”江西高院《关于审理保险合同纠纷案件若干问题的指

---

① 参见仲伟珩：《投保人如实告知义务研究——以中德法律比较为出发点》，载《比较法研究》2010年第6期。

② 王静：《如实告知义务法律适用问题研究——以〈最高人民法院关于适用《中华人民共和国保险法》若干问题的解释（二）〉为核心》，载《法律适用》2014年第4期。

③ 孙宏涛：《德国保险合同法》，中国法制出版社2012年版，第66页、第72页。

④ “欧洲保险合同法重述”项目组：《欧洲保险合同法原则》，韩永强译，载梁慧星主编：《民商法论丛》（第48卷），法律出版社2011年版，第5页。

导意见(一)》第4条规定:"对于不属于投保人、被保险人知道或应当知道的情况,保险人以投保人或被保险人未履行如实告知义务为由主张解除合同或免除责任的,不予支持。"在较长的时间内,就此问题存在同案不同判的情形。例如,新乡中院(2014)新中民金终字第366号案,法院仅要求投保人履行告知义务;但是,上海一中院(2010)沪一中民六(商)终字第160号、新乡中院(2014)新中民金终字第237号案中,判决书均提及被保险人应履行告知义务。

随着《保险法司法解释二》的正式颁布实施,将告知义务的主体限定为投保人已成主流观点。例如,甘肃高院(2017)甘民申1204号、广州中院(2019)粤01民终12063号案中,相关法院已明确表明仅投保人负有告知义务。

综上所述,基于我国的立法与司法实践,并从现行法解释层面,我们认为,告知义务的主体应仅限于投保人。

三、告知义务的履行方式

告知义务采用询问—告知的履行方式,投保人仅需就保险人询问的内容履行告知义务,保险人不得以其未询问的内容为由主张拒绝赔偿。

法理上,告知义务的履行方式分为自动申告主义和询问告知主义。日本、意大利采用的是自动申告主义①,我国采用了询问告知主义。《保险法司法解释二》第6条第1款明确规定"投保人的告知义务限于保险人询问的范围和内容。当事人对询问范围及内容有争议的,保险人负举证责任"。该款规定包含以下两层含义:第一,投保人的告知内容与范围仅限于保险人询问的内容,保险人未询问的内容投保人无须告知。故保险人不得以其未询问的内容主张投保人有告知义务。针对概括性条款,《保险法司法解释二》第6条第2款已明确规定,除非概括性条款包含具体内容,否则投保人亦不负有义务告知。第二,当事人对询问范围及内容有争议的,保险人负举证责任。即保险人未能证明其已经询问的,则推定为未询问,投保人对此不负告知义务。

四、告知义务的内容

投保人告知的内容应与保险标的或被保险人相关、是投保人明知的事项且为足以影响保险标的的重要事实,投保人不负有无限告知义务,保险人不能以

---

① 参见温世扬主编:《保险法》(第3版),法律出版社2016年版,第103页。

投保人负有无限告知义务为由拒绝赔偿。

(一)投保人应当告知的事项

投保人并不负有无限告知的义务,在询问—告知主义的原则下,投保人需要告知的事项应从如下三个层面进行解构。

第一,投保人应当告知的事项应与保险标的或被保险人有关。保险人需要充分了解其拟承保的标的的真实情况,并基于投保人告知的情况进行全面的风险评估,因此,投保人有义务告知与保险标的或被保险人相关的事项。与保险标的或被保险人无关的事项,或不影响保险人决定是否承保及计算保险费的内容,投保人不负有告知义务。①

第二,投保人告知的内容应属其明知的内容,而不应包括其应知的内容。投保人告知的内容是否应包括其应知的内容在司法实践中亦存在一定纷争,如广东高院《关于审理保险合同纠纷案件若干问题的指导意见》(已失效)第 4 条规定:“对于不属于投保人知道或应当知道的情况,保险人以投保人未履行如实告知义务为由主张解除合同或免除责任的,人民法院不予支持。”然而,《保险法司法解释二》第 5 条明确规定,“保险合同订立时,投保人明知的与保险标的或者被保险人有关的情况,属于保险法第十六条第一款规定的投保人‘应当如实告知’的内容”,将投保人之告知义务限定于明知范围。所谓明知的内容,是指投保人已经了解并掌握的有关情况和事实。相关规定的合理性在于:首先,现代保险告知义务的实质并不是要求投保人承担无限告知义务;其次,保险实践中有保险公司滥用告知义务逃避责任,因此应当将告知义务的内容和范围予以圈定;再次,为落实 2009 年《保险法》修订时的立法意旨,即为了规范保险活动,保护保险活动当事人的合法权益,加强对保险业的监督管理;最后,司法实践中,证明“投保人明知”具有操作性和可实施性。②

第三,投保人告知的事项应当是足以影响保险标的的重要事实。根据《保险法》第 16 条第 2 款之规定,重要事实之判定标准应是指该事项“足以影响保险人决定是否同意承保或者提高保险费率”,映射于工程保险中,工程的工期、造价、质量标准等均可能构成重要事实。

---

① 参见温世扬主编:《保险法》(第 3 版),法律出版社 2016 年版,第 105 页。

② 参见最高人民法院民事审判第二庭编著:《最高人民法院关于保险法司法解释(二)理解和适用》,人民法院出版社 2013 年版,第 148 页。

我国立法对重要事实的判定标准未予以细化规定,具体以哪一方当事人的认知水平来判断一个客观情况是否属于重要事实,对当事人的权利义务影响甚大。一般认为,"足以影响保险人决定是否同意承保或者提高保险费率"是针对保险人的判断,即"足以影响保险人决定是否同意承保或者提高保险费率"与保险人"提出询问"的事项具有一致性,除非依据常识即可得出相反结论。从客观层面而言,采用"审慎的保险人标准"是可行的,但基于利益平衡,同时考虑投保人一方的判断能力和合理期待可能更为合理。[①] 通常可从以下几个因素予以判定:一是该事项是否足以使投保危险增加;二是为特殊动机投保的,该事项是否为该动机所指向的事实;三是该事实是否为表明投保危险特殊性质的事实;四是该事实是否显示投保人在某方面非正常的事实。[②] 当然,特定案例中进行判断,还应当综合各种具体情况进行具体分析。

(二)投保人免于告知的事项

如前文所述,就投保人的告知义务我国立法上采取询问—告知主义,即投保人只需对保险人提出的明确具体的询问事项,就其明知的情况予以告知即可;对于保险人未提出询问的事项,投保人则无须承担告知义务。

就免于告知的事项,尽管我国立法没有明确规定,但我国部分地区的法院在审判实践中列明了投保人不负告知义务的事项。例如,浙江高院《关于审理财产保险合同纠纷案件若干问题的指导意见》第 9 条规定:"投保人对保险人所询问的下列事项不作回答,不应认定为如实告知义务的违反:(一)为保险人所已知的;(二)依常理判断保险人已知的;(三)经保险人声明不必进行告知的。"北京高院《关于审理保险纠纷案件若干问题的指导意见(试行)》第 14 条规定:"在下列情形下,投保人的如实告知义务被免除:(1)投保人未告知的事实会导致保险风险的出险率降低;(2)保险人知道或者应当知道的事实;(3)保险人明确声明免除投保人对相关事项的告知义务。"

综上所述,投保人告知的内容仅限于保险人询问的事项,且告知的内容应是与保险标的或被保险人相关、投保人明知且足以影响保险标的的重要事实;投保人不负有无限告知义务,如保险人以此为由拒绝赔偿,不应予以支持。

① 参见国务院法制办公室编著:《中华人民共和国保险法注解与配套》,中国法制出版社 2014 年版,第 76 页。

② 参见李玉泉:《保险法》(第 2 版),法律出版社 2003 年版,第 59 页。

五、告知义务的履行时间

合同生效后，投保人告知义务消灭，保险人不得以合同生效后投保人未履行告知义务为由拒绝赔偿。

《保险法》第 16 条第 1 款规定："订立保险合同，保险人就保险标的或者被保险人的有关情况提出询问的，投保人应当如实告知。"该条并未明确告知义务的履行时间，一般情况下，保险合同在订立后即生效，但部分合同可能附条件生效，在此种情况下，多数学者认为告知义务于合同成立时终止[①]，但我们认为告知义务应于保险合同生效时终止。两种观点的核心分歧在于合同成立后、保险合同生效前，如果保险标的的风险状况发生变化，投保人是否应当向保险人继续履行告知义务。

我们认为，告知义务应在保险合同生效时终止的理由如下：

第一，由于告知义务属于先合同义务，违反先合同义务必定产生缔约过失责任，且承担缔约过失责任的前提为先合同义务的违反，因此可以参照《民法典》第 500 条缔约过失责任中关于"订立合同"的理解。[②] 根据该条文的官方释义，"订立合同"应是指双方为订立合同开始实质接触起，至合同生效止。否则，合同成立后至合同生效前的一段时间排除在外，造成权利保护的空白期。如果将该段时间排除在外，那么这段时间当事人无须承担先合同义务，又因为合同尚未生效，当事人不受合同义务的约束。合同成立前当事人的权利需要保护，合同成立后生效前的当事人权利更为重要。[③] 虽然不少学者提出告知义务应于合同成立时终止，但如合同附条件生效，则会将合同成立至生效期间缔约双方的诚信义务排除在先合同义务之外，且在一定程度上等同于否认告知义务的先合同义务之性质，在理论上是欠妥的。

第二，根据诚实信用原则，以及保险风险厘定、平衡双方利益的理念，在保

---

① 参见温世扬主编：《保险法》（第 3 版），法律出版社 2016 年版，第 105 页；参见王静：《如实告知义务法律适用问题研究——以〈最高人民法院关于适用《中华人民共和国保险法》若干问题的解释（二）〉为核心》，载《法律适用》2014 年第 4 期。

② 《民法典》第 500 条规定："当事人在订立合同过程中有下列情形之一，造成对方损失的，应当承担赔偿责任：（一）假借订立合同，恶意进行磋商；（二）故意隐瞒与订立合同有关的重要事实或者提供虚假情况；（三）有其他违背诚信原则的行为。"

③ 最高人民法院民法典贯彻实施工作领导小组主编：《中华人民共和国民法典合同编理解与适用》，人民法院出版社 2020 年版，第 270 页。

险合同订立期间，投保人应以最大的善意积极履行告知义务，并应及时告知保险人与保险标的有关的最新情况。保险人在设计保险产品时，依据大数法则，对特定风险进行经验计算后得出其可能发生的风险率，根据该风险率来确定风险程度基本符合测算结果范围内的风险。[①] 如投保人的告知义务在保险合同订立后（而非生效后）戛然而止，保险人将无法全面进行风险厘定，使超出风险测算结果范围的风险纳入承保范围之中，其结果是保险人根据大数法则设计的保险产品失去存在的基础，投保群体利益蒙受损失。

另外，需要注意的是，在保险期间届满后一定时间内，双方同意续保的，我们认为，本质上是重新订立保险合同，投保人仍负有法定的如实告知义务。

综上所述，我们认为，在保险合同生效后，投保人告知义务应予消灭。因此，保险人以合同生效后投保人仍负有告知义务而其未履行该等义务为由，主张拒绝赔偿的，不应予以支持。

需要注意的是，保险人以投保人未履行如实告知义务为由主张免责的，除了本条指引所述的告知义务主体、告知方式、告知内容及告知时间之外，保险人还应举证证明投保人存在故意或重大过失且符合保险人免责的其他法定条件。人民法院或者仲裁机构应从主客观维度进行综合考量及认定。关于投保人在主观方面是否存在故意或重大过失以及保险人援引“投保人未履行如实告知义务”免责的其他法定条件，具体见本书第1.16条的分析。

第1.16条 【工程一切险中，保险人以投保人未履行如实告知义务为由主张免责的，投保人的主观过错及保险人的行权方式对责任认定的影响】

工程一切险中，如投保人因重大过失违反如实告知义务，但未对保险事故的发生有严重影响，保险人以投保人未履行如实告知义务为由主张免责的，人民法院或者仲裁机构不予支持。

投保人故意或重大过失违反如实告知义务，足以影响保险人决定是否同意承保或提高保险费率的，保险人有权解除合同。保险人在未解除合同的前提下，以投保人未履行如实告知义务为由主张免责的，人民法院或者仲

---

① 参见潘红艳：《〈保险法〉中投保人如实告知义务条文的结构性解读及完善》，载《法学杂志》2020年第2期。

裁机构不予支持。

保险人在订立保险合同时已知投保人违反告知义务或在订立合同后知道投保人违反告知义务但仍收取保费的，保险人以投保人未履行如实告知义务为由主张解除合同或主张免责的，人民法院或者仲裁机构不予支持。

【条文主旨】

司法实践中，保险人以投保人未履行如实告知义务为由主张免责时，除了本裁判指引第 1.15 条所述告知义务的主体、告知方式、告知内容、告知时间之外，投保人主观过错、保险人请求权的行使方式等其他法定条件，对保险人能否免责同样具有重要影响。本条即为认定投保人主观过错、保险人请求权的行使方式等其他法定条件对保险人免责影响的处理规则。是否支持保险人免责，还应结合投保人主观过错的类型、主观过错对保险事故发生的影响程度、保险人知情与否及合同解除权的行使情况等进行综合判断。

【理解与适用】

建筑工程一切险，保障的是建筑工程施工建设过程中，保险标的因自然灾害或意外事故导致的物质损失。与其他类型的保险一样，工程一切险作为建筑行业市场主体分配社会风险之机制，投保人亦负有如实告知义务（又称告知义务），以使保险人能够精确地厘定风险。

一、投保人未履行如实告知义务的共性后果：保险人有权解除合同

根据《保险法》第 16 条第 2 款之规定，投保人无论是故意还是重大过失未履行如实告知义务，只要足以影响保险人决定是否同意承保或者提高保险费率的，保险人有权解除合同。就合同的解除可从以下几个层面进行解构。

第一，关于解除合同的时间限制，根据《保险法》第 16 条第 3 款之规定，自保险人知道有解除事由之日起，超过 30 日不行使而消灭。自合同成立之日起超过 2 年的，保险人不得解除合同；发生保险事故的，保险人应当承担赔偿或者给付保险金的责任。该规定的“30 日”是除斥期间，不适用中止、中断及延长规则；该规定的“2 年”在学理上属于不可抗辩期间，超过前述期限后，无论保险人

是否知晓存在解除事由，均不得再解除。[①]

第二，保险人解除合同，不以发生保险事故为前提。只要保险人在前述时限内发现投保人存在故意或者重大过失未如实告知的行为，保险人便可解除合同。这也意味着，就保险人享有的解除权而言，我国现行立法并不要求保险事故发生，仅以投保人违反告知义务影响风险评估为由。

二、投保人故意违反如实告知义务，保险人主张免责的适用规则

《保险法》第16条第4款规定，投保人故意不履行如实告知义务的，保险人对于合同解除前发生的保险事故，不承担赔偿或者给付保险金的责任，并不退还保险费。针对此条规定，应当明确以下适用规则：

第一，"不赔偿不退保费"应以保险人解除合同为前提。《保险法司法解释二》第8条明确规定："保险人未行使合同解除权，直接以存在保险法第十六条第四款、第五款规定的情形为由拒绝赔偿的，人民法院不予支持。但当事人就拒绝赔偿事宜及保险合同存续另行达成一致的情况除外。"最高院就此项规定进一步释义：其一，从体系解释层面而言，《保险法》第16条第2款规定违反告知义务的基本后果是解除合同，第3款为解除权行使的期间，因此第4款应是解除权行使的法律后果，"不赔偿不退保费"应以保险人解除合同为前提是符合立法原意和体系性解释的。其二，如允许不解除合同即可"不赔偿不退保费"，那么《保险法》第16条第3款关于合同解除的期间限制将成为具文。其三，允许合同双方另行协商亦给予了保险人和投保人路径出口，保险人的解除权属于私权利，依据私法意思自治的基本原理，权利可以放弃，保险人完全有可能基于对潜在投保人心理和消费选择的考量、对投保人的体恤以及履行的义务和践行公司社会责任等因素，放弃投保人违法告知义务时的保险合同解除权。[②]

同时，从域外实践的通例来看，在投保人违反如实告知义务情形下，域外各国或地区多数倾向于赋予保险人合同解除权，而不是直接不承担保险责任。例如，《德国保险合同法》第19条第3款规定，如果投保人基于故意或者重大过失违反了前款规定的告知义务，保险人可以解除保险合同。[③]《日本保险法》规

① 参见温世扬主编：《保险法》（第3版），法律出版社2016年版，第108页。

② 参见最高人民法院民事审判第二庭编著：《最高人民法院关于保险法司法解释（二）理解与适用》，人民法院出版社2015年版，第202－203页。

③ 参见孙宏涛：《德国保险合同法》，中国法制出版社2012年版，第72页。

定："投保人或被保险人因故意或重大过失未如实告知或作不实告知的，保险人可以解除合同，对于解除前发生的保险事故造成的损失，不承担赔偿责任。"①再如，我国台湾地区"保险法"则规定："投保人故意或过失未履行如实告知义务，足以改变保险人对于风险评估的，保险人可以解除合同，即使保险事故发生后也可以解除合同，但投保人证明保险事故的发生与未告知的事项无关的除外。"

第二，我国现行立法在投保人主观过错为故意时，并不要求投保人违反告知义务与保险事故之间具有因果关系，仅以投保人违反告知义务影响风险评估为条件，故而只要投保人违反告知义务且足以影响保险人决定是否同意承保或者提高保险费率，保险人便有权"不赔偿不退保费"。

三、投保人重大过失违反告知义务，保险人主张免责的适用规则

《保险法》第 16 条第 5 款规定："投保人因重大过失未履行如实告知义务，对保险事故的发生有严重影响的，保险人对于合同解除前发生的保险事故，不承担赔偿或者给付保险金的责任，但应当退还保险费。"针对此款规定，应当明确以下适用规则：

第一，适用该款的前提为，投保人存在重大过失而未能认识到相关事项是与风险评估有关的重要事实，从而未履行告知义务。2009 年《保险法》修改时将"过失违反告知义务"修改为"重大过失违反告知义务"，即已明确该等主观状态应为重大过失，而非一般过失。

第二，对于合同解除前发生的保险事故，保险人可否免于赔偿，需区分不同情况予以判定：

如投保人因重大过失违反告知义务，且该告知义务对保险事故的发生有严重影响，保险人对于合同解除前发生的保险事故，不承担赔偿责任，但应当退还保费。这意味着，在重大过失的主观情形下，如保险人主张拒绝赔偿，则需证明投保人未告知的事项对保险事故产生严重影响，即存在因果关系。

我国部分法院亦出台相关指导意见对此予以进一步明确，例如，浙江高院《关于审理财产保险合同纠纷案件若干问题的指导意见》第 7 条规定："投保人因重大过失未履行如实告知义务的内容不属保险事故发生主要原因，对保险人

① 王静：《如实告知义务法律适用问题研究——以〈最高人民法院关于适用《中华人民共和国保险法》若干问题的解释（二）〉为核心》，载《法律适用》2014 年第 4 期。

承担保险责任不具有决定性因果关系的,保险人以投保人未尽如实告知义务为由拒绝承担保险责任的,不予支持。”广东高院《关于审理保险合同纠纷案件若干问题的指导意见》(已失效)第6条第2款规定:“保险法第十六条第五款规定的投保人因重大过失未履行如实告知义务的,未履行告知义务的有关事项与保险事故没有直接因果关系,保险人以投保人未尽如实告知义务为由拒绝承担保险责任的,人民法院不予支持。”山东高院《关于审理保险合同纠纷案件若干问题的意见(试行)》第7条规定:“投保人因重大过失未履行如实告知义务的内容和保险事故发生之间不具有因果关系的,保险人对合同解除前发生的保险事故,以投保人未尽如实告知义务为由拒绝承担保险责任的,人民法院不予支持。”

如投保人因重大过失违反告知义务,但对保险事故的发生没有严重影响的,保险人应当承担赔偿责任。[①] 此适用规则是对《保险法》第16条第5款的反向解释,同时,亦是基于因果关系理论的合理解读。需要说明的是,如何判断因果关系,应当根据个案进行综合分析。

四、保险人知情对合同解除及免除责任的影响

如果保险人明知投保人存在违反告知义务的行为,其仍签署保险合同或收取保费的,则保险人丧失解除合同及免除赔偿责任的权利。

《保险法》第16条第6款规定:“保险人在合同订立时已经知道投保人未如实告知的情况的,保险人不得解除合同;发生保险事故的,保险人应当承担赔偿或者给付保险金的责任。”该款规定系借鉴了英美法中禁反言的规则,[②]即如保险人在合同订立时,已明知投保人存在违反告知义务的情形,但保险人仍愿意承保,则保险人不得再以投保人未履行如实告知义务而解除合同,或拒绝赔偿。

根据《保险法司法解释二》第7条的规定:“保险人在保险合同成立后知道或者应当知道投保人未履行如实告知义务,仍然收取保险费,又依照保险法第十六条第二款的规定主张解除合同的,人民法院不予支持。”该款规定借鉴的是域外的弃权规则,[③]即如保险人在保险合同成立后知悉投保人未履行告知义务,

---

① 参见温世扬主编:《保险法》(第3版),法律出版社2016年版,第109页。

② 参见安建主编:《中华人民共和国保险法(修订)释义》,法律出版社2009年版,第45页。

③ 参见最高人民法院民事审判第二庭编著:《最高人民法院关于保险法司法解释(二)理解与适用》,人民法院出版社2015年版,第190页。

其本可以依法行使解除权,但其收取保费,可推定保险人放弃解除权,不得再次主张。

上述两种情形下,合同解除权丧失之法理依据存在差异,明确保险人知晓投保人未履行告知义务的时间点是正确适用相关法律的基础与前提。在保险人解除权丧失的情况下,其无权主张免除赔偿责任。

第1.17条 【工程一切险中,保险人以“丧失合同及其他后果损失,保险人不负责赔偿”为由主张免责的,如何认定“丧失合同”】

工程一切险中,保险合同约定的“丧失合同及其他后果损失”中“丧失合同”,是指与保险标的相关的施工、采购、设计等保险合同以外其他合同项下的利益损失,相对于保险标的物质损失而言,属于间接损失。

对于保险人违反保险合同约定给被保险人造成的损失,保险人以“丧失合同及其他后果损失,保险人不负责赔偿”为由主张不负责赔偿的,人民法院或者仲裁机构不予支持。

【条文主旨】

本条是关于《建筑工程一切险条款(2009版)》通用条款第29条列举的免责事由中“丧失合同”应如何理解与适用的规则。

【理解与适用】

建筑工程一切险,保障的是建筑工程施工建设过程中,保险标的因自然灾害或意外事故导致的物质损失。因此,保险标的物质损失以外的间接损失(又称后果损失),并不属于保险人的赔偿范围。实践中,保险人往往援引《建筑工程一切险条款(2009版)》通用条款第29条主张免责,即“下列损失、费用,保险人也不负责赔偿……(二)罚金、延误、丧失合同及其他后果损失……”但由于该条款中“丧失合同”的措辞在中国法项下没有对应概念,其在理解和适用上难免产生争议。因此,厘清“丧失合同”的内涵与外延,对于认定其损失性质、范围并解决与之相关的争议,显得尤为重要。

一、根据合同解释原则及保险赔付机制，丧失合同的损失性质属于间接损失，应理解为保险合同以外其他合同项下的利益损失

"丧失合同"的概念出现在《建筑工程一切险条款(2009 版)》有关免责情形的特定语境下，即"下列损失、费用，保险人也不负责赔偿……(二)罚金、延误、丧失合同及其他后果损失……"其在中国法项下没有对应的法律概念，当属一种"舶来"词汇，且上述条款在理解上容易出现歧义，需要从合同解释的角度厘清其具体内涵。

《民法典》第 142 条第 1 款规定："有相对人的意思表示的解释，应当按照所使用的词句，结合相关条款、行为的性质和目的、习惯以及诚信原则，确定意思表示的含义。"因此，就合同解释而言，其解释方法包括文义解释、整体解释、目的解释、习惯解释和诚信解释。[①] 此外，学理上一般认为，法律解释方法可分为：(一)文义解释；(二)论理解释，包括体系解释、法意解释、扩张解释、限缩解释、当然解释、目的解释、合宪性解释；(三)比较法解释；(四)社会学解释。[②]

关于"丧失合同"的界定，有观点认为，应秉持文义解释及有利于被保险人解释的原则，将其认定为"合同终止"[③]。其理由在于：第一，就"丧失合同"的文义措辞及通常含义而言，可理解为"失去合同"或"合同不存在了"，最接近的法律概念是"合同终止"，故丧失合同的损失范围即为合同终止导致的损失。第二，考虑到"丧失合同"出现在保险人免责条款中，从有利于被保险人的角度而言，不宜作扩大解释。

鉴于"丧失合同"并非中国法项下的概念，我们认为，遵循整体解释、目的解释及法意解释原则，将其认定为"合同利益的损失"更为妥当。

第一，仅从文义解释角度，将"丧失合同"简单等同于"合同终止"理据不足，还应结合其他解释原则综合判断。

第二，即便基于有利于被保险人解释的原则，对"丧失合同"进行限缩解释，

---

① 参见最高人民法院民法典贯彻实施工作领导小组主编：《中华人民共和国民法典合同编理解与适用(一)》，人民法院出版社 2020 年版，第 38－39 页。

② 参见梁慧星：《论法律解释方法》，载《比较法研究》1993 年第 1 期。

③ 《民法典》第 557 条规定："有下列情形之一的，债权债务终止：(一)债务已经履行；(二)债务相互抵销；(三)债务人依法将标的物提存；(四)债权人免除债务；(五)债权债务同归于一人；(六)法律规定或者当事人约定终止的其他情形。合同解除的，该合同的权利义务关系终止。"

但考虑到该概念的语境为“丧失合同及其他后果损失”，保险人主张免责时，一般会基于整体条款提出，在“后果损失”的兜底约定下，对丧失合同的限缩解释并不能使被保险人处于更有利的地位。因此，此处若僵化地依赖有利于被保险人的解释原则，则与条款本身的制度设计不符。

第三，根据整体解释及目的解释原则，综观《建筑工程一切险条款（2009版）》通用条款第29条，其采用“列举＋兜底”的方式，目的在于说明保险标的之间接损失属于保险人的免责范围，因此，“丧失合同”作为与“罚金、延误”并列的间接损失情形之一，应回归该法律属性来认定其内涵和外延。相对于保险标的物质损失而言，“合同利益的损失”（不管是否发生了合同终止）均属于间接损失。“合同终止”仅限于合同不再继续履行之情形，虽也会涉及损失，但该等损失的发生前提及范围均相对有限，不符合保险合同语境下、保险标的间接损失免于赔付的本意。

第四，根据法意解释原则①，鉴于《建筑工程一切险条款（2009版）》源自《慕尼黑建筑工程再保险条款（2009版）》，（以下简称《慕尼黑再保险条款》）根据该条款，“丧失合同”对应的表达为“loss of contract”。在新南威尔士州最高法院判例中，法院认为该案中的“丧失合同”应理解为“合同利益的损失（loss of benefit of a contract）”，该等“合同利益的损失”既包括原被告签署的设计施工承包合同项下的损失，也包括在某种程度上可能因违反前述合同而受到影响的其他合同项下的损失。②

---

① 法意解释，又称立法解释、沿革解释或历史解释，系指探求立法者或准立法者于制定法律时所作价值判断及其所欲实现的目的，以推知立法者的意思。立法史及立法过程中之有关资料，如一切草案、审议记录、立法理由书等，均为法意解释之主要依据。参见梁慧星：《论法律解释方法》，载《比较法研究》1993年第1期。

② Macmahon Mining Services v. Cobar Management [2014] NSWSC 502 at paras 27 and 28："One of those categories of loss is 'loss of contract'. Although those words might appear to be somewhat obscure, it was common ground that they were intended to catch loss of the benefit both of the particular contract in which they appear – that is to say the contract between Cobar and Macmahon – and other, or third party, contracts, the benefit of which might be lost to one party as a result of some breach by the other of the parties' own contract...The expression 'contract' seems to me to be a shorthand way of saying 'benefit of a contract'. Although it does not have an initial capital letter (and, thus, is not 'this Contract', which is defined to be the agreement with which I am concerned), nonetheless, on the basis that the general includes the particular, I think that the expression 'loss of [the benefit of a] contract' encompasses losses both under the particular contract and, as I have said, under other contracts that in some way may be affected by breach of the particular contract."

就保险合同而言，一旦发生保险事故，被保险人在与保险标的相关的施工、采购、设计等合同项下可能遭受利益损失，该等损失相对于保险标的物质损失而言，均属于间接损失，不需要再加以合同终止的情形和范围限制。因此，将“丧失合同”理解为“丧失合同的利益”或“合同利益的损失”，在保险合同的语境、条款目的及体系下更为妥当。

需要注意的是，从《建筑工程一切险条款（2009 版）》通用条款第 29 条所列除外损失、费用的范围来看，应不涉及保险合同本身的损失，保险人是否需要基于保险合同义务的违反进行损失赔付，应结合保险人是否存在违约事实以及合同约定和法律规定具体分析，不是此类免责条款解决的问题，故上述“合同利益的损失”应理解为保险合同以外其他合同项下的利益损失。

对于保险人违反保险合同约定给被保险人造成的损失，保险人以该免责条款为由主张不负责赔偿的，人民法院或者仲裁机构不予支持。例如，四川高院（2020）川民终 1566 号案认为：根据《保险法》第 23 条，保险人如未及时履行保险事故定损和理赔义务而致被保险人受到损失的，应当承担赔偿责任。该案中，因保险人选择实际修复（重置修复至全新时的状态）的理赔方式，保险人未能及时并全面履行约定和法定的定损及理赔义务，是被保险人（喜来登酒店）未能恢复营业从而客观存在营业损失的重要原因，故法院根据被保险人举证，并考虑酒店折旧费、长期借款利息等扣除因素以及新冠疫情导致的限制开放情况等，酌情支持了被保险人的营业损失，对保险人有关“营业损失不属涉案保险合同的赔偿范围”的主张未予支持。

就上述分析，为便于理解，我们将“后果损失”“间接损失”“丧失合同”等概念的关系以及保险赔付机制梳理如下：

1. 后果损失与间接损失属于同一概念，可互换使用。关于“后果损失”（consequential loss），一般认为，其与“间接损失”（indirect loss）属同义词，可以互换使用。出于法律语言的严谨性和使用习惯的考虑，两者通常会并列出现在合同条款中，表述为“indirect or consequential loss”。[①] 此外，哥伦比亚大学法学院的学者 Victor P. Goldberg 也指出，后果损失（consequential damages）、间接损

① 参见李成业：《FIDIC 合同中“间接损失免赔条款”的英国法解读》，载《招标采购管理》2020 年第 7 期。

失(indirect damages)和特殊损失(special damages)是同义词。①

2. 丧失合同属于后果损失/间接损失的一种。如前文所述,"丧失合同"在《建筑工程一切险条款(2009 版)》中的约定为"下列损失、费用,保险人也不负责赔偿……(二)罚金、延误、丧失合同及其他后果损失……"根据文义解释,并列列举的"罚金、延误、丧失合同"均属于"后果损失"。

此外,根据法意解释,追溯到该条款的起源,《慕尼黑再保险条款》中与之对应的条款约定为,"The Insurer shall not, however, be liable for…consequential loss of any kind or description whatsoever including penalties, losses due to delay, lack of performance, loss of contract…"据此,后果损失(consequential loss)的种类包括但不限于:罚金(penalties)、由于延误、未履行合同、丧失合同而产生的损失(losses due to delay, lack of performance, loss of contract)。从比较分析的角度而言,《建筑工程一切险条款(2009 版)》中"罚金、延误、丧失合同及其他后果损失"的完整表达应当是"罚金、由于延误、丧失合同而产生的损失及其他后果损失"。由此可见,丧失合同属于后果损失/间接损失的一种。

3. 基于保险赔付机制,保险人的赔付范围为保险合同项下保险标的本身的物质损坏或灭失,不包括保险标的的间接损失。《保险法》第 2 条规定:"本法所称保险,是指投保人根据合同约定,向保险人支付保险费,保险人对于合同约定的可能发生的事故因其发生所造成的财产损失承担赔偿保险金责任,或者当被保险人死亡、伤残、疾病或者达到合同约定的年龄、期限等条件时承担给付保险金责任的商业保险行为。"第 55 条规定:"投保人和保险人约定保险标的的保险价值并在合同中载明的,保险标的发生损失时,以约定的保险价值为赔偿计算标准。投保人和保险人未约定保险标的的保险价值的,保险标的发生损失时,以保险事故发生时保险标的的实际价值为赔偿计算标准。保险金额不得超过保险价值。超过保险价值的,超过部分无效……"

保险合同作为一种保障性合同,其保障作用表现在补偿保险事故造成的财产损失或者导致被保险人的死亡、伤残、疾病时给付保险金。因此,保险事故发生造成保险标的损失是权利人行使保险赔付请求权不可缺少的条件。如果保险事故的发生造成该合同保险标的以外的财产或相关利益的损失,则不具备行

---

① See Victor P. Goldberg, *Consequential Damages and Exclusion Clauses*, Columbia Law & Economics Working Paper No. 582, p. 1 (2018).

使保险赔付请求权的条件。[1]

在工程保险领域,《建筑工程一切险条款(2009 版)》物质损失保险部分第 2 条约定:“本保险合同的保险标的为:本保险合同明细表中分项列明的在列明工地范围内的与实施工程合同相关的财产或费用,属于本保险合同的保险标的。”第 5 条约定:“在保险期间内,本保险合同分项列明的保险财产在列明的工地范围内,因本保险合同责任免除以外的任何自然灾害或意外事故造成的物质损坏或灭失(以下简称‘损失’),保险人按本保险合同的约定负责赔偿。”实践中,投保人往往对“一切险”容易望文生义,认为“一切意外损失”都可以得到转嫁赔偿,但实际上“一切”指的是免赔以上、赔偿限额以内、除外条款约定的不负责赔偿范围之外的一切意外事件造成的损失,因此,工程一切险是有限的风险保障,仅对保险事故造成的直接损失进行理赔。[2]

关于保险标的直接损失的赔付机制,司法实践中的观点较为统一。例如,江苏高院(2017)苏民申 649 号案认为:被保险人主张的损失,是热电公司管道修复前造成第三人停产的损失,该损失系财产损失中的间接损失,根据保险条款关于保险责任范围的约定,该损失不属于保险人承保的范围,保险人不应当承担赔付责任。广西高院(2013)桂民提字第 65 号案认为:保险合同的主要功能是分担风险,填平实际发生的直接损失,而停运损失属间接损失,只有在保险合同明确约定的情况下才予以支持,案涉保险合同未约定赔偿间接损失,故间接损失不属于保险合同承保范围,保险人只应赔偿车辆本身价值减损的损失。

二、丧失合同的损失范围应包括被保险人在保险合同以外其他合同项下的全部损失

如前文所述,工程一切险条款中的“丧失合同”并非指保险合同本身的损失,而是被保险人在保险合同以外其他合同项下的利益损失,这种损失包括以下范围:

第一,保险合同以外其他合同项下的直接损失。例如,因保险事故导致某

---

① 参见贾林青:《论保险赔付请求权的法律性质和行使条件》,载《法律适用》2002 年第 12 期。

② 参见周健、李其虎、王德强:《关于工程保险合同条款的分析与建议》,载《人民长江》2009 年第 18 期。

建设工程工期延误,承包人的停窝工损失(包括人工工资、周转材料和施工机具租赁费或摊销费、折旧费等)、延误期间遭遇市场价格波动导致的价差损失、发包人要求承包人赶工而支付的赶工费等损失,均系施工合同项下的直接损失,但相对于保险标的物质损失而言,皆属于间接损失范畴。除非投保人与保险人在保险合同中通过扩展条款给予承保,此类损失不属于保险人的赔付范围。

第二,保险合同以外其他合同项下的间接损失。作为保险人的免责情形,既然保险合同以外其他合同项下的直接损失,保险人可予免责,从"举重以明轻"的解释角度而言,保险合同以外其他合同项下的间接损失更应属于保险人的免责范围。因此,"丧失合同"也包括"其他合同项下的间接损失"。

回归到建设工程领域,若因保险事故导致某建设工程工期延误,承包人可能丧失与其他建筑单位订立同类施工合同的机会以及该机会下的合同利益,而发包人则因工期延误产生了延迟投入运营的损失。此类损失均系施工合同项下的间接损失,相对于保险标的物质损失而言,更属于间接损失范畴;除非保险合同另有约定,否则不属于保险人的赔付范围。

第1.18条 【工程保险合同格式条款存在两种以上理解的解释原则】

结合《民法典》《保险法》等规定,针对工程保险合同格式条款存在两种以上的理解,首先应当按照通常理解予以解释;有两种以上解释的,应当作出不利于保险人的解释。

【条文主旨】

本条是关于工程保险合同中的格式条款有两种以上解释情形时的处理规则。首先需要厘清条款本身该如何解决,《民法典》第498条规定,对格式条款的理解发生争议的,应当按照通常理解予以解释。

对于工程保险合同来说,投保人虽然比一般自然人在商事交易活动中具有更丰富的经验,对于合同条款的理解能力也相对较强,但面对预先设立的工程保险专业性条款,仍然可能处于弱势地位。因此,在条款出现歧义时,如果只按目的解释、文义解释等传统合同的解释方法,必将使利益倒向提供格式条款一方,从而导致合同当事人利益失衡。司法实务中,审判机关往往采取不利于提供格式条款一方的解释。但有部分观点认为,按照该方式处理,则还需考虑不利于提供格式一方条款的解释主体及解释内容,若处理不当则同样有可能影响合同当事人的平等利益。因此,还需要考虑《民法典》第 496 条关于提示说明义务的相关规定。格式合同提供者往往处于经济上的优势地位,因其具有追求自身最大利益的本性;如果在制定格式合同中较少考虑到合同相对方的利益,并且在对某一格式条款发生争议而进行解释时,更未尽到提示和说明的义务且出现了两种以上的解释,此时司法机构选择对其不利的解释,对于规范交易市场、保护弱势群体的合法利益相对更为公平。

【理解与适用】

一、工程保险合同格式条款的法律特征

格式条款又称标准条款,是指当事人为了重复使用而预先拟定并在订立合同时未与对方协商的条款,如保险合同、拍卖成交确认书等,都是格式合同。格式条款的内容由一方当事人事先拟定,在订立合同时向相对方提出,合同的另一方并没有参与格式条款的制定。相较于传统的合同条款而言,不需要双方当事人经过要约、反要约、承诺的反复协商过程,因此可能导致双方在意思表示上不一致的情况,进而需要在理解存在何种冲突的前提下进行合理公平的解释。保险合同中大部分条款,是由保险人一方预先拟定,投保人一般不会参与制定过程,投保人只能选择是否与保险人订立保险合同,这使保险合同双方当事人的地位显失公平且可能违背契约自由。

工程保险合同中的格式条款已经类型化,能够体现大部分工程内在、共同性的特征。持久性是指该格式合同条款的承诺期限比较长,即在一段较长的时间内发生效力,在经营策略改变或者经营环境发生重大变化前,通常条款不会发生重大变化。如一切险合同条款中,针对保险责任范围及保险期限等相关条款的内容,往往不会发生重大变化。细节性是指条款中包含了合同双方在交易时需要用到的各种细节条款,接受合同条款的一方签订时不需要进行修改,一般也不能够对条款进行修改。

另外,需注意当事人经济地位的不平衡性。如前文所述,虽然在工程保险中,作为发包人或承包人的投保人,虽然比一般自然人在商事交易活动中具有更丰富的经验,对于合同条款的理解把握也相对更充分,但提供格式条款的保险人作为制定、预设合同条款的一方,同时具有丰富保险事故处理与理赔经验

的主体,对于条款实质性内容的理解更为全面,往往处于强势地位。

二、合同条款歧义的解释规则

《民法典》第142条规定:"有相对人的意思表示的解释,应当按照所使用的词句,结合相关条款、行为的性质和目的、习惯以及诚信原则,确定意思表示的含义。无相对人的意思表示的解释,不能完全拘泥于所使用的词句,而应当结合相关条款、行为的性质和目的、习惯以及诚信原则,确定行为人的真实意思。"第466条规定:"当事人对合同条款的理解有争议的,应当依据本法第一百四十二条第一款的规定,确定争议条款的含义。合同文本采用两种以上文字订立并约定具有同等效力的,对各文本使用的词句推定具有相同含义。各文本使用的词句不一致的,应当根据合同的相关条款、性质、目的以及诚信原则等予以解释。"上述条款是对合同条款发生争议时的常规解释方法,具体可以理解如下:

一是按通常理解进行解释,发生争议后,应当就合同本意,对合同用语作通常的理解进行解释。因此,对条款的解释可以考虑一个合理的人在该种情况下,对该含有歧义的合同条款用语应当作出何种理解,并以此作为解释合同的标准。注意,这里所说的合理的人,是指法官应当按照合同所处的特定地域、行业中从事某种特殊交易的合理的人的标准来理解该条款用语的含义。这里需要强调的是,《民法典》第498条首先规定,对格式条款的理解发生争议的,应当按照通常理解予以解释。该部分表述置于"对格式条款有两种以上解释的,应当作出不利于提供格式条款一方的解释"之前,我们倾向于认为一般情形下,即使对格式条款的理解发生争议时,采取不利于提供格式条款一方的解释也应当符合通常理解的范畴,否则将影响一般民商事交易中对合同当事人真实意思表示的认定。按通常理解进行解释是合同条款歧义解释首要的、最根本的解释规则。只有以通常理解进行解释后仍然不能还原合同当事人的真实意思时,才能考虑采用其他解释规则对合同歧义条款进行解释。

二是整体解释,又称体系解释,指的是以整个合同文件的各项条款、各个构成部分作为一个完整的整体,兼顾各项条款和各个构成部分的关联性、歧义争议条款和整个合同的关系以及在经济活动中所处的地位等方面的因素,来确定所争议的合同条款的含义。①

---

① 参见王利明:《合同法新问题研究》,中国社会科学出版社2011年版,第267页。

三是目的解释，是指以当事人缔约时想达到的目标和结果之内容为根据，对合同歧义条款进行解释的方法。目的解释规则要求在某一合同用语表达的意思与合同目的相反时，应当通过解释更正合同用语；当合同内容暧昧不明或互相矛盾时，应当在确认每一合同用语或条款都有效用的前提下，尽可能以解释的方式予以统一和协调，使之符合合同目的，摒弃有悖于合同目的之含义。[①]

四是历史解释，是指合同条款含义发生歧义时，结合缔约前后过程当中的一切因素予以明确。解释时除了针对合同条款草案、往来文件资料及磋商过程中发表的意见等背景情况进行详尽的了解之外，还必须考虑其他订立合同时的附随情况，包括社会经济条件和文化背景等，由此确立一个公平的、相互理解的基础，探究和恢复当事人在订立合同过程中的真实意思表示。

上述内容主要针对传统条款的歧义解释规则进行阐述，其中按通常理解解释应作为冲突或争议解释处理方式的基石或原则。工程保险合同中，即使投保人与保险人就保险范围、保险期限发生争议，也应当首先按照常规常理进行判断，不能脱离基础客观事实，直接适用不利于提供格式条款一方的解释。如保险合同约定保险期间至竣工验收之日，投保人认为验收日应理解为交付业主之日则违反通常理解，此时不能单纯地适用不利于提供格式条款一方解释的认定规则。如新疆高院(2016)新民终680号案认为：因该合同系格式合同，对于涉诉保险标的“棉籽”是否包括“棉短绒”双方当事人存在不同解释，根据合同法关于疑义条款不利解释的原则，应优先适用普通解释原则，即“按照合同所使用的词句、合同的有关条款、合同的目的、交易习惯以及诚实信用原则”进行解释。该案中，对于“棉籽”是否包括“棉短绒”这一争议条款，按照普通解释原则，即从合同所使用的词句、订立合同的目的以及交易习惯、诚实信用等方面均不能直接确定所争议条款的意思清晰明白，因此，在适用普通解释原则仍然无法消除理解歧义的情况下，应当适用不利解释原则。

同时也需提醒保险人，在制定格式条款时应当更加审慎注意条款的实质理解，并尽可能地在投保过程中就相关条款的含义及适用场景进行提示和明确说明，同时保留相关证据，如此可能在未来发生争议时避免不利于自己的认定，否则法院往往直接采用不利于提供格式条款一方解释的适用规则。如青海高院(2015)青民二终字第70号案认为：投保人与保险人签订了建工一切险保险合

① 参见苏号朋：《格式合同条款研究》，中国人民大学出版社2004年版，第219页。

同,约定了暴雪赔偿内容,投保人主张因暴雪天气受有损失,并出具气象台证明,以证明达到暴雪条件。保险公司主张根据合同约定,投保人提供的证据只说明是从大雪到暴雪的天气过程,达不到暴雪的天气认定。最终青海高院认定按照不利于保险人的认定规则判令保险人承担赔偿责任。

三、针对不利解释原则的抗辩

一是确定格式条款解释的主体。格式条款解释的主体是指,应当由谁来对格式条款的歧义条款进行解释。《民法典》第 498 条仅强调如何解决不同解释存在争议情况下应如何处理,而并未对格式合同歧义条款解释的主体作出明确的规定。实际上工程保险合同履行过程中可能涉及多个主体,当事人、律师、法官、仲裁员、行政机关甚至学者都可以对格式条款给出解释,但这些解释的作用是有很大区别的。学界对于合同解释主体的问题颇有争议,主要有广义说和狭义说两种观点。广义说认为,法官、仲裁员、合同双方当事人以及其他人都可作为合同解释的主体,也就是说,任何主体对格式合同的歧义条款作出的解释,都可以被看作合同的解释;狭义说认为,只有有权主体才能对合同进行解释,所谓有权主体指的便是法官和仲裁员,只有他们作出的解释才具有法律效力。[①] 有学者还认为,“民法上之合同解释仅指法庭所作的解释”[②]。

但司法实务中,针对格式合同条款的解释主体应当仅指当事人,如根据《民法典》第 142 条,以及原《合同法》第 125 条规定“当事人对合同条款的理解有争议的……”在发生争议时,应首先由各方当事人将他们对歧义条款的解释形成书面意见,提交给法庭,然后由法官根据上文所述的按通常理解标准解释、对条款制作人作出不利的解释、非格式条款效力优先原则这三个原则来进行裁判,对该歧义条款,何方的解释更接近条款的本意。法官仅应当作为居中裁判者,并无能力直接解释歧义条款,仅能根据双方当事人提供的解释及其合同依据或事实根据等,采取相应的解释适用规则作出裁判。

二是对按照不利于提供格式条款一方进行解释的规则进行限制。保险合同纠纷案件中,针对格式歧义条款发生争议的范围内,提供格式合同的一方获

---

① 参见王利明:《合同法新问题研究》,中国社会科学出版社 2011 年版,第 240 页。

② 梁慧星:《合同的解释规则》,载梁慧星主编:《民商法论丛》(第 6 卷),法律出版社 1997 年版,第 539 页。

得不利认定的可能性较高。司法机关在处理这类案件时会站在合同相对方的利益上,经常不加选择地使用不利解释原则。这种情况对于合同相对方是很有利的,但在具体实务处理上,可以妥善利用多种方式限制该原则的使用,尽可能避免不利于提供格式条款一方的认定结果。主要可以从排除歧义用语含义以及主张行业术语优先适用等方式入手。所谓排除歧义用语,即在格式条款产生歧义时,若经双方当事人解释而被排除或者经司法解释明确释义的情况下,是不宜再适用不利解释原则的。在这种情况下,虽然在格式合同中该条款表示仍存在歧义,但是若双方当事人在之后通过协商对该条款达成了一致的理解或者在已有司法解释的帮助下将该歧义条款明晰化,则双方当事人对该格式条款无争议,故不需要司法机关再运用不利原则进行格式条款的解释。行业术语优先适用,是指对待保险特有的技术,涉及重复保险处理原则、损失补偿原则、代位求偿原则、共同海损分摊原则、近因原则等,应当给予尊重。在合同条款中对使用的专门术语所作出的解释,宜严格依照专业原则作出处理。[①] 在类似这样存在特殊解释原则的情况下,不应该只看到格式合同歧义条款解释中的不利解释原则,而应当充分考虑特殊格式合同歧义条款的特殊解释原则。

第 1.19 条 【工程保险中,针对保险标的的争议如何解决】

在保险标的的认定产生争议时,应当根据合同明确约定及合理解释,结合合同交易背景、交易目的以及投保人或被保险人的保险利益等因素综合判断。

【条文主旨】

本条是关于在认定保险标的存在争议时,采取何种方式或原则解决争议。从标的的责任类别上来说,工程保险的保险标的一般可以分为物质损失和第三者责任两类。从保险标的的具体指向物来看,则主要包括施工期间的工程本身、施工设施、施工机具、设备等。实务中针对是否属于保险标的产生争议主要原因有投保工程大多存在跨地区、工程量清单存在变动等情形,保险标的的认定较为复杂,本条旨在结合司法判例梳理实务中在保险标的认定存在争议时如

① 参见刘信业:《保险合同的解释问题研究》,载《河南金融管理干部学院学报》2006 年第 5 期。

何解决。

【理解与适用】

一、工程保险标的基本概述

工程保险标的主要分为两大类:一类是建筑工程一切险的保险标的;另一类是安装工程一切险的保险标的。

(一)建筑工程一切险的保险标的

建筑工程一切险的保险标的范围很广,一般分为物质损失项目和第三人责任两大类。一般情况下,为了明确保险责任,确定保险金额,建筑工程一切险的保险标的在保单明细表上分保险项目列出,通常分为物质损失和第三人责任两部分。其中物质损失项目是主要的保险标的,常见的关于保险标的的争议也多集中在该部分。该类保险标的为各种物质实体,主要包括:(1)在建的物质工程;(2)施工用的物料和构件;(3)建筑用机器、设备和工具;(4)工地内临时搭建的建筑;(5)所有人和承包人在工地上的其他财产。

第三人责任是除物质损失项目之外建筑工程一切险的另一项重要保险标的。第三人责任的承担主体通常是工程业主或承包商。第三人责任具体是指在保险有效期内,因发生意外事故造成工地附近及邻近地区的第三人人身伤亡或财产损失,依法应由被保险人承担民事赔偿责任和因此而支付的诉讼费及经保险人书面同意的其他费用。如工程施工过程中,可能会出现因施工钻孔等措施,导致周围居民房屋墙壁出现破损、开裂,或者施工材料如砖块等坠落砸到行人等,承包商应依法对第三方受害者承担经济赔偿责任,这种赔偿责任就是第三人责任。在建筑工程一切险中,第三人责任赔偿往往采取限额赔偿方式,也就是在订立保险合同时,就设定保险人赔偿的最高限额。

(二)安装工程一切险的保险标的

安装工程保险标的的构成与建筑工程标的相似,也分为物质损失项目和第三人责任两类。第三人责任所包含的内容和保险限额规定与建工险相同,但物质损失的内容有所不同。安装工程一切险的物质损失项目包括安装项目、土木建筑工程项目(一般不在安装工程内,但可在安装工程内附带投保,其保险金额一般不超过整体安装工程保额的20%)、场地清理费、安装工程用机器设备(其保险金额按重置价值计算)以及所有人或承包人在施工场地上的其他资产。

（三）其他工程保险险种标的

除了上述两种一切险，工程保险险种还有机器设备损坏险、机器设备利润损失险、雇主责任险、职业责任险、人身意外伤害险等。实践中关于保险标的争议问题往往集中在建筑工程一切险和安装工程一切险范围。

二、工程保险标的争议处理方式

无论是在保险合同中，还是在保险展业、索赔理赔等业务中，经常涉及保险标的。在保险实务中，保险利益与保险标的紧密相连，息息相关。《保险法》第12条第2款规定，财产保险的被保险人在保险事故发生时，对保险标的应当具有保险利益。财产保险的保险利益，是指投保人对保险标的所具有的某种经济上的利益。

《保险法》第31条虽规定的是人身保险合同，但其最后一款规定为“订立合同时，投保人对被保险人不具有保险利益的，合同无效”。《保险法》第48条规定的是财产保险合同，内容为“保险事故发生时，被保险人对保险标的不具有保险利益的，不得向保险人请求赔偿保险金”。从上述条款规定不难看出，保险标的的认定与保险利益存在重大关联。在财产保险中，即使在投保时没有要求被保险人对保险标的具有保险利益，但如果在保险事故发生时被保险人都不具有保险利益，也无权主张保险赔偿。牵涉保险标的争议的，往往是已经发生保险事故，且已提交争议解决机构处理，此时司法机关在认定保险标的时，有时也会结合合同约定，同时分析保险利益范围，对保险标的作出认定。

（一）投保单约定不明，应结合保险利益及合同履行目的等综合判断保险标的

如最高院（2013）民提字第121号案认为：保险人与投保人签订保险合同，投保单载明被保险人名称为投保人宏辉公司，保险人为平安莱阳公司，受益人为工商银行莱阳支行，保险项目为房屋建筑，所在地为宏辉公司厂房所在地。后宏辉公司厂房起火，受损部分包括厂房多处建筑及车间、道路等。宏辉公司主张保险标的为厂区内的全部房屋建筑，平安莱阳公司主张保险标的仅为房产证所列的三栋房屋建筑，并提供了《财产保险综合投保单》及《抵押物清单》，其中《抵押物清单》所列当事人为工商银行莱阳支行和宏辉公司，房屋范围为三栋房屋建筑。该保险单存在涂改等，无法确定具体的保险标的范围。一审法院认为“依据宏辉公司所提交的保单，宏辉公司所投保的保险项目为房屋建筑。保

单并未明确宏辉公司所投保的房屋建筑是厂区内的哪部分房屋……另分析宏辉公司投保的保险目的及保险利益……应当认定宏辉公司将其厂区内所有房屋建筑进行了投保”。二审法院认为,根据保险的特点及保险合同的解释原则,应认定保险合同的保险标的为宏辉公司厂区内的全部房屋。主要理由为:一是该《抵押物清单》是宏辉公司一年之前向银行贷款时所提供的,抵押物价值评估的目的也是为房地产抵押贷款提供价值参考依据。因此,保险合同后附《抵押物清单》,不能得出宏辉公司仅将《抵押物清单》上列明的三栋房屋投保的结论。二是保险合同系由平安莱阳公司提供,对于保险合同主要条款约定不明的法律后果,平安莱阳公司应当明知,保险合同约定不明的责任应由合同条款提供人平安莱阳公司承担。该案中,保险人与投保人对合同标的存在争议,应当作出有利于投保人的解释。综上,二审法院认为,在平安莱阳公司不能提供证据证明对保险标的有明确约定的情况下,按照不利解释原则,应当认定保险标的为宏辉公司厂区内的全部建筑物。

此后该案进入再审阶段,最高院结合全案证据,认为本案所涉保险标的物范围应当根据当事人交易背景、综合全案证据加以判定。一是案涉保单上载明受益人为工商银行莱阳支行而非宏辉公司,保险项目为房屋建筑,并附有一份加盖有抵押人宏辉公司及抵押权人工商银行莱阳支行公章的《抵押物清单》,清单上载明了案涉三栋房屋建筑的基本情况。该案中宏辉公司为满足工商银行莱阳支行的贷款条件,向平安莱阳公司购买贷款抵押物保险的交易关系明显。二是虽然保险单有涂改痕迹,但是总保险标的金额等数字在投保单其他地方相一致。三是该三栋房屋评估价格与总保险标的金额接近。最高院最终认定保险标的物的范围就是上述特定的三栋房屋,而不包括宏辉公司厂区内其他建筑物和道路。

该案具有一定代表性,在保险合同约定不明的情形下,一审法院着眼于保险合同特点及当事人保险利益范围认定保险标的的范围,二审法院在此基础上更援引不利于提出格式合同一方原则进行解释,在保险标的认定存在争议时,按照不利解释原则认定保险标的的范围,而最高院则采取全案分析,综合考虑当事人交易背景、当事人真实意思表示等进行最终认定。

(二)合同未明确约定保险标的的,若保险人未能作出合理解释,可能按照不利于保险人的方式确定保险标的的范围

保险合同中对于保险标的的确认,一方面是直接约定具体的保险标的的范

围,另一方面是在除外责任条款或其他特别条款中约定不予赔偿的范围。如果针对保险标的的理解出现争议,则法院可能根据《民法典》第 498 条之规定,按照不利于提供格式合同一方即保险人的原则进行解释,保险人可能承担相对较重的保险责任。新疆高院(2016)新民终 680 号案认为,保险标的的认定规则系保险人提供的格式合同所约定,对于“棉籽”是否包括“棉短绒”这一争议条款,按照普通解释原则,即从合同所使用的词句、订立合同的目的以及交易习惯、诚实信用等方面均不能直接确定所争议条款的意思清晰明白,在适用普通解释原则仍然无法消除理解歧义的情况下,应当按照作出不利于提供格式条款一方的解释。

(三)保险标的发生争议时,除结合合同约定分析外,还应对合同条款进行解释,并考虑合同履行目的综合认定

广州中院(2014)穗中法金民终字第 875 号案认为:双方对于涉案的保险标的存在争议,《安装工程一切险条款》及《安装工程一切险投保单》均为保险合同的组成部分,应将其中的条款相互结合方可作出正确的解释。法院从双方签订保险合同的目的及对条款的理解,认定该案的保险合同标的应包括案涉设备。

综上所述,在工程保险中若发生对于保险标的的争议,应主要根据合同约定及解释、投保人或被保险人的保险利益和合同履行背景、交易目的等因素综合判断。

第 1.20 条 【工程未完工情形下,如何认定保险期间以及工程事故是否属于保险赔偿范围】

工程保险中,保险期间一般自保险工程在工地动工之日起,至竣工验收之日止。如工程未完工且未及时续保的,在超出保险合同明确约定保险期限后,发生的工程事故不属于保险赔偿范围。若约定保险期间扩展条款等,则根据约定确定是否属于保险赔偿范围。

【条文主旨】

本条是针对未完工程情形下,保险期间的认定争议如何解决,以及不同情形下工程保险事故是否属于保险赔偿范围的认定的规则,关键是需要厘清工程

保险期间的认定，尤其是其和工期之间的联系与区别。

【理解与适用】

一、工程保险期间基本概述

保险期间是保险双方当事人行使权利和履行义务的起讫时间。在保险期间内发生保险事故，并给被保险人造成损失的，保险人才进行赔偿。财险保险期间一般为 1 年，但工程保险的保险期间比较特殊，一般以工程保险标的工程风险的存续期为限。以建筑工程一切险来说，保险期间分为五个阶段。一是制造期，以承保工程所使用的设备、制成品和原材料的潜在缺陷风险为保险标的，承保其在工程主工期内的损失风险。二是运输期，指主要工程材料或设备运往施工工地的运输期间，以扩展方式承保内陆运输风险，作为附加险，保险责任和除外责任与主险是一致的。三是建筑安装期，这是建筑工程一切险的主保险期。此期保险责任开始时间为保险工程在工地动工之时或材料设备运抵工地之时，以先发生者为准，但不得早于保单约定的合同生效日期。保险责任终止时间为工程所有人对部分或全部工程签发验收证书或验收合格之时或者工程所有人实际占有、使用或接收全部或部分工程之时，以先发生者为准，但不得晚于保单载明的建筑保险期间范围。四是正式投入生产使用前进行试车运营期间。五是保证期，一般工程承包合同约定，在工程建成交付使用后的一定时间内，出现建筑安装质量问题造成损失的，承包商负有修复或赔偿责任，这一期限为承包商应负责任保证期。为了满足承包商要求，保险人可以扩展形式承保工程保证期风险。

例如，《建筑工程一切险条款（2009 版）》中约定，物质损失及第三者责任的保险期限为：在工地动工或用于保险工程的材料、设备运抵工地之时起始，至工程所有人对部分或全部工程签发完工验收证书或验收合格，或工程所有人实际占有或使用或接收该部分或全部工程之时终止，以先发生者为准。

如果保险合同载明的保险期间已到期，而工程尚未完工，被保险人可以在原保险期间结束前向保险人提出书面申请，请求延长保险期间。保险人同意后，应立即出具批单加批，并视展延期的长短和风险情况考虑是否加收保险费。

二、保险期间的基本认定

建筑工程保险的保险责任自保险工程在工地动工或用于保险工程的材料、

设备运抵工地之时开始,至工程所有人对部分或全部工程签发完工验收证书或验收合格,或工程所有人实际占有或使用或接收该部分或全部工程之时终止,以先发生者为准。但在任何情况下,建筑期保险期限的开始或终止不得超出保险合同明细表中列明的建筑期保险生效日或终止日。因此,保险的开始有两种情况:(1)工程破土动工之日;(2)被保险的材料、设备运抵工地之时。通常规定两者以先发生者为准。动工日包括打地基在内,如被保险人不投保地基工程,也可同意,但应在投保单中列明。保险的终止日也有两种:(1)签发完工验收证书或验收合格或实际占有或使用或接收日;如部分占有或使用或接收,则该占有或使用或接收部分的保险责任终止。(2)保险期限终止日。两者以先发生者为准。

三、保险期限与工期的关系

工程保险期与普通财产保险期的含义是不一样的,一般财产保险的保险期就是保险人承担保险责任的期限,工程保险期仅仅是保险人承担责任时间的上下限。保险人实际承担保险责任的前提条件是被保险工程处于施工过程中,通常有以下几种情况:

1. 项目开工日与保险责任起点相同。此时:(1)若工期与保险期限相同,即保险人承担保险责任的期限与工期相同,施工完成即保险期限终止;(2)若工期早于保险期限,即工程结束后,保险期限尚未结束,保险人也不再承担保险责任;(3)若工期晚于保险期限,即保险期限已届满,但工程尚未结束,此时保险人也不再承担保险责任。

如北京高院(2020)京民终190号案认为:2015年8月12日天津港事故发生时,光大银行天津后台服务中心项目不在建筑安装工程保险的保险期间内,亦未被纳入2015年度财产一切险投保清单之内,光大银行关于天津后台服务中心项目应属于财产一切险的保险标的、《承诺函》向后延续的主张与合同约定、查明事实不符,不予采信。光大银行的上诉请求不能成立,应予驳回。

2. 项目开工日早于保险责任起点。此时保险人承担保险责任的起点以保险单载明的生效时间为准,若工程完工时间点早于保单载明的保险期间截止时间,则工程完工时,保险期间届满;若工程尚未完工,但保险单载明的截止时间已经过,则保险期间届满。

3. 若项目开工时间晚于保险单载明责任承担起点时间，则保险人实际承担保险责任的起点均以项目实际开工为准，而仍在工程实际完工之日与保险单载明的截止日间以先到期的为保险期间届满日。

四、保证期(扩展期)的确定

保证期是指根据工程合同的规定，承包商对于所承建的工程项目在工程验收并交付使用之后的预定期限内，如果建筑物或被安装的机器设备存在缺陷，甚至造成损失的，承包商对这些缺陷和损失应承担修复或赔偿的责任。这个责任期为保证期。被保险人可根据需要扩展工程项目的保证期。工程缺陷保险是一个相对独立的保险，是否扩展完全取决于被保险人，其保险责任范围是专设的，保证期也是相对独立的。工程保险保证期的期限是根据工程合同中的有关约定确定的，受保险单明细表列明的保证期、保险期限的限制。工程合同中的保证期超过保单列明的明细表中的保证期限的，以保单中的约定为准。工程合同中的保证期如果低于保单明细列明的保证期限，则以合同中约定的保证期为准。保证期是一个相对的时间概念，它规定的仅仅是一个期限，至于项目保证期，具体从哪一天开始，则要根据工程所有人对全部或部分工程签发完工验收证或验收合格，或工程所有人实际占有或使用或接收该部分或全部工程时起算，以先发生者为准。

五、其他补充情形

针对本条所述的未完工部分，实务中还存在针对已使用或已接收的部分工程因未完工部分工程施工造成的损失，此时即使在工程保险期间的，就该部分损失也应分情形讨论。若施工人向保险人主张赔偿第三者责任险的，不予支持，因此时针对被保险人而言，不存在因施工引起的第三者财产损失，最终建设工程的所有主体只有一方，所谓的已完工和未完工部分，仅为同一工程保险标的物的不同组成部分，并不涉及第三方财产。但发包人依建设工程保险合同工程完工部分扩展条款主张建设工程保险人承担财产损失保险责任的，可予支持，以及发包人依财产保险合同主张保险人承担保险赔偿责任的，可予支持。

第1.21条　【被保险人已经提交两次资料，保险人再次要求被保险人提交资料，被保险人予以拒绝，如何处理】

被保险人已经提交两次资料，保险人再次要求被保险人提交资料，被保险人予以拒绝的，主要看该材料需再次提交的原因，如因被保险人自身原因导致理赔资料不全，且该资料仅能由被保险人提供，保险人无法单方面搜集核查的，保险人有权据此拒赔；若客观上被保险人已提交的资料仍然不全面，但保险人就已掌握材料能进行部分核实的，一般应就可核实部分予以赔偿。

【条文主旨】

本条是针对在被保险人提交资料后，保险人仍认为资料不完善需补充提交的，此时被保险人拒绝的处理原则。

《保险法》第22条规定："保险事故发生后，按照保险合同请求保险人赔偿或者给付保险金时，投保人、被保险人或者受益人应当向保险人提供其所能提供的与确认保险事故的性质、原因、损失程度等有关的证明和资料。保险人按照合同的约定，认为有关的证明和资料不完整的，应当及时一次性通知投保人、被保险人或者受益人补充提供。"第23条规定："保险人收到被保险人或者受益人的赔偿或者给付保险金的请求后，应当及时作出核定；情形复杂的，应当在三十日内作出核定，但合同另有约定的除外。保险人应当将核定结果通知被保险人或者受益人；对属于保险责任的，在与被保险人或者受益人达成赔偿或者给付保险金的协议后十日内，履行赔偿或者给付保险金义务。保险合同对赔偿或者给付保险金的期限有约定的，保险人应当按照约定履行赔偿或者给付保险金义务。保险人未及时履行前款规定义务的，除支付保险金外，应当赔偿被保险人或者受益人因此受到的损失。任何单位和个人不得非法干预保险人履行赔偿或者给付保险金的义务，也不得限制被保险人或者受益人取得保险金的权利。"第25条规定："保险人自收到赔偿或者给付保险金的请求和有关证明、资料之日起六十日内，对其赔偿或者给付保险金的数额不能确定的，应当根据已有证明和资料可以确定的数额先予支付；保险人最终确定赔偿或者给付保险金的数额后，应当支付相应的差额。"

结合上述规定可以发现，《保险法》并未明确规定仅因被保险人在提交两次资料后拒绝继续提交材料的情况下,保险人有权拒赔。该问题的实质是,要看被保险人对索赔资料提交义务的履行程度。《保险法》规定,被保险人提交的资料要达到"确认保险事故的性质、原因、损失程度"这一条件,但并未明确未满足这一条件的后果。该问题的实质并不在于资料提交的次数,换言之,若保险人认为需再次补充提交的资料,在实质上并不影响保险人对事故的认定以及理赔的核定,或者不完全影响保险人作出部分核定,保险人原则上也无权拒绝赔付全部理赔款项。另外,还需要判断保险人再一次要求被保险人提供资料的具体要求。如果是因第一次要求被保险人提交材料时未能一次性告知完全,进而再次要求被保险人提供资料的,若被保险人不予配合,原则上保险人主张拒赔的空间相对较小;若再次要求被保险人提供的材料,仍然属于第一次要求的材料范围内,也就是说,被保险人未按照保险人一次性书面告知的内容准备材料,经保险人催告的,则此时应优先按照《保险法》第 23 条、第 25 条,对能够确定理赔内容的部分先进行核定及赔付,而不能因被保险人资料不齐全而拖延对整个保险事故的核定理赔工作甚至拒赔。

【理解与适用】

一、被保险人的通知、索赔资料提交义务

保险合同订立及履行过程中,保险人及被保险人分别承担着降低保险事故风险的义务,提示说明及告知的义务。在保险事故发生后,为妥善解决保险事故的认定、理赔金额的核定以及避免损失进一步扩大等,要求被保险人承担相应的通知、索赔资料提交义务等。

被保险人知道保险事故发生后,主要义务有:(1)尽力采取必要、合理的措施,防止或减少损失,否则,对因此扩大的损失,保险人不承担赔偿责任。(2)立即通知保险人,并书面说明事故发生的原因、经过和损失情况;故意或者因重大过失未及时通知,致使保险事故的性质、原因、损失程度等难以确定的,保险人对无法确定的部分,不承担赔偿责任,但保险人通过其他途径已经及时知道或者应当及时知道保险事故发生的除外。(3)保护事故现场,允许并且协助保险人进行事故调查,对于拒绝或者妨碍保险人进行事故调查导致无法认定事故原因或核实损失情况的,保险人对无法核实的部分不承担赔偿责任。(4)在保险财产遭受盗窃或恶意破坏时,立即向公安部门报案。(5)在预知可能引起第三

者责任险项下的诉讼时，立即以书面形式通知保险人，并在接到法院传票或其他法律文件后，立即将其送交保险人。

被保险人在向保险人索赔时，向保险人提交的索赔资料主要有保险单、索赔申请、财产损失清单、有关部门的损失证明以及其他投保人、被保险人所能提供的与确认保险事故的性质、原因、损失程度等有关的证明和资料。投保人、被保险人拒不履行上述约定的索赔材料提供义务，导致保险人无法核实损失情况，则针对无法核实的部分，保险人或将不承担赔偿责任。

二、索赔资料提交与保险理赔相关的处理意见

（一）保险人不得以保险相对人提供证明和资料不足以确认保险事故的性质、原因等为由拒赔

如北京四中院（2015）四中民（商）终字第1号案认为：《保险法》规定投保人、被保险人或者受益人应当向保险人提供其所能提供的与确认保险事故的性质、原因、损失程度等有关的证明和资料，是要求投保人、被保险人或者受益人履行提供证明和资料的义务，并非要求投保人、被保险人或者受益人提供的证据和资料足以确定保险事故的原因。被保险人死亡事发突然，没有在医院救治的时间，其亲属能够获得的关于死因的证明和资料有限，难以让被保险人的亲属承担超出其能力范围的证明责任。在不能证明保险事故原因时，法律并不苛求投保人、被保险人或者受益人承担不利后果。原告已经将其所能提供的证明和资料提供，应视为其履行了法定和约定的义务。

该案作为北京四中院的典型案例，入选北京中院保险纠纷诉讼与非诉讼衔接机制建设情况白皮书。北京四中院总结裁判要旨为，《保险法》关于提交索赔资料的义务规定，仅是要求履行提供证明和资料的义务，并非要求提供的证据和资料足以确定保险事故的原因。在不能证明保险事故原因时，法律并不苛求投保人、被保险人或者受益人承担不利后果。除非因投保人、被保险人或者受益人知道保险事故发生后，故意或者因重大过失未及时通知保险人，致使保险事故的性质、原因、损失程度等难以确定的，保险人对无法确定的部分，不承担责任。

该裁判要旨的逻辑为，虽然《保险法》规定投保人、被保险人或者受益人因故意或者重大过失未履行及时通知保险人的义务，保险人对无法确定的部分不承担责任，但法律并未规定投保人、被保险人或者受益人未履行确认保险事故

的性质、原因、损失程度等有关的证明和资料的义务的法律效果,进而推定法律仅是要求投保人、被保险人或者受益人为配合保险人查明保险事故而提供证明资料,而不是承担不能证明事故原因等的不利后果。因此,对于保险人来说,在实际情况较为复杂时,保险人要求投保人、被保险人或者受益人履行更具体义务的应当明确约定,或进行明确的提示说明。在没有明确细致的约定或者证明进行具体的提示说明时,投保人、被保险人或受益人可不因此承担责任。

另有福州中院采取类似观点,如(2021)闽01民终9870号案认为:《保险法》第22条规定将索赔方的举证责任限定为"提供其所能提供的与确认保险事故的性质、原因、损失程度等有关的证明和资料",并且以其所能提供为限。也就是说,索赔方的举证责任是初步的举证责任,在提供了所能提供的证明材料后,如果不存在故意或重大过失不提供其他相关材料的情形,其举证责任即已完成。

(二)保险人未履行一次性告知义务,且被保险人确实提交了相关资料,保险人主张拒赔一般难以支持

如天津三中院(2022)津03民终492号案认为:金堂公司提交的证据足以证明在保险事故发生后金堂公司及时向众安财险报险,足以证明金堂公司已将案外人的损失进行了足额赔偿。众安财险在金堂公司报险后至该案诉讼前,对是否进行理赔未向金堂公司说明,亦未向金堂公司要求补充材料,一审法院据此情况,依据法律规定及双方合同约定,判令众安财险对金堂公司案涉损失进行理赔,所确定的理赔金额亦在承保限额内,一审法院上述处理结果并无不妥。

广东高院(2018)粤民终1945号案认为:陈某某在事故发生后及时通知了人保湛江公司,并及时提交了索赔材料,但人保湛江公司收到材料后并没有认为材料不完整而及时通知陈某某补充,保险人单方另行提出材料不符合法律规定,保险人应当承担理赔责任。

(三)被保险人提交资料不完整的,不影响保险人理赔核定工作正常进行

重庆三中院(2016)渝03民终2470号案认为:保险人不得以被保险人或受益人未提交与理赔无关的补充资料为由拖延核定理赔。现行法律并未规定保险人核定理赔期限因投保人、被保险人或者受益人未提交与核定理赔无关的补充资料而中止。郑某某、徐某授权委托书不属于上述法律规定和双方签订的《保险合同》约定的受益人申请理赔时应当提供的必要资料,而是与核定理赔无关的补充资料,保险人可以要求被保险人或受益人补充提交,但无权以此为由

拖延审核理赔。保险公司主张以陈某补充提交郑某某、徐某授权委托书的时间即2016年4月1日为提交理赔申请及相关资料的时间的理由，不能成立。保险公司审核理赔期限的起算时间应从陈某向某保险公司提交理赔申请和相关资料的2016年1月14日起开始计算，同时保险人收到被保险人或者受益人理赔申请后，应在法定期限内及时履行其核定并通知的法定义务，未及时履行该义务，应支付保险金，并赔偿被保险人或者受益人因此受到的损失。

第1.22条　【工程保险赔偿过程中，针对间接损失的认定】

工程保险赔偿过程中，针对间接损失的认定主要从保险事故发生后工程的使用损失、后果损失、利润损失等方面来认定。

【条文主旨】

工程保险对于间接损失一般不予赔偿，如何界定间接损失较为重要。无论从理论层面还是司法实务领域，对间接损失的认定都存在一定争议。

在工程保险赔偿中，补偿原则，是财产保险的核心原则。所谓补偿原则，是指在财产保险中，当保险事故发生导致被保险人经济损失时，保险公司给予被保险人经济损失赔偿，使其恢复到遭受保险事故前的经济状况。对于工程保险赔偿中的间接损失，并无直接、具体、权威界定，但结合相关立法、司法以及行业协会规定，可将间接损失理解为可得利益损失。

从财产保险角度而言，往往将间接损失定义为保险财产遭受保险责任范围内的自然灾害或者意外事故后所产生的各种无形的经济损失①。从司法实践的角度来说，间接损失是指可得利益的丧失，也即应当得到的利益由于保险事故的发生而没有得到。就建筑工程而言，主要是指保险事故发生后，工程无法使用的损失，工程损害结果本身导致的经济损失如未完成工程产生的相关工期延误的损失等，以及受保险事故影响工程投入使用利润获取的损失等。从保险条款内容来看，主要是针对责任免除中如工程部分停工或全部停工引起的任何损失、费用和责任，罚金、延误、丧失合同及其他后果损失。该类损失主要是工程遭受保险责任范围内的自然灾害或意外事故后所产生的各种无形的经济损失，

---

①　崔琳莺：《建筑业企业安全事故全损失构成研究》，河南理工大学2015年硕士学位论文。

一般均不属保险责任范围,保险人不负赔偿责任。

【理解与适用】

一、结合立法、司法及行业协会相关规定理解工程保险间接损失

全国人大常委会法工委在《中华人民共和国合同法释义》一书中就间接损失作出了明确的释义,主要内容为:"在法律没有特别规定和当事人没有另行约定的情况下,应按完全赔偿原则,赔偿全部损失,包括直接损失和间接损失。直接损失指财产上的直接减少。间接损失又称所失利益,指失去的可以预期取得的利益。可以获得的预期的利益,简称可得利益。"虽然法工委的解释不具有法律上的效力,但在处理民商事经济纠纷过程中仍然具有一定指导意义。实际上,工程保险理赔过程中,保险单约定以及赔付原则也与该解释内容基本相一致。

中国安全生产协会对事故间接损失的基本定义是,与事件间接相联系的、能用货币直接或间接定价的损失。另外,《海商法》调整的范围涉及保险理赔纠纷并不少见,法条中也有部分涉及间接损失的表述。如第 193 条第 2 款规定:"无论在航程中或者在航程结束后发生的船舶或者货物因迟延所造成的损失,包括船期损失和行市损失以及其他间接损失,均不得列入共同海损。"不难看出,《海商法》列举的是间接损失的两种情形,即"航程中或结束后发生的船舶或者货物因迟延所造成的船期损失和行市损失"。同时,工程保险领域也存在部分涉及间接损失的案例与指导意见,如最高院 2022 年 1 月 29 日发布的"2021 年全国法院十大商事案件"之十:保险人怠于履行法定定损、理赔的义务及延期支付维修款,造成被保险人损失应当承担民事赔偿责任——平安财险公司大庆支公司与七台河市天宇选煤有限责任公司财产损失保险合同纠纷案中,法院认为根据保险业惯例,财产损失险的承保范围不包括保险标的因保险事故引发的间接损失,如该案中被保险机动车因正常维修而产生的停运损失。但该案基于保险公司违反《保险法》关于核定义务期间、核定结果通知义务,保险公司没有及时支付保险金,导致保险标的被修理公司留置,留置期间产生的损失,依据《保险法》第 23 条的规定,应当由保险公司承担。原银保监会 2019 年 1 月发布的《中国银保监会关于汇友财产相互保险社建设工程施工合同预付款保证保险(多年期)条款和费率的批复》(银保监复〔2019〕6 号)第 10 条规定,"(七)各类

间接损失,包括但不限于延期返还工程合同预付款导致被保险人或被第三方索赔的损失”,也有助于工程保险赔付中对间接损失进行进一步的界定。

二、司法实践中对于可得利益的认定存在争议

(一)部分法院认为可得利益损失应当与直接损失并列,但并非将可得利益损失等同于间接损失

最高院(2013)民申字第1891号案认为:华晨公司作为委托人有单方解除委托合同的权利。其行使任意解除权虽亦应承担相应的民事责任,但这种责任的性质、程度和后果不能等同于当事人一般解除情形下应承担的违约责任,对损失范围应当限于直接损失,而不包括预期利益损失。

(二)部分地方人民法院就“直接损失”与“间接损失”的理解存在不同

四川高院(2013)川民提字第596号案认为:所谓直接损失是指财产上的直接减少,间接损失是指可以获得的预期的利益。对于前者而言,被保险人无证据证明其财产直接减少,而可得利益的赔偿则需坚持客观确定性,即预期取得的利益不仅在主观上是可能的,而且在客观上还是确定的,且系违约人在订立合同之时而非违约之时即能预见的损失,预见不到的损失则不在赔偿范围之列。

赣州中院(2013)赣中民一终字第137号案认为:直接损失是指因违约行为造成的现有财产的减少。间接损失是指可得利益的丧失,即取得预期的利润或收益的丧失,是未来可得利益的减少。可得利益具有可预见性和现实性,不是抽象或者假设的。被保险人诉称的生产利润损失,并不属于现有财产的减少,应属于未来可得利益的减少,属于间接损失的范畴。

(三)其他建议及分析

按照保险法惯例及建筑工程一切险条文内容来看,界定间接损失主要是根据保险事故发生后,因保险事故产生的各项无形的经济损失,如停工停业的损失、利润损失等。实际上,财产保险是根据风险程度制定的,所收取的保险费只能负责保险财产的直接损失,一般不包括间接损失,加之间接损失范畴广、涉及的问题相对复杂,对保险人来说也难以将各种间接损失进行综合全面分析,并列为财产保险的保险责任,因为这必然涉及对风险的评判认定、评估保险费率等。因此,在除外责任中明确约定对停工、罚金、延误以及丧失合同等损失不负责赔偿。

但是，如果被保险人需获得间接损失的保障，可根据各自的需要与保险人协商，特别约定增加保障有关间接损失的附加险。

另外，间接损失虽然一般不属于赔付范围，但“2021 年全国法院十大商事案件”之十中，虽然法院认为原则上保险公司不应承担间接损失的理赔责任，但同时在该案中也认定，“本案法院裁判支持被保险人关于保险标的间接损失的诉求，是基于保险公司违反了《保险法》关于核定义务期间、核定结果通知义务、支付保险金义务期间的规定。为了防止保险事故的性质、原因和损失程度等无法查明，所以在保险公司核定前，被保险人不敢轻易将车辆送去维修。虽然从理论上，被保险人为了防止损失扩大，可以主动采取证据保全措施（即涉及保险事故的性质、原因与损失程度等），但实践操作难度很大，而且由此产生的成本是否获得保险公司足额赔付，被保险人也不能确定。此外，因保险公司没有及时支付保险金，导致保险标的被修理公司留置，留置期间产生的损失，依据《保险法》第二十三条之规定，也应由保险公司承担”。因此，即使在工程保险赔付过程中，保险人也应当遵守《保险法》关于核定义务期间、核定结果通知义务、支付保险金义务期间的规定，避免相关风险。

第 1.23 条　【工程保险中，保险标的危险程度显著增加的认定原则】

工程保险中，保险标的危险程度显著增加，主要从工程变更、施工工艺或方案改变、施工环境条件变化、承包人变化及其他相关因素等综合认定。

【条文主旨】

《保险法》规定在合同有效期内，保险标的的危险程度显著增加的，被保险人应当按照合同约定及时通知保险人，保险人可以按照合同约定增加保险费或者解除合同。另外，被保险人、受让人未履行保险标的转让通知义务的，因转让导致保险标的危险程度显著增加而发生的保险事故，保险人不承担赔偿保险金的责任。《保险法司法解释四》第 4 条也规定了危险程度显著增加的认定标准和原则。本条是针对该类情形下，在工程保险中如何认定危险程度增加的规定；一般从工程变更、施工工艺及施工环境条件变化等其他因素综合认定。

【理解与适用】

一、危险程度显著增加认定的具体理解

认定危险程度显著增加，一般结合以下几个方面来判断：一是工程变更，该变更原则上应为足以影响工程质量、性质甚至工程类型的重要变更，如设计方案发生重大变化等。二是施工工艺或者施工方案变化。施工方案是否合理，施工工艺是否先进，施工操作是否正确，都对工程质量产生重大影响。采用不同的施工技术、工艺、方法，是影响工程质量的重要因素。三是施工环境及条件变化。如项目所在地地质条件相比勘测时发生不能预见的快速变化，或者因其他相邻工程施工导致施工环境恶化，不具备相应的施工条件，影响工程施工安全及工程质量。四是承包人变化，如合同订立后，原先具备施工资质及施工能力的承包人情况发生变化，可能不具备相应施工能力或者并非由该单位实际施工的，也可能导致保险标的的危险程度显著增加。五是危险程度增加持续的时间，如施工过程中出现的部分导致保险标的危险因素增加的施工方案变化等，短时间内不会影响工程质量变化，但若未加以调整并继续施工，则后续出现工程重大质量问题的风险持续存在，则应考虑认定为危险程度显著增加。如果相关危险因素出现后不具有持续性，且不会对工程建设产生实质性影响，一般也难以认定保险标的危险程度显著增加。上述因素的考量应具体情况具体分析，不宜僵化理解，关键在于判断相关影响因素可能产生的实质结果。另外，在涉及赔付时，还要看保险标的危险程度显著增加与保险事故发生是否具有因果关系。

二、关于危险程度显著增加的相关实务认定

（一）保险标的危险程度显著增加的认定应考虑是否具有持续性

重庆高院（2019）渝民终 213 号案认为：该案的保险标的是案涉建筑工地上的在建工程，包括永久和临时工程及所用材料。围堰的修建本身是一个过程，并非如其他物质性的保险标的从一开始就固定化或定型化，因此在认定危险程度显著增加时，要特别注意危险程度本身的重要性和持续性，即构成法律或合同所不能容忍的质变状态。持续性要求在危险发生之后，其状态持续不变存在一段时间。从案件事实情况看，钢围堰出现倾斜，施工方适时进行了整改。该

危险程度并未达到上述重要性的要求，其持续的时间也并非一直存在。也就是说，在认定“危险程度显著增加”时，应当综合考虑保险标的用途的改变、保险标的使用范围的改变、保险标的所处环境的变化、危险程度增加持续的时间等相关因素。如果保险标的危险发生后并未持续，则不能认为“危险程度显著增加”。

（二）保险标的危险程度显著增加的认定应考虑施工主体身份

安徽高院（2020）皖民终254号案认为：一审判决对涉案工程是否全部为承包人实际施工，且该实际施工是否一定导致保险标的的危险程度显著增加，并由此导致涉案保险事故的发生，以及涉案保险事故造成的损失金额等，基本事实认定不清，裁定撤销一审判决发回重审。原一审判决认为，中铁公司提供的施工方案，均由中铁十局四公司审批，论证会亦是该公司参与，应确认该工程实际由中铁十局四公司施工。但是，该公司仅有市政公用工程的施工资质，该公司实际施工涉案工程会加大项目的事故风险，导致危险程度显著增加。同时，中铁公司在2017年7月11日第一次管涌发生后未及时通知人保亳州公司，人保亳州公司因此丧失了合同解除权，导致对第二次事故可能会承担责任。因此，被保险人未履行前款规定的通知义务的，因保险标的的危险程度显著增加而发生的保险事故，保险人不承担赔偿保险金的责任。

（三）保险标的危险程度显著增加的认定应考虑与保险事故发生是否有因果关系

北京高院（2019）京民申2093号案认为：根据案件查明的事实，涉案火灾事故并非由燕房公司存储化学危险品导致危险程度显著增加而导致，该案火灾的起火原因及灾害成因均与化学危险品无因果关系，故对于并非因危险程度增加而发生的火灾事故造成的损失，人保燕山支公司不能基于《保险法》第52条不承担赔偿保险金的责任。

三、保险法中危险程度增加的通知义务

根据《保险法》第49条的规定，保险标的转让的，被保险人或者受让人应当及时通知保险人，因为这种情形中可能会存在危险程度显著增加的情形。《保险法》第52条规定：“……保险标的的危险程度显著增加的，被保险人应当按照合同约定及时通知保险人……”虽然通知的主体存在差异，但《保险法》第49条规定所涉及的是被保险人以及受让人，而第52条规定所涉及的是被保险人，但

都明确规定须及时通知保险人。如果怠于通知,保险人无须承担因危险程度显著增加导致保险事故而支付保险金的责任。

关于及时通知,如果保险合同中有约定,按合同约定;如果保险合同中未明确约定,不论是因投保人或被保险人的行为导致危险显著增加,还是由于第三人原因或意外事件等造成危险显著增加,被保险人从发现危险增加开始就应遵循最大诚信原则,在尽可能短的时间内将险情通知保险公司。否则,保险人有权以被保险人未履行保险标的危险增加通知义务为由拒绝赔付。

第1.24条 【工程保险赔偿过程中,针对原材料缺陷、工艺不善是否属于免责事项的认定】

工程保险赔偿过程中,涉及原材料缺陷、工艺不善等属于保险条款约定的免责事由。但相关缺陷问题是否必然免赔,实务中往往还需要结合相关情形与保险事故发生的关联程度等具体判定。

【条文主旨】

本条是关于理赔认定时,针对涉及材料缺陷、施工工艺不当等情形,如何界定其是否属于保险合同约定的免责情形。确因材料未达工程建设标准的,或者施工工艺未达到技术标准的情形,若认定属于免责条款范围的,则保险人有权按合同约定主张除外责任。通常情况下,对于原材料缺陷或工艺不善所引起的事故,保险人只负责赔偿由于原材料缺陷或工艺不善造成的其他保险财产的损失,对原材料缺陷或工艺不善引起的被保险财产本身损失以及为置换、修理或矫正这些缺陷错误所支付的费用不予赔偿。实际操作中,往往对原材料缺陷及工艺不善的认定存在一定争议,这些争议更多是基于工程专业方面针对被保险财产本身损失也存在相关争议,需要具体情况具体分析。

【理解与适用】

因工程地址、施工期间、施工方法、承包商和业主不同,工程所面临的风险也不同。保险事故发生后,如何准确定性,判断是否属于免责条款约定的原材料缺陷、工艺不善等情形,需要结合工程客观状态原因;除了依据国家、行业标准或施工规范以外,还要参考承包商合同中关于质量及施工工艺的具体要求。

一、关于原材料缺陷及工艺不善的理解

目前并无法律法规或政府相关文件对原材料缺陷进行准确的定义，有关原材料缺陷及工艺不善的相关表述，主要体现在各地政府工程质量潜在缺陷保险试点相关文件中，如深圳市人民政府在2020年4月24日发布的《深圳市人民政府关于复制推广中国（广东）自由贸易试验区深圳前海蛇口片区第五批改革创新经验的通知》中第30项措施内容为“在政府投资代建项目工程中创新引入工程质量潜在缺陷保险（IDI）机制，针对设计缺陷、原材料缺陷和施工缺陷等风险点……”湖南省住房和城乡建设厅等于2019年11月8日发布的《关于在房屋建筑和市政基础设施工程领域开展建设工程保证保险试点的通知》中第2点内容为：“（三）建设工程质量保险。包括建设工程质量保证保险和工程质量潜在缺陷保险。建设工程质量保证保险是指保险公司针对具体建设工程项目向发包人提供的保证建设工程承包人在缺陷责任期内履行工程质量缺陷修复义务的保险，保险责任范围包括承包人在工程质量缺陷责任期内应承担的修复责任等。工程质量潜在缺陷保险以建设单位对业主的产品质量责任为保险标的，保险公司对因未能发现的缺陷引起建筑工程项目损坏而产生的修理、加固费用承担赔偿责任，包括勘察缺陷、设计缺陷、施工缺陷和建筑材料缺陷。”北京、成都、大连等地均有相关文件作类似表述。

《产品质量法》第2条第3款规定：“建设工程不适用本法规定；但是，建设工程使用的建筑材料、建筑构配件和设备，属于前款规定的产品范围的，适用本法规定。”第46条规定：“本法所称缺陷，是指产品存在危及人身、他人财产安全的不合理的危险；产品有保障人体健康和人身、财产安全的国家标准、行业标准的，是指不符合该标准。”《建设工程质量保证金管理办法》第2条第2款规定，缺陷是指建设工程质量不符合工程建设的强制性标准、设计文件，以及承包合同的约定。

结合工程实务分析，简要来说，原材料缺陷是指所用的建筑材料未达到工程建设需要的标准，存在质量缺陷，主要是建设施工过程中未按要求，使用了不符合设计要求或合同约定相应标准的建筑材料，并直接导致工程出现质量问题，该缺陷一般与设计无关。如设计要求使用某规格型号的螺纹钢或者某强度要求的混凝土，但施工过程中因材料供应商问题或施工方原因未按要求采购该型号建筑材料或采购的建筑材料客观上达不到使用要求标准的，应认定为原材

料缺陷。

施工工艺，主要是指人们利用生产工具对原材料、半成品进行增值加工，最终制成成品的方法和过程。工艺更多强调的是工艺方法，不同的施工有不同的工艺标准，如钢筋气压焊接施工工艺、混凝土浇筑施工工艺、隧道施工工艺、非标设备施工工艺等。工艺不善，是指生产工具、施工人员或对操作标准的执行等引起不符合工艺技术标准要求的现象。

二、司法实践中的认定与理解

(一)即使存在客观事实上的材料缺陷以及工艺问题因素，若不能证明系该因素导致保险事故发生，法院也不认定为免责情形

上海金融法院(2019)沪74民终1098号案认为：免责条款中关于“工艺不善”“原材料缺陷”的定义并不明确，在适用条件和适用范围的理解上会产生歧义，即使案涉工程存在施工质量差、支撑失稳等情况，但具体是否明确属于免责事由规定的情形，仍然不能确认。该案中，法院根据事故调查组的《案件终结报告》及其他相关资料认定，造成工程质量事故的核心因素是设计缺陷，认为“工程设计缺陷发生在基坑的支撑体系上，对工程整体安全度的影响巨大”，进而认定保险人有权根据设计错误主张免责事由成立，但对于工艺问题、材料缺陷等，不足以认定为案涉工程施工的免责事由。

雅安中院(2018)川18民终242号案认为：西南交通大学建设工程质量事故鉴定中心出具的鉴定报告载明：芦山禾茂大桥3号桥墩、4号桥台均存在受损现象，现状下不能进行使用，需进行相关处置。3号、4号桥墩受损已进行拆除。保险人提供的证据不足以证明3号、4号桥墩工艺存在缺陷，即使存在工艺缺陷，也无证据证明该缺陷与桥墩受损之间存在因果关系，保险人仍应承担赔偿责任。

(二)若工艺不善或材料缺陷等因素在保险合同订立时，保险人尽到审查义务足以知晓的，则不能主张属于免责事由

湖北高院(2019)鄂民终892号案认为：保险人与投保人签订案涉保险合同时，涉案工程已理坡100m，具备安装扭王块的条件，投保人并未按施工规范完全安装到位，保险人应注意到护岸工程出水时已近台风期、扭王块未完全安装等工程现状，其对上述足以引起保险事故的情况未尽到审慎审查的义务，仍同意为案涉工程承保并收取保费，未最大善意地遵循保险法中的诚实信用原则，其后又以投保人未按施工规范及时安装扭王块为由主张免除保险责任，没有事

实和法律依据。

（三）双方无异议的公估报告确认保险事故系材料缺陷所致的，保险人主张属于免责事由，法院予以支持

南昌中院（2014）洪民四终字第259号案认为：投保人对《公估报告》没有提出反对意见，也没有要求重新鉴定，仅对免赔额提出异议，法院对提供的《公估报告》应予认定。报告明确“该拉杆的断裂原因是材料氢脆所致”，即保险事故的发生系材料缺陷所致，对保险人主张属于免责事由予以支持。

（四）免责事由条款未作明确说明和提示的，即使保险事故主要由材料缺陷或工艺不善导致，法院也可能认定免赔条款不发生效力，不支持免赔主张

合肥中院（2021）皖01民终2404号案认为：案涉保险协议中关于保险标的内在或潜在缺陷、保险标的遭受保险事故引起的各种间接损失及绝对免赔额不负责赔偿等属于免除保险人责任的条款，根据《保险法》相关规定，保险人在订立合同时应当在投保单、保险单或者其他保险凭证上作出足以引起投保人注意的提示，并对该条款的内容以书面或者口头形式向投保人作出明确说明，未作提示或者明确说明的，该条款不产生效力。投保人虽在保险人出具的投保单上的“投保人声明”一栏盖章确认，但该投保单系保险人统一印制，不能当然认定保险人已尽到明确说明义务。案涉保险条款中，免责条款字体与其他条款字体同一，大小一致，颜色无异，印制并未突出、醒目，与其他条款没有明显的区别。保险人辩称“免责条款”篇章标题做了加粗提示，但案涉保险条款每部分篇章标题均予以加粗，免责条款篇章与其他篇章标题混同一致，不易辨别。并且，保险人也不能证明其对免责条款的概念、内容及其法律后果向投保人作出常人能够理解的解释说明。因此，保险人若没有尽到《保险法》第17条所规定的足以引起投保人注意的提示及明确说明的义务，案涉保险条款中的免赔条款就不产生效力。

第1.25条 【保险人履行提示和说明义务的认定】

工程保险的免责条款是典型的格式条款，因此保险人往往需证明在订立合同时就该条款尽到了提示说明义务。实务中认定主要从保险人在投保单、保险单或者其他保险凭证上是否作出足以引起投保人注意的提示，或是否对该条款作出明确说明等方面来进行。

【条文主旨】

本条系针对工程保险中保险人如何履行对免责条款进行提示说明义务的实务研究。保险人的说明义务,也称条款说明义务,是指保险合同订立时,保险人应就保险条款内容,尤其是保险人免责条款,对投保人进行陈述说明、提示和解释的义务。《保险法》第17条规定:"订立保险合同,采用保险人提供的格式条款的,保险人向投保人提供的投保单应当附格式条款,保险人应当向投保人说明合同的内容。对保险合同中免除保险人责任的条款,保险人在订立合同时应当在投保单、保险单或者其他保险凭证上作出足以引起投保人注意的提示,并对该条款的内容以书面或者口头形式向投保人作出明确说明;未作提示或者明确说明的,该条款不产生效力。"依据该条规定,针对免责条款的提示和明确说明义务而言,保险人应当向投保人进行合理提示,对其内容进行明确说明。

针对提示义务,《保险法》的要求则要比《民法典》更进一步,是以"足以引起投保人注意的提示"作为认定标准的[①],虽然提示义务系2009年《保险法》新增内容,但在实务操作和具体认定上学理界并无明显争议。一般来说,保险人在投保单、保险单或其他保险凭证上,能够证明对保险人免责条款,采用以足以引起投保人注意的文字、字体、符号、颜色或其他明显标志作出提示的,即可认为履行了合理提示义务,该义务履行在证据举示及认定上也相对容易。

针对明确说明义务,如何履行及如何认定保险人履行该义务,则始终存在一定学理争议及司法认定困难。相较于《保险法》,《民法典》就明确说明义务的要求上,在"注意"的标准之外还增加了"理解"的标准。就该"理解"的认定标准,对于不同保险产品、不同的保险合同签订方式(面签或网络销售)以及不同的提示程度,销售人员的表达方式和投保人的自身理解能力,都可能影响投保人对保险合同免责条款的"理解"。那么无论采取何种视角判断观察,最终就"理解"标准的认定都较为主观,实务中也难以形成统一的认定标准,进而在证据举示及司法认定等方面也存在一定难度。

---

① 参见李玉泉:《〈民法典〉与保险人的说明义务》,载《保险研究》2020年第10期。

【理解与适用】

一、保险人提示和明确说明义务的来源与含义

原《合同法》第39条规定:“采用格式条款订立合同的,提供格式条款的一方应当遵循公平原则确定当事人之间的权利和义务,并采取合理的方式提请对方注意免除或者限制其责任的条款,按照对方的要求,对该条款予以说明……”《保险法》第17条规定,“订立保险合同,采用保险人提供的格式条款的,保险人向投保人提供的投保单应当附格式条款,保险人应当向投保人说明合同的内容。对保险合同中免除保险人责任的条款,保险人在订立合同时应当在投保单、保险单或者其他保险凭证上作出足以引起投保人注意的提示,并对该条款的内容以书面或者口头形式向投保人作出明确说明……”《民法典》第496条第2款规定:“采用格式条款订立合同的,提供格式条款的一方应当遵循公平原则确定当事人之间的权利和义务,并采取合理的方式提示对方注意免除或者减轻其责任等与对方有重大利害关系的条款,按照对方的要求,对该条款予以说明。提供格式条款的一方未履行提示或者说明义务,致使对方没有注意或者理解与其有重大利害关系的条款的,对方可以主张该条款不成为合同的内容。”

《保险法司法解释二》第11条第1款规定:“保险合同订立时,保险人在投保单或者保险单等其他保险凭证上,对保险合同中免除保险人责任的条款,以足以引起投保人注意的文字、字体、符号或者其他明显标志作出提示的,人民法院应当认定其履行了保险法第十七条第二款规定的提示义务。”第12条规定:“通过网络、电话等方式订立的保险合同,保险人以网页、音频、视频等形式对免除保险人责任条款予以提示和明确说明的,人民法院可以认定其履行了提示和明确说明义务。”

如上所述,关于对保险合同免责条款的提示,从形式上相对较容易判断,无论是书面合同还是电话、网络方式订立的保险合同,只要对免责条款以合理形式作出相应提示,未导致对方难以注意提示条款即可,如在投保单中就重点条款采取加粗、加黑及其他提示方式。但保险人的提示说明义务其核心或实质在于将免责条款的真实意思作出明确的说明,使对方能够理解免责条款的具体内容及法律后果。这是因为基于免责条款的频繁设定和专业性难度,理应要求保

险人对其加以详细的说明，以平衡合同双方的权利义务。[①]

如最高院《保险法第十七条"明确说明"问题的答复》中也规定，"明确说明"是指保险人在与投保人签订保险合同之前或者签订保险合同之时，对于保险合同中所约定的免责条款，除了在保险单上提示投保人注意外，还应当对有关免责条款的概念、内容及其法律后果等，以书面或者口头形式向投保人或其代理人作出解释，以使投保人明了该条款的真实含义和法律后果。

从最高院《保险法第十七条"明确说明"问题的答复》到《民法典》加重关于明确说明义务"理解"认定标准可以看出，立法者主要考虑到保险人作为风险管理的专业机构，保险合同也是采用其拟定的格式条款所订立。基于对保险合同条款的充分理解及丰富的理赔处理经验，保险人明显比投保人具有更加清晰、充分的了解和专业的判断，而投保人往往只有产生购买保险商品意向以后，才有机会阅读投保书与保险合同，对免责条款内容的知悉也方待此时才能实现。因此，为平衡保险人与投保人两者关系，保险人应当承担对保险商品的解释说明义务以保护投保大众的利益。"市民社会的利益关系典型表现为利益主体的多元化和逐利行为的多样性，处于社会主义市场经济转型时期的我国社会不可避免产生各种利益冲突，只有通过调整各主体之间的利益关系，完善利益分配中的平衡机制才能消除利益冲突。"[②]具体到实务中，应当结合保险产品类型、保险产品的售卖方式以及投保人对保险的了解程度等多种因素，综合认定保险人是否尽到了明确说明义务。

二、工程保险合同中，保险人说明义务的范围

从《保险法》第17条规定来看，说明义务的核心在于免责条款。对于免责条款的认定，往往存在一定争议：一部分观点认为，免责条款主要是指保险条款中除外责任或责任免除部分的内容；也有相当一部分观点认为，应包括任何可以实质性免除或减轻保险人赔付责任的条款，包括除外责任条款以及保险人可

---

① 龚贻生、朱铭来、吕岩：《论保险合同免责条款和保险人明确说明义务——〈保险法〉第17条和第19条的理解和适用》，载《保险研究》2011年第9期。

② 李国强、孙伟良：《民法冲突解决中的利益衡量——从民法方法论的进化到解释规则的形式》，载《法制与社会发展》2012年第1期。

以援引以终止、解除保险合同或减轻、免除保险责任的条款。① 具体到工程保险中，则多见于保险标的的具体范围、保险期间、保险责任的免除等任何减轻保险人责任的条款。如保险人提供保险单载明的保险标的为某街道生产厂房的建筑物，并且格式条款载明承保的为特定类别的厂房，而投保人一般情况下可能理解为厂区内的所有厂房，则保险人应当在订立保险合同时进行提示说明。又如，保险人针对保险事故约定的承保情形为暴雨、暴雪，但格式条款中却预设了仅在达到暴雨或暴雪状态并持续一定时间情形下才予赔付，该类条款内容也属于明显减轻保险人责任的免责条款，同样应当在订立合同时予以提示说明。

三、法律认定的争议问题

关于免责条款的争议。1995 年《保险法》第 17 条规定，“保险合同中规定有关于保险人责任免除条款的，保险人在订立保险合同时应当向投保人明确说明，未明确说明的，该条款不产生效力”，而不是规定“除外责任条款”必须明确说明。但在 2009 年《保险法》修订，“对保险合同中免除保险人责任的条款，保险人在订立合同时应当在投保单、保险单或者其他保险凭证上作出足以引起投保人注意的提示，并对该条款的内容以书面或者口头形式向投保人作出明确说明；未作提示或者明确说明的，该条款不产生效力”。因此，对于免责条款的理解，相关争议始终存在。对于保险业外人士而言，则主要主张免责条款是指保险格式条款中的责任免除条款、免赔额、免赔率、比例赔付或者给付等免除或减轻保险人责任的条款，如《保险法司法解释二》第 9 条所规定。另有相当多的法院认为，一些条款虽然不在免责内容或者“除外责任条款”中，而出现在保险合同的其他部分，但只要该约定明显减轻或者免除保险人的责任，或者加重了投保人的责任，就应归属于免责条款。如宜昌中院(2014)鄂宜昌中民二终字第 00084 号案认为：合同约定的支付残疾保险金的条件是被保险人因意外伤害事故直接导致合同所附加例表中所列残疾之一，则保险公司应当按照约定的比例进行赔付，如果超出比例表范围，则保险公司可以免除赔付义务。这部分条款虽然没有使用“免责条款”的表述，然而，在实质上具有免除保险人责任的功能，

① 福建高院《关于审理保险合同纠纷案件的指引》第 17 条(免责条款的范围)规定，保险合同的责任免除条款，是指任何可以实质性免除或减轻保险人赔付责任的条款，包括除外责任条款，以及保险人可以援以终止、解除保险合同或减轻、免除保险责任的条款。

仍然属于免责条款。因此在保险人进行提示说明时，应从相关条款的实质意义出发，对除外责任条款以外的，保险人得以援引终止、解除保险合同或减轻、免除保险责任的条款，均应当进行明确说明。

另外，按照《保险法司法解释二》第10条的规定，保险人以法律、行政法规的禁止性规定作为保险合同免责条款的，可以免除保险人对该条款的明确说明义务。司法实务中对此无明显争议，一般就法律、行政法规的禁止性规定作为保险合同免责条款的，保险人对该条款作出提示后，投保人、被保险人以保险人未履行明确说明义务为由主张该条款不成为合同内容的，人民法院不予支持。

四、工程保险保险人如何履行提示说明义务

(一)关于提示说明义务的进一步理解

1.关于提示义务。在工程保险中，一般而言，只要在投保单、保险单或其他保险凭证上，对保险人免责条款以足以引起投保人注意的文字、字体、符号、颜色或其他明显标志作出提示的，即可认为履行了合理提示义务。

2.关于说明义务。关于说明程度的标准，学理上一般认为应当采用“理性外行人标准”，“理性外行人”即具有一般知识或智力水平的普通保险外行人。如果保险人的解释说明能使这样的普通保险外行人了解条款含义，则视为达到明确说明要求。在个案中，也有必要适当兼顾具体被保险人的实际情况。[①] 工程保险中，保险人应尽可能采取全面的记录措施，确保关于免责条款的实质内容清晰、准确地向投保人进行说明，如在工程保险合同订立时对具体承保的建筑物范围，对不予赔付的保险事故因素等进行说明过程录音录像，并在签字盖章落款处载明承诺理解合同免责条款的内容等。

(二)履行提示说明义务的实务操作建议

司法实践中，不同法院对该说明义务的要求也不相同，结合法律规定具体阐述如下。

《保险法司法解释二》第11条第1款规定：“保险合同订立时，保险人在投保单或者保险单等其他保险凭证上，对保险合同中免除保险人责任的条款，以足以引起投保人注意的文字、字体、符号或者其他明显标志作出提示的，人民法院应当认定其履行了保险法第十七条第二款规定的提示义务。”第12条规定：

---

① 参见李玉泉：《〈民法典〉与保险人的说明义务》，载《保险研究》2020年第10期。

“通过网络、电话等方式订立的保险合同,保险人以网页、音频、视频等形式对免除保险人责任条款予以提示和明确说明的,人民法院可以认定其履行了提示和明确说明义务。”

实践中,保险公司经常采用在保单中附加说明的方法来证明其已履行说明义务,如印制“保险人已就保险条款的内容包括免责条款向我作了明确说明,我已对该保险条款的内容充分了解。同意按该保险条款与保险人订立保险合同”,由投保人签字或盖章确认。对此,法院意见不一。有观点认为,保险公司既然已经在保险合同中印制了以上内容,投保人又亲自签名或加盖印章,就应该认定保险公司已经履行了明确说明义务。如四川高院(2016)川民终28号案认为:保险条款、保单内容均对核工业中南公司进行了提示,在建筑工程一切险保单“特别约定”表格下方的投保人处,也载明“保险人已将《建筑工程一切险条款》及特别约定条款(包括责任免除部分)向本人作了明确的说明,本人已充分理解,上述所填写内容均属实,同意以此投保单作为订立合同的依据”,相关免赔率及《建筑工程一切险条款(2009版)》中免除责任的条款,均已向被保险人核工业中南公司充分提示,保险人安邦财险四川公司已尽到合理提示义务。也有观点认为,上述做法并不能起到证明保险人已经履行了明确说明义务的作用。该种说明仍然属于格式条款,是保险人事先印制于保单之上的。投保人订立保险合同的时候通常在保险代理人或者保险公司业务员的引导下进行,投保人的签字行为并非必然体现其真实意思表示,并不能证明保险人的说明义务达到了一般理性标准的“理解”程度。该观点符合《民法典》第496条规定的内涵。如昆明中院(2019)云01民终7790号案认为:保险公司虽对免责条款部分使用了黑色加粗字体标识提醒,投保人广州嘉士伯咨询管理有限公司在投保单回执上盖了章,但保险公司所提交证据不足以证明其对免责条款内容以书面或口头形式向投保人作了明确提示,并在此基础上进一步履行了告知义务,故对保险公司该主张不予采信。也就是说,即使保险人对免责条款进行了区别于其他一般条款的提示,投保人在告知声明书上盖章,告知声明书上有投保人确已收到了投保险种条款,且保险人对投保险种条款进行了说明,尤其是对保险责任条款、免除保险人责任的条款等进行了明确说明等格式内容,法院仍然认为没有证据证明对免责条款内容在提示的基础上进一步进行了明确说明,认定不免除保险公司的保险责任。

实务中,还有保险公司要求投保人手抄前述内容并签名的做法,或者由投保人单独就免责条款及收到保险人说明提示的内容以函件形式出具,其证明效力较之就印制内容签字或盖章的做法要强。依据常识,经过投保人手抄或公司发函说明告知的程序,投保人应该意识到保险人具有对免责条款进行明确说明的义务,且这种做法可以督促投保人对未明确的条款内容进行询问。

关于说明的程度,一种观点为形式标准,另一种观点为实质标准。前一种观点认为,认定保险人履行免责条款明确说明义务需要依赖特定形式,能够与其他一般条款的提示明确区分且足以引起投保人注意的条款表现方式即可。采取实质标准的观点则认为,判断保险人履行此义务的标准取决于投保人是否对免责条款真正明确。在司法实践中,运用不同标准,对类案作出的结论并不相同。实质标准虽对投保人保护力度更大,但对证据材料的要求更高,除非保险人能够举示综合全面的证据重现签订过程全貌,否则难以满足该要求。在工程保险中,投保人或被保险人的广泛性和特殊性,不同合同签订经办人员的表达方式和理解方式不同也会影响实质标准的判断。整体而言,建设工程同样具备专业性和复杂性,投保主体及被保险人往往系建设工程领域市场经营单位主体或具有大量经济合同签订经验的自然人,不宜对保险人的说明程度采用过高的认定标准,否则将可能影响双方地位的公平性。形式标准虽然较易举证和判断,但较难保证投保人的充分知情权。故此,应当采取折中的标准,在采信形式证据的基础上,对双方订约的特定情况加以综合分析,进而得出保险人是否适当履行该义务的结论。只要保险人尽到了相应的解释义务,这种解释是将晦涩难懂的专业术语,变成浅显易懂的大众语言,能够达到明确的、充分的、可领会的程度即可。尤其是工程保险中,投保人多为公司主体或由具有大量经济合同签订经验的自然人经办,对保险合同条款尤其是免责条款应当具备至少一般理性人的判断能力。

关于说明义务的履行时间,基于该义务的设定目的是确保投保人在订立保险合同前对所购买的保险产品有全面、清楚的了解,保险人应当在与投保人磋商期间、保险合同正式订立之前或订立之时履行明确说明义务。保险合同成立以后,保险人的说明行为不能被认定为履行了该义务。

(三)履行提示说明义务相关证据准备建议

应注意履行义务过程中的证据搜集及举证责任。《民事诉讼法》第 67 条第 1 款规定,当事人对自己提出的主张有责任提供证据。投保人提出保险人未对免责条款明确说明,保险人应当提供证据否定投保人的说法,即由保险人证明自己履行了该义务。《保险法》第24条规定:"保险人依照本法第二十三条的规定作出核定后,对不属于保险责任的,应当自作出核定之日起三日内向被保险人或者受益人发出拒绝赔偿或者拒绝给付保险金通知书,并说明理由。"保险人对不属于保险责任具有证明义务,同时按照《民法典》《保险法司法解释二》中关于说明义务的规定来看,保险人应就履行了说明义务进行举证。如最高院(2015)民申字第2744号案认为:永安保险酒泉支公司没有提供证据证明其对保险单、投保单上免赔率记载不一致的事实和理由作出合理解释,也未提供证据证明对免赔率的含义、内容以书面或者口头形式向昌源公司作出明确说明,投保单上昌源公司盖章的"投保人声明"中关于保险人就责任免除内容进行了说明的表述,并不能证明永安保险酒泉支公司对免赔额(率)的内容也作了明确说明,故原审法院认定涉案保险单、投保单上关于免赔额(率)的约定对昌源公司不具有约束力并无不妥。鉴于上述规定及司法认定,建议工程保险的保险人在合同签订过程中应就需说明的免责条款范围逐项进行告知说明,并保留全过程记录,最好是对解释的每一过程都有详细记录,如保存音像、视听资料等,避免以后相互推诿。如有可能,还可就说明的过程形成书面文件(同样包含免责条款),要求保险人单独确认。

第1.26条 【保险合同重述法定免责条款,是否可以免除保险人提示和明确说明义务、当然发生法律效力】

建筑工程一切险特别约定条款的内容与《保险法》中规定的保险人责任免除内容一致,被保险人以保险人对该特别约定条款未尽到提示和明确说明义务为由,主张对其不发生效力的,不予支持。

【条文主旨】

建筑工程一切险条款往往特别约定,被保险人应在知道事故发生后及时通知保险人,并积极配合保险人查勘定损工作。保险双方进一步约定,投保人、被保险人及受益人故意或者因重大过失未及时通知,致使保险事故的性质、原因、损失程度等难以确定的,保险人对无法确定的部分,不承担赔偿保险金责任,但对于保险人通过其他途径已经及时知道或者应当知道保险事故发生的情况(如第三方通知、新闻媒体报道的重大事故等),保险人不得以投保人、被保险人及受益人未及时通知为由拒绝承担赔偿保险金责任。本条系对建筑工程一切险中投保人、被保险人及受益人出险及时通知义务的特别约定,要求通知义务人在保险事故发生后履行及时通知义务。

值得关注的是,本特别约定与《保险法》第 21 条[①]规定即法定的及时通知义务及保险人责任免除之内容完全一致,显属以保险合同约定形式重述法定免责条款。被保险人就此主张保险人未履行提示和明确说明义务,对其不发生效力,应不予支持。

【理解与适用】

《保险法司法解释二》第 10 条规定:“保险人将法律、行政法规中的禁止性规定情形作为保险合同免责条款的免责事由,保险人对该条款作出提示后,投保人、被保险人或者受益人以保险人未履行明确说明义务为由主张该条款不成为合同内容的,人民法院不予支持。”本书所称的保险合同重述法定免责条款应与《保险法司法解释二》第 10 条规定的“禁止性规定作为免责条款”加以区分。法定免责条款指的是,如果被保险人违反法律、行政法规明确规定事项,法律后果系保险人不承担保险责任。禁止性规定违反的法律后果则通常是承担刑事或行政责任,只有通过合意将该禁止性规定作为保险人不承担保险责任的约定免责情形,保险人才能依据该约定免责条款产生免除保险责任的法律效果。同时,《保险法司法解释二》在考虑禁止性规定的普知特性的基础上,规定保险人将法律、行政法规中的禁止性规定情形作为保险合同免责条款的免责事由的,仅需尽到提示义务即产生效力,是否履行明确说明义务不产生影响。前述两类条款在实践中容易混淆,应予以区分。

一、争议问题

从内容上看,本特别约定条款若以格式文本的形式在特定情形下免除或减

---

① 《保险法》第 21 条规定:“投保人、被保险人或者受益人知道保险事故发生后,应当及时通知保险人。故意或者因重大过失未及时通知,致使保险事故的性质、原因、损失程度等难以确定的,保险人对无法确定的部分,不承担赔偿或者给付保险金的责任,但保险人通过其他途径已经及时知道或者应当及时知道保险事故发生的除外。”

轻保险人责任，实质构成《保险法司法解释二》第9条[①]规定的“免除保险人责任的条款”。根据《保险法》第17条[②]的规定，该条款仅在保险人妥当履行提示和明确说明义务的前提下方产生法律效力。该特别约定是《保险法》第21条规定的重述条款，条文内容与法律规定一致。法律一经颁布即视为人人皆知，当约定免责条款与法定免责条款完全重合，是否可据此推定投保人明知条款内容、保险人无须履行提示和明确说明义务，该重述条款当然发生法律效力，是当前司法实践中普遍存在的疑问。

二、趋于统一的主流观点

对于此类保险合同重述法定免责条款的效力问题，主流观点认为不论保险人是否履行提示和明确说明义务，该类重述条款均当然发生法律效力。具体而言，存在两种解释路径：其一，以《最高人民法院关于保险法司法解释(二)理解与适用》一书为代表的理解与适用丛书、学者著书[③]以及部分地方法院发布的相关审判指导文件认为，对于合同重述的法定免责条款，应鼓励保险人履行提示和明确说明义务。但是，即使保险人未履行提示和明确说明义务，也不影响保险人依据该免责条款主张免除相应的保险责任。其二，《人民法院案例选》2018年第10辑中《永安财产保险股份有限公司泰州中心支公司与泰州市长鑫运输有限公司通海水域保险合同纠纷案——对于保险责任条款和除外责任条款之间关系的解释》一文则提供了另一种解释路径，认为法定免责条款本质上不属于《保险法司法解释二》第9条规定的免责条款，遑论保险人提示和明确说明义务。即使当事人将法定免责条款订入合同，也仅为对法律法规的重复，而不能通过约定对此加以排除和限制，因此该类条款仍为法定免责条款而非《保险法司法解释二》所述免责条款。

---

① 《保险法司法解释二》第9条规定：“保险人提供的格式合同文本中的责任免除条款、免赔额、免赔率、比例赔付或者给付等免除或者减轻保险人责任的条款，可以认定为保险法第十七条第二款规定的‘免除保险人责任的条款’。保险人因投保人、被保险人违反法定或者约定义务，享有解除合同权利的条款，不属于保险法第十七条第二款规定的‘免除保险人责任的条款’。”

② 《保险法》第17条规定：“订立保险合同，采用保险人提供的格式条款的，保险人向投保人提供的投保单应当附格式条款，保险人应当向投保人说明合同的内容。对保险合同中免除保险人责任的条款，保险人在订立合同时应当在投保单、保险单或者其他保险凭证上作出足以引起投保人注意的提示，并对该条款的内容以书面或者口头形式向投保人作出明确说明；未作提示或者明确说明的，该条款不产生效力。”

③ 参见韩长印、韩永强编著：《保险法新论》，中国政法大学出版社2010年版，第66页。

据上，保险合同重述的法定免责条款无须保险人履行提示和明确说明义务即当然产生法律效力。潮州中院(2020)粤51民终407号案认为：《人保财险公司机动车综合商业保险条款》第10条第4项条款内容与《保险法》第21条一致，蔡某以保险人未履行明确说明义务为由主张不适用该条款，不予支持。

三、司法实践与主流观点的脱节

如上文所述，就保险合同重述法定免责条款的效力问题，最高院及理论界已经形成倾向性意见，认为无须保险人履行提示和明确说明义务即当然产生法律效力。但司法实践与该主流观点仍存在一定程度的脱节。

山东高院(2020)鲁民申5905号案认为：因保险合同约定的“不足额投保的比例赔付条款”(《保险法》第55条重述条款)属于减轻保险人责任的条款，在保险人未履行提示说明义务的情况下，该条款不产生法律效力。北京二中院(2020)京02民终7754号案亦认为：即便被保险人擅自更改保险标的使用性质的行为构成危险程度显著增加，但因保险人未就“危险显著增加未及时通知免责条款”(《保险法》第52条重述条款)履行提示说明义务，保险人也不得依据该免责条款主张免除保险责任。

司法实践与主流观点脱节现象的产生可能主要出于以下两个原因：一是法院可能认为，现实中要求人人皆知法律规定，尤其是《保险法》此类特别商法的具体规定，系对普通民事主体课以了过高的注意义务，应当通过司法自由裁量权予以调整。二是人民法院在审理保险合同纠纷案件时，存在对《保险法》相关规定忽略和对保险条款过度依赖的问题，从而导致法院未超出保险合同的范围审视保险人的免责情形。

第1.27条　【保险人对建筑工程一切险特约条款中的责任限额和免赔额(率)条款，应否履行明确说明义务】

建筑工程一切险特约条款中的责任限额条款不属免除或者减轻保险人保险责任的条款，保险人无须履行明确说明义务，但保险人对特约条款中的免赔额(率)条款未提示或者明确说明的，免赔额(率)条款不发生效力。

【条文主旨】

本条系关于保险人对建筑工程一切险特约条款中的责任限额和免赔额(率)条款应否履行明确说明义务的裁判规则。建筑工程一切险特约条款关于责任限额和免赔额(率)的约定应否适用,司法实践中存在争议。根据《保险法》及相关司法解释关于保险人明确说明义务的规定,建筑工程一切险特约条款中的责任限额条款不属于免除或者减轻保险人保险责任的条款,保险人无须按照《保险法》第17条及相关司法解释的规定进行明确说明,而特约条款中的免赔额(率)条款虽属于特别约定,但客观上在签订保险合同时由保险人主导,系保险人提供的格式条款,保险人应履行明确说明义务,未提示或明确说明的,免赔额(率)条款不产生效力。

【理解与适用】

《保险法》第17条规定:"订立保险合同,采用保险人提供的格式条款的,保险人向投保人提供的投保单应当附格式条款,保险人应当向投保人说明合同的内容。对保险合同中免除保险人责任的条款,保险人在订立合同时应当在投保单、保险单或者其他保险凭证上作出足以引起投保人注意的提示,并对该条款的内容以书面或者口头形式向投保人作出明确说明;未作提示或者明确说明的,该条款不产生效力。"该条是关于保险人明确说明义务的具体规定,在此基础上,《保险法司法解释二》第9条第1款对何为免除或者减轻保险人保险责任的条款作出了列举式说明,第9条第2款和第10条作出了排除说明,第11条和第12条对保险人提示义务和明确说明义务的具体履行方式作出规定,第13条对举证责任作出规定。由此可以看出,《保险法》及其司法解释立足于保护投保人的应有权利,在平衡保险人与投保人权利义务的基础上,对保险人的明确说明义务作出了细致的规定。但实践中,仍存在关于保险人明确说明义务适用范围的争议。在与建筑工程一切险相关的保险纠纷中,保险人与被保险人关于特别约定条款中的责任限额和免赔额(率)约定是否适用存在较多争议,解决该争议的依据即是上述明确说明义务规定,包括相关条款是否属于保险人应履行明确说明义务的范围、保险人是否履行了明确说明义务等具体争议。

一、明确说明义务的适用范围

《保险法》在2009年修订之前,旧法规定保险人的明确说明义务对象是"保险合同的条款内容",文义上将保险合同的全部内容均纳入保险人应当履行明确说明义务的范围,这引发实践中的众多争议。现行《保险法》第17条将明确说明义务的对象限定于以格式条款形式记载的合同内容。依此规定,保险人对保险合同中的非格式条款不负说明义务。因为非格式条款一般适用于个别磋商订立保险合同的场合。在此场合下,投保人与保险人就合同的具体内容通过磋商达成合意,并以非格式条款的形式加以记载。[①] 最高院曾于2015年1月26日在《关于"〈保险法解释二〉第九条适用"问题的答复》中明确:

> 《保险法》第17条分为两款:第1款是对保险人提供的格式条款的一般说明义务,第2款是保险合同中免除保险人责任的条款的提示和明确说明义务。第2款的理解应以第1款的规定为前提,故第2款中的"免责条款"应指保险人提供的格式条款中的"免责条款",不包括非格式条款中的"免责条款"。因此,保险合同中的比例赔付条款如不是格式条款,则不属于《保险法司法解释二》第9条规定的"免除保险人责任的条款"。因为非格式条款往往是当事人双方协商的结果,根据《保险法》第17条的立法本意,保险人对非格式条款不具有提示和说明义务。

因此,保险合同中经双方当事人平等协商达成的"特约条款"不属于保险人应当履行明确说明义务的范围。重庆高院(2019)渝民终124号案亦认可该解释:对于保险合同中经双方当事人平等协商达成的"特约条款",应当认定保险人已对该条款的概念、内容和法律后果等进行了说明,保险人不再负提示和说明义务。因此,也不再适用《保险法》第17条第2款的规定。

二、建筑工程一切险特约条款适用明确说明义务的可能

若依上述结论,建筑工程一切险特约条款不属于应当适用明确说明义务的范围,即特约条款中的责任限额和免赔额(率)条款均不要求履行明确说明义

---

① 参见温世扬主编:《保险法》,法律出版社2016年版,第113页。

务，相关条款内容直接约束保险合同保险人、被保险人和受益人。但司法实践与此推论有较大差异。

安康中院(2021)陕09民终14号案认为："财险安康分公司提交的保单中特别约定条款中300000元免赔额是否有效？依据《保险法》规定，保险合同中规定有保险责任免除条款的，保险人应当向投保人明确说明，未明确说明的，该条款不产生效力。根据上述规定，对于此类条款，保险人仍需履行提示义务。"兰州铁路运输法院(2020)甘7101民初252号案认为："建筑工程一切险保险单上载明的'暴雨、洪水免赔额100000，免赔率10%。其他灾害免赔额50000元，免赔率10%'，属于免除保险人责任的条款。财险公司对上述条款以足以引起投保人注意方式履行提示义务之外，应对免除保险人责任条款的概念、内容及其法律后果履行明确说明义务。"恩施土家族苗族自治州中院(2020)鄂28民终940号案认为：鼎和财险黄石支公司在其出具的《建筑工程一切险保险单》第5条"免赔条件"、第11条"特别约定"均对每次事故的免赔额进行了规定，但上述免除保险人责任的条款并未以足以引起投保人注意的文字、字体、符号或者其他明显标志进行标记，不能认定鼎和财险黄石支公司履行了《保险法》第17条第2款规定的提示义务。大量的案例均将特约条款中的责任限额和免赔额(率)条款作为保险人应当明确说明的范围，并以保险人未予明确说明为由认定相关条款不生效，保险人应承担保险责任。

理论与实践的差异源于建筑工程一切险保单特约条款可能并未完全承载当事人真实意思表示，非经双方当事人平等协商达成。保险人提供的保单中特约条款以"施工用机具、设备、机械装置等"保险标的的特别约定和保险人免赔额(率)的特别约定为主，前者实际上属于保险合同之外的保险标的拓展条款，后者涉及保险人承担保险责任的大小。前者是否纳入保险范围直接影响保险费率的确定，属于当事人必须磋商确定的事项。后者中免赔额(率)虽对保险公司核定保费亦有影响，但该条款是当事人容易忽略且切实影响被保险人、受益人赔偿金额的内容，当事人亦难以理解。在保单的特约条款实际由保险人直接提供，而非当事人双方磋商后写就的情况下，该特约条款实际上符合格式条款的性质，而作为格式条款提供方的保险人有义务对相关条款进行说明，因未说明产生的条款适用风险应由保险人承担，符合《民法典》第496条关于格式条款的认定和适用规则，直接依据《保险法》第17条裁判亦可。与此不同的是，特约条款中的责任限额条款多在保险合同主条款中已有涉及，且责任限额对于保险费率的确定较于免赔额(率)影响更甚它是当事人协商确认的合同主条款,亦是投保人应当承担注意义务的条款,不属于免除或减轻保险人保险责任的条款,不适用明确说明义务规则,否则将对保险人过于不公平。

第1.28条 【建筑工程一切险中,特别约定条款优先适用效力的原则与例外】

保险合同记载内容不一致,当事人主张按照特别约定、扩展条款、基本条款顺位解释适用的,应予支持。

保险人提供的特别约定符合保险格式条款,未能提供证据证明已经作出提示和明确说明,被保险人主张对其不发生效力的,应予支持。

有证据表明,保险人提供的特别约定不属于格式条款,并经过保险人与投保人协商一致的,被保险人主张因保险人未作出提示和明确说明对其不发生效力的,不予支持。

特别约定因违反法律、行政法规的强制性规定而无效,对当事人并无约束力。

【条文主旨】

特别约定条款、扩展条款与基本条款,实务中须把握保持保险业务发展与风险可控、平衡保险人与被保险人利益、符合保险原理、遵守监管规定之原则。因特别约定条款具有对基本条款补充、替代或变更的意义和功能,根据"特别优于普通"的法律解释规则,当特别约定条款内容和基本条款内容相冲突时,特别约定条款应具有优先适用效力;特别约定条款符合保险格式条款,应受其规则约束;如果特别约定条款存在效力瑕疵,存在无效或不发生法律效力等情况,则其适用基础丧失,特别约定条款无法适用。

【理解与适用】

根据《保险术语》之阐释,特别约定是指保险合同当事人就某些事项在保险合同中特别加以说明的附加条款,一般包括产品特别约定和承保特别约定。产品特别约定主要是关于适用标的、免赔、赔偿限额、保险期限等要素用于配置产品、条款层级的具有明确规范性、统一性和标准化的约定。承保特别约定是根据业务管理和客户需要在承保出单环节增加的个性化特别约定。

实务中，对于特别约定有广义说与狭义说之分，上段规定可界定为狭义说。就广义说而言，投保人与保险人作为商事主体，基于《民法典》第143条之规定，主体适格、意思表示真实、不违反法律、行政法规强制性规定及公序良俗，通过保险单或其他保险凭证，或者当事人约定采用的其他书面形式载明双方权利义务内容的，皆可纳入特别约定之范畴。

一、建设工程保险中特别约定在监管与需求之间游走

从行业监管层面而言，为保护投保人、被保险人和受益人的合法权益，维护保险市场秩序，原银保监会修订的《财产保险公司保险条款和保险费率管理办法》自2021年10月1日起施行，遵循保护社会公共利益、防止不正当竞争、与市场行为监管协调配合之原则，加强和改进对保险条款和保险费率的监督管理。财产保险公司应当申报保险条款和保险费率的审批和备案，对于关系社会公共利益的保险险种、依法实行强制保险的险种的保险条款和保险费率报银保监会审批，其他险种的保险条款和保险费率，报原银保监会或其省一级派出机构备案。该办法明确规定："财产保险公司及其分支机构应当严格执行经批准或者备案的保险条款和保险费率，不得违反本办法规定以任何方式改变保险条款或者保险费率。"根据普华永道公司统计，2021年财险公司所受行政处罚中，因未严格执行经批准或者备案的保险条款、保险费率罚单数量3434张，占比18%。

从业务发展层面而言，建筑工程保险因其保险金额及保费收入相对较高及保险经纪人专业服务的介入，为被保险人提供全方位风险保障，往往在保险条款之外附加扩展条款及特别约定。

从保险公司风控角度而言，近年频发的财险公司风险事件往往因特别约定导致，如何保持业务发展与风险可控、平衡保险人与被保险人利益、符合保险原理、遵守监管规定，亦是保险人所需面对的现实。

二、建设工程保险合同中基本条款、扩展条款、特别约定条款的适用顺位

在保险实务中，保险合同当事人往往会以"特别约定"的形式对各方主体的权利义务关系进行再分配或补充说明，并明确特别约定条款优先于扩展条款、

基本条款适用，或约定保险合同条款冲突时以特别约定条款为准。一般而言，该约定应属合法有效，当特别约定条款与其他保险条款存在冲突时，应当按照保险合同当事人约定的顺序适用。

保险合同的基本条款，一般是保险合同所必须具备的、保险公司事先拟定并印制经报监管机构审批或备案的内容。保险合同的特别约定条款和基本条款是相对应的概念。我国保险法对特别约定条款的性质和使用未作描述和规定，保险合同的特别约定条款，一般指基本条款之外的、经保险合同当事人就某些事项特别加以约定所形成的内容，通常是保险合同当事人对保险合同基本条款的补充或者变更达成的合意，属于保险合同的组成部分。至于保险合同的扩展条款，一般指保险附加险条款，与基本险条款相对应，根据其形成过程的不同，可被划分为特别约定条款或基本条款。由于扩展条款大多系保险公司提供的经备案条款，故保险条款适用顺序的讨论核心仍系基本条款与特别约定条款何者优先适用的问题。

三、特别约定条款原则上具有优先适用效力

保险实务中，保险合同通常会对特别约定条款和基本条款的适用顺序进行约定，且约定内容均系特别约定条款优先适用。该约定体现的是保险合同当事人的意志，基于对当事人意思自治的尊重，该约定应属合法有效。而且，该约定具有正当性、合理性，与基本的法理逻辑相契合。从法理层面而言，因特别约定条款具有对基本条款补充、替代或变更的意义和功能，故根据"特别优于普通"的法律解释规则，当特别约定条款内容和基本条款内容相冲突时，特别约定条款应具有优先适用效力。

此外，理论上特别约定条款系经由保险合同当事人协商形成，应属非格式条款，而基本条款大多系保险公司事先拟定、单方提供、反复使用的格式条款。《民法典》第 498 条规定："对格式条款的理解发生争议的，应当按照通常理解予以解释。对格式条款有两种以上解释的，应当作出不利于提供格式条款一方的解释。格式条款和非格式条款不一致的，应当采用非格式条款。"另外，根据《保险法司法解释二》第 14 条第 2 项的规定，非格式条款与格式条款不一致的，应以非格式条款为准。据此，当保险条款内容存在冲突时，非格式的特别约定条款应较格式的基本条款优先适用。当然，实践中特别约定条款存在被认定为格式条款的可能，即使特别约定条款和基本条款同为格式条款，特别约定条款因

其自身属性亦具有优先适用的合理性。

综上,特别约定条款的优先适用具有充分的合同及法律依据。当特别约定条款与保险合同基本条款存在冲突时,原则上应遵循当事人的约定或法律原理优先适用特别约定条款。

四、特别约定条款符合保险格式条款,应受其规则约束

虽然理论上特别约定条款系经由保险合同当事人协商形成,但如果有证据证明实际缔约过程,特别约定条款仍然存在被认定为格式条款的可能性,且特别约定条款有可能属于保险人免责条款。在此情形下,如果特别约定条款符合《民法典》第 496 条①、第 497 条②、第 506 条③,《保险法》第 17 条④、第 19 条⑤等规定,则特别约定条款可能会被认定为不构成合同内容、不发生法律效力。

五、特别约定条款优先适用之例外情形

合同具体条款的适用以条款有效为前提和基础,这是规则适用应有之义。换言之,如果特别约定条款合法有效,则其应当优先适用;但如果特别约定条款存在效力瑕疵,存在无效或不发生法律效力等情况,则其适用基础丧失,特别约定条款自然无法适用。

---

① 《民法典》第 496 条规定:"格式条款是当事人为了重复使用而预先拟定,并在订立合同时未与对方协商的条款。采用格式条款订立合同的,提供格式条款的一方应当遵循公平原则确定当事人之间的权利和义务,并采取合理的方式提示对方注意免除或者减轻其责任等与对方有重大利害关系的条款,按照对方的要求,对该条款予以说明。提供格式条款的一方未履行提示或者说明义务,致使对方没有注意或者理解与其有重大利害关系的条款的,对方可以主张该条款不成为合同的内容。"

② 《民法典》第 497 条规定:"有下列情形之一的,该格式条款无效:(一)具有本法第一编第六章第三节和本法第五百零六条规定的无效情形;(二)提供格式条款一方不合理地免除或者减轻其责任、加重对方责任、限制对方主要权利;(三)提供格式条款一方排除对方主要权利。"

③ 《民法典》第 506 条规定:"合同中的下列免责条款无效:(一)造成对方人身损害的;(二)因故意或者重大过失造成对方财产损失的。"

④ 《保险法》第 17 条规定:"订立保险合同,采用保险人提供的格式条款的,保险人向投保人提供的投保单应当附格式条款,保险人应当向投保人说明合同的内容。对保险合同中免除保险人责任的条款,保险人在订立合同时应当在投保单、保险单或者其他保险凭证上作出足以引起投保人注意的提示,并对该条款的内容以书面或者口头形式向投保人作出明确说明;未作提示或者明确说明的,该条款不产生效力。"

⑤ 《保险法》第 19 条规定:"采用保险人提供的格式条款订立的保险合同中的下列条款无效:(一)免除保险人依法应承担的义务或者加重投保人、被保险人责任的;(二)排除投保人、被保险人或者受益人依法享有的权利的。"

据检索和观察,司法实践中,对特别约定条款的效力,尤其是在特别约定条款涉及保险人责任减免情形时,法院往往会重点审查。司法实践中,关于特别约定条款效力的具体判断,需回到个案背景,根据个案情节进行认定。我们注意到,特别约定条款被认定为无效或不发生效力的情形并不少见。浙江高院(2015)浙海终字第240号案认为:特别约定清单中的条款与保险条款第7条的约定相悖,保险人未举证证明其对特别约定清单中的条款尽到了提示和明确说明义务,特别约定条款无效。济宁中院(2021)鲁08民终2398号案认为:案涉特别约定条款免除了保险公司应当承担的赔偿责任,应属无效。赣州中院(2017)赣07民终3414号案认为:案涉特别约定系格式条款,保险人提交的证据无法证明其尽到了提示及明确说明义务,特别约定条款未生效。

综上,特别约定条款优先于基本条款适用,符合法理和条款特征,具有逻辑上的正当性。但在具体判断时,更需要关注的是特别约定条款自身的效力问题,因为特别约定条款能否优先适用,往往取决于其自身内容是否合法有效。

第1.29条 【投保人未按约定缴纳保险费的合同效力认定】

保险合同成立后,保险人不得单方终止保险合同。当事人约定以投保人缴付保险费作为合同生效条件,保险人以投保人仅缴付部分未全额缴付为由主张合同并未生效的,不予支持。当事人约定分期缴付保险费,投保人未经保险人同意未按约缴付保险费并经保险人书面催缴后30天内仍未缴纳保费的,保险人可书面通知投保人并单方终止该保单责任。

【条文主旨】

本条是对未按照约定缴纳保费,保险人催缴后发生保险事故责任承担问题的规定。工程保险合同履行期限比较长,保费金额比较高,一般采用分期支付保费形式。本约定借用人身保险合同中分期支付保险费宽限期的约定,对到期没有缴纳续期保险费的投保人给予一定时间的优惠,让其在宽限期内补交续期保险费。在宽限期限内,保险合同继续有效,在此期限内发生保险事故保险人仍要承担赔偿保险金的责任。如投保人经保险人催告后30日内未支付当期保险费的,保险人可以单方终止保险合同,但前提是书面通知投保人。

【理解与适用】

一、法律依据

《保险法》第13条规定："投保人提出保险要求,经保险人同意承保,保险合同成立。保险人应当及时向投保人签发保险单或者其他保险凭证。保险单或者其他保险凭证应当载明当事人双方约定的合同内容。当事人也可以约定采用其他书面形式载明合同内容。依法成立的保险合同,自成立时生效。投保人和保险人可以对合同的效力约定附条件或者附期限。"

根据此规定,保险合同均为诺成合同,投保人提出投保申请,经保险人同意承保后,保险合同即成立,且自成立时生效。因此,在合同双方未将支付保险费作为工程保险合同生效条件的情况下,保险合同自双方意思表示达成一致时成立并生效,保险人自此开始承担保险责任,保险合同的效力不受是否支付保险费的影响。即,在工程保险合同没有特别约定的情况下,投保人即使未支付或未全额支付保费,只要双方签订了保险合同,合同就生效,发生保险事故保险人就应承担保险责任。

实践中,保险人通常选择按照《保险法》第13条第3款的规定,在保险合同中约定以投保人支付保险费作为合同的生效条件或承担保险责任的时间起算点。

二、条款解读

(一)宽限期

《保险法》第13条第3款规定,投保人和保险人可以对合同的效力约定附条件或者附期限。第14条规定:"保险合同成立后,投保人按照约定交付保险费,保险人按照约定的时间开始承担保险责任。"保险合同是双务合同,投保人的主要义务之一是按照合同约定交付保险费,以"换取"保险人按照保险合同约定承担保险责任。保险合同成立、生效、保险责任承担的开始是三个不同概念,一定情况下,保险合同生效后,保险责任未必开始。

工程保险合同履行期限比较长,保费金额比较高,一般采用分期交付保费形式。本约定借用人身保险合同中分期支付保险费宽限期的约定,对到期没有缴纳续期保险费的投保人给予一定时间的优惠,让其在宽限期内补交续期保险费。在宽限期限内,保险合同继续有效,如果在此期限内发生保险事故,保险人仍要承担赔偿保险金的责任。

本条规定的宽限期限为 30 天,即合同约定分期交付保险费,投保人支付首期保险费后,除合同另有约定外,投保人经保险人催告后 30 日内未支付当期保险费的,保险人可以书面通知投保人并单方终止本保单。

(二)终止的原因

按照本条约定,应当满足三个基本条件:(1)投保人逾期未交保险费。投保人在支付首期保险费后,不能在保险合同约定的缴纳保险费的日期或者交费宽限期内向保险人缴纳保险费。(2)投保人经保险人催告后 30 日内未交付当期保险费的。(3)合同没有约定其他补救办法(如减少保险金额、保险费自动垫交等)。只有满足上述条件,因为投保人逾期未交保险费,保险人才可以书面通知投保人并单方终止保单。

(三)终止后的效力

保单终止,即失效,被保险标的得不到相应的保障;一旦出险,保险公司也不予理赔。投保人是按照合同约定负有交付保费义务的人。因此,应当按照合同约定按时足额缴纳保险费;保险人通知或者催告投保人缴纳续期保险费是一项约定服务,而非法定义务。

三、约定效力

(一)约定投保人交付保险费后保险合同才生效的条款有效

《九民纪要》第 97 条规定:“当事人在财产保险合同中约定以投保人支付保险费作为合同生效条件,但对该生效条件是否为全额支付保险费约定不明,已经支付了部分保险费的投保人主张保险合同已经生效的,人民法院依法予以支持。”该情形属于虽约定以投保人支付保险费作为合同生效条件,但对于支付金额约定不明,基于疑义利益解释原则和符合投保人期待要求,对于投保人主张合同已经生效予以支持。

(二)约定投保人支付保险费后保险人才承担保险责任的条款有效

浙江高院《关于审理财产保险合同纠纷案件若干问题的指导意见》第 4 条规定:“财产保险合同约定保险责任自保险费缴纳之日起计算,而投保人尚未支付保险费时,保险人以投保人未支付保险费为由主张其不承担保险责任的,应予支持。”

四、如何赔付

实践中存在以下两种不同的观点和做法：

一种观点认为，既然认定合同已经生效，则合同应全部生效，保险事故发生后，保险人应按照合同约定承担全部保险责任。被保险人未缴纳保险费属于违约，保险人可另行主张其违约责任。

另一种观点认为，应当采用比例责任的方式，即保险人按照投保人所交付保险费占应交保险费的比例来承担保险责任。理由是从平衡当事人双方利益考虑，比例责任的方式较为合理，否则会造成投保人交极少的保险费，保险人却要承担全部保险责任的不公平局面。

缴纳保险费是保险合同成立的重要依据，但保险合同的成立并非以缴纳保费为唯一条件，在形式上保险人向投保人出具保险单或保险凭证，也意味着保险合同成立。保险合同成立并不等于发生保险责任就一定可以从保险公司得到赔偿，还要看被保险人是否严格履行和遵守保险单所列明的各项规定，这也是能否得到保险赔偿金的先决条件。《保险法》第14条规定："保险合同成立后，投保人按照约定交付保险费，保险人按照约定的时间开始承担保险责任。"由此可见，保险责任的开始，是以投保人缴纳保险费为前提条件，除非当事人另有约定。投保人交付保险费的方式有两种：一种是在保险合同成立时缴纳，另一种是按照双方约定的方式缴纳。违反缴纳保险费义务也有两种情况：一是在保险合同成立后完全不交付保险费，二是在保险合同期内，只交付部分保险费。在保险合同期限内，被保险人违反应履行的义务，保险人有权拒绝赔偿或解除合同，但根据《民法典》中有关履行合同的有关规定，对不完全履行合同义务，应承担违约责任，无权享有充分的保障。

目前，各省高院的指导意见与司法裁判多倾向于支持保险人按照投保人所交付保险费占应交保险费的比例来承担保险责任。理由是当投保人全额交付保险费时，保险人应当全额赔付；当投保人部分交付保险费时，保险人仅应当部分赔付，赔付比例应当是实交保费与应交保费之比，这符合社会公众的公平观念。

第 1.30 条 【“特别约定”中的“免责条款”的性质】

“特别约定”不是保险人制发的保险单中的固有内容，也不是保险人单方面拟定的、反复使用的保险合同文字表述，其体现的是投保人与保险人协商、合意的过程，相关约定应予支持。

【条文主旨】

本条旨在解决“特别约定”中免责条款的性质问题。“特别约定”条款是为了扩大或限制保险责任，经投保人与保险公司共同约定，附加在一张保单上的特殊协议或条款，是保险合同当事人就保险合同基本条款的补充或者变更达成的合意，属于保险合同的一部分，其效力高于基本条款。

构成免除保险人责任的条款必须是“格式条款”，如果不是格式条款，而是双方协商一致形成的合意，则未剥夺、限制一方当事人缔结合同条款的自由。

【理解与适用】

“特别约定”条款是与基本条款相对应的概念，基本条款是保险合同所必须具备的条款，由保险公司事先拟定并印制，基本条款需要保险公司报相关机构审批或者备案后方能使用。保险合同作为一种格式合同，一定程度上限制了保险合同双方的缔约自由。为保障合同当事人的意思自治，我国的保险法在规定保险合同基本内容的前提下，赋予合同当事人针对保险合同进行特别约定的权利。

一、保险合同为什么会出现“特别约定”

1. 因为保险公司在设计产品时，设计的是通用条款，给相关机构报备的时候也是采用通用条款。

2. 通过不同渠道销售保险产品，可能会针对某些渠道定制不同的保障内容。

3. 产品仍然是同款产品，保险公司不可能改动几条内容重新去保监局备案，所以很多时候会采用“特别约定”的方式。

二、法律依据

1.《保险法》第 13 条第 3 款规定:“依法成立的保险合同,自成立时生效。投保人和保险人可以对合同的效力约定附条件或者附期限。”保险合同成立、生效和保险责任的开始是三个不同的概念,各自产生的权利义务是不同的。依法成立的保险合同自成立时生效,如果有约定的生效条件和期限,则于约定条件形成或者期限届满,合同才开始生效。

2.《保险法》第 18 条第 2 款规定:“投保人和保险人可以约定与保险有关的其他事项。”如同一家保险公司的同一种意外伤害保险产品对应的基本条款是通用的,不具有针对性。但不同的投保人,如餐饮业、制造业、交通行业、建筑行业的投保人,情况不同,需求不同,风险程度不同,为使保险合同更适合双方当事人的情况,合同双方对个案的保险条件进行补充或者调整,“特别约定”条款因此产生。

三、效力确认

(一)是否为保险合同内容

从实务上看,“特别约定”条款既有双方协商后制定的补充条款,也有保险公司单方印制并没有与投保人协商的特约条款。保险人在打印保险单时,变更了该条款的内容,又构成新的要约,投保人签收保险单并未提出异议,该条款成立并生效。

(二)是否为免责条款

构成保险法中的免责条款必须符合形式要件和内容要件。形式要件即该条款在保险人提供的格式合同文本中。首先,该条款须是保险合同内容。如保险单特别约定部分记载的某个条款与投保单内容不一致,投保人在收到该保险单后的合理时间内向保险人提出了异议,那么该条款因投保人不同意而不能被认定为保险合同内容,对当事人不具约束力。其次,保险人未就该条款与投保人协商。如“特别约定”条款确实是订立合同双方协商的结果,那么它自然不是格式条款,而且效力优于格式条款。最后,该条款是保险人为了重复使用而预先拟定的。

判断某条款是否为免责条款的内容要件标准是,其是否实质上减轻或免除保险人责任。内容要件即该条款约定的是,责任免除条款、免赔额、免赔率、比例赔付或者给付等免除或者减轻保险人责任的内容。

(三)是否要提示说明

"特别约定"条款作为保险合同的一部分,其效力与基本条款相同,当其与基本条款矛盾时,其效力应高于基本条款的效力。因此,保险法关于提示义务及明确说明义务的规定同样适用于"特别约定"条款。如果"特别约定"条款内容属于免除保险人责任的条款,保险人仍然应该根据《保险法》第 17 条、第 18 条的规定,有义务向投保人说明保险合同的内容,对于免责条款,保险人有义务向投保人明确说明,否则该条款不成立。

(四)认定规制

根据《保险法司法解释二》第 14 条的规定,保险合同中记载的内容不一致的,按照下列规则认定:(1)投保单与保险单或者其他保险凭证不一致的,以投保单为准。但不一致的情形系经保险人说明并经投保人同意的,以投保人签收的保险单或者其他保险凭证载明的内容为准;(2)非格式条款与格式条款不一致的,以非格式条款为准;(3)保险凭证记载的时间不同的,以形成时间在后的为准;(4)保险凭证存在手写和打印两种方式的,以双方签字、盖章的手写部分的内容为准。

四、争议裁判

关于特别约定中免除保险人责任条款的认定,最高院曾于 2015 年 1 月 26 日在《关于"〈保险法解释二〉第九条适用"问题的答复》中认为,《保险法》第 17 条分为两款:第一款是对保险人提供的格式条款的一般说明义务,第二款是保险合同中免除保险人责任的条款的提示和明确说明义务。第二款的理解应以第一款的规定为前提,故第二款中的"免责条款"应指保险人提供的格式条款中的"免责条款",不包括非格式条款中的"免责条款"。

对保险合同中的"特别约定"条款存在两种以上解释时,应首先依据《民法典》第 496 条判定其是否属于格式条款。若属于格式条款,排除《民法典》第 497 条的情形后,依据《保险法》第 17 条、第 30 条处理;若有证据证明"特别约定"条款确系合同双方协商一致的意思表示,则依据《民法典》第 142 条之规定,综合案件具体情况并按照"法律与事实"依据相统一原则进行处理。

因此,对于某一具体案件,不能单纯地看某个条款形成了免除保险人责任的后果,就认定属于免除保险人责任的条款,更要看该条款形成的过程是否存在格式条款的基本特征。否则,容易出现认定错误。

第1.31条 【预付赔款赔偿依据及逾期赔付的认定】

在保险责任明确但损失金额尚不能确定的情况下,被保险人要求按照确定估损金额预先支付赔款的,应予支持。预付赔款金额双方有约定的,按照约定;没有约定的,根据已有证明资料可以确定的数额先予支付,保险人最终确定赔偿数额后,支付相应的差额。

【条文主旨】

及时赔偿弥补被保险人所受损失系利用保险转移风险意义所在。保险人不能以事故复杂为由拖延赔偿,建筑工程保险领域理赔难问题突出。《保险法》第25条规定,以保险相对人请求赔偿并提交有关证明资料之日起的60日为限,对于双方无争议的,可以确定损失结果,由保险人先行履行部分保险金赔付义务;对于双方有争议以及暂时无法确定的部分,待最终有证据佐证保险人应赔付的数额之后,由保险人另行赔付。

【理解与适用】

保险合同是一个复杂的整体,保险人的保险金赔付义务,由损害结果、保险责任、责任免除、比例赔付、是否足额投保、是否存在重复保险等多个因素共同决定。我国《保险法》第23条至第25条规定了保险人的理赔义务,其中第23条规定了法定最长核定期间,核定保险事故的期限为30日。但是在建设工程领域,客观上某些保险事故原因复杂、损失较大,以致在短期内无法准确核定事故以及事故所造成的损失。

一、预付赔款条款的意义

保险人收到被保险人或者受益人的索赔请求后,结合有关的证明、资料,分析事故原因,核定保险责任,估算损失程度,确定具体保险赔付金额,然后履行保险金赔付责任。这个理赔过程,因具体情况不同,有时会相当漫长。被保险人提起索赔请求时,保险事故已经发生,作为保险标的的财产已经受到毁损,其在物质上已经承受损害后果,此时往往急需资金修复。如果迟迟不能得到保险金的赔偿,其利用保险转移风险获得补偿的意义就大为减弱,而保险的经济补偿功能也不能得到及时实现,保险人也有不够勤勉尽责之嫌。

二、期限和数额要求

保险赔付数额不能最终确定,称为"赔款之未决",或因有关证明材料不够充分,或尚未查明出险原因,或因损失金额尚在调查核实,或对标的残值有待商榷等。但是,既然已经认定属于保险责任,在有关事实已确认的基础上,应可以确定部分赔付责任。对这些"已决"部分,应当先行赔付给被保险人,使得其遭受的损害尽量减轻和降低。

《保险法》规定,赔偿合理期限为60日,即"自收到赔偿或者给付保险金的请求和有关证明、材料之日起六十日内"。既然是先行支付,则在赔偿或者给付保险金的最终数额确定后,保险人应当继续履行支付最终金额与先行赔付金额之间的差额的义务。

先予支付的前提是已经确定为保险责任,但是保险金赔偿具体数额尚不能最终确定。保险人应当先予支付的数额是:如果保险合同有约定,保险人应当根据合同约定支付;如果保险合同没有明确约定,保险人应当根据已有证明和资料可以确定的数额先行支付。既然先行支付的是可以确定的数额,则只会少于而不会多于最终金额,所以在赔偿或者给付保险金的最终数额确定之后,保险人应当支付最终金额与先行支付金额之间的差额。

三、赔付条件

第一,属于保险责任范围内的索赔请求;

第二,收到索赔申请和有关证明、资料之日起已满60日;

第三,保险人的赔偿或者给付保险金的数额不能确定。

具备上述条件的,保险人应当根据已有证明和资料可以确定的最低数额,先予支付保险金。这个"可以确定的最低数额",应当是保险人与索赔申请人已经认定的数额;如果双方没有达成共识,保险人也可以根据有关证明和资料自行确定一个先予支付的数额,待最后确定赔偿或者给付保险金的数额后,保险人再向被保险人或者受益人支付最终确定的数额与已经先予支付数额之间的差额。

四、实务中的焦点问题

1. 保险人未按照本条规定根据已有证明和资料可以确定的数额先予支付的,保险人对被保险人因此产生的损失是否应当承担赔偿责任的问题。本条关于保险人应当"根据已有证明资料可以确定的数额先予支付"的规定,属于保险人的法定义务,保险人不履行此项义务的,对被保险人因此受到的损失应承担相应的赔偿责任。最高院(2017)最高法民申 5103 号案认为:在双方对保险事故发生和保险责任承担已经达成共识的前提下,保险合同约定"当发生本保单责任范围内的损失时,被保险人提出申请,保险人可以预先支付部分赔款,金额限于每次事故损失金额的 50%",被保险人提交理赔申请后,保险人负有及时核定损失、确定赔偿数额义务;当保险责任确定赔偿数额不能确定时,保险人应当在被保险人提交理赔申请和资料两个月内先行支付部分赔偿款,这是保险法设计先行赔付制度保护弱势群体、维护公平正义价值所在。保险人以赔偿数额不能确定为由迟迟不履行义务,有违保险法之诚实信用原则,被保险人要求其承担迟延付款损失诉讼请求,应予以支持。

2. 关于保险责任核定的起算点问题。本条规定为"收到赔偿或者给付保险金的请求和有关证明、资料之日"。实务中,请求与有关证明、资料往往并不是同时收到,一般是先收到请求再收到有关证明、资料;而且,证明、资料往往不是一次性提交完整。因此,应以被保险人最后提交证明、资料的日期为起算时间。但保险人作出核定的时间应包括保险人通知被保险人补充提供资料的时间。

3. 保险合同对赔偿的期限有约定的,保险人应当按照约定履行赔偿或给付保险金的义务。本条关于 60 日内不能确定给付保险金的数额需先予支付可确定数额的规定,保险人仍应执行,因为这是法定义务。

五、争议焦点与司法观点

1. 关于保险公司未按照约定先予支付是否应承担逾期付款的利息问题

虽然保险公司内部有其管理流程,但是赔案久拖不决也是不合理的,如果是因为保险公司核查等原因导致应赔偿而未赔偿,均会导致被保险人一方资金利息的损失,根据《民法典》违约责任的规则,保险公司应赔偿该部分利息损失。如果是因被保险人原因理赔逾期,造成的损失被保险人承担。

陕西高院(2018)陕 01 民终 965 号案认为:事故发生后施工单位按照公估

公司要求补充提交了索赔资料,保险公司应按照《理赔服务承诺函》中的承诺时间,将核定结果以书面形式送达施工单位并先予支付可以确定的赔偿数额,无理由逾期支付应承担违约责任。

2. 关于公估报告能否作为确定损失金额的依据问题

从保险事故的发生到诉讼,通常存在一个较长时间段,一般事故现场已不存在。完全否定公估报告及其基础材料可能导致损失无法查明。对于双方共同委托的公估机构,其公估结论对保险人和被保险人有约束力。保险人单方委托的公估机构,只要形成公估报告的材料是双方确认的,其作出的与基础材料直接相关的结果仍然有证明力。

广东高院(2019)粤 01 民终 12067 号案认为:双方共同签署了《公估委托单》,所有的查勘记录表上均有施工单位的盖章或者其员工的签名,施工单位配合查勘并确认记录的行为,证明其对公估公司进行上述工作并无异议。公估报告对于损失数量是根据施工单位确定的现场查勘记录及参考施工图纸确定,损失单价参考了施工合同价及市场综合单价确定损失,应予认定。

第 1.32 条 【免赔额对双方均有约束力】

建设工程保险合同中约定的免赔额条款,对双方均有约束力,保险人在理算中主张扣减的,应予支持。

【条文主旨】

工程保险普遍实行绝对免赔形式,即在保险标的发生保险责任范围内的损失时,当损失达到约定数额后,保险人在保险单载明的保险金额内,对被保险人的保险损失扣除免赔金额后予以赔偿;保险单中同时载明了免赔额和免赔率,免赔金额按照当事人约定的,以免赔额和按照免赔率计算的金额中的高者为准。在损失未达到规定数额时,损失均由被保险人自己负责。

【理解与适用】

一、免赔额的意义

免赔额,顾名思义,是免赔的额度,是指由保险人和被保险人事先约定,被保险人自行承担损失的一定比例、金额,损失额在约定数额之内,保险人不负责赔偿。免赔额是指保险人根据保险的条件作出赔付之前,被保险人自己先要承担的损失额度。因为免赔额能消除许多小额索赔,损失理赔费用大为减少,从而可以降低保费,所以免赔额条款在财产、健康和汽车保险中得到广泛使用。

在工程保险中,由于小额损失风险占据大量理赔资源的情况,设置免赔额并相应降低保险费率,已经越来越频繁地应用于保险实务。保险双方亦可约定提高或降低免赔额的具体数额,保险费也将相应减收或加收。

设置免赔额条款的主要意义是:一是增强投保人和被保险人的安全风险意识;二是减少小额案件的处理;三是降低投保人的保险费支出。

二、免赔额形式

工程险种免赔额主要有相对免赔额和绝对免赔额两种形式。相对免赔额与绝对免赔额都设置有免赔额或免赔率作为赔偿门槛,不同之处在于当损失额超出规定数额后,设置相对免赔额的保险公司须全额赔偿损失,而设置绝对免赔额的保险公司仅须对超出部分进行赔偿。

相对免赔额可以减少小额索赔频率,但可能存在被保险人故意扩大损失的道德风险。绝对免赔额则既能降低保险公司理赔成本,又能有效避免相对免赔额下的道德风险。工程险种若采用绝对免赔额形式,为充分调动被保险人的防灾减损自觉性,基本条款还明确:被保险人应该尽力采取必要、合理的措施,防止或减少损失,否则,对因此扩大的损失,保险人不负责赔偿。

三、免赔额的设定

《建筑工程一切险条款(2009 版)》第 10 条规定:“免赔额(率)由投保人与保险人在订立合同时协商确定,并在保险合同中载明。”科学设定免赔额,能够合理地在保险公司和被保险人之间分配风险,帮助保险双方降低成本。设定免赔额一方面能够降低被保险人的保费支出,提高防灾减损的意识,减少道德风险发生;另一方面能够帮助保险公司免除保险标的面临的小额损失,降低总体的理赔成本。

1. 工程险免赔额设定,主要根据保险金额大小、风险类型、损失频率和程度、分项工程施工工艺成本、其他承保条件的优劣综合考虑。工程险免赔额应同时确定绝对免赔额和相对免赔额,并根据双方约定以高者为准。

2. 工程保险物质损失部分规定的免赔额一般包括：自然灾害的免赔额、特种危险的免赔额、各保险项目遭受其他风险的免赔额。安装工程一般还应设立试车期免赔额。如有必要，还可设定更详细的免赔额。

3. 第三者责任部分一般对财产损失规定每次事故免赔额，对人身伤亡无此规定。

从保险双方看，保险公司也需考虑与被保险人之间的博弈关系，在投保积极性和防灾减损意识的天平两端之间取得平衡，从而求得险种经营利润的最大化。

四、免赔额定价与协商确定

在保前风险审查的基础上，保险公司通常会给出多个免赔额供投保人选择。投保人可以在投保时与保险人协商确定一个绝对免赔额，并依其所选定免赔额享受相应的费率优惠。

示范条款：兹经双方同意并约定，在保险期限内发生本保单项下的保险事故时，对属于同一施工合同下的施工工程分别适用以下的免赔额：

如平安财险公司《建筑工程一切险及第三者责任险》免赔部分：

物质损失部分：一般风险：每次事故免赔人民币 5 万元或者损失金额的 10%，以高者为准。特种风险（台风、暴雨、风暴、海啸、洪水）及地下工程免赔：人民币 50 万元或者损失金额的 20%，以高者为准。第三者责任部分，财产损失部分每次事故免赔：人民币 10 万元或损失金额的 10%，以高者为准。人身伤亡无免赔。

还有一种是递增的免赔额，也即在同一保险期限内按出险次数逐渐增加绝对免赔额的特殊免赔形式。如大地财险公司工程险条款免赔额约定："洪水、暴雨：第一次事故，免赔人民币 30 万元；第二次事故，免赔人民币 50 万元；第三次事故，免赔人民币 200 万元。"

五、常见问题

在险种保单或扩展条款设定赔偿限额或保险金额时，一般会同时设定免赔额，在多数情况下，由于被保险人对保险条款不会作深入研究，在出险索赔获得赔款时一般也不会认真查询如何理算，因此矛盾不突出。在设定的免赔额较高，损失大于赔偿限额或保险金额的情况下，被保险人对保险赔款如何扣减免赔额常产生争议。

例如，在现有的许多险种的保单条款里，一般对免赔额未作任何定义或解释，其用词方面也有多种表述，有的仅用“免赔额”，也未定义是“绝对免赔额”还是“相对免赔额”；有的在免赔额后加一个如“5天以上”的限定，有人理解为绝对免赔额，也有人理解为相对免赔额；也有保单注明“每次事故绝对免赔额为××元”，或“××天”，但是未注明是每次事故损失的绝对免赔额，还是每次事故赔款的绝对免赔额。当然，条款未注明的，属于条款设计缺陷，保险双方有争议也就不奇怪。按照保险公司的理解，没有注明的免赔额就是指绝对免赔额，这是行业通用的惯例。被保险人则认为，既然免赔额没有注明，为什么不可以理解为相对免赔额？

我们认为，根据《保险法司法解释二》第9条第1款的规定，保险人提供的格式合同文本中的责任免除条款、免赔额、免赔率、比例赔付或者给付等免除或者减轻保险人责任的条款，可以认定为《保险法》第17条第2款规定的“免除保险人责任的条款”。因而，保险人在订立合同时，应当在投保单、保险单或者其他保险凭证上作出足以引起投保人注意的提示，并对该条款的内容以书面或者口头形式向投保人作出明确说明；未作提示或者明确说明的，该条款不产生效力。

免赔额作为保险公司与被保险人利益博弈的均衡点，其设置能够使保险双方维持在相对静止状态；将保险定价风险分级理念引入工程险，可帮助保险公司科学设置差异化免赔额，更好地开展免赔额保单业务。正由于“每次保险事故免赔率（额）”的存在，每次发生事故被保险人皆须在免赔额之内承担损失，因此免赔额的设置相当于从经济角度构建起了常态化防灾减损机制，这对于投保人、被保险人、保险公司各方而言都有积极意义。

第1.33条 【保险人以被保险人未履行工地外储存物特别条款项下告知义务为由拒赔的处理规则】

保险合同约定适用工地外储存物特别条款的，保险人以被保险人未及时告知保险人工地外储存物的储存地点、储存物价值、储存期限或储存方式等保险人要求提供的信息为由，拒绝承担保险责任的，不予支持，但保险人能够证明由此导致保险标的危险程度显著增加的除外。

【条文主旨】

本条是关于保险人与投保人在保险合同约定适用工地外储存物特别条款的情况下，保险人是否有权以被保险人未履行告知工地外储存物的储存地点、储存物价值、储存期限或储存方式等保险人要求提供的信息为由拒绝承担保险责任的规定。

【理解与适用】

工程一切险的保险标的一般为"保险合同明细表中分项列明的在列明工地范围内的与实施工程合同相关的财产或费用"。[①] 如果对于工地外储存的材料或设备进行投保，需要在保险合同的特别条款中加以约定。

以《建筑工程一切险条款（2009 版）》为例，工地外储存物特别条款约定如下：

"兹经双方同意，本保险扩展承保本保险单明细表中列明的工地以外的储存物，但该储存物的金额应包括在保险金额中。被保险人应根据本公司要求提供：（一）工地外储存的地址；（二）储存物的最高金额；（三）储存期限。"

"被保险人应保证：（一）上述工地外储存地点必须有安全警卫人员 24 小时值班；（二）上述工地外储存地点必须符合储存物的存放要求。

本保险单所载其他条件不变。"

一、被保险人向保险人告知工地外储存物的储存地址、储存物价值、储存期限或储存方式等信息的义务不同于保险法中规定的如实告知义务

我国《保险法》第 16 条对于投保人的如实告知义务规定如下："订立保险合同，保险人就保险标的或者被保险人的有关情况提出询问的，投保人应当如实告知。投保人故意或者因重大过失未履行前款规定的如实告知义务，足以影响保险人决定是否同意承保或者提高保险费率的，保险人有权解除合同……投保人故意不履行如实告知义务的，保险人对于合同解除前发生的保险事故，不承担赔偿或者给付保险金的责任，并不退还保险费。投保人因重大过失未履行如实告知义务，对保险事故的发生有严重影响的，保险人对于合同解除前发生的

① 参见《建筑工程一切险条款（2009 版）》第 2 条。

保险事故,不承担赔偿或者给付保险金的责任,但应当退还保险费。保险人在合同订立时已经知道投保人未如实告知的情况的,保险人不得解除合同;发生保险事故的,保险人应当承担赔偿或者给付保险金的责任……"

通过对该条的解读可以得出:(1)保险法中如实告知义务的履行主体是投保人;(2)如实告知义务是一种先合同义务,其存在于订立保险合同时;(3)结合《保险法司法解释二》第6条的规定,投保人的告知义务限于保险人询问的范围和内容。换言之,我国保险法中告知义务的履行方式仅为"陈述"而无"披露",即投保人无须主动告知,而是在保险人提出询问时针对其询问的内容如实陈述即可。

在工地外储存物特别条款中,由于工地外储存物的储存地址、储存物价值、储存期限以及储存方式等信息往往掌握在工程承包人、分包人等被保险人手中,储存物信息告知义务的履行主体为被保险人而非投保人。此外,在工程实践中,由于储存物的存放可能贯穿整个项目施工期间,且储存物的内容、价值、地点等信息也处于不断变化之中,因此储存物信息告知义务的履行时间为被保险人确定或知晓相关信息后,而非订立保险合同前。另外,由于保险人无从得知储存物的相关信息,被保险人需对该信息进行主动披露。

综上所述,工地外储存物特别条款中被保险人向保险人告知工地外储存物的储存地址、储存物价值、储存期限以及储存方式等信息的义务,不同于保险法中规定的投保人的告知义务,被保险人未告知储存物相关信息的,保险人不能依据《保险法》第16条之规定要求解除保险合同或拒绝承担保险责任。

二、保险人能否以被保险人未及时告知工地外储存物的储存地点、储存物价值、储存期限以及储存方式等信息为由,拒绝承担保险责任

在双方约定适用工地外储存物特别条款的情况下,保险人不得以被保险人未及时告知保险人工地外储存物的相关信息为由,拒绝承担保险责任。双方约定适用工地外储存物特别条款即表明保险人承诺对保险金额内的工地外储存物进行承保,且投保人已支付相应保费,作为对价,保险人应当承担相应的风险。同时,根据保险合同条款的约定,如该储存物的金额未超出保险金额,保险人承担的保险范围并不会进一步扩大。

此外,被保险人未履行工地外储存物特别条款中的通知义务,与保险人承担风险程度增加并不当然存在直接的因果关系。例如,建筑石材临时存放在北

京某仓库和临时存放在上海某仓库对保险人来讲，并不会导致其承担的风险程度显著增加。因此，如果被保险人未及时告知保险人工地外储存物的储存地点、储存物价值、储存期限以及储存方式等信息，保险人即有权拒绝承担保险责任，这对被保险人来说明显不公。

但是，如果保险人能够证明工地外储存物的危险程度显著增加，而被保险人未及时告知，由此导致保险事故的，保险人可拒绝承担保险责任。《保险法》第 52 条规定："在合同有效期内，保险标的的危险程度显著增加的，被保险人应当按照合同约定及时通知保险人，保险人可以按照合同约定增加保险费或者解除合同。保险人解除合同的，应当将已收取的保险费，按照合同约定扣除自保险责任开始之日起至合同解除之日止应收的部分后，退还投保人。被保险人未履行前款规定的通知义务的，因保险标的的危险程度显著增加而发生的保险事故，保险人不承担赔偿保险金的责任。"因此，在工地外储存物出现危险程度显著增加的情况下，被保险人应当依照合同约定，将储存地点、储存物价值、储存期限以及储存方式等信息及时告知保险人，否则，由此发生保险事故的，保险人可以拒绝承担保险责任。

需要注意的是，危险程度显著增加与保险事故发生须存在因果关系，否则，保险人无须对保险标的的损失进行赔偿。如投保人对工地外储存的板材投保后，将板材露天堆放，也未告知保险人，后因该地遭受暴雨，板材被雨水浸泡受损，保险人则有权以危险程度显著增加，被保险人未尽告知义务为由拒绝承担保险责任。但若板材受损并不是雨水浸泡所致，而是该地发生地震所致，则保险事故的发生与工地外储存物的危险程度显著增加不存在直接因果关系，则保险人仍需承担保险责任。

关于如何判定工地外储存物的危险程度显著增加，可以参考《保险法司法解释四》第 4 条的规定："人民法院认定保险标的是否构成保险法第四十九条、第五十二条规定的'危险程度显著增加'时，应当综合考虑以下因素：(一)保险标的用途的改变；(二)保险标的使用范围的改变；(三)保险标的所处环境的变化；(四)保险标的因改装等原因引起的变化；(五)保险标的使用人或者管理人的改变；(六)危险程度增加持续的时间；(七)其他可能导致危险程度显著增加的因素。保险标的危险程度虽然增加，但增加的危险属于保险合同订立时保险人预见或者应当预见的保险合同承保范围的，不构成危险程度显著增加。"

审判人员可依据工程实际情况,综合考量保险标的是否存在危险程度显著增加。例如,储存物存放于沿海、山区的仓库,遭遇暴雨、洪水、台风等自然灾害的风险明显高于平原地区;储存物露天堆放,遭遇雷击、暴雨、暴风、冰雹、沙尘暴等灾害毁损灭失的风险明显高于厂房内存放。

第1.34条 【开工前已在地下或水下埋藏的爆炸物隐患消除费用的赔偿】

工程保险合同特别条款约定"保险单约定除外责任中'战争、类似战争行为、敌对行为、恐怖行动、谋杀、政变'不适用于工程开工前就已在地下或水下埋藏的炸弹、地雷、鱼雷、弹药及其他军火引起的损失"的,被保险人将开工前已在地下或水下埋藏的爆炸物隐患消除费用作为开工前就已在地下或水下埋藏的爆炸物引起的损失要求保险人赔偿的,不予支持。

【条文主旨】

本条是关于保险单中约定了地下爆炸物特别条款的情形下,工程开工前已在地下或水下埋藏的炸弹、地雷、鱼雷、弹药及其他军火引起的损失理赔的处理原则。

【理解与适用】

工程保险合同通用条款"责任免除"部分,一般会约定"因战争、类似战争行为、敌对行为、武装冲突、恐怖活动、谋反、政变造成的损失、费用和责任,保险人不负责赔偿"。在保险合同没有特别约定的情况下,地下或水下埋藏的炸弹、地雷、鱼雷、弹药及其他军火引起的损失,应适用上述免责条款。但是,工程保险单的扩展条款往往会约定"地下炸弹特别条款"。例如,《大众保险股份有限公司建筑工程一切险扩展条款》"22. 地下炸弹特别条款:兹经双方同意,本保险单总除外责任:1. '战争、类似战争行为、敌对行为、恐怖行动、谋杀、政变'不适用于工程开工前就已在地下或水下埋藏的炸弹、地雷、鱼雷、弹药及其他军火引起的损失。本附加条款与主条款内容相悖之处,以本附加条款为准;未尽之处,以主条款为准"。人保2009版工程保险合同也有相同的特别条款。

在约定了地下炸弹特别条款的情况下,工程开工前,如果发现施工场地的地下或者水下埋藏有炸弹、地雷、鱼雷、弹药等爆炸物，其清除费用能否作为损失由保险人进行赔偿，容易引起争议。

“无损失，无保险。”保险的机能在于进行损失补偿，进而确保社会经济生活的安定。[①] 保险合同也以损失补偿作为基本原则，其有三层含义：（1）质的规定。“无损害即无保险补偿”，即只有保险事故发生造成被保险人损失时，保险人才承担实际赔偿责任；全部损失时全部赔偿，部分损失时部分赔偿，补偿程度与实际损害大小一致。（2）量的限定。被保险人可获得的补偿数额，仅以其保险标的遭受的实际损失为限，即保险赔偿恰好可以使保险标的在经济上恢复到保险事故发生以前的状态。（3）对被保险人的补偿，受到合同约定的保险金额以及保险标的保险价值的限制，保险金额超过保险价值的，保险赔偿数额受到保险价值的限制。[②]

由此可知，就工程开工前发现地下爆炸物并进行清除的费用而言，由于尚未发生保险事故，因此其既不属于保险标的受到的损失，也不属于保险事故发生后的施救费用，被保险人不能要求保险人进行赔偿。

有观点认为，此种情形下，清除爆炸物的费用可以视为被保险人为防止或减少因地下或水下爆炸物发生爆炸而给保险标的造成损失所支付的必要费用，因此可以作为开工前就已在地下或水下埋藏的爆炸物引起的损失要求保险人赔偿。

我们认为，在保险合同未作约定的情况下，工程开工前清除地下爆炸物的费用并不属于被保险人的损失。只有在因未能清除爆炸物而导致工程变更、拆除重建甚至是清除爆炸物导致工程受损等情形下，被保险人才能要求保险人进行赔偿。

需要指出的是，如果开工前发现了地下爆炸物，为消除安全隐患，防止或减少因地下或水下爆炸物发生爆炸而给工程造成的损失，被保险人势必会支付必要的费用进行清除，这些费用可以依据扩展条款中的预防措施条款主张保险公司赔偿。例如，平安财险公司建筑工程一切险扩展条款中的预防措施条款是这样约定的：“兹经双方同意，如果保险财产发生了实际损失（或即将发生损失，但需事先通知保险人并取得其认可），保险人将负责支付为了防止、降低或减少本

---

① 参见李玉泉：《保险法》（第 3 版），法律出版社 2019 年版，第 10 页。

② 参见李玉泉：《保险法》（第 3 版），法律出版社 2019 年版，第 85 页。

可在本保险单项下获得赔偿的此类损失而产生的必要、合理的费用。本附加险条款与主险条款内容相悖之处,以本附加险条款为准;未尽之处,以主险条款为准。"

第 1.35 条 【约定出险后共同委托公估机构,公估机构出具报告后一方又申请鉴定的处理原则】

保险人或被保险人在诉讼或者仲裁前单方委托公估机构出具公估报告,诉讼或仲裁中另一方当事人不认可该公估报告申请鉴定的,应予准许。

双方在诉讼前共同委托公估机构出具公估报告,诉讼或仲裁中一方当事人不认可该报告申请鉴定的,应予准许,但双方当事人明确表示受该报告约束的除外。一方能够证明委托公估机构时存在欺诈、重大误解或者当事人与公估机构恶意串通,损害对方当事人利益以及公估报告内容确有错误时,有权申请鉴定。

现场已经不具备鉴定条件的,由负有举证责任的一方承担不利后果。

【条文主旨】

本条是关于保险合同约定公估人特别条款的情形下,诉讼或仲裁中一方不认可对方单方委托或者共同委托的公估机构出具的公估报告,申请对损失进行鉴定时的处理原则。

【理解与适用】

《保险法》第 129 条第 1 款规定:"保险活动当事人可以委托保险公估机构等依法设立的独立评估机构或者具有相关专业知识的人员,对保险事故进行评估和鉴定。"根据 2018 年 5 月 1 日实施的《保险公估人监管规定》,所谓保险公估,是指评估机构及其评估专业人员接受委托,对保险标的或者保险事故进行评估、勘验、鉴定、估损理算以及相关的风险评估;保险公估人是专门从事上述业务的评估机构,包括保险公估机构及其分支机构;保险公估从业人员是指在保险公估人中,为委托人办理保险标的承保前和承保后的检验、估价及风险评估,保险标的出险后的查勘、检验、估损理算及出险保险标的残值处理,风险管理咨询等业务的人员。保险公估从业人员包括公估师和其他具有公估专业知识及实践经验的评估从业人员。

公估人特别条款(或称理算师条款)是保险人与投保人在保险合同中以附加条款的形式约定,当发生保险事故后,双方对于事故的保险责任和/或损失金额认定不能达成一致或者损失超过一定金额时,双方同意由具有相关资质的保险公估机构进行理算的条款。

人保公司的工程险附加条款中,为公估人特别条款提供了三种不同的版本:

公估人特别条款 A:"发生保险事故后,如双方对事故的保险责任和/或损失金额的认定不能达成一致时,由保险人聘请事先由被保险人认可的具有相关资质的保险公估公司协助认定责任和/或金额,聘请公估人所发生的全部费用由保险人承担。

本附加险条款与主险条款内容相悖之处,以本附加险条款为准;未尽之处,以主险条款为准。"

公估人特别条款 B:"若估计损失金额超过××元时,保险人同意委请具有合法执业资格的机构作为公估人进行理算,由此产生的公估费用由保险人负担。本附加险条款与主险条款内容相悖之处,以本附加险条款为准;未尽之处,以主险条款为准。"

公估人特别条款 C:"双方同意指定具有合法执业资格的机构为公估人:以保险单载明为准。

如采用上述以外的其他公估人,应由被保险人与保险人双方事先协商确定。由公估产生的费用由保险人承担。

本附加险条款与主险条款内容相悖之处,以本附加险条款为准;未尽之处,以主险条款为准。"

无论工程一切险保险合同中是否附加公估人特别条款,保险事故发生后,当事人通常会委托保险公估机构进行评估和鉴定。我国《保险法》第129条第1款规定:"保险活动当事人可以委托保险公估机构等依法设立的独立评估机构或者具有相关专业知识的人员,对保险事故进行评估和鉴定。"在对公估公司的资质要求上,《保险法》该条规定并未限制评估机构仅限于保险公估公司,非保险公估公司在法定程序下所作的损失鉴定,也可以作为定案依据。实践中,在保险公估机构出具公估报告后,双方对于定损理赔仍持有争议的情况十分普遍。

一、一方出具公估报告，另一方申请鉴定的处理原则

当事人在保险事故发生后委托保险公估机构出具的保险公估报告，在获得双方认可的情况下，就成为定损理赔的直接依据。但是，实践中，保险人或被保险人单方委托公估机构出具公估报告后，另一方并不认可公估报告对责任的认定或者定损金额，从而引发争议，甚至双方共同委托的公估机构出具的公估报告也可能因不被某一方接受而引起争议。虽然单方或者双方共同委托的公估机构出具的公估报告与鉴定意见不同，不能当然成为工程一切险合同纠纷的证据，但是，一方将公估报告提交法院或者仲裁庭后，往往会产生举证责任转移的效果。不认可公估报告的一方当事人会向法院或者仲裁庭提出鉴定申请。此时是否准许鉴定，保险法及其司法解释均未明确规定。我们认为，此种情形与建设工程施工合同争议中的工程造价鉴定类似，可以参考关于工程造价鉴定的相关规定。

最高院《关于民事诉讼证据的若干规定》第 41 条规定："对于一方当事人就专门性问题自行委托有关机构或者人员出具的意见，另一方当事人有证据或者理由足以反驳并申请鉴定的，人民法院应予准许。"重庆高院《关于建设工程造价鉴定若干问题的解答》(2016)第 7 条规定，"一方当事人自行委托建设工程造价中介机构对建设工程造价作出的咨询意见，人民法院原则上不予采信，但该咨询意见经质证，另一方当事人未提出异议，或者提出的异议明显不能成立的，人民法院对该咨询意见可以予以采信"。同时，对于诉前双方共同委托鉴定的情形，重庆高院《关于建设工程造价鉴定若干问题的解答》(2016)第 8 条规定："双方当事人在诉前共同委托建设工程造价中介机构作出了咨询意见，经质证后，人民法院认为该咨询意见客观、真实、鉴定程序合法的，应当予以采信。一方当事人在诉讼中请求进行司法鉴定的，人民法院一般不予准许。但有证据证明存在当事人与建设工程造价中介机构恶意串通，损害对方当事人利益、鉴定事项与待证事实不具有关联性等情形，该咨询意见确不应被采信的，人民法院应当根据举证规则确定由承担举证证明责任的一方当事人申请司法鉴定。一方当事人认为双方共同委托建设工程造价中介机构作出的咨询意见存在算术性错误、个别鉴定资料采信不当等瑕疵而申请进行司法鉴定，人民法院经审查后认为该咨询意见可以补正的，可根据具体情况予以补正。难以补正的，应当对该当事人提起的司法鉴定申请予以准许。"四川、安徽等地高院也有类似指导

意见,可见,无论单方委托还是共同委托,否认造价咨询意见的一方需要提出有效异议。

但是,2020 年 12 月 29 日《建设工程合同司法解释(一)》第 30 条对此有所松动,该条规定:“当事人在诉讼前共同委托有关机构、人员对建设工程造价出具咨询意见,诉讼中一方当事人不认可该咨询意见申请鉴定的,人民法院应予准许,但双方当事人明确表示受该咨询意见约束的除外。”举重以明轻,既然共同委托造价咨询的情况下,不认可的一方当事人都可以申请工程造价鉴定,那么当事人单方委托的造价咨询,另一方不认可的,当然也可以申请造价鉴定。

由此,我们认为,在工程一切险合同纠纷中,也应当类推适用同样的规则,即单方委托的情况下,一方不认可公估报告申请鉴定的,应予准许。双方共同委托的情况下,需要具体分析:

一是双方在诉讼前共同委托公估机构出具了公估报告,诉讼或仲裁中一方当事人不认可该报告申请鉴定的,一般应予准许,但双方当事人明确表示受该报告约束的除外。例如,(2020)内 0784 民初 1159 号案认为:火灾发生后,深圳市一正保险公估股份有限公司内蒙古分公司作出《保险公估报告》,原告认为数额太低,向该院起诉后申请对损失进行鉴定。保险公估公司属于中介性质,不是司法机关备案的鉴定机构,不具备司法鉴定资质。其作用是尽可能减少纠纷,如发生纠纷,其作出“保险公估报告”不能作为理赔的法律依据。故原告向该院申请鉴定,符合程序规定。

但是司法实践中,对于双方共同委托公估机构后一方又申请鉴定的态度较工程造价鉴定更为严格,如吉林高院(2018)吉民初字第 114 号案认为:案涉《保险合同》第 13 条第 3 款“公估人”约定,核查程序完毕和索赔资料齐全后 30 日内,如保险人与被保险人就理赔额仍不能达成一致意见时,被保险人或保险人均可提出引入公估人,另一方不得反对。被保险人单方委托公估,且随员进行实地勘察,公估费用由保险人支付。胜利建工向信诚公司发出《保险评估委托单》,并经双方加盖公章确认,委托现场公估、估损及理算。2017 年 1 月出具《公估报告》,理算金额为 501 万元,被保险人不予认可。该案中保险人与被保险人合同约定、履行行为均表明共同委托公估机构合意,被保险人对于公估报告不认可申请鉴定,法院没有准许。

另,福建高院(2015)闽民初字第 27 号案认为:保险单约定指定理算人程序为“如果发生保险事故且估损金额预计超过 300 万元,保险人有权从以下四家公估公司中提名两家具有国家水准的公估公司。被保险人则有权选择其中一家作为最终理算人。A. 麦理伦公司、B. 平量行公司、C. 罗便士公司、D. 根宁瀚公司”。(1)保险事故发生后,福建人保等根据保单约定向腾龙芳烃推荐两家公估人,后者选择根宁瀚公司作为该案保险事故理算人。选择符合保险单约定。(2)2013 年 8 月,腾龙芳烃与福建人保共同出具公估委托书,委托根宁瀚公司进行现场勘察、损因鉴定、损失鉴定、金额理算及出具报告。根宁瀚公司经过现场勘察,核对索赔项目、核对数量单价、核实损失程度、定损后出具中期报告,经征求各方当事人意见后出具终期报告。确定定损金额 1696 万元。根宁瀚公司理算人确定、公估方法、理算程序符合法律规定和合同约定,公估机构和人员具有资质,公估报告可作为该案保险事故理算依据。(3)诉讼期间,根宁瀚公司派员出庭接受各方当事人质询,就异议作出答复。法院对于被保险人的司法鉴定申请不予准许,对于单方另行委托出具的保险公估报告,不符合保险单约定的理算人指定程序,所依据索赔清单系单方提供,未经保险人确认,公估采用的重置法不符合条款约定,不予采信。

关于共同委托,既有可能表现为双方在保险合同扩展条款中的约定,如约定“兹经双方同意,在工程出险后,如双方对事故的保险责任和损失金额的认定不能达成一致时,或估计损失金额超过 RMB ____万元时,或保险双方之任一方认为有必要,由保险双方共同认可的公估公司(中国境内注册)协助认定责任和金额,聘请公估人的费用由保险人支付。本保险单所载其他条件不变”①;也有可能表现为其他形式,如保险公司委托公估机构进行评估定损,被保险人予以配合,也可以推定为被保险人认可该机构作为公估机构。例如,云南高院(2021)云民终 110 号案认为:虽然委托一正公估公司进行保险公估并非为双方当事人共同委托,但华瑞电力公司对《现场查勘记录》《损失清点表》进行签字、盖章确认,应当视为对保险公司委托由一正公估公司进行保险公估定损并无异议……

二是即使双方共同委托公估机构时明确表示受公估报告的约束,但是如果一方能够证明委托公估机构时存在欺诈、重大误解或者当事人与公估机构恶意

① 理算师条款在各保险公司的保单中的约定大同小异,基本包括保险事故发生后双方对于损失金额认定不能达成一致或者估计损失金额超过一定数额时,由双方或者单方指定的公估机构进行理算的内容。例如,“兹经双方同意,若估计损失金额超过____(币种)(金额数值)____时,保险人同意委请以下列明的公估行进行理算。本保险合同所载其他条件不变。公估行:___________”。

串通,损害对方当事人利益以及公估报告内容确有错误时,仍然有权申请鉴定,否则鉴定申请很难获得支持。例如,镇江中院(2020)苏11民终3074号案认为:公估报告,系双方共同委托公估公司对火灾现场勘验及核实后得出的结论,其公估意见具有一定的独立性。华联手风琴公司虽对认定的损失金额有异议,认为人保财险镇江分公司与公估公司存在利益关系,但未提供证据证明;且华联手风琴公司也陈述对公估报告提到的损失范围予以认可,故对公估报告中造成的财产损失金额2,660,796.56元(其中包含赛璐珞127,633.7元)予以确认,对华联手风琴公司另行提出的损失鉴定申请不予采纳。

二、公估报告的证明效力

目前保险实践中有关保险公估的问题突出表现在:一是保险人在双方难以达成合意前提下单方依照行业惯例,委托公估机构进行评估鉴定,被保险人对公估报告不予认可。二是司法实践中,有观点认为对于保险事故只能委托公估机构进行评估鉴定。四川高院(2020)川民终1566号案认为:根据《保险法》第129条规定,保险人和被保险人对保险事故可以委托保险公估机构,也可以委托其他依法设立的独立评估机构进行评估和鉴定,而非只能委托保险公估机构对保险事故进行评估和鉴定。结合华建公司营业执照载明的经营范围及《工程造价咨询企业甲级资质证书》来看,华建公司虽非保险公估机构,但其系依法设立的具有工程项目管理、工程造价咨询、工程监理、规划设计管理等业务的独立法人,且系"四川法院对外委托专业机构电子信息平台"省高院库和阿坝中院库予以确认的独立评估机构,因此,保险人以华建公司不具备保险公估资质而否定其鉴定意见的合法性,理由不能成立。三是个别司法机构认为,基于保险公估机构与保险人的关系密切,公估报告不能作为裁判依据。四川高院(2020)川民终1566号案中,一审法院认为,保险公司主张损害修复鉴定应由保险公估机构进行公估,而非进行司法鉴定,公估机构与保险公司有业务往来,由公估机构进行损失评估影响鉴定公平。

一方面,公估报告并非司法鉴定意见。《民事诉讼法》第79条规定,当事人可以就查明事实的专门性问题向人民法院申请鉴定。当事人申请鉴定的,由双方当事人协商确定具备资格的鉴定人;协商不成的,由人民法院指定。当事人未申请鉴定,人民法院对专门性问题认为需要鉴定的,应当委托具备资格的鉴定人进行鉴定。所谓鉴定意见,其委托主体应为人民法院或仲裁机构,是诉讼或仲裁活动中鉴定人运用科学技术或者专门知识对涉及的专门性问题进行鉴别和判断并提供的意见。最高院《关于民事诉讼证据的若干规定》第 34 条第 1 款规定,“人民法院应当组织当事人对鉴定材料进行质证。未经质证的材料,不得作为鉴定的根据”。故无论是从委托主体还是材料质证程序而言,公估人出具的公估报告并不符合司法鉴定意见的形式要件。

另一方面,监管部门提倡保险人与被保险人共同委托鉴定。为严格规范涉及保险理赔司法鉴定工作、加强行业监管、提升司法鉴定质量和公信力,2021 年 11 月 17 日,司法部办公厅、原银保监会办公厅联合下发《关于规范涉及保险理赔司法鉴定工作的通知》。该通知规定:“为提高工作质效,提倡保险机构和当事人共同委托鉴定。保险机构应当主动与当事人沟通,告知共同委托鉴定的意义、程序、法律后果等,协商选择司法鉴定机构;无法协商一致的,双方可共同在司法行政机关公告的司法鉴定人和司法鉴定机构名册中随机选择。保险机构和当事人共同委托鉴定的,双方应当确认鉴定材料,未经双方确认的,不得用于鉴定。当事人单方委托鉴定的,司法鉴定机构应当告知单方委托的风险及法律后果,严格审查鉴定材料,当事人应当对鉴定材料的真实性、合法性负责。不符合程序规则的,不得受理。在出具鉴定意见书之前,保险机构和(或)当事人不得就同一鉴定事项另行委托鉴定,如另行委托且故意向司法鉴定机构隐瞒情况的,司法鉴定机构不承担由此引发的不利后果。”

我们认为,保险公估类似于造价咨询企业接受一方或双方委托进行的造价审核,相关规则可以参照建设工程造价争议解决中对于审价报告的做法。

第一,公估公司的现场勘验文件往往能够反映保险事故发生后的真实情况。由于保险事故发生后需要尽快进行现场勘验和评估定损,因此,在保险事故发生后第一时间委托公估公司进行现场勘验后固定的勘验记录等,往往具有较高的真实性,即使公估公司随后出具的公估报告因一方不认可而申请鉴定,公估公司对现场情况的记录往往也会成为司法鉴定的基础性文件。例如,朔州中院(2021)晋 06 民终 879 号案中,一审法院委托山西中兴达工程造价有限公司对涉案保险标的进行鉴定时,已距 2017 年发生保险事故 3 年之久,鉴定时难以查勘到现场原状,故其鉴定基础是鉴定人重新现场查勘和原山西中正保险公估有限公司的现场查勘记录。

第二,单方委托公估机构出具的公估报告一般不被采信。例如,淮南中院(2021)皖 04 民再 12 号案认为:该案火灾事故发生后,消防部门和行政机关立即对火灾现场进行了封存,并由行政机关委托玖伍价格评估公司对火灾事故造成的资产损失价值进行评估,包括吉泰商贸公司在内的九家受损商户统一向玖伍价格评估公司出具了承诺函,同意该公司对受损货物及设备进行价值评估,并承担相应的法律责任。玖伍价格评估公司具备相应评估资质,在对包括吉泰商贸公司在内的九家受损商户火灾现场进行评估时所适用的评估程序合法,出具的评估报告在关联案件中已经该院认定为合法有效。申诉人提交的中衡保险公估股份有限公司出具的评估报告系其自行委托,且系在火灾事故发生多年后进行的评估,故玖伍价格评估公司出具的评估报告证明效力大于中衡保险公估股份有限公司出具的评估报告,申诉人提交的新证据不足以推翻原判认定的事实,原判根据玖伍价格评估公司的评估报告认定吉泰商贸公司的火灾损失,进而确定保险公司赔偿的保险金数额,具有事实和法律依据。

但是,对于单方委托的公估报告,如果对方不进行反驳或者申请鉴定,也可能会被采信。例如,邯郸中院(2021)冀04民终4362号案认为:被上诉人提交的车辆损失公估报告虽系单方委托,但上诉人未提交足以反驳该鉴定结论的证据,且在该院指定的期限内未提交鉴定申请书,故原判采信该公估报告并无不妥。

第三,共同委托的公估报告,如果能够被证明确实存在错误,也会不予采信。云南高院(2021)云民终110号案认为,虽然上诉人不认可公估报告的结论,认为公估报告不能全部弥补损失,不应当作为该案的证据,但其并未提出该公估报告存在错误并足以推翻的证据,故该公估报告程序合法,应当作为定案依据予以采信,一审按该公估报告的结论确认保险事故造成的损失赔偿保险金有事实依据。

三、无法鉴定时的处理原则

根据《民事诉讼法》确立的“谁主张,谁举证”的举证责任分配原则,当事人对自己提出的诉讼请求所依据的事实有责任提供证据加以证明;没有证据或者证据不足以证明当事人的事实主张的,由负有举证责任的当事人承担不利后果。负有举证责任的一方虽申请鉴定,但是现场已经不具备鉴定条件,其又无法提出其他证据证明自己的主张,将承担不利的诉讼后果。连云港中院(2021)苏07民终3856号案认为:人保公司辩称公估报告中发动机损失不是因为事故造成的,而是长期重载及润滑不良造成轴颈烧蚀、磨损所致,与该次事故无关。

因人保公司申请的对发动机痕迹微量鉴定无法进行，且亦未提供其他确实充分有效的证据证明，其应承担举证不能的不利后果。

云南高院(2021)云民终110号案认为：上诉人二审中申请对损失重新进行鉴定，现保险事故发生已经三年多，事故现场已经千变万化，已经不能客观反映保险事故发生时的现状，没有重新进行公估鉴定的基本条件，且在该案公估报告可以作为有效证据予以采信的情况下，也无须进行重新鉴定，故对上诉人提出要求进行重新鉴定的申请不予准许。

第1.36条 【保单终止条款】

保险合同约定适用保单终止附加条款的情况下，投保人通知保险人终止保险合同的，人民法院或者仲裁机构应当予以支持，但投保人应当按照合同约定交付相关费用。保险人要求终止或者注销保单的，人民法院或者仲裁机构不予支持，但保险人的主张符合合同约定或者法定解除、终止情形的除外。

【条文主旨】

本条是关于双方约定适用保单终止附加条款的情形下，投保人或者保险人要求终止或注销保单的权利行使规则及费用计算方式的裁判规则。

【理解与适用】

保单终止附加条款通常的约定和表述如下：

"兹经双方同意并约定，投保人可以随时通知保险人终止本保单，在此情况下，保险人按比例计算收取自保单开始之日起至合同解除之日止的已生效保险费，投保人无须向保险人支付任何手续费。而保险期限内，保险人未经投保人书面同意，不得注销或终止此保单。

"本保险单所载其他条件不变。"

一、保单终止附加条款适用的前提和背景

《保险法》第15条明确赋予了投保人于保险合同成立后单方解除合同的法定权利，并对保险人的解除权进行了限制，规定保险人不得解除合同，但法律另有规定或者保险合同另有约定除外。《保险法》第54条规定了投保人在保险责

任开始前及开始后解除保险合同的费用计算方法。

各大财险公司的建筑工程一切险保险条款就投保人及保险人解除保险合同的情形和处理规则均进行了约定。

《建筑工程一切险条款(2009版)》在“其他事项”部分的第53条约定:“保险责任开始前,投保人要求解除保险合同的,应当按本保险合同的约定向保险人支付手续费,保险人应当退还保险费。保险人要求解除保险合同的,不得向投保人收取手续费并应退还已收取的保险费。保险责任开始后,投保人要求解除保险合同的,自通知保险人之日起,保险合同解除,保险人按照保险责任开始之日起至合同解除之日止期间与保险期间的日比例计收保险费,并退还剩余部分保险费;保险人要求解除保险合同的,应提前十五日向投保人发出解约通知书,保险人按照保险责任开始之日起至合同解除之日止期间与保险期间的日比例计收保险费,并退还剩余部分保险费。”

大众保险、都邦保险、平安财险等保险公司的建筑工程一切险条款也有相同的约定。

由此可见,在建筑工程一切险条款中,不但投保人可以解除保险合同,保险人也可以解除。该等约定改变了《保险法》第15条、第54条的规定,且投保人在保险责任开始前行使解除权,需要承担手续费;在保险责任开始后解除合同,需承担已经实际发生的保险费。

建筑工程一切险条款中前述约定的存在,使当事人双方通过附加条款重新约定合同解除条件和情形、确定费用负担和计算原则成为必要和可能,也是建筑工程一切险合同条款适应市场、满足客户多元需求的体现。

二、保险合同约定保单终止附加条款的前提下,保险人要求解除保险合同是否可以获得支持

保单终止附加条款关于“保险期限内,保险人未经投保人书面同意,不得注销或终止此保单”的约定,要求保险人无正当理由不得任意解除保险合同,但其不能排除保险人基于法定或者约定解除权请求解除合同的合法权利。

《保险法》第15条及保单终止附加条款赋予投保人的解除权是无任何限制条件的任意解除权,相应地,其对保险人解除权的限制也应当限定在保险人的任意解除权范围内,否则就会导致保险人无论如何均不得解除合同的后果。该种情形的出现,会导致保险人的责任范围被无限扩大,也极易引发投

保人或被保险人滥用权利或者怠于履行保险合同项下义务的道德风险，这显然不符合诚实信用、等价有偿的民商事交易基本原则，不应当获得法律的保护。

《保险法》第16条、第49条、第51条、第52条、第58条明确赋予了保险人在符合法定情形前提下的合同解除权。各家财产保险公司的建筑工程一切险条款，贯彻执行《保险法》的上述规定精神，对投保人故意或者因重大过失未履行如实告知义务情形下保险人的解除权；投保人未按照约定履行其对保险标的的安全应尽责任情形下保险人的解除权；因保险标的转让导致危险程度显著增加情形下保险人的解除权；在保险期间内，被保险人在工程设计、施工方式、工艺、技术手段等方面发生改变致使保险工程风险程度显著增加或其他足以影响保险人决定是否继续承保或是否增加保险费的保险合同重要事项变更情形下保险人的解除权；保险标的发生部分损失或发生全损后保险人的解除权，均作出了明确约定。

由此可见，在特定情形出现时解除保险合同，是《保险法》及建筑工程一切险保险条款约定赋予保险人的权利。即便双方当事人在附加条款中约定了"保单终止条款"，且保险人承诺未经投保人同意，不会单方终止或者注销该保单，该约定也不能剥夺保险人基于《保险法》及基础保险条款所享有的法定及约定解除权。解除权性质上属于形成权，是法律和合同约定赋予保险人在投保人违约情形下及时止损并维护自身合法权益的权利，不以投保人同意为必备要件。

保险人可以依据《民法典》第565条之规定，通过发出解除通知的方式行使解除权，保险合同自通知到达投保人时解除。通知载明投保人在一定期限内不履行义务则合同自动解除，投保人在该期限内未履行债务的，保险合同自通知载明的期限届满时解除。保险人也可以选择以直接提起诉讼或者申请仲裁的方式依法主张解除合同，人民法院或者仲裁机构确认该主张的，保险合同自起诉状副本或者仲裁申请书副本送达投保人时解除。

同理，投保人行使本附加条款约定的解除权，也应当依据《民法典》第565条之规定履行通知义务或者通过诉讼、仲裁途径实现。

三、合同被解除或者终止后双方的权利、义务、责任如何确定

如果已经签订的建筑工程一切险合同当事人双方在附加条款部分约定

了“保单终止条款”，且投保人选择行使该条款赋予的解除权，则无论其主张解除合同时保险责任是否开始，投保人均可依据该约定拒绝支付手续费，但其按照保险责任开始之日起至合同解除之日止期间与保险期间的日比例支付保险费的义务不能免除。保险人对投保人基于该附加条款约定要求解除保险合同的主张无权提出异议，且其应当履行剩余部分保险费的退还义务；逾期支付的，应当依照《民法典》第577条之规定赔偿损失或依据合同约定承担违约责任。

如果建筑工程一切险保险合同并非由于投保人行使附加条款中的保单终止条款约定的解除权而宣告解除，而是由于投保人或者保险人基于行使保险合同其他条款约定的解除权或者《保险法》及其司法解释、《民法典》规定的法定解除权而告解除，当事人各方因此享有的权利、应当履行的义务或承担的责任，就不属于本处讨论范围。

第1.37条 【保护现场条款】

保险合同约定适用保护现场附加条款的情况下，被保险人出于抢救、施救、止损或满足公共当局要求等正当理由，在保险人到达现场前破坏事故现场的，保险人以此为由拒绝赔偿，人民法院或者仲裁机构不予支持。被保险人在事故发生后，应当按照保险合同约定履行通知义务，并完成拍照或录像等证据留存工作，否则被保险人原因导致无法认定事故原因或核实损失情况的，保险人对无法核实的部分不承担赔偿责任。

【条文主旨】

本条是关于保险合同当事人约定适用保护现场附加条款的情形下，被保险人在保险事故发生后如何按照约定配合保险人履行保护现场义务，以及由此引起的法律责任和后果如何在被保险人和保险人之间进行分担的裁判规则。

【理解与适用】

保护现场附加条款通常的约定和表述如下：

“兹经双方同意并约定，对于被保险人义务中现场保护义务条款变更如下：

“当发生保险事故，被保险人在保险人的代表或检验师进行勘察之前，应尽可能保留事故现场及有关实物证据;如因抢险、施救或公共当局要求等原因无法保留现场,则应提供现场照片、人证以及其他能够证明事故情况的证据。

“本保险单所载其他条件不变。”

一、保护现场附加条款适用的背景及其在保险实务中的表现形式

《保险法》第21条规定:“投保人、被保险人或者受益人知道保险事故发生后,应当及时通知保险人。故意或者因重大过失未及时通知,致使保险事故的性质、原因、损失程度等难以确定的,保险人对无法确定的部分,不承担赔偿或者给付保险金的责任,但保险人通过其他途径已经及时知道或者应当及时知道保险事故发生的除外。”

上述规定,虽然并未明确要求被保险人或者受益人在保险事故发生后保护现场,但规定其应当承担因故意或者重大过失导致事故性质、原因、损失程度等难以确定的不利后果;其适用场景必然涉及被保险人或者受益人过错导致的现场破坏及其造成的相关事实无法查明的内容。因此,司法判例解决相关争议问题时,往往会将《保险法》第21条作为裁判依据。

保险事故发生后,保护现场、维持事故发生时的原始状态,是查明保险事故原因,厘定保险事故造成的损失范围及损失数额,并在此基础上分清责任、确定保险理赔金额的基本前提。各大财产保险公司的建筑工程一切险保险条款就保险事故发生后被保险人保护现场的义务均进行了约定。

如《建筑工程一切险条款(2009版)》“投保人、被保险人义务”部分第42条约定:“投保人、被保险人知道保险事故发生后,被保险人应该……(三)保护事故现场,允许并且协助保险人进行事故调查,对于拒绝或者妨碍保险人进行事故调查导致无法认定事故原因或核实损失情况的,保险人对无法核实的部分不承担赔偿责任……”《中华联合财产保险股份有限公司建筑工程一切险条款》“投保人、被保险人义务”部分第42条约定:“投保人、被保险人知道保险事故发生后,被保险人应该……(三)保护事故现场,允许并且协助保险人进行事故调查,对于拒绝或者妨碍保险人进行事故调查导致无法认定事故原因或核实损失情况的,保险人对无法确定或核实的部分不承担赔偿责任……”上述条款将保险人不承担赔偿责任的情形明确为“无法确定或核实的部分”,与上述人保的条款有细微的差别。国寿财险、大地财险、平安财险等保险公司的建筑工程一切险条款也有相同的约定。

不难看出，各家保险公司的一切险基础条款对保险事故发生后被保险人保护现场义务的约定均比较原则和笼统，仅仅要求被保险人“保护事故现场”，“允许并协助保险人进行事故调查”。该种约定无法应对实务操作中保险事故发生后事故现场的复杂情况，无法解决相关各方因止损、抢救生命等合理需求在保险公司到达前就要进入事故现场，且可能对现场造成破坏所引发的对保险理赔可能产生实质性影响但又无法回避的各类问题。因此，投保人和保险人通过附加条款对保险事故发生后，被保险人在履行保护事故现场义务过程中，可能遇到或者发生的特异性问题进行个性化的约定就有必要。实务中，各大保险公司的附加条款，对被保险人在保险事故发生后保护现场义务的履行均进行了约定。如人保财险公司的保护现场附加条款有三种情形：

G31 保护现场条款 A：“兹经双方同意，发生本保单项下保险责任范围内风险事故时，被保险人应及时通知保险人，保险人在正常工作时间内，应在×小时内到达现场。4 小时后，若保险人代表未赶到现场，被保险人可根据工程损失现状及检验需要，事故现场在拍照保留证据后不再保留。其他时间发生事故，现场尽量保留到次日，如工作急需，拍照后将不被保留。

“但被保险人为进行施救或减少损失，在保险人代表未赶到现场前或未拍照前破坏了现场，由此产生的后果，不能作为保险人拒赔的理由。被保险人应做好对第一现场拍照或录像的工作。

“本保单所载其他条件不变。”

G89 保护现场条款 B：“为使被保险人及时进行施救以便降低损失并尽快恢复正常生产运营，故在损失发生时，被保险人在第一时间拍照、做相应记录并通知保险人后，保险人允许被保险人及时对事故现场实行减损措施，即不要求完全保护现场（如需要保留事故现场，保险人应即刻书面通知被保险人）。保险人并承诺在接到被保险人报案通知后尽快到达现场处理索赔事宜。

“本附加险条款与主险条款内容相悖之处，以本附加险条款为准；未尽之处，以主险条款为准。”

G90 保护现场条款 C：“当发生保险事故时，被保险人在保险人的代表或检验师进行勘察之前，应尽可能保留事故现场及有关实物证据，如因抢险、施救或公共当局要求等原因无法保留现场，则应提供现场照片、人证以及其他能够证明事故情况的证据、证人等。

“本附加险条款与主险条款内容相悖之处，以本附加险条款为准；未尽之处,以主险条款为准。”

《太平财险公司建筑工程一切险附加条款(2009版)》关于保护现场条款的约定和表述如下:

“在发生本保单项下保险责任范围内的风险事故时,被保险人应及时通知保险人,保险人在正常工作时间内,应派遣或委托其代表在承诺的现场查勘时效内到达现场。若保险人代表未按时赶到现场,被保险人可根据工程损失现状及检验需要,事故现场在拍照保留证据后不再保留。其他时间发生事故,现场尽量保留到次日,如工作急需,拍照后将不被保留。

“但被保险人为进行施救或减少损失,在保险人代表未赶到现场前或未拍照前破坏了现场,由此产生的后果,不能作为保险人拒赔的理由。被保险人应做好对第一现场拍照或录像的工作。

“本保单所载其他条件不变。”

《大众保险公司建筑工程一切险扩展条款》关于保护现场条款的约定和表述如下:

“42. 保护现场条款一:兹经双方同意,本公司在接到出险通知后,应派遣或委托其代表在5小时内到达现场。如果保险人在×个小时内没有到现场进行出险后的查勘,即表示保险人同意对事故予以认可,无须再进行第一现场的查勘,同时表示同意被保险人无须事先同保险人协商即可着手修复,但应向保险人递交一份附有支持文件的全面的书面事故报告,并尽量保留所有损失照片。

“双方进一步同意,被保险人为进行施救或减少损失,在保险人代表未赶到现场前或未拍照前破坏了现场,由此产生的后果,不能作为保险人拒赔的理由。被保险人应做好对第一现场拍照或录像的工作。

“本保单所载其他条件不变。”

“43. 保护现场条款二:兹经双方同意,物质损失项下的索赔如果预计金额不超过×××万元(已扣减应适用的免赔额),在接到出险通知后×个小时内,如果保险人没有到现场进行出险后的查勘,即表示保险人同意对事故予以认可,无须再进行第一现场的查勘,同时表示同意被保险人无须事先同保险人协商即可着手修复,但应向保险人递交一份附有支持文件的全面的书面事故报告,并保留所有损失照片。尽管有前述规定,被保险人应在出险后第一时间内通知保险人,保险人保留检查损失现场的权利。”

“44. 现场保护特约条款：兹经双方同意，为使被保险人及时进行施救以便减少降低损失并尽快恢复正常生产运营，故在损失发生时，客户在第一时间拍照、做相应记录并通知保险公司后，在获得保险公司同意后（承保公司保证全年每天 24 小时报案电话畅通），客户可以及时对事故现场实行减损措施，即不要求完全保护现场（如需要保留事故现场的，保险公司应即刻书面通知客户）。保险公司并承诺在接到客户报案通知后尽快到事故现场处理赔偿相关事宜。”

二、保险事故发生后，被保险人无正当理由破坏事故现场，并因此致使保险事故的性质、原因、损失程度等难以确定的，保险人对无法确定的部分，不承担赔偿或者给付保险金的责任

保护现场附加条款虽然赋予了被保险人在特定条件下出于施救或止损的目的对事故现场进行破坏的权利，但并未免除被保险人保护事故现场并配合保险人进行现场勘察、查明事故原因和损失的义务。因此，如果被告保险人无正当理由破坏事故现场，其仍然应当依据《保险法》第 21 条之规定及保险合同的约定承担相应的不利后果。

类似的裁判规则在道路交通事故类财产损失保险合同纠纷中已经获得普遍适用。如山东高院（2020）鲁民申 4225 号案认为：黄某在交通事故发生后，未留在现场接受保险公司或公安机关调查，或者立即去公安机关自首，而是离开现场并取走行车记录仪，导致难以确认其事故发生时的驾驶状态。其所称莒县公安局交警大队对其作的检测证实其并不存在酒驾、毒驾行为，但该检测并非对黄某在事故发生时的状态进行的检测，并不能证明当时其驾驶状态是合法的。故原审认定黄某未完全履行《保险法》第 21 条规定的通知义务，保险公司可以对涉案事故商业险部分拒赔具有事实和法律依据，并驳回了黄某的再审申请。

河南高院（2021）豫民申 4656 号案认为：保险事故发生后，投保人、被保险人、受益人应当及时通知保险人，以便保险人能够及时知晓保险事故情况，并确定事故的性质、原因及损失，为其认定保险责任及责任范围奠定基础。该案事故发生后，岳某虽向公安机关报警，但其并未按照保险法规定及时通知保险人人保财险公司，致使人保财险公司无法通过查勘现场来确定事故的性质、原因、造成的损失等。就事故的性质及原因，岳某提供的公安机关证明与其庭审陈

述，亦存在表述不一的情况，二审法院又对事故现场进行了勘验，仍无法确定事故的性质和原因，无法认定事故是否属于保险合同约定的保险事故。因案涉事故的性质、原因、损失程度等不能确定，且不能确定的原因系岳某未及时通知保险人所造成，岳某又未能提供充分证据证明涉案事故属于保险事故，故一、二审判决人保财险公司对案涉车辆损失不承担赔偿责任，并无不当，并裁定驳回了岳某的再审申请。

三、保险人对被保险人破坏事故现场的合理性、必要性持有异议，并以此为由拒绝赔偿，如何处理

保险事故发生后，保护事故现场免受破坏是投保人或被保险人应尽的义务，在符合保险合同约定条件的前提下基于特定目的和考量而破坏事故现场是一种例外情形，而非常态。因此，被保险人作为造成事故现场破坏的行为人，应当在保险人提出异议后对破坏事故现场行为符合合同约定情形及其合理性、必要性承担举证责任。否则，保险人对于被保险人破坏现场导致的无法确定或核实部分的损失不承担赔偿责任。

笔者未能检索到与此相关的建筑工程一切险纠纷案例，但有如下两个保险合同纠纷案例的裁判观点可供参考：

江苏高院（2015）苏审三商申字第00068号案认为：根据《道路交通安全法》第70条的规定，发生事故后，驾驶员的重要任务之一是保护现场，只有特殊情况下才允许撤离现场。如事故中出现人员伤亡需要及时医疗救治等，离开现场则具有了合理性和必要性。因生命权高于财产权，保险公司不应在危及生命的情形下苛求驾驶员不得离开现场。若允许驾驶员在无合理理由的情况下擅自离开现场，在目前道路交通事故频发的现状下易诱发道德风险，亦违反保险法的最大诚信原则。因此，轻微伤或者身体不适不能作为驾驶员离开现场的理由。据此，应根据受伤情况的程度来判断驾驶员离开现场的合理性和必要性。该案中，陈某仅受轻微伤，其离开事故现场没有合理性和必要性。二审判决认定陈某具备当即报警条件而未立即报警，应认定其未依法采取措施，亦无不当。案涉被保险车辆虽在保险期限内发生保险事故，但事故发生后，被保险人允许的驾驶员在未依法采取措施的情况下擅自离开现场，属于保险合同第6条第6项约定的免责情形，人保南京公司据此要求免除赔偿责任，应予支持。

深圳中院（2019）粤03民终29282号案中，一审法院认为，富满公司在涉案

仓储物损失程度尚未确定的情况下自行按报废程序处理，且处理前并未通知太平洋保险公司，导致确定产品受损程度的条件不复存在，富满公司为此应承担不利的法律后果。富满公司主张仓储物的受损程度为报废，妥善保管仓储物用于确定损失，并不会造成损失的进一步扩大。但涉案保险条款约定，被保险人知道保险事故发生后，被保险人应该保护事故现场，允许并且协助保险人进行事故调查，对于拒绝或者妨碍保险人进行事故调查导致无法确定事故原因或核实损失情况的，保险人对无法确定或核实的部分不承担赔偿责任。综上，因富满公司无法提供涉损仓储物用于核实损失情况，太平洋保险公司对涉案仓储物损失不承担赔偿责任。

深圳中院二审认为，公估公司受保险公司委托，作为受托人就涉案事故进行公估查勘，其行为的后果应当由保险公司承担。公估公司出具报告的时间远远超出合理期限是导致双方当事人之间发生该案纠纷的原因之一，公估公司行为的过错应当由其委托人保险公司承担。在公估公司无正当理由长期拖延出具报告，导致富满公司无法理赔、且富满公司亦自行委托鉴定机构进行鉴定的情况下，富满公司因有积压库存、受损产品污染等原因，将受损产品自行处理，导致诉讼过程中无法再行对产品的受损价值进行评估，保险公司应当承担责任。同时，富满公司作为受损产品的所有人和投保人，理应知道在承保人和投保人未就产品的受损价值达成一致、承保人是否同意理赔尚不确定的情况下，其作为受损货主负有妥当保管产品的义务，但其未尽到该义务，导致货物灭失，富满公司亦应当承担一定的过错责任。深圳中院综合考虑案件事实、双方应负的责任及过错程度等因素，酌定以富满公司委托的评估机构出具的财物鉴定报告作为确定损失的基数，保险公司对该部分损失承担70%的责任、富满公司自行承担30%的责任。

四、保险事故发生后，被保险人在符合合同约定情形的前提下破坏了事故现场并通过拍照、录像等方式保留证据，保险人对相关证据持有异议，如何处理

保护现场附加条款赋予了被保险人在符合约定情形的前提下不再承担保护现场义务的权利，其可以在现场破坏前通过拍照、录像等方式固定事故现场情况，并在此后开始施救或者修复。因此，对于被保险人提供的旨在证实事故现场原始状态的照片、视听资料等证据，在被保险人依据《民事诉讼法》及最高

院《关于民事诉讼证据的若干规定》第15条之规定出示了原始载体之后，如保险人仍持有异议，应当由保险人提供证据予以反驳，否则即应当对被保险人提供的证据予以采纳，并以此为据核定保险事故造成的损失。

五、保险事故发生后，被保险人在符合合同约定情形的情况下破坏了事故现场，但其据以证实保险事故及损失的照片、录像等证据不足以作为定损依据时，如何处理

《民事诉讼法》第67条、最高院《关于适用〈中华人民共和国民事诉讼法〉的解释》第90条规定，"谁主张，谁举证"，否则即应承担举证不能的不利后果。

保险事故发生后，是否破坏事故现场实现保险合同附加条款约定的特定目的，是被保险人作为完全民事行为能力人对自己民事权利的处分，其在破坏事故现场、采取措施留存证据时，对于该种行为可能造成的法律风险和后果应当是明知的。被保险人理应在通过拍照、录像等手段留存证据时给予充分的注意，确保其选择的证据留存形式能够满足保险人查明保险事故原因、核定保险事故损失的要求。被保险人自身原因导致在现场破坏后提供的证据不足以作为定损依据的，造成的不利后果当然应当由作为行为人的被保险人承担。

需要特别说明的是，被保险人据以证实保险事故及损失的照片、录像等证据不足以作为定损依据时，并不必然导致被保险人的索赔请求被全额驳回的法律后果。如果当事人各方对保险事故已经实际发生且被保险人的损失客观存在均无异议，仅仅是保险事故造成的损失数额因证据不足无法通过事故现场照片、录像等证据查明时，人民法院或仲裁庭应当向被保险人释明，要求其进一步举证证实其主张的损失的具体数额。被保险人应当努力通过相关机械、设备、材料等进入事故现场的报验记录、采购或租赁合同、相关费用或价款的支付凭证、施工日志、过程验收记录等间接证据，证实事故所可能造成的财产损失或发生的施救费用的数额。

第1.38条 【保费调整附加条款】

以保险工程合同约定的估算、概算、预算或者合同价格投保而签订的保险合同，附加条款就保险费的调整有约定的，从其约定。

在保险合同生效后、工程决算金额确定前发生工程量或者工程施工范围增加,或工程施工期间材料、人工等价格波动导致工程造价增加的,被保险人在保险事故发生后主张赔偿,保险人以投保人或被保险人未履行保费调整附加条款约定的追加交付义务为由拒绝承担赔偿责任的,由投保人或者被保险人举证证实新增工程造价对工程总造价的影响幅度未达到保费调整附加条款约定的追加交付条件,否则保险人有权拒绝赔偿。

保险事故发生后,有证据证实保费调整附加条款约定的保险费追加交付条件已经成就,除非投保人或者被保险人逾期未付或者明确表示拒绝交付,保险人以投保人或被保险人未交付应追加部分的保险费为由拒绝履行保险合同项下的赔偿义务的,不予支持。

【条文主旨】

本条是以估算、概算、预算或者合同价格投保的保险合同履行期间被保险工程因工程量增加、新增工程或者材料、人工等价格波动导致工程造价增加后发生保险事故,投保人、被保险人和保险人就保险合同附加条款约定的保险费追加支付义务的履行与保险责任的承担发生争议时的裁判规则。

【理解与适用】

保费调整附加条款通常的约定和表述如下:

"兹经双方同意并约定,当保险项目结束时,保险合同项下按保险项目工程结算书中的工程造价计算的可保金额超过原保险金额时,超出部分在保险金额×%范围以内的部分,不再追加保费;对于超出部分在保险金额×%以上的部分要追加批单,加收保费,加收部分保费的费率按×××计算。

"本保险单所载其他条件不变。"

一、保费调整附加条款适用的背景及其在保险实务中的表现形式

《保险法》第14条规定,"保险合同成立后,投保人按照约定交付保险费,保险人按照约定的时间开始承担保险责任"。由此可见,缴纳保险费是投保人在保险合同项下的主要义务,是否依约缴纳保险费,对保险人是否承担保险责任会造成实质性的影响。

建筑工程一切险往往以施工合同约定的工程价款作为保险金额，并在此基础上按照一定的比例计算保险费；工程价款的变化，会直接影响保险费的数额。保险合同签订时，保险合同项下的建筑工程造价往往尚未确定，为了应对这种不确定性，各大保险公司的建筑工程一切险基础条款中对保险费的调整均进行了明确约定。

如《建筑工程一切险条款(2009 版)》第 9 条第 2 款约定："若投保人是以保险工程合同规定的工程概算总造价投保，投保人或被保险人应：1. 在本保险项下工程造价中包括的各项费用因涨价或升值原因而超出保险工程造价时，必须尽快以书面通知保险人，保险人据此调整保险金额；2. 在保险期间内对相应的工程细节作出精确记录，并允许保险人在合理的时候对该项记录进行查验；3. 若保险工程的建造期超过三年，必须从本保险合同生效日起每隔十二个月向保险人申报当时的工程实际投入金额及调整后的工程总造价，保险人将据此调整保险费；4. 在本保险合同列明的保险期间届满后三个月内向保险人申报最终的工程总价值，保险人据此以多退少补的方式对预收保险费进行调整。"

其他各家保险公司关于以保险工程合同约定的工程概算总造价投保时的保险费调整的约定与人保的约定相同。

保费调整附加条款，则对上述情形下基础条款约定的保费调整条件和方法进行了限制性的约定。例如，大众保险公司的保费调整扩展条款约定：

"本保险单明细表第一部分项下列明的保险金额是在工程开始期间根据估算、概算、预算或者合同价格确定的预计保险金额。待工程完成后，应根据工程决算调整保险金额和保险费。被保险人应在本保险单列明的保险期限届满三个月内向保险人申报最终的工程决算造价。

"若本保险单项下第一部分被保险工程决算造价的变动幅度不超过预计保险金额的 ± ×%，保险人同意不再根据工程决算造价调整保险费。

"本保险单所载其他条件不变。"

又如，平安财险公司的保险金额及保险费调整条款约定：

"本保险单明细表第一部分项下列明的保险金额是在工程开始期间根据估算、概算、预算或者合同价格确定的预计保险金额。待工程完成后，应根据工程决算调整保险金额和保险费。被保险人应在本保险单列明的保险期间届满三个月内向保险人申报最终的工程决算造价。

"若本保险单项下第一部分被保险工程决算造价的变动幅度不超过预计保

险金额的 ± ×%，保险人同意不再根据工程决算造价调整保险费。

“如本保险单项下第一部分被保险工程决算造价的变动幅度超过预计总保险金额的 ± ×%时，双方同意对超出或低于第一部分预计保险金额的部分，按照本保险单明细表中的保险费率对保险费进行相应的调增或调减。

“本附加险条款与主险条款内容相悖之处，以本附加险条款为准；未尽之处，以主险条款为准。”

二、投保人或被保险人未按照保费调整特别条款约定及时申报工程造价变动情况或者决算造价变动，或者拒绝追加保险费，如何处理

在工程开始期间根据估算、概算、预算或者合同价格确定预计保险金额的保险合同，即便后续施工过程中的实际工程造价或者最终决算造价超出预计保险金额，投保人或者被保险人未如实申报或拒绝缴纳保费，应当视为投保人或被保险人放弃根据最终决算造价调整保险金额，该种行为并未对保险人的合法权益造成侵害，保险人据此要求投保人或者被保险人追加保险费的，人民法院或者仲裁机构应当不予支持。

三、已投保项目发生保险事故，保险人主张工程项目总造价因新增工程，工程量增加，材料、人工价格波动等原因已经超过保费调整附加条款约定的变动幅度，但保费尚未追加支付为由拒绝赔偿的，如何处理

约定了保费追加特别条款的保险合同项下的工程发生保险事故，保险人主张投保人或者被保险人未履行追加保费支付义务，并以此为由拒绝赔偿的，应当由投保人或者被保险人就保险事故发生时现场实际已完工造价承担举证责任。

依据《保险法》第 5 条、第 16 条之规定，投保人、被保险人有义务依据诚实信用的基本原则，向保险人如实告知与保险标的有关的情况。在以估算、概算、预算或者合同价格确定预计保险金额的保险合同履行过程中，是否对在建工程进行增加、变更，工程造价是否因材料、人工费价格上涨等原因而增加，作为投保人或被保险人的建筑施工企业最为了解，并直接掌握了能够证实造价变动的全部证据，相应的举证责任理应由投保人或被保险人承担。实务中，保费追加附加条款也多要求被保险人承担最终决算造价的申报义务正是基于这种考量。

如投保人、被保险人所提供的证据无法直接证实工程造价，或双方对工程

造价的争议不可调和时,可以通过造价鉴定途径进行确定。

保险人主张的保费追加支付条件已经成就的情况下,被保险人明确表示拒绝支付,或经释明、催告后仍未支付的,保险金额不予调整,投保人或被保险人超出原保险金额和保险范围的索赔主张不应当获得支持。

第 1.39 条 【停工损失扩展条款的适用】

保险合同当事人选择适用停工损失扩展条款后,被保险工程在停工期间发生保单项下保险责任范围内的事故,投保人或被保险人要求保险人进行赔偿的,按照停工损失扩展条款的约定办理。

双方就保险人是否应当承担赔偿责任发生争议的,应当由投保人或者被保险人举证证明其理赔请求符合停工损失扩展条款约定的要件事实,否则保险人有权拒绝赔偿。

【条文主旨】

本条是保险合同当事人约定适用停工损失扩展条款的前提下,保险标的在停工或部分停工期间发生保险事故的赔偿责任如何分担的裁判规则。

【理解与适用】

停工损失扩展条款通常的约定和表述如下:

"兹经双方同意,本保险扩展承保被保险工程全部或部分停工期间发生本保险单项下的保险责任范围内的事故导致的损失。但仅限于连续停工不超过 3 个月的工程部分,并且被保险人:1)在发生停工或复工时,被保险人必须及时书面通知保险人,并向保险人提交由本工程总监理工程师签发的停工令或复工令;2)停工期间,必须对停工部分工程采取必要的、合理的防损措施。本保险单所载其他条件不变。"

一、停工损失特别条款的适用背景和前提

《建筑工程一切险条款(2009 版)》第三部分通用条款"责任免除"部分第 29 条约定,工程部分停工或全部停工引起的任何损失、费用和责任,保险人不负责赔偿。国寿财险公司、大地财险公司、平安财险公司的建筑工程一切险基础

条款都有类似的约定。

保险合同基础条款关于保险工程停工或部分停工引起的损失不予赔偿的原则性约定，是保险合同当事人通过扩展条款扩大保险人承包范围的前提，也是保险人顺应市场需求，通过与投保人、被保险人平等协商的方式提供个性化、多元化的保险产品，更好服务客户，并取得相应商业利益的一种体现。

人保财险公司提供了三种类型的停工损失扩展条款约定，分别是：

“K72　停工损失扩展条款：兹经双方同意，本保险扩展承保被保险工程全部或部分停工期间发生本保险单项下的保险责任范围内的事故导致的损失。但仅限于连续停工不超过 3 个月的工程部分，并且被保险人：(1)在发生停工时，必须及时书面通知保险人，并向保险人提交由本工程总监理工程师签发的停工令或复工令；(2)停工期间，必须对停工部分工程采取合理的防损措施；本保险单所载其他条件不变。”

“K120　停工损失扩展条款 B：本附加险合同扩展承保保险标的全部或部分停工期间发生本保险合同项下的保险责任范围内的事故导致的损失（包括直接财产损失、费用损失和应承担的第三者责任）。本附加险合同所承担的责任必须符合：一、停工期间被保险人必须对工程停工部分采取积极合理的预防措施；二、保险责任仅限于连续停工不超过____个月的工程。本附加险条款与主险条款内容相悖之处，以本附加险条款为准；未尽之处，以主险条款为准。”

“K121　停工损失扩展条款 C：本附加险合同扩展承保保险标的全部或部分停工期间发生本保险合同项下的保险责任范围内的事故导致的损失，但仅限于连续停工不超过____个月的工程部分。被保险人应做到：一、在发生停工时，必须及时书面通知保险人，并向保险人提交由本工程总监理工程师签发的停工令或复工令；二、停工期间，必须对停工部分工程采取合理的防损措施；三、应提前____个工作日通知保险人。本附加险条款与主险条款内容相悖之处，以本附加险条款为准；未尽之处，以主险条款为准。”

二、停工损失扩展条款约定了投保人、被保险人通知义务的前提下，保险合同项下的工程发生停工或者部分停工，但投保人或者被保险人未履行通知义务，保险人对停工或部分停工期间发生的保险事故造成的损失有权拒绝赔偿

通常情况下，建筑工程一切险的保险责任自保险工程在工地动工或用于保

险工程的材料、设备运抵工地之时起始,至工程所有人对部分或全部工程签发完工验收证书或验收合格,或工程所有人实际占有或使用或接收该部分或全部工程之时终止;工程中途停工或部分停工,会从事实层面造成保险人承担保险责任的时限延长,客观上造成保险人风险扩大,因此投保人或被保险人在停工事实发生后理应履行对保险人的告知义务,否则保险人有权对停工或部分停工期间发生的保险事故拒绝赔偿。

甘肃高院(2017)甘民终第124号案认为:中铁十七局第一公司承接施工甘肃某项目,向中华联合财产保险甘肃分公司投保建筑工程一切险附加第三者责任险,并签订《建筑工程一切险附加第三者责任险保险合同》,约定了如下停工损失扩展条款:"兹经双方同意,本保险合同扩展承保被保险工程全部或部分停工期间发生本保险单项下的保险责任范围内的事故导致的损失。但仅限于连续停工不超过3个月的工程部分,并且被保险人在发生停工时,必须及时书面通知保险人。"

工程施工期间,中铁十七局施工标段上游地区连降暴雨引发特大洪水,致使施工现场被洪水淹没,发生保险事故,中华联合财产保险甘肃分公司对中铁十七局第一公司承保工程在投保期内发生水毁事故应当理赔的事实没有异议,但对理赔项目及理赔金额提出异议。中铁十七局主张事故发生后其投入大量人员进行施救,恢复现场,并且导致工期延误,此部分损失达1,113,266元,要求保险人予以赔偿。

对此,甘肃高院认为中铁十七局第一公司在发生停工时,未向中华联合财产保险甘肃分公司提交书面的停工通知,未履行合同约定的书面告知义务,违反了先合同义务,中华联合财产保险甘肃分公司根据合同约定有权拒绝赔偿,故对中铁十七局第一公司上诉主张的误工损失,不予支持。

在该案中,甘肃省两级法院在作出裁判时对停工损失扩展条款的理解出现了偏差。扩展条款应当是保险人对停工或者部分停工期间发生的保险事故承担赔偿责任的前提之一,旨在督促投保人或者被保险人在发生停工时及时履行通知义务,否则保险人对整个事故造成的损失,无论是直接损失还是施救费用等其他损失均可拒绝赔偿。该案的争议则是保险事故发生后,被保险人因保险事故造成的停工损失是否应赔偿。生效判决以工期损失扩展条款作为驳回中铁十七局第一分公司该项请求的合同依据,存在争议。

但生效判决将未履行通知义务作为阻却保险责任承担的关键要素的裁判

方向，值得我们关注，并具有一定的借鉴意义。

三、总监理工程师未下发书面停工令或复工令的情形下，停工或部分停工期间发生的属于保险责任范围的事故，保险人是否应当承担赔偿责任

部分保险公司的停工损失扩展条款约定，保险人对停工或部分停工期间发生的属于保险责任范围的事故承担赔偿责任，需要以投保人或被保险人在发生停工时，及时书面通知保险人，并向保险人提交由总监理工程师签发的停工令或复工令为前提条件；但投保人或者被保险人未能依约提供的，并不必然使保险人获得拒绝赔偿的权利。

停工损失扩展条款要求承包人提交停工令或者复工令的目的，是使保险人通过第三方文件客观、准确地判断保险合同项下的工程停工或者复工的时间，从而进一步判断停工损失扩展条款所可覆盖的具体期限，最终实现对保险责任范围的划定。建筑工程领域的现状是，建筑工程施工过程中发生停工，承包人并不必然能够取得总监理工程师签发的停工令或者复工令。因而，在投保人或被保险人已经穷尽权利救济途径的前提下，如果仍然无法取得并提供停工令或复工令，保险人以此为由拒绝赔偿的，不应当获得支持。

需要说明的是，投保人或者被保险人非由于自身原因无法取得停工令或者复工令，并不免除其在停工或复工事实发生后及时向保险人进行通知的义务，保险人对停工、复工的事实和时间持有异议的，投保人或者被保险人应当及时提供相应的基础证据予以证实；其无正当理由拒绝履行配合义务的，保险人有权以投保人或被保险人未能履行停工损失扩展条款项下相关义务为由拒绝赔偿。

第 1.40 条　【施救费用的认定和处理】

保险事故发生后，被保险人为防止或者减少保险标的的损失所支付的必要的、合理的费用，由保险人承担；保险人所承担的费用数额在保险标的损失赔偿金额以外另行计算，最高不超过保险金额的数额。

【条文主旨】

本条是关于保险事故发生后，被保险人支付的施救费用如何处理的裁判规则。

【理解与适用】

施救费用扩展条款通常的约定和表述如下：

“兹经双方同意，本保险承保被保险人为了将损失减少到最低限度，采取有效措施保护财产而产生的合理的施救费用。本保险单所载其他条件不变。”

一、施救费用条款适用的前提和背景

《保险法》第57条规定：“保险事故发生时，被保险人应当尽力采取必要的措施，防止或者减少损失。保险事故发生后，被保险人为防止或者减少保险标的的损失所支付的必要的、合理的费用，由保险人承担；保险人所承担的费用数额在保险标的损失赔偿金额以外另行计算，最高不超过保险金额的数额。”

由此可见，采取必要措施防止损失扩大是《保险法》规定被保险人在保险事故发生后的法定义务。被保险人的施救行为及因此支出的合理且必要的费用与防止或减少保险标的的损失有直接因果关系，客观上起到减轻保险人赔偿责任的作用，因此相关费用由保险人承担较为合理。

《保险法》的相关规定，在建筑工程一切险实务中得到了各家保险公司的贯彻和执行。

《建筑工程一切险条款(2009版)》第16条约定：“保险标的的保险金额大于或等于其应保险金额时，被保险人为防止或减少保险标的的损失所支付的必要的、合理的费用，在保险标的损失赔偿金额之外另行计算，最高不超过被施救标的的应保险金额。保险标的的保险金额小于其应保险金额时，上述费用按被施救标的的保险金额与其应保险金额的比例在保险标的损失赔偿金额之外另行计算，最高不超过被施救标的的保险金额。被施救的财产中，含有本保险合同未承保财产的，按被施救保险标的的应保险金额与全部被施救财产价值的比例分摊施救费用。”

都邦、大众、平安等多家保险公司的建筑工程一切险条款亦有类似的约定。

除此之外，部分保险公司通过扩展条款的约定，将基础合同条款约定的施救费用承保范围扩展到被保险人为了预防、减少承保风险对第三者人身伤亡、财产损失或将损失降到最低限度所发生的必要且合理的施救费用，以及被保险人在桩基阶段地下不明原因导致损失所发生的施救费用。

例如，人保财险公司建筑工程一切险附加条款约定：

G157 施救条款:“因本保险合同承保风险造成第三者人身伤亡、财产损失,或即将发生第三者人身伤亡、财产损失(被保险人事先征得保险人同意;或保险人虽没有事先同意,但被保险人可以证实该风险很可能发生),保险人负责赔偿为了预防、减少人员伤亡及财产损失或将损失降低到最低限度而采取的必要和合理的施救费用。针对即将发生第三者人身伤亡、财产损失,保险人虽没有事先同意,但被保险人可以证实该风险很可能发生的情况,被保险人应根据实际情况在采取合理措施的阶段立即通知保险人。本附加险条款与主险条款内容相悖之处,以本附加险条款为准;未尽之处,以主险条款为准。”

K136 打桩施救费用条款:“因被保险人在桩基阶段由于地下的不明原因导致被保险人实施打桩作业时引起的损失,保险人负责赔偿,但被保险人(包括项目所有者或工程分包商)有义务尽力对受损失财产进行施救。被保险人或保险人对受损财产的保护和施救行为并不构成放弃委付或接受委付。每次事故免赔额和每次事故赔偿限额,以保险单载明为准。对由于打桩损失造成的工期延误等一切与工程的间接损失不予赔付。本附加险条款与主险条款内容相悖之处,以本附加险条款为准;未尽之处,以主险条款为准。”

《太平财产保险有限公司建筑工程一切险附加条款(2009 版)》约定:

30. 打桩施救费用条款

兹经双方同意,本保单扩展承保因被保险人在桩基阶段由于地下的不明原因导致被保险人实施打桩作业时引起的损失负责赔偿,但被保险人(包括业主或工程分包商)有义务尽力对受损失财产进行施救。被保险人或本公司对受损财产的保护和施救行为并不构成放弃委付或接受委付。因此发生的施救费用应由被保险人与本公司按比例分摊。

本保单对打桩工程的每次损失免赔额为:________________________

每次损失的赔偿限额为(本条款所述的受损财产指各种工程桩和围护桩):

____

本保单对由于打桩损失造成的工期延误等一切与工程的间接损失不予赔付。

本保险单所载其他条件不变。

83.“施救费用”特别条款

兹经双方同意并约定,当发生火灾或其他本保单承保风险时,被保险人、其代理人、雇员和受让人有义务有必要采取施救措施以及为了或关于抗辩、保护和恢复保险财产或其一部分，而不损害本保单效力，被保险人或本公司采取恢复、拯救和保护受损保险财产措施，不应视作放弃或接受委付。因此发生的费用由被保险人和本公司按受益比例分摊。

本保险单所载其他条件不变。

二、施救费与清理残骸费用如何区分

施救费与清理残骸费用具有一定的相似性，实务中容易发生争议和混淆。区别这两种费用，可以从以下几个方面入手。

第一，施救费和清理残骸费用的赔偿依据不同。施救费约定在建筑工程一切险的基础条款当中，保险人无须收取额外的保险费用即应当在保险事故发生后承担相应的赔偿责任；清理残骸费用是建筑工程一切险的扩展条款，需要保险合同当事人双方在基础条款之外另行约定，且投保人另行交付保险费后，保险人才承担赔偿责任。

第二，两者发生的时间不同。施救费用是保险事故发生时被保险人为了防止或者减少损失的发生而支出的合理且必要的费用；清理残骸费用则是保险事故发生后，保险财产本身发生物理性损害之后的清理费用。

第三，两者赔偿金额的计算标准和方法不同。依据《保险法》的规定，施救费用保险人所承担的费用数额在保险标的损失赔偿金额以外另行计算，最高不超过保险金额的数额；而清理残骸费用的赔偿数额以建筑工程一切险扩展条款的约定为准。

三、如何界定被保险人支出的施救费用是否合理且必要

施救费用支出的合理性及必要性，是实务中极易出现争议的事实认定而非法律适用问题。如果保险人与被保险人就施救费用的合理性及必要性产生争议，裁判者应当结合双方当事人举证及查明的保险事故发生当时的具体情况进行综合判断和考量。建议至少应当参考如下因素：

首先，被保险人采取的施救措施和方案是否经济、合理。保险事故发生时被保险人采取施救措施的目的是预防或者减少损失的发生。因此，在确保施救达到预期效果的前提下，被保险人应当尽到合理的注意义务，妥善选定施救方案并尽量控制施救费用的支出；在施救方案并不唯一时，应当选择费用最低且

施救效果最好的方案。

其次,费用支出的数额与预防或者减少的损失数额是否匹配。所谓合理且必要,往往要求被保险人用较低的费用规避较大数额的损失,否则,施救就失去了其意义和价值,合理且必要也就无从谈起。

如四川高院(2014)川民终字第354号案认为:太保凉山公司认为施救费用不属于保险赔偿范围。公估公司认为,案涉隧洞出险后,凉红公司采取的抢险措施主要为先将引水隧洞取水口处封堵,再派人到引水隧洞内抽排水和清理洞内淤泥等。引水隧洞的封堵采用推下满载石料的废弃货车,并及时填料和浇筑混凝土封闭。从抢险的措施及事故后引水隧洞内发生的损失看,抢险是必要合理的,故在引水隧洞取水口处发生的费用按100%计算。2#支洞及引水隧洞内所用的抢险人工、材料及机械费用主要用于排水和清理洞内淤泥以及洞内被困施工人员的抢救工作,而引水隧洞取水口处封堵后,洪水将从原河道泄洪,不会再灌入引水隧洞内,引水隧洞内的损失就不会进一步扩大,对2#支洞及引水隧洞内的排水和清理工作就不再有时间上的紧迫性、及时性,应属于修复工作的一部分,该部分费用不属于抢险费用。另根据地下工程条款第1条的约定,排水费用不予赔偿,且案涉保险单未附加清除残骸费用扩展条款,故2#支洞及引水隧洞内所用于排水和清理的所有费用均不予赔偿。

四川高院认为,凉红公司报损的用于2#支洞及引水隧洞内的排水和清理工作费用,因不具有案涉工程抢险的性质,依据案涉保险合同的相关约定,排水费用和清理残骸费用均不属于案涉保险合同保险标的,《公估报告》认定不予赔偿并无不当。

四、如何区分施救费用与预防措施费用

我们认为,预防措施费用是指投保人、被保险人在日常经营管理过程中或者在预见到保险事故可能但尚未发生时,为了防止保险事故发生或者为了避免或者减少保险事故发生后给保险标的造成的损失,而采取包括但不限于加固、倒运、地址迁移等措施所支出的合理且必要的费用。

施救费用与预防措施费用的区别在于:(1)两者发生的时间不同。施救费用产生于保险事故发生后,预防措施费用产生于保险事故发生前。(2)两者的作用不同。施救费用的作用在于使已经或者正在发生的保险标的损失不再扩大;预防措施费用的作用在于在损失发生前即采取措施使损失不发生或者少发

生。(3)施救费用属于建筑工程一切险保险人的基本保险义务,而预防措施费用需要双方在扩展条款中特别约定保险人在保险事故发生后才负责赔偿。

如陕西高院(2019)陕民终597号案认为:结合中交海威公司一审诉请可知,其上诉主张的该部分费用实际包括"1.柴油采购合同项下的2013.6.21—2013.7.20柴油费;2.地材采购合同项下的混凝土片石费用;3.人工挖空桩基专业施工合同项下的临时用工费、补偿费;4.搅拌站承包专业施工合同项下机械使用费和临时用工费;5.桥梁下部专业施工合同项下的机械使用费和临时用工费",结合其提供的自制费用明细单和司法鉴定意见书综合分析可知,从时间看,绝大部分费用属于为预防标的发生危险而采取措施产生的费用,且缺乏费用支出的直接依据。还有部分人工费已经包含在修复工程造价中。第4项费用中计入部分柴油费,在缺乏直接票据佐证情况下与第1项柴油费有重复计算嫌疑。保险合同关系中的施救费必须是灾害事故发生后为避免保险标的损失扩大而施救产生的费用。因此,该部分费用不应属于案涉保险合同项下保险人的理赔范围。

第1.41条 【内陆运输扩展条款下保险人的责任认定】

保险合同约定内陆运输扩展条款的前提下,保险人的承保范围应当扩展至符合约定条件的内陆运输途中保险财产发生的损失。

内陆运输扩展条款项下保险人的责任与货物运输保险、机动车第三者责任保险等合同项下保险人的责任发生竞合时,应当根据保险事故发生时的实际情况,结合保险合同的约定适用保险法律规定,并最终确定各保险人的责任承担方式。

【条文主旨】

本条是关于当事人约定适用内陆运输扩展条款的情形下,内陆运输扩展条款的保险人责任认定,以及内陆运输扩展条款与货物运输保险、机动车第三者责任保险等发生竞合时保险人责任认定的裁判规则。

【理解与适用】

内陆运输扩展条款通常的约定和表述为:"兹经双方同意,鉴于被保险人已缴付了附加的保险费,本保单扩展赔偿被保险财产在规定的区域范围内通过内陆运输至合约工地途中遭受的损失,但不包括上述财产在水运或空运过程中的损失。本保险单所载其他条件均不变。”

一、内陆运输扩展条款适用的前提和背景

《建筑工程一切险条款(2009 版)》第 2 条约定,“本保险合同的保险标的为:本保险合同明细表中分项列明的在列明工地范围内的与实施工程合同相关的财产或费用,属于本保险合同的保险标的”。第 5 条约定:“在保险期间内,本保险合同分项列明的保险财产在列明的工地范围内,因本保险合同责任免除以外的任何自然灾害或意外事故造成的物质损坏或灭失(以下简称‘损失’),保险人按本保险合同的约定负责赔偿。”

平安、天安、国寿财险等的建筑工程一切险条款亦有相同的约定。

各家保险公司建筑工程一切险的基础条款,均将建筑工程一切险中物质损失部分的承保范围限定在“保险合同列明的工地范围内”。然而,建筑工程施工过程中的实际情况是:工程施工所需材料、机械、设备在投保人或被保险人与供货商或者出租人签订的采购或者租赁合同,开始履行时即与保险合同项下的工程发生实质性的联系,无论这些机械、设备或者财产是否在工地范围内。如果相关的财产在运往工地的途中出现意外而受有损失,那么建筑工程一切险的投保人或者被保险人极有可能会成为最终的受害者。既然投保人或者被保险人建造建筑工程的风险在财产运输途中即已产生,要求保险人扩大承保范围的需求就应运而生。

受到投保人、被保险人需求的驱动,各家保险公司纷纷推出内陆运输扩展条款,在基础条款约定之外,为符合特定条件的被保险人财产在交通运输途中所可能产生的损失提供承保服务,将承保范围从工地范围内扩展到了内陆运输途中。

《建筑工程一切险条款(2009 版)》附加条款中关于内陆运输扩展条款的约定如下:

K10　内陆运输扩展条款:兹经双方同意,鉴于被保险人已缴付了附加的保险费,本公司负责赔偿被保险人的保险财产在中华人民共和国境内供货地点到本保险单中列明的工地除水运和空运以外的内陆运输途中因自然灾害或意外

事故引起的损失。但被保险财产在运输时必须有合格的包装及装载。

本保险单所载其他条件不变。

保险财产总价值:______________________________

每次运输最高保险金额:________________________

每次事故免赔额:______________________________

附加保险费:__________________________________

K91　内陆运输扩展条款B:保险人负责赔偿被保险人的材料、物料、预制件和构件等从中华人民共和国境内(包括港澳地区,不包括台湾地区)任何供应商供货地点到本保险合同中列明的工程现场,及保险标的在不同的工程场地之间的内陆、内河、海上运输途中、拖航及装卸过程中因自然灾害或意外事故引起的损失。

每次运输赔偿限额:以保险单载明为准。

本附加险条款与主险条款内容相悖之处,以本附加险条款为准;未尽之处,以主险条款为准。

平安财险公司《建筑/安装工程一切险附加险条款》中约定:

11. 内陆运输扩展条款A

兹经双方同意,鉴于被保险人已按约定缴付了附加的保险费,保险人负责赔偿被保险人的被保险财产在中华人民共和国境内从供货地点到本保险单中列明的工地的内陆运输途中(水运、空运除外)因自然灾害或意外事故引起的损失。但被保险财产在运输时必须有合格的包装及装载。

本附加险条款与主险条款内容相悖之处,以本附加险条款为准;未尽之处,以主险条款为准。

12. 内陆运输扩展条款B

兹经双方同意,鉴于被保险人已按约定缴付了附加的保险费,本保单扩展赔偿第一部分物质损失项下承保的由本地供给的物资在保单限定的地域内,运往建筑工地的内陆运输途中(水运、空运除外),由于碰撞、冲击、洪水、地震、水灾、地崩或山崩、地陷、盗窃或火灾引起的损失。如果需要在工地外储存,则要加批"防火设施特别条款"和"工棚、库房特别条款"。

本附加险条款与主险条款内容相悖之处,以本附加险条款为准;未尽之处,以主险条款为准。

13. 内陆运输扩展条款 C

兹经双方同意,鉴于被保险人已按约定缴付了附加的保险费,保险人负责赔偿被保险人的保险财产在中华人民共和国境内从供货地点到本保险单中列明的工地的内陆运输途中(水运、空运除外)因自然灾害或意外事故引起的损失。但保险财产在运输时必须有合格的包装及装载。

本条款运输财产总价值:________________________

本条款每次运输保险金额:______________________

本条款每次事故免赔额:________________________

附加保险费:______________________________

本附加险条款与主险条款内容相悖之处,以本附加险条款为准;未尽之处,以主险条款为准。

大众保险股份有限公司《建筑工程一切险扩展条款》中约定:

11. 内陆运输扩展条款 1

兹经双方同意,鉴于被保险人已按约定缴付了附加的保险费,本公司负责赔偿被保险人的保险财产在中华人民共和国境内供货地点到本保险单中列明的工地,除水运和空运以外的内陆运输途中因自然灾害或意外事故引起的损失。但被保险财产在运输时必须有合格的包装及装载。

保险财产总价值:__________________________________

每次运输最高保险金额:____________________________

每次事故免赔额:__________________________________

本附加条款与主条款内容相悖之处,以本附加条款为准;未尽之处,以主条款为准。

12. 内陆运输扩展条款 2

兹经双方同意,鉴于被保险人已按约定缴付了附加的保险费,本保单扩展赔偿第一部分物质损失项下承保的由本地供给的物资在保单限定的地域内,运往建筑工地的陆上运输途中,而不是水上运输或空运途中,由于碰撞、冲击、洪水、地震、水灾、地崩或山崩、地陷、盗窃或火灾引起的损失。

如果需要在工地外储存,则要加批"防火设施特别条款"和"工棚、库房特别条款"。

本地供给物资的总价值:______________________

每次运输最高保险金额：______________

免赔额：______________

本附加条款与主条款内容相悖之处，以本附加条款为准；未尽之处，以主条款为准。

二、内陆运输扩展条款项下的财产在运输途中发生交通事故造成承保范围内的财产损失，并因此与机动车第三者责任保险或者货物运输保险发生竞合时，如何处理

内陆运输扩展条款项下的财产在陆路运输途中如果与第三方发生交通事故，且该第三方车辆投保了第三者责任保险，或运输车辆发生意外导致货损，且该批货物投保了货物运输保险时，就会出现同一保险事故发生导致同一保险标的受损，有建筑工程一切险的保险人、机动车第三者责任保险的保险人或者货物运输保险的保险人等两个或两个以上的保险人对此均负有保险赔偿责任的情形，该种情形即保险法理论上所称的保险竞合。

需要说明的是，保险竞合有别于重复保险。依据《保险法》第 56 条第 4 款之规定，"重复保险是指投保人对同一保险标的、同一保险利益、同一保险事故分别与两个以上保险人订立保险合同，且保险金额总和超过保险价值的保险"。

保险竞合和重复保险的主要区别在于：重复保险的被保险人均为同一人，通俗表述就是同一投保人或者被保险人为同一保险标的、同一保险利益购买两份以上的同种类保险。保险竞合情形下，事故发生时并存的保险关系的性质是不同的，投保人或者被保险人可能是不同的，当然也可能相同，被保险人享有的保险利益也可能存在区别。

如上述情形下，第三方交通事故造成在途货物损失时，建筑工程一切险的被保险人是工程建设单位，货物运输保险的被保险人是事故发生时的货物所有权人或与之有保险利益的承运人，机动车第三者责任保险的被保险人是负有事故责任的机动车车主。

我国的保险法律、司法解释对保险竞合情形下各保险人责任如何承担并未作出明确规定，故当具体案例中发生保险竞合时，应当结合争议的具体事实，发生竞合的各保险合同的约定及相关法律规定进行处理：

当内陆运输扩展条款项下的财产因内陆运输途中的意外遭受损失时，该保险合同项下的被保险人作为相关财产的所有权人或其他享有保险利益的主体，当然有权要求承运人承担赔偿责任。如果此时该货物投保了货物运输保险，则该保险合同项下的被保险人亦为相关财产的所有权人或者其他享有保险利益的主体，则与内陆运输扩展条款项下的被保险人是同一主体。此时，除非内陆运输扩展条款或者货物运输保险条款就保险竞合有特别约定，否则我们认为被保险人有权选择其通过何种途径获得赔偿。

若保险事故的发生是承运人与第三方交通事故导致，该第三方亦为机动车投保有机动车第三人责任保险，且该第三方对事故发生负有责任——承运人因与该第三方发生交通事故造成车上属于内陆运输扩展条款项下被保险人所有的或者享有保险利益的财产遭受损失——则内陆运输扩展条款项下的被保险人作为因交通事故遭受损失的第三方有权基于机动车第三者责任保险合同的约定，要求与承运人发生交通事故的相对方保险公司先行赔付，其也有权要求内陆运输扩展条款的保险人承担赔偿责任。我们认为，除非两个保险合同有相反约定，否则被保险人有选择权，且该种选择权在内陆运输扩展条款与货物运输保险、机动车第三者责任保险同时发生竞合时仍然适用。

被保险人作出选择，并由内陆运输扩展条款或货物运输保险、机动车第三者责任保险的某一特定保险人承担赔偿责任之后，承担赔偿责任的保险人有权依据《保险法》第 60 条之规定向最终责任主体主张代位求偿。因内陆运输扩展条款及货物运输保险性质均为财产保险，客观上无追偿的可能，只有财产损失是第三方侵权人造成的情形下，内陆运输扩展条款或货物运输保险的保险人承担赔偿责任后才有权向侵权人或者第三人责任保险的保险人进行追偿。

三、内陆运输扩展条款项下的财产因运输工具自身故障造成的被保险财产损失，保险人是否赔偿

内陆运输扩展条款的承保范围一般为符合特定条件下被保险财产因意外事故引起的损失。因此，投保内陆运输扩展条款后交通工具自身故障造成的被保险财产损失是否赔偿，取决于该交通工具自身故障是否构成意外事故。

人保财险及各家保险公司建筑工程一切险条款对意外事故的定义为：不可

预料的以及被保险人无法控制并造成物质损失或人身伤亡的突发性事件,包括火灾和爆炸。

(一)火灾

火灾,是指在时间或空间上失去控制的燃烧所造成的灾害。构成本保险的火灾责任必须同时具备以下三个条件:(1)有燃烧现象,即有热有光有火焰;(2)偶然、意外发生的燃烧;(3)燃烧失去控制并有蔓延扩大的趋势。

因此,仅有燃烧现象并不等于构成本保险中的火灾责任。在生产、生活中有目的用火,如为了防疫而焚毁沾污的衣物、点火烧荒等属正常燃烧,不同于火灾。

因烘、烤、烫、烙造成焦糊变质等损失,既无燃烧现象,又无蔓延扩大趋势,也不属于火灾责任。

电机、电器、电气设备因使用过度、超电压、碰线、弧花、漏电、自身发热所造成的本身损毁,不属于火灾责任。但如果发生了燃烧并失去控制而蔓延扩大,即构成火灾责任,并对电机、电器、电气设备本身的损失负责赔偿。

(二)爆炸

爆炸分物理性爆炸和化学性爆炸。

1. 物理性爆炸。物理性爆炸,即液体变为气体发生膨胀,压力急剧增加并大大超过容器所能承受的极限压力,因而发生爆炸,如锅炉、空气压缩机、压缩气体钢瓶、液化气罐爆炸等。锅炉或压力容器在使用中或试压时发生破裂,使压力瞬时降到等于外界大气压力的事故,称为"爆炸事故"。

2. 化学性爆炸。化学性爆炸,即物体在瞬息分解或燃烧时放出大量的热和气体,并以很大的压力向四周扩散的现象,如火药爆炸、可燃性粉尘纤维爆炸、可燃气体爆炸及各种化学物品的爆炸等。

因物体本身的瑕疵,使用损耗或产品质量低劣以及由于容器内部承受"负压"(内压比外压小)造成的损失,不属于爆炸责任。

如果保险人与被保险人就交通工具自身故障造成的损失是否应当赔偿发生争议,则应当由被保险人负责举证证实该故障构成保险合同约定的意外事故,即该故障造成的损失对被保险人而非承运人而言,是不可预料的以及被保险人无法控制并造成物质损失的突发性事件。

第 1.42 条　【公共当局扩展条款】

保险合同约定适用公共当局扩展条款的前提下，被保险人认为其在保险事故发生后的重建或修复过程中，因执行公共当局的法律、法令、法规产生了额外的费用并要求保险人进行赔偿的，应当举证证实该等费用已经实际发生，且系由于执行公共当局法律、法令、法规的要求而在修复或者重建费用之外额外支付，并符合扩展条款约定的赔偿条件，否则不予支持。

【条文主旨】

本条是关于双方约定适用公共当局扩展条款的情形下，被保险人索赔因其在修复或者重建过程中必须执行公共当局的法律、法令、法规所产生的额外费用的认定及裁判规则。

【理解与适用】

一、公共当局扩展条款适用的前提和背景

《保险法》第 2 条在界定保险的概念时开宗明义，认为保险是指："投保人根据合同约定，向保险人支付保险费，保险人对于合同约定的可能发生的事故因其发生所造成的财产损失承担赔偿保险金责任，或者当被保险人死亡、伤残、疾病或者达到合同约定的年龄、期限等条件时承担给付保险金责任的商业保险行为。"

不难看出，财产保险在保险事故发生后的赔偿范围仅限于保险事故所造成的财产损失，并不考虑保险事故发生后修复或者重建过程中发生的额外费用。

人保财险公司及各大保险公司在建筑工程一切险基础条款中关于赔偿范围的约定是：保险期间内，保险合同分项列明的保险财产在列明的工地范围内，因保险合同责任免除以外的任何自然灾害或意外事故造成的物质损坏或灭失；保险事故发生后，被保险人为防止或减少保险标的的损失所支付的必要的、合理的费用；经保险合同列明的因发生上述损失所产生的其他有关费用。

各大保险公司的保险条款延续了《保险法》关于保险责任范围的规定精神，将保险责任范围聚焦在符合合同约定条件或者法律规定条件的保险事故造成的保险标的的损失，为防止、减少保险标的损失支出的合理且必要的施救费用，

以及保险合同约定的因发生保险事故项下的损失所产生的其他费用;并未涉及被保险财产在修复或重建过程中发生的额外费用。因此,如果投保人或者被保险人在重建或者修复过程中有要求保险人赔偿执行公共当局法律、法令、法规产生的额外费用的诉求,公共当局附加条款就会应运而生。

实务中,常见的公共当局扩展条款表述大致有如下几种:

《建筑工程一切险条款(2009版)》附加条款关于公共当局扩展条款的约定如下:

K129 公共当局扩展条款A 被保险人在重建或修复受损的保险标的时,由于必须执行公共当局的有关法律、法令、法规产生的额外费用,保险人负责赔偿。

1. 被保险人在下列情况下执行上述法律、法令、法规产生的损失和额外费用,保险人不负责赔偿:

(1)本保险合同生效之前发生的损失;

(2)本保险合同责任范围以外的损失;

(3)被保险人已接到有关当局关于拆除、重建的通知后发生的损失;

(4)未受损财产(但不包括被保险的地基)的修复、拆除、重建的费用。

2. 被保险人的重建、修复工作必须立即实施,并在损失发生之日起十二个月(或经保险人书面同意延长的期限)内完工;若根据有关法律、法令、法规,该受损财产必须在其他地点重建、修复时,保险人亦可赔偿,但保险人的赔偿责任不得因此增加。

3. 若在本保险合同项下保险标的受损,但按本保险合同约定,保险人的赔偿责任减少时,则本附加险合同项下的赔偿责任也相应减少。

4. 保险人对任何一项受损财产的赔偿金额不得超过该项目在保险单载明的保险金额。

本附加险条款与主险条款内容相悖之处,以本附加险条款为准;未尽之处,以主险条款为准。

K130 公共当局扩展条款B 为了遵循任何法令、规定或任何市政府或当地政府或任何合法的权力机构或政府(无论是中央、省或地方政府)颁布的条例,保险标的在保险责任范围内遭受损失后,所需支付的重置或修理的额外费用;保险人负责赔偿。

对下列损失、费用，保险人不负责赔偿：

1. 为遵从上述法令、法律或条例而发生的费用；

2. 被保险人已接到有关当局关于拆除、重建的通知后发生的损失；

3. 不是为恢复而进行修改的未受损财产的损失；

4. 为遵从上述法令、法律或条例而保险标的需要支付的由于资金上涨而引起的任何税项、税款或其他费用。

重新修复的工作必须尽快开始和进行，在不增加保险人责任的情况下可以全部或部分在另一工地进行。

每次及累计赔偿限额：以保险单载明为准。

本附加险条款与主险条款内容相悖之处，以本附加险条款为准；未尽之处，以主险条款为准。

K131　公共当局扩展条款 C　本附加险合同扩展承保由于必须执行公共当局的法律、法令、法规或条例，遵守建筑或其他有关规定而产生的重建、修复或者重置的额外费用。该重建、修改或重置以符合上述法律、法令、法规或条例的规定为限。

每次及累计赔偿限额：以保险单载明为准。

本附加险条款与主险条款内容相悖之处，以本附加险条款为准；未尽之处，以主险条款为准。

《天安保险股份有限公司建筑工程一切险附加条款》中关于公共当局扩展条款的约定如下：

兹经双方同意，本保险扩展承保被保险人在重建或修复受损财产时，由于必须执行公共当局的有关法律、法令、法规产生的额外费用，但以下列规定为条件：

1）被保险人在下列情况下执行上述法律、法令、法规产生的额外费用，保险人不负责赔偿：

a. 本条款生效之前发生的损失；

b. 本保险责任范围以外的损失；

c. 发生损失前被保险人已接到有关当局关于拆除、重建的通知；

d. 未受损财产（但不包括被保险的地基）的修复、拆除、重建。

2）被保险人的重建、修复工作必须立即实施，并在损失发生之日起十二个月(或经保险人书面同意延长的期限)内完工;若根据有关法律、法令、法规及其附则,该受损财产必须在其它地点重建、修复时,保险人亦可赔偿,但保险人的赔偿责任不得因此增加。

3)若在本保险单下保险财产受损,但因保险单规定的赔偿责任减少时,则本扩展条款责任也相应减少。

4)保险人对任何一项受损财产的赔偿金额不得超过该项目在保险单明细表中列明的保险金额。

本保险单所载其他条件不变。

每次事故赔偿限额:________

累计赔偿限额:____________

每次事故免赔额:__________

附加保险费:______________

二、执行公共当局的有关法律、法令、法规产生的额外费用的范围应当如何界定

保险法实务中尚未见到对执行公共当局的有关法律、法令、法规产生的额外费用的范围进行界定的相关依据或者较为权威的观点,实务中如果遇到被保险人依据公共当局扩展条款的约定索赔相关的费用,应由被保险人就该类费用符合公共当局扩展条款的约定并已实际发生提供证据予以证实,由人民法院或者仲裁庭根据合同约定及当事人双方举证情况结合个案进行判断。

我们尝试就重建过程中增加额外费用等部分问题进行具体分析。

有观点认为,若保险事故发生后受损财产依据公共当局的法律、法令、法规客观上无法在原地修复或者重建,如原址被洪水、地震等自然灾害毁损,无法满足原址修复或者重建的与建筑安全或者环境保护相关的法律、法规的规定,只能异地重建。在异地重建过程中由于新址的地质环境发生变化,原有设计方案无法使用,如新址地下水位较高,或者有地下暗河等复杂地质环境,施工过程中必须用深桩基或者会因大量排水而增加措施费用等所增加的超出原址修复或者重建造价的费用属于公共当局扩展条款约定的应当进行赔付的费用,由保险公司予以赔偿。

又如,保险事故发生后的重建或者修复过程中,国家就消防、环保、外墙保

温、房屋抗震或者安全等级等发布新的法律、法规，导致修复或者重建时原有的设计方案因为不符合新规而无法通过审查，按照新的规范调整设计方案后进行施工，工程造价较原设计方案重置有所增加，则该部分费用应当列入公共当局扩展条款承保范围予以赔偿。

第 1.43 条　【地下工程附加条款的适用】

被保险人在保险事故发生后要求保险人承担赔偿责任，保险人以保险合同约定适用地下工程附加条款为由主张不予赔偿的，应当由保险人就其拒绝赔偿的主张符合地下工程附加条款的约定承担举证责任，否则保险人应当依据保险合同的约定予以赔偿。

【条文主旨】

本条是关于双方约定适用地下工程附加条款的情形下，保险人主张依据该附加条款的约定限制被保险人在保险事故发生后赔偿请求权的裁判规则。

【理解与适用】

一、地下工程附加条款适用的前提和背景

建筑工程一切险所承保的范围，除了常规房屋建筑及其附属设施外，还会涉及隧道、桥梁、水电站、高速公路等其他类别的大型建筑物和构筑物。隧道、竖井、涵洞等地下工程施工过程中，因地质环境的复杂性和不可知性等原因，较地面建筑工程发生风险的概率会更高，发生风险的不可预见性更强，一旦发生意外事故，其施救的难度更大，费用更高，因此保险人为了控制其在为该类工程提供建筑工程一切险保险服务时面临的风险和责任，常常会与投保人约定地下工程附加条款。

地下工程附加条款约定，并非投保人或者被保险人对基础条款约定的保险范围、期限或者保险责任进行扩展从而获得更加充分的保障，而是保险人出于对地下工程高风险性、难以预见性及不可控性的综合考虑，为了达到压降自身风险的目的，而对赔偿范围、赔偿限额等进行收缩和限制。

实务中，常见的地下工程附加条款的表述大致有如下几种：

《建筑工程一切险条款(2009版)》附加条款的地下工程附加条款的约定如下:

G35　地下工程条款:“兹经双方同意,自本保单生效之日起,本保单特别条款中增加下列条件:

无论本条款是否与本保单其他内容相抵触,关于隧道、竖井、洞穴和其他类似的地下工程:

1. 保险人对下列情况不负责赔偿:

(1)开挖超出设计图纸规定的开挖范围或标高,由此引起的清除塌方和回填费用;

(2)为支撑、加固和稳定岩土而采取的安全措施的费用,无论这种损失已经发生或将要发生或尚未显现;

(3)膨润土、护壁泥浆和其他土质稳定添加剂的损失;

(4)由于隧道掘进机的废弃或修复引起的费用(包括隧道工程施工比原定施工方案增加的任何费用);

(5)工程废弃或停工引起的损失(包括废弃工程本身的价值)。

2. 被保险人应持续勘查和监测岩土变形并保留相关勘测记录,并根据规范规定、设计要求和经批准的方案采取合理的防损措施。

3. 若发生全部或部分倒塌,根据赔偿处理条款和以上1条款的约定,保险人负责赔偿由物质损失直接引起的修理、重建、重置和其他为使工程完工而采取的合理措施的费用。但以下列条件为限:

(1)在损失发生前本应采取的防损减损措施的费用除外;

(2)地下工程发生损失后的施救费用以受损财产保险金额的50%为限;

(3)在隧道工程发生本保单责任范围内的损失时,本保单的最高赔偿限额(包括保险工程损失、施救费用和清除残骸费用的总和)将以受损财产恢复至受损前之状态或受损前之相应技术状态的费用为限,并且不超过受损区域平均每米的原始建造价的125%乘以实际受损区段长度(m)。

4. 每次事故免赔额:

本保险单所载其他条件不变。本附加险条款未约定事项,以主险条款为准;主险条款与本附加险条款相抵触之处,以本附加险条款为准。

G37　地下工程条款B:“兹经双方同意,自本保单生效之日起,本保单特别条款中增加下列条件:

无论本条款是否与本保单其他内容相抵触，关于隧道、竖井、洞穴和其他类似的地下工程：

1. 保险人对下列情况不负责赔偿：

(1) 开挖超出设计图纸规定的开挖范围或标高，由此引起的清除塌方和回填费用；

(2) 为支撑、加固和稳定岩土而采取的安全措施的费用，但损失发生后产生的该类费用除外；

(3) 膨润土、护壁泥浆和其他土质稳定添加剂的损失；

(4) 工程废弃引起的损失。

2. 被保险人应持续勘查和监测岩土变形并保留相关勘测记录，并根据规范规定、设计要求和经批准的方案采取合理的防损措施。

3. 若发生全部或部分倒塌，根据赔偿处理条款和以上 1 条款的约定，保险人负责赔偿由物质损失直接引起的修理、重建、重置和其他为使工程完工而采取的合理措施的费用。但以下列条件为限：

(1) 在损失发生前本应采取的防损减损措施的费用除外；

(2) 地下工程发生损失后的施救费用以受损财产保险金额为限；

(3) 在隧道工程发生本保单责任范围内的损失时，本保单的最高赔偿限额（包括保险工程损失、施救费用和清除残骸费用的总和）将以受损财产恢复至受损前之状态或受损前之相应技术状态的费用为限，并且不超过受损区域平均每米的原始建造价的 ×××% 乘以实际受损区段长度（m）。

本保险单所载其他条件不变。”

《平安财险公司建筑/安装工程一切险地下工程附加险条款》的约定为：

地下工程特别条款 A

“兹经双方同意，自本保单生效之日起，本保单特别条款中增加下列条件：

关于隧道、竖井、洞穴和其他类似的地下工程，无论本条款是否与本保单其他内容相抵触，其约定以本条款为准：

1. 保险人对下列情况不负责赔偿：

(1) 开挖超出设计图纸规定的开挖范围或标高，由此引起的清除塌方和回填费用；

(2) 为支撑、加固和稳定岩土而采取的安全措施的费用，无论这种损失已经发生或将要发生或尚未显现；

(3)排水费用；

(4)工程变更、增加、改进和改良的费用；

(5)膨润土、护壁泥浆和其他土质稳定添加剂的损失；

(6)排水系统发生故障或设备冻结引起的，但若使用备用设备可以避免的损失；

(7)工程废弃或停工引起的损失。

2. 被保险人应持续勘查和监测岩土变形并保留相关勘测记录，并根据规范规定、设计要求和经批准的方案采取合理的防损措施。

3. 保险人在支付任何赔款前，被保险人应向保险人代表提供按照下述第 4 条记录的调查程序的数据，以表明被保险人已履行了本保单下的相关规定。

4. 被保险人应完整记录根据国家规范进行的所有调查程序，并妥善保存相关调查结果。被保险人应向保险人的指定代表提供所有调查程序的结果以供审核。

5. 若发生全部或部分倒塌，根据理赔基础条款和以上条款的约定，保险人负责赔偿由物质损失直接引起的修理、重建、重置和其他为使工程完工而采取的合理措施的费用。但以下列条件为限：

(1)在损失发生前本应采取的防损减损措施的费用除外；

(2)赔付不超过隧道塌方部分原始造价的____%(包括清残费用和施救费用)；

(3)无论损失发生在一个或多个开挖工作面，保险人在一次事故中的最高赔偿责任为____。

本附加险条款与主险条款内容相悖之处，以本附加险条款为准；未尽之处，以主险条款为准。”

地下工程特别条款 B

“兹经双方同意，自本保单生效之日起，本保单特别条款中增加下列条件：

关于隧道、竖井、洞穴和其他类似的地下工程，无论本条款是否与本保单其他内容相抵触，其约定以本条款为准：

1. 保险人对下列情况不负责任赔偿：

(1)开挖超过设计图纸规定的开挖范围或标高，由此引起的清除塌方和回填费用；

(2)为支撑、加固和稳定岩土而采取的安全措施的费用,无论这种损失已经发生或将要发生或尚未显现;

(3)膨润土、护壁泥浆和其他土质稳定添加剂的损失;

(4)由于隧道掘进机的废弃或修复引起的费用;

(5)工程废弃或停工引起的损失。

2. 被保险人应持续勘查监测岩土变形并保留相关勘测记录,并根据规范规定、设计要求和经批准的方案采取合理的防损措施。

3. 若发生全部或部分倒塌,根据理赔基础条款和以上条款的约定,保险人负责赔偿由物质损失直接引起的修理、重建、重置和其他为使工程完工而采取的合理措施的费用。但以下列条件为限:

(1)在损失发生前本应采取的防损减损措施的费用除外;

(2)在隧道工程发生本保单责任范围内的损失时,本保单的最高赔偿限额将以受损财产恢复至受损前之状态或受损前之相应技术状态的费用为限,但不超过以下列明的受损区域平均每米的原始建造价的115%。

4. 地下工程每次事故免赔额:人民币200万或损失金额的10%,以高者为准。

本附加险条款与主险条款内容相悖之处,以本附加险条款为准;未尽之处,以主险条款为准。”

《天安保险公司建筑工程一切险附加条款》关于地下工程附加条款的约定为:

地下工程条款

“兹经双方同意,自本保单生效之日起,本保单特别条款中增加下列条件:

关于隧道、竖井、洞穴和其他类似的地下工程,无论本条款是否与本保单其他内容相抵触,其约定以本条款为准:

1. 保险人对下列情况不负责赔偿:

(1)开挖超出设计图纸规定的开挖范围或标高,由此引起的清除塌方和回填费用;

(2)为支撑、加固和稳定岩土而采取的安全措施的费用,无论这种损失已经发生或将要发生或尚未显现;

(3)排水费用;

(4)工程变更、增加、改进和改良的费用;

(5)膨润土、护壁泥浆和其他土质稳定添加剂的损失;

(6)排水系统发生故障或设备冻结引起的,若使用备用设备可以避免的损失;

(7)工程废弃或停工引起的损失。

2. 被保险人应持续勘查和监测岩土变形并保留相关勘测记录,并根据规范规定、设计要求和经批准的方案采取合理的防损措施。

3. 保险人在支付任何赔款前,被保险人应向保险人代表提供按照下述条4记录的调查程序的数据,以表明被保险人已履行了本保单下的相关规定。

4. 被保险人应完整记录根据国家规范进行的所有调查程序,并妥善保存相关调查结果。被保险人应向保险人的指定代表提供所有调查程序的结果以供审核。

5. 若发生全部或部分倒塌,根据理赔基础条款和以上1条款的约定,保险人负责赔偿由物质损失直接引起的修理、重建、重置和其他为使工程完工而采取的合理措施的费用。但以下列条件为限:

(1)在损失发生前本应采取的防损减损措施的费用除外;

(2)赔付不超过隧道塌方部分原始造价的____%(包括清残费用和施救费用);

(3)无论损失发生在一个或多个开挖工作面,保险人在一次事故中的最高赔偿责任为____米。

每次事故免赔额:______________

本保险单所载其他条件不变。"

其他保险公司对地下工程附加条款的约定与前述已经列举的条款类似,不再一一列举。

二、如何认定开挖是否超出设计图纸规定的开挖范围或标高,相关费用是否为加固和稳定岩土而采取的安全措施的费用

我们认为,是否超越设计图纸范围和标高,费用是否为了加固和稳定岩土的安全措施支出,都不是法律问题,而是事实查明和认定的问题。就该类问题的认定和查明,没有统一的规范和标准可循,对此类争议的处理,建议遵循和掌握如下原则。

第一，依据“谁主张，谁举证”的原则，主张超范围、超标高，费用与加固和稳定岩土有关联关系的一方应当就其主张成立提供证据予以证实。反之亦然。

如果当事人双方提供的证据均不足以排除合理怀疑，单方证据的证明力并无明显优势，则人民法院或者仲裁庭应依职权尽量查明争议情形的真相，如无法查明，则由负有举证责任的一方承担举证不能的不利后果。

第二，人民法院或者仲裁庭应当对当事人双方提供的据以证实己方主张的证据的真实性、合法性、关联性及其证明力进行全面审查，通过证据自身的证明力判定相关各方的主张是否成立。如有必要，应当征求设计单位或者第三方专家的意见，并以此作为参考作出判断。

三、约定地下工程附加条款，超出基础条款及该条款限制范围以外的损失，保险人不予赔偿

地下工程附加条款约定的目的是限制保险人承担赔偿责任的范围，控制保险人的理赔风险，因此，如果地下工程附加条款对赔偿范围、限额进行了约定，则超出该范围的相应损失保险人有权不予赔偿。

例如，四川高院（2014）川民终字第 354 号案认为：保险公司抗辩，根据地下工程条款第 1 条的约定，排水费用不予赔偿；且案涉保险单未附加清除残骸费用扩展条款，故 2#支洞及引水隧洞内所用于排水和清理的所有费用均不予赔偿。四川高院采纳了保险公司的观点，认为凉红公司报损的用于 2#支洞及引水隧洞内的排水和清理工作费用，不具有案涉工程抢险的性质。依据案涉保险合同的相关约定，排水费用和清理残骸费用均不属于案涉保险合同保险标的，《公估报告》认定不予赔偿并无不当。

又如，十堰中院（2018）鄂 03 民终 1989 号案认为：诉争保险合同地下工程条款约定，“在隧道工程发生本保险合同责任范围内损失时，本保险合同的最高赔偿限额（包括保险工程损失、施救费用和清除残骸费用的总和）将以受财产损失恢复至受损前之状态或受损前之相应技术状态的费用为限，并且不超过受损区域平均每米的原始造价的 125% 乘以实际受损区段长度（m）”。事故发生后，鉴定机构评估计算案涉工程建筑期损失金额为 5，337，463. 18 元，考虑赔偿限额上限后下调至 5，197，075. 81 元。二审法院认为，因地下工程条款约定 125% 赔偿限额，故确定赔偿限额为 5，197，075. 81 元，采纳了鉴定机构按照赔偿限额进行损失理算的做法。

第1.44条 【扩展条款约定保险期限自动随工期延长,保险人以被保险人未按约履行通知或缴费等义务主张保险期限未延长的处理规则】

被保险工程在保险单约定的保险期限内不能如期完工的,保险期限可以根据保险合同扩展条款的约定自动延长。保险人以被保险人未按约履行通知或缴费等义务主张保险期限未延长的,可予支持。

【条文主旨】

本条是关于未能如期完工工程的保险期限是否可以自动延长的处理规则。

【理解与适用】

一、保险期限可依照扩展条款的约定自动延长

工程保险单上一般列有准确的保险期限终止日期。保险期限的终止,是指保险单中保险责任有效时间的结束,一般有以下几种情况,以先发生者为准:(1)工程所有人对部分或全部工程签发完工验收证书或验收合格;(2)工程所有人实际占有或使用或接收部分或全部工程;(3)保险单中载明保险终止日期。

保险单载明的保险终止日期是保险期限终止的"下限",即使到这个日期工程尚未竣工,保险期限也应终止。对保险期限终止后发生的保险事故,保险人无须承担保险责任。但保险单扩展条款对保险期限的自动延长有特别约定的,应从其约定。

例如,《建筑工程一切险条款(2009版)》附加条款第G49条约定:"兹经双方同意,如被保险工程不能按期完工,延期在三个月以内的,本保险单的保险期限自动随工期延长,保险人不加收保险费。对于延期在三个月以上的部分时间,被保险人缴纳本保险单项下按日比例计算的保险费,保险期限可以继续延长。但对于延长期超过____个月以上部分,双方可以协商新的承保条件另行承保。"大众建筑工程一切险扩展条款第二部分第9条约定:"兹经双方同意,若保险工程在本保险单列明的保险期限内未结束,本保险单的原保险期限将自动延长____天……但前提是被保险人应在本保险单原保险期限结束日之前至少提前15天书面通知本公司。"第10条约定:"兹经双方同意,如果项目的建设安装在本保险单约定的保险期限未结束,本保险将自动延长保险期限180个日历日,而无须另外支付附加保费。但被保险人须在保险单原定保险期限结束之前30天之内告知本公司。”

二、被保险人应当举证证明保险期限自动延长的约定条件已成就

1. 扩展条款没有约定被保险人及时通知义务的，以《建筑工程一切险条款(2009版)》附加条款第G49条的约定为例，被保险人未及时通知保险人延长保险期限，在保险期限到期后3个月(约定期限)内发生的保险事故，被保险人仍有权要求保险人承担保险责任。

2. 扩展条款约定被保险人及时通知义务的，被保险人对通知义务的履行以及通知的期限和方式符合条款约定具有举证证明责任。以大众建筑工程一切险扩展条款第二部分第9条的约定为例，被保险人应当举证证明其在原保险期限结束日之前提前15天内以书面形式(包括信件和数据电文)向保险人履行了通知义务。如果扩展条款对通知的方式没有特别约定，被保险人可以以书面形式履行通知义务，也可以以口头形式履行通知义务。被保险人未按约定及时通知保险人延长保险期限，保险期限不自动延长，则在保险期限到期后发生的保险事故，被保险人无权要求保险人承担保险责任。

3. 对于延续时间较长的情况，扩展条款约定保险期限延长需得到保险人书面同意的，被保险人对保险人明示同意具有举证证明责任。保险实践中，被保险人向保险人提出保险期限延长的书面申请，保险人通常视情况以批单形式延长保险期限。

4. 对于延续时间过长的情况，扩展条款约定加收保险费的，被保险人对增缴保险费具有举证证明责任。保险人一般按照三种计算方法加收保险费：一是按原承保条件及扩展期的日比例计算；二是按具体情况或风险大小加收适当的百分比；三是按新承保条件及扩展期计算。如《建筑工程一切险条款(2009版)》附加条款第G49条约定，对于延期在3个月以上的部分时间，按照前述第一种计算方法(本保险单项下按日比例计算的保险费)确定加收的保险费；对于过长的延续时间，将按照前述第三种计算方法(新的承保条件)协商确定加收的保险费。值得注意的是，保险人原因导致工程延期的期间，无须加收保险费。

保险期限自动延长需满足上述约定条件的原因在于，在工程保险中，工期的长短是保险人制定保险费收费标准的重要考量因素之一。工期越长，风险越大，收取的保险费相对越高，反之亦然。因此，在以原定工期确定承保费率的情

况下，因工期延长需要延长保险期限的，被保险人应当在约定的期限内按照合同约定的方式履行风险增加的通知义务、得到保险人同意或者增缴保险费的义务。浙江高院（2008）浙民二终字第205号案认为：即便保险事故是在办理延长保险期限手续期间发生，但在保险人关于延长保险期限的批单签发之前，双方就保险合同的展期问题尚未达成合意，保险人也在原保险合同约定的保险期间内承担保险责任；保险人在事故发生后到事故现场勘察的行为，不当然产生保险期限延长的法律后果。

第1.45条 【保证期扩展条款】

保证期的保险期间与工程合同中的保证期一致，但不得超出保险单中列明的保证期。

约定有限责任保证期保险条款的，保证期内对非承包人维修施工导致的意外事故主张保险人承担赔偿责任的，不予支持。

约定扩展责任保证期扩展条款的，对承包人在保证期内维修施工导致的意外事故或者在完工证书签发前的建筑/安装期内施工原因导致保证期内发生的保险事故，主张保险人承担赔偿责任的，予以支持。承包人主张致使保证期内保险事故发生的全部或部分原因为建筑/安装期内施工行为的，应承担相应的举证证明责任。

【条文主旨】

本条是关于保证期的物质损失保险期限如何认定以及保险责任如何扩展的裁判规则。

【理解与适用】

一、保证期的物质损失保险期限的认定

保证期的保险期间与发包人、承包人签订的工程合同中约定的保证期一致，从工程所有人对部分或全部工程签发完工验收证书或验收合格，或工程所有人实际占有或使用或接收该部分或全部工程，以先发生者为准。但在任何情况下，保证期的保险期限不得超出保险单明细表中列明的保证期。

所谓保证期,也称“缺陷责任期”,根据《建设工程施工合同(示范文本)》第1.1.4.4 条的规定,“是指承包人按照合同约定承担缺陷修复义务且发包人预留质量保证金的期限”。缺陷责任期由发包、承包双方在合同中约定,在我国法律框架下,一般不超过 24 个月。

保证期的保险是工程保险中的附加险,保证期的保险期限也是在工程保险期之后的一个期限扩展,其与工程建设保险期限紧密相连:工程建设保险期限(工程保险期)的终止时间就是保证期的保险期限的起算时间,即工程所有人对部分或全部工程签发完工验收证书或验收合格之日,或工程所有人实际占有或使用或接收该部分或全部工程之日,或保险单中载明的保险期限终止之日,以先发生者为准。保证期的保险期限终止之日为工程合同约定的保证期终止之日,或保险单明细表中列明的保证期终止之日,以先发生者为准。

需要说明的是,《建设工程质量保证金管理办法》第 8 条规定,由于发包人原因导致工程无法按规定期限进行竣工验收的,在承包人提交竣工验收报告 90 天后,工程自动进入缺陷责任期。在该种特定情况下,承包人提交竣工验收报告 90 天届满之日,实践中很难成为最先发生的时点,但如果确为最先发生者,应从该日起算保证期的保险期限。

二、保证期的保险性质和保险责任范围

保证期的保险只是物质损失保险,不包括第三者责任保险,其实际上具有质量保证保险的性质。承包商等向权利人担保不合格的工程或未按承包合同约定达标的项目或材料引发被保险财产的损失,将予以修理或更换,该保证是履行保证的一部分。保证期的责任扩展条款将部分地为这些保证提供保险保障。因此,不同于工程所有人的财产类保险,保证期的保险责任是针对工程承包商等被保险人所承担的风险而设计的,根据保险责任范围不同可分为以下几类。

(一)有限责任保证期保险条款

有限责任保证期保险条款属于扩展责任条款,属于责任保险性质,保险公司承保的是承包人对工程财产的照看、监管与控制的合同责任。保险责任范围是保证期内因被保险的承包人为履行建设工程合同在进行维修保养的过程中所造成的保险工程的损失,如承包人在维修过程中造成火灾、爆炸等意外事故,承包人可以依此条款向保险公司主张保险赔偿。对于自然灾害和非承包人维

修施工等其他意外事故造成的物质损失，保险公司不承担赔偿责任。工程所有人因自身行为造成保险工程的损失，不得依此条款向保险公司主张赔偿。

（二）扩展责任保证期扩展条款

扩展责任保证期扩展条款的保险责任范围，大于有限责任保证期保险条款的承保范围。扩展责任保证期扩展条款除承保有限责任保证期保险条款的责任外，还承保承包人在完工证书签出前的建筑或安装期内施工原因导致保证期内发生的保险工程的损失。也就是说，它除承保承包人保证期维修时造成保险财产损失外，还要将损失原因的时间追溯至施工期间，承包人施工原因导致在保证期内发生的保险财产损失，保险公司也应承担赔偿责任。比如，工程建设中可能已经存在工艺不善问题，但当时没有发现，到保证期内发生塌陷等事故损失，承包人可依此条款向保险公司主张保险赔偿。若保险合同没有附加该条款，则保险公司对承包人在完工证书签发前的建筑或安装期内施工原因导致保证期内发生的保险工程损失不负赔偿责任，因为保险期限已经终结，工程保险单效力已经终止。由此可见，保险公司承保的是承包人的履约责任。同样，工程所有人因自身行为造成保险工程的损失，不得依此条款向保险公司主张赔偿。

承包人主张致使保证期内保险事故发生的全部或部分原因为建筑/安装期内施工行为的，应承担相应的举证证明责任。

（三）保证期特别扩展条款

保证期特别扩展条款与有限责任保证期保险条款和扩展责任保证期扩展条款不同，其保险责任范围包括在保证期内，安装错误、设计错误、原材料或铸件缺陷以及工艺不善引起的被保险财产损失；不包括对被保险人在损失发生前即已发现错误并予以矫正的费用、直接或间接由于火灾、爆炸以及任何人力不可抗拒的自然灾害造成的损失，或者任何第三者责任造成的损失。

保证期特别扩展条款的被保险人范围由承包人扩展到设计人、原材料供货商、设备供应商等；责任由施工原因扩大到设计错误、原材料或铸件缺陷等；损失原因不仅有保证期内维修时发生的，还可追溯至工程建设期。由此可见，其承保的是承包人的完工责任。意外事故的发生是适用该条款的前提条件。

值得注意的是，如果导致损失发生的零部件供应商不是保险单上的被保险人，依照供应合同，承包人有权利向供应商索赔的，保险公司可以先向被保险人赔偿，然后向供应商追偿。对意外事故发生前就安装错误等隐患予以矫正的费用,保险公司不承担赔偿责任,由设计人、供货商、承包人等依照工程承包合同赔偿。

第 1.46 条　【清理费用扩展条款的适用】

约定清理费用扩展条款的,因保险合同承保的风险造成保险财产损失而发生清除、拆除及支撑受损财产和场地的清理费用,被保险人主张保险人在约定的事故赔偿限额内承担保险赔偿责任的,可予支持。

【条文主旨】

本条是关于保险人和被保险人约定清理费用扩展条款情形下有关清除残骸费用的保险赔偿规则。

【理解与适用】

一、清理费用扩展条款的理解

投保人在对建设工程进行投保时,一般按工程承包合同价或工程造价进行投保,保险公司将以此金额为限承担保险责任,即只对承包合同价所包含的财产损失承担重置或修复赔偿责任,而对清除残骸等清理费用不负责赔偿。因为,保险公司承保的工程承保合同价或工程造价并不包括不可预料的风险事故造成财产损失而产生的清理费用。

一般情况下,对损坏工程进行修复,需要进行残骸或灾害残余物的清除。这笔费用往往是较大的,有时甚至高出损坏工程本身的造价;有时工程本身未受损,但需要清除洪水等灾害形成的淤泥和杂物才能施工,其费用较大。所以,投保人如果希望这部分费用在事故发生后可以获得保险赔偿,应在投保时附加清理费用保险。该保险是对因保险单中承保的风险造成保险财产损失而发生的清除受损财产残骸所发生的费用进行赔偿的保险。

以《建筑工程一切险条款(2009 版)》附加条款为例,清理费用条款通常表述为:“兹经双方同意并约定,保险人负责赔偿被保险人因本保险单承保的风险造成保险财产损失而发生的清除、拆除及支撑受损财产和场地清理的费用,包括这些财产中没有被损坏的但已不能再按原功能继续使用的部分,以及对没有受损的保险财产进行支撑、支持、防护所产生的费用。但不得超过本保险单明细表中列明的赔偿限额。每次事故赔偿限额：人民币×万元。"

在裁判实践中，被保险人依据清理费用扩展条款向保险人主张保险赔偿责任时，应重点审查如下两个构成要件：

第一，清理费用必须是因发生保险合同承保的风险事故所引起的清除、拆除、支撑或防护等有关费用，即费用产生与保单承保的风险事故之间具有因果关系。

第二，清理费用必须与保险财产有关，包括保险财产本身物理性的损坏之后所发生的清理费，如受损保险财产残骸的拆除、清除以及对受损财产的支撑所产生的费用；还包括保险财产本身虽未发生损失但仍需要清除现场才能施工的障碍性损失以及对没有受损的保险财产进行支撑、支持、防护所产生的费用。

需要注意的是，关于"残骸"的理解，司法实践中会作出不利于格式合同提供方保险人的解释。如安康中院(2020)陕09民终1262号案认为：按照通常理解，"残骸"指人或动物的尸骨，借指残破的建筑物、机构、车辆等；保险人主张清除保险标的路面旁边的山体塌方的费用就是扩展条款约定的"清除残骸的费用"，出现保险条款中对"残骸"的定义与普通人通常理解的"残骸"不一致的情形，应作出有利于被保险人和受益人的解释，将清除塌方的费用归入山体塌方导致保险标的的损失从而属于保险责任范围。

二、清理费用与施救费的辨析

施救费是工程发生损失后，被保险人为减少损失而采取必要措施所产生的合理费用。在某些情况下，清理费用具有施救费性质，如因发生保险责任范围内的自然灾害所形成的土石、泥沙等覆盖或掩埋了保险财产所发生的清除费用，尽管其不是保险财产本身所形成的残骸，但不清除将形成保险财产的损失或影响工程施工，故在发生该费用之前，应先估算是否高于被施救财产价值，以判断是否合理。但在其他情况下，清理费用与施救费存在如下区别：

1. 保险责任条款不同。施救费包含在工程保险合同主条款中，而清理费用属于附加/扩展条款，被保险人可以附加也可以不附加。

2. 收取保险费不同。保险人承担施救费无须另行收取保险费，但承担清理费用要收取相应的保险费用。

3. 保险责任性质不同。施救费是在保险事故发生时，为减少损失所采取措施而发生的费用,其目的是阻止损失扩大蔓延。清理费用是清除受损财产的残骸发生的费用。

4. 费用发生时间不同。施救费是在事故发生时如烈火正在燃烧时进行灭火等施救行为所产生的费用,而清理费用是在事故停止后如火灾熄灭后产生的残骸清除费用。

5. 最高赔偿标准不同。施救费最高赔偿限额是以被施救的财产的保险金额为最高赔偿标准,而清理费用的赔偿是以保险单中列明的赔偿限额为标准。

6. 赔付方式不同。施救费存在比例赔付方式,当保险金额不足时,施救费应当按照比例赔付。清理费用是在约定的最高赔偿限额内按实际损失赔付,即便在保险金额不足的情况下,也不按照比例赔付。

三、工程保险合同其他有关费用扩展条款的理解

与清理费用条款类似,保险合同附加条款一般还包括专业费用条款、特别费用条款、管理费用条款、灭火费用条款等有关费用扩展条款。这些费用扩展条款在适用时通常需要关注以下几点:一是有关费用须与保险合同项下予以赔偿的保险财产的损失有关;二是有关费用的最高赔偿金额不超过扩展条款约定的限额;三是若保险财产的保额不足,有关费用的赔偿金额按比例缩减;四是有关费用保险的增加属于保险金额的增加,故而涉及保险费的增加,在计算保险金额或赔偿限额时要计入保险单物质财产保险金额的总额,作为保险费的计算基础。

(一)专业费用条款

以《建筑工程一切险条款(2009 版)》附加条款为例,专业费用条款通常表述为:"兹经双方同意,保险人负责赔偿被保险人因本保险单项下承保风险造成被保险工程损失后,在重置过程中发生的必要的设计师、检验师及工程咨询人费用,但被保险人为了准备索赔,或估损所发生的任何费用除外。上述赔偿费用应以损失当时适用的有关行业管理部门制订的收费标准为准,但不得超过本保险单明细表中列明的赔偿限额。每次事故赔偿限额:人民币 × 万元。"

(二)特别费用条款

以《建筑工程一切险条款(2009 版)》附加条款为例,特别费用条款通常表述为"兹经双方同意,本保险扩展承保下列特别费用:加班费、夜班费、节假日加班费以及快运费(包括空运费)。但该特别费用须与本保险单项下予以赔偿的

保险财产的损失有关。且本条款项下特别费用的最高赔偿金额在保险期间内不超过以下列明限额。若保险财产的保额不足,本条款项下特别费用的赔偿金额按比例减少。每次事故赔偿限额:人民币×万元。”

(三)管理费用条款

以《建筑工程一切险条款(2009版)》附加条款为例,管理费用条款通常表述为:“兹经双方同意并约定,保险人负责赔偿被保险标的物发生保险责任范围内的损失需予以修复时,被保险人除修复费用外,业主为修复工作所发生的合理的管理费用,但施工合同金额内的管理费不属本条款赔偿范围。每次事故赔偿限额:人民币×万元。”

(四)灭火费用条款

以《建筑工程一切险条款(2009版)》附加条款为例,灭火费用条款通常表述为:“兹经双方同意并约定,本保单扩展承保由保单承保的风险引起的下列损失:(1)灭火过程中的费用;(2)清理水和其他物质的费用;(3)清理费用;(4)暂时性防护设施建造费用。每次事故赔偿限额:人民币×万元。灭火费用不应计入本保单项下财产的重置价值内。”

第二章

工程责任保险

导　论

一、工程责任保险概述

责任保险属于广义财产保险的范畴,《保险法》第 65 条第 4 款规定:“责任保险是指以被保险人对第三者依法应负的赔偿责任为保险标的的保险。”因此,责任保险的保险标的为“法定赔偿责任”,这种赔偿责任,既可以是侵权责任,也可以是合同责任,还可以是法定责任。与其他财产保险不同的是,责任保险虽也需遵守损失填平原则,但其所填补的损害为被保险人对第三人的赔偿责任,而非因赔偿责任的承担所受到的损失。

随着法治社会的不断发展,民事赔偿法律制度的制约力不断增加,任何民事主体均有可能因法律规定或者合同约定,须对第三人的财产损失或者人身伤亡承担经济赔偿责任。面对该种赔偿责任风险,赔偿义务人必然会寻求风险转移的方式,而责任保险就是为了转移该种赔偿责任风险而开发的一种保险产品。在某种程度上,责任保险的发展程度是衡量一个国家或者地区法治程度以及保险业发达程度的重要指标。近年来,随着我国法律制度的不断健全,责任保险发展进入快车道,显现出日益重要的趋势。

工程责任保险是责任保险体系中的重要组成部分,是责任保险在工程建设领域的对应险种。建设工程施工合同履行周期长、涉及主体多、标的金额大,且建设工程施工行为本身的危险性较大,故民事赔偿事件屡见不鲜,因而工程领域对于责任保险具有迫切的需求。对于建设施工行为主体而言,通过投保工程责任险可以将无法防范和消除的风险转移给保险人,从而降低或消除不确定责任风险的影响。

工程责任保险在海外市场已经发展了 200 多年,在美国、日本、欧洲等国家和地区均已形成较为成熟的建设工程责任保险管理机制。21 世纪初,随着我国加入世界贸易组织(WTO),工程行业开始走向海外,建立工程责任保险制度是与国际接轨的重要举措之一。通过推行工程责任保险制度,利用保险公司建立的资信数据库,实现建设主体信用评分等级的市场化征信管理,让符合市场经济规律的手段代替行政干预手段来加强对工程质量、市场的管理,有利于使行业的最终目标转向价值创造。

二、工程责任保险的特征

责任保险的承保对象是被保险人的法律赔偿风险,属于广义的财产保险范畴,但又具有自身独特的内容和经营特点,特别是在赔偿限额和赔偿范围上,具有明显的特征。工程责任保险作为责任保险的一种类型也具有其独特性。

第一,工程责任保险具有赔偿责任限额。在普通财产损失保险中,保险人承担赔偿责任的最高限额为保险金额,保险金额不得超过保险标的的保险价值。工程责任保险中,对于赔偿责任而言没有具体的价值判断标准,因此保险人为了有效控制风险和便于计算保险费,采用保险责任限额的方式确定最大责任的金额限制和计算保费标准。发生保险事故后,若赔偿金额小于责任限额,则保险人承担全部赔偿责任;若赔偿金额大于责任限额,则保险人只赔偿责任限额约定的金额,超过责任限额部分不予赔偿。实务中,保险人为有效控制风险,通常在保险合同中约定每次事故的赔偿限额和保险期限内的累计赔偿限额。

第二,工程责任保险中的施救费用不在保险标的损失赔偿金额以外另行计算。《保险法》第 57 条第 2 款规定:"保险事故发生后,被保险人为防止或者减少保险标的的损失所支付的必要的、合理的费用,由保险人承担;保险人所承担的费用数额在保险标的损失赔偿金额以外另行计算,最高不超过保险金额的数额。"这也是普通财产损失保险中的"两个保额"原则。对于工程责任保险而言,因其保险标的本身就是被保险人的损害赔偿责任,而被保险人为防止或减少自己的赔偿责任所采取措施而支出的费用(施救费用)为其赔偿责任的一部分,即赔偿责任中本身包含施救费用,因此工程责任保险中的施救费用不在保险标的的损失赔偿金额以外另行计算。

第三,工程责任保险的法律费用除非有排除约定,由保险人承担,不受责任限额限制。《保险法》第 66 条规定:"责任保险的被保险人因给第三者造成损害的保险事故而被提起仲裁或者诉讼的,被保险人支付的仲裁或者诉讼费用以及其他必要的、合理的费用,除合同另有约定外,由保险人承担。"如果保险合同没有相反约定,保险人需对法律费用进行赔偿,且只要法律费用是必要、合理的,其不受责任限额的限制。

三、工程责任保险种类

在工程领域，投保责任保险的常见做法是在投保建设工程一切险时附加第三者责任保险。所谓“第三者责任保险”，一般指通常意义上的责任保险，不作任何第三人或者保险事故发生情形的特殊限定。工程责任保险发展日益健全的今天，一些特殊的工程责任保险因越发常见逐渐成为独立的险种，如第三人特殊限定为雇员的雇主责任保险、保险事故发生情形特殊限定为从事职业技术工作的职业责任保险等。

在工程领域常见的特殊责任保险种类主要可以分为公众责任保险类、雇主责任保险类和职业责任保险类。

（一）公众责任保险

1. 环境污染责任保险

环境污染责任保险，是指承保因环境污染造成损害根据法律应当由被保险人承担相关赔偿责任的一种保险。《平安财险公司平安环境污染责任保险条款》第3条约定：“在保险期间或保险合同载明的追溯期内，被保险人在被保险场所的区域范围内从事保险单载明的业务时，因突发意外事故，导致污染损害，并由此造成第三者的下列损失，由第三者在保险期间内首次向被保险人提出损害赔偿请求，依照中华人民共和国法律（不包括港澳台地区法律）应由被保险人承担的经济赔偿责任，保险人按照本保险合同约定负责赔偿：（一）第三者因污染损害遭受的人身伤亡或直接财产损失；（二）第三者根据环境保护相关法律、法规或行政性命令对污染物进行清理发生的合理必要的清理费用。”①

由上述保险条款可知，环境污染责任保险的承保范围目前包括第三者人身伤害与财产损失、应急处置与清污费用，不包括生态环境本身的损害。环境污染责任保险依托于环境侵权制度，随着环境侵权制度的日益完善，人们对于环境损害的认识更加全面，逐渐意识到环境侵权的损害结果不仅包括对个人的损害，还包括对环境本身的损害。在《民法典》之前，法律规定的损害后果仅包含对财产、人身及精神的损害，《民法典》明确规定了生态环境损害的修复和赔偿规则，这也是在法律层面确认生态环境损害是环境侵权的损害结果之一。因

---

① 参见中国保险行业协会网，http://www.iachina.cn/art/2017/12/14/art_3643_98044.html。

此，可以预见的是，环境责任保险将根据环境侵权制度的转变相应发展，保险范围可能由财产、人身和精神损害责任扩张至涵括生态环境损害责任。

从环境污染责任保险的承保范围即可发现，该险种在提高环境高风险企业的赔偿能力、确保环境污染受害者得到充分救济的方面，具有不可忽视的作用。事实上，随着环境保护意识和环境维权意识的提高，我国的环境污染纠纷数量呈逐渐上升的趋势，在众多环境侵权案件中，因企业未投保环境污染责任保险，时常出现“企业污染、群众受害、政府买单”的窘境。基于此，为减轻政府部门的财政负担，国家层面正逐步开始推进环境强制责任保险的试点工作。2013 年 1 月 21 日原环境保护部、原保监会联合印发《关于开展环境污染强制责任保险试点工作的指导意见》，2016 年 8 月 31 日印发《关于构建绿色金融体系的指导意见》。2017 年 6 月 9 日原环境保护办公厅、原保监会办公厅发布《环境污染强制责任保险管理办法（征求意见稿）》。2018 年 5 月 7 日，生态环境部宣布审议并原则通过《环境污染强制责任保险管理办法（草案）》。截至 2023 年 3 月，因没有法律、行政法规的直接规定，环境污染责任保险并未正式成为强制保险险种。

2. 特种设备责任保险

特种设备责任保险，是指承保特种设备在使用过程中导致第三者损害根据法律应当由被保险人承担相关赔偿责任的一种保险。例如，《大地财险公司特种设备第三者责任保险条款》第 3 条约定：“在保险期间内，保险特种设备在保险单载明的区域范围内，由于下列原因造成第三者人身伤亡或财产损失，依照中华人民共和国法律（不包括港澳台地区法律，下同）应由被保险人承担的经济赔偿责任，保险人按照本保险合同约定负责赔偿：（一）操作人员的过失行为；（二）特种设备发生爆炸、坠落或运行过程中的突然故障或突发事故。”①

关于特种设备的种类，《特种设备安全监察条例》第 2 条第 1 款规定，“特种设备是指涉及生命安全、危险性较大的锅炉、压力容器（含气瓶，下同）、压力管道、电梯、起重机械、客运索道、大型游乐设施和场（厂）内专用机动车辆”。在工程领域，特种设备具体包括锅炉、气瓶、压力管道、电梯、起重机械、厂内机动车辆、防爆电器等。

目前，特种设备责任保险是国家鼓励进行投保的险种。《特种设备安全监察条例》第 8 条第 4 款规定：“国家鼓励实行特种设备责任保险制度，提高事故

① 参见中国保险行业协会网，http://www.iachina.cn/art/2017/12/14/art_5290_98405.html。

赔付能力。"

（二）雇主责任保险

1. 雇主责任保险

雇主责任保险，是指承保雇员在受雇期间发生的人身伤亡或根据雇佣合同应由雇主承担民事赔偿责任的一种保险。[①] 例如，《国寿财险公司建筑施工企业雇主责任保险条款》第3条约定："在保险期间内，被保险人的雇员在本保险合同明细表中列明的区域范围内，从事与被保险人建筑安装工程业务有关的工作时，因遭受意外事故或者患与业务有关的、国家规定的职业性疾病致伤、残疾或死亡，依照中华人民共和国法律（不包括港澳台地区）应由被保险人承担的经济赔偿责任，保险人按照本保险合同约定负责赔偿。"[②]

雇主责任保险的承保范围，一是雇主对雇员在从事雇佣活动时所受损害应承担的民事责任；二是雇主对雇员在从事雇佣活动时致第三人损害应承担的民事责任。因此，雇主责任保险首要要求就是雇佣关系的存在。值得注意的是，在工程领域，现场施工的人员主要由劳务公司进行雇佣，因此，若需要对劳务公司雇佣的施工人员投保雇主责任保险，被保险人应为与施工人员签订劳动合同的劳务公司。

雇主责任保险和工伤保险因在赔偿主体、赔偿范围上具有相似的属性，因此在实践中容易混淆。两者的主要区别在于，工伤保险属于社会强制保险的范围，而雇主责任保险并非强制保险险种，具有补偿性的特点。另外，在赔付金额上，工伤保险与月工资有密切的关系，雇员只能在法律规定的尺度内获得赔偿；雇主责任保险的赔偿金额不仅与月工资相关，还与雇主责任保险合同约定的责任限额有关。

2. 安全生产责任保险

安全生产责任保险，是指承保发生生产安全事故后根据法律或合同约定应由被保险人对死亡、伤残者承担民事赔偿责任的一种保险。例如，《中华联合财产保险股份有限公司安全生产责任保险条款》第3条约定，在保险期间内，被保险人在本保险单载明的地点范围内依法从事生产、经营、储存等活动过程中，因意外事故造成其雇员或第三者的人身伤亡，且经县级以上安全生产监督管理部

---

① 参见李玉泉：《保险法》（第3版），法律出版社2019年版，第164页。

② 参见中国保险行业协会网，http://www.iachina.cn/art/2017/12/18/art_6734_100504.html。

门认定为生产安全事故，依照中华人民共和国法律应由被保险人承担的经济赔偿责任，保险人按照本保险合同约定负责赔偿：(1)死亡赔偿金；(2)残疾赔偿金。[①]

就建设工程行业而言，安全生产责任保险是一种强制保险险种。《安全生产法》第51条中规定，“属于国家规定的高危行业、领域的生产经营单位，应当投保安全生产责任保险”。《安全生产责任保险实施办法》第6条中规定，“煤矿、非煤矿山、危险化学品、烟花爆竹、交通运输、建筑施工、民用爆炸物品、金属冶炼、渔业生产等高危行业领域的生产经营单位应当投保安全生产责任保险”。《安全生产法》第109条规定：“高危行业、领域的生产经营单位未按照国家规定投保安全生产责任保险的，责令限期改正，处五万元以上十万元以下的罚款；逾期未改正的，处十万元以上二十万元以下的罚款。”工程行业中，若施工企业未投保安全生产责任保险，根据《安全生产法》的上述规定，将承担相应的行政责任。

(三)职业责任保险

职业责任保险，是以各种专业技术人员在从事职业技术工作时因疏忽或过失造成合同相对方或第三人的人身伤害或财产损失所导致的民事赔偿责任为承保风险的责任保险。[②] 职业责任保险起源于20世纪初期，最初是医生职业责任保险，随后又发展了会计师职业责任保险。20世纪中叶以后，各种职业责任的赔偿案件逐渐增加，专业人员所面临的职业责任风险越来越大，客观上促进了职业责任保险的发展。

在工程责任保险中，职业责任保险主要有监理责任保险和勘察、设计、咨询责任保险。因工程领域对监理单位和勘察、设计、咨询单位具有特殊的资质要求，故保险合同中通常约定，对于不具有相关资质、超越资质的被保险人导致的赔偿责任，为责任免除情形。

1. 勘察、设计、咨询责任保险

勘察、设计、咨询责任保险，是指承保从事建设工程的勘察、设计、咨询业务时发生工程质量事故根据法律或者合同约定应由勘察、设计、咨询人承担民事赔偿责任的一种保险。例如，《大地财险公司建筑工程勘察、设计、咨询责任保

① 参见中国保险行业协会网，http://www.iachina.cn/art/2017/12/19/art_7093_100819.html。

② 参见李玉泉：《保险法》(第3版)，法律出版社2019年版，第165页。

险条款》第3条约定:“在保险期间或保险合同载明的追溯期内,被保险人在中华人民共和国(港澳台地区除外,下同)境内从事建设工程勘察、设计、与工程设计勘察相关的咨询业务时,因过失导致出具的勘察、设计、咨询最终文件存在错误,且该错误导致了工程质量事故造成下列损失,由第三者在保险期间内首次向被保险人提出损害赔偿请求……应由被保险人承担的经济赔偿责任,保险人按照本保险合同约定负责赔偿:(一)建设工程本身的损坏;(二)第三者的人身伤亡和财产损失。”①

随着我国《民法典》《建筑法》《建设工程质量管理条例》等法律法规的陆续出台,勘察、设计、咨询单位的法律风险逐渐加大,进而使对应的职业责任保险的需求日益旺盛。实际上,职业责任保险早已成为国际上(特别是欧美国家)工程强制保险的主要险种之一,在国际咨询工程师联合会(Fédération Internationale Des Ingénieurs Conseils,法文缩写 FIDIC)合同文本中,咨询工程师职业责任保险早已列入了相关条款。

2. 监理职业责任保险

监理职业责任保险,是指承保从事工程监理业务时发生工程质量事故根据法律或者合同应由监理人承担民事赔偿责任的一种保险。例如,《太平财险公司工程监理责任保险条款》第3条约定:“在保险期间或保险合同载明的追溯期内,被保险人在中华人民共和国境内(不包括港、澳、台地区)从事工程监理业务时,因过失导致未能履行委托监理合同中约定的监理义务或发出错误指令导致所监理的建设工程发生工程质量事故,造成委托人的经济损失,由委托人在保险期间内首次向被保险人提出损害赔偿请求……应由被保险人承担的经济赔偿责任,保险人按照本保险合同约定负责赔偿。”②

监理职业责任保险的承保范围主要包括两个方面:一是监理人的行为导致的损失,主要是监理工程师的越权或失职行为带来的损失。例如,监理工程师忽略向设计师或其他专业技术人员确认工程中某些设计变更的内容,而利用自身的权力单方面指令承包商进行相应的作业,由此产生工程损失。二是监理人的工作技能和技术资源导致的损失。例如,尽管监理工程师履行了监理合同中

---

① 参见中国保险行业协会网,www.iachina.cn/art/2017/12/14/art_5313_98477.html。

② 参见中国保险行业协会网,http://www.iachina.cn/col/col2676/index.html,最后访问日期:2021年11月22日。

业主委托的工作职责，但由于其自身专业技能的限制，可能未能取得应有的效果。

在我国，监理职业责任保险与一般的职业责任保险存在明显区别。《建筑法》和《建设工程质量管理条例》规定了相关法定监理责任。《建筑法》第 32 条第 2 款规定："工程监理人员认为工程施工不符合工程设计要求、施工技术标准和合同约定的，有权要求建筑施工企业改正。"这说明我国监理责任包括合同约定的职业责任和法律规定的职业责任。因此，监理职业责任保险须将相关法定责任也纳入考虑的范畴。

第 2.1 条　【关于工程责任保险的管辖问题】

被保险人起诉保险人的工程责任保险合同纠纷，因不具有保险标的物，不适用《民事诉讼法》第 25 条规定，应由被告住所地人民法院管辖。

第三者直接起诉保险人的工程责任保险纠纷，通过将被保险人列为或者不列为被告的诉讼策略，第三者可以选择依据保险人与被保险人的保险法律关系确定管辖法院，也可以选择依据第三者与被保险人的法律关系确定管辖法院。

【条文主旨】

本条旨在梳理工程责任保险相关诉讼纠纷的管辖问题。

一是被保险人起诉保险人的情况下，对于《民事诉讼法》第 25 条规定的"因保险合同纠纷提起的诉讼，由被告住所地或者保险标的物所在地人民法院管辖"是否适用于工程责任保险的问题。就工程责任保险而言，它是以对第三者依法应负的赔偿责任为保险标的的保险，并不存在所谓的"标的物"，故无法适用《民事诉讼法》第 25 条规定，只能根据一般管辖规则由被告住所地人民法院管辖。

二是第三者直接起诉保险人的情况下，涉及第三者与被保险人及保险人与被保险人两种法律关系，导致存在两种不同管辖规则的情况下，如何确定管辖法院的问题。对此，基于保护受害者（第三者）的考虑，同时考量司法实践的做法，第三者实际上拥有一定程度上的管辖选择权。通过将被保险人列为或者不列为被告的诉讼策略选择，第三者可以选择依据其与被保险人的法律关系确定管辖法院，也可以选择依据保险人和被保险人的法律关系确定管辖法院。

【理解与适用】

一、关于工程责任险中被保险人起诉保险人的管辖问题

（一）概述

《民事诉讼法》第 25 条规定了保险合同的基本管辖规范，即由被告住所地

或者保险标的物所在地人民法院管辖。工程责任保险合同适用“被告住所地”法院管辖的一般管辖原则应无争议,争议主要集中于“保险标的物”的概念诠释。

在实务中,对于“保险标的物”概念常有混淆。例如,有观点认为责任保险的“保险标的物”是对第三者的赔偿责任,故保险标的物所在地应是进行赔偿并交付财产利益主体的所在地,即被保险人所在地。在中国人寿财产保险股份有限公司浙江省分公司、赵某某保险纠纷案中,一审法院即持此观点,认为案件应以被保险人(个体工商户)经营地点作为保险标的物所在地确定管辖;对此,秦皇岛中院(2020)冀03民辖终106号案认为:“本案所涉保险种类为雇主责任险,属于财产保险,保险标的为雇主对雇员的赔偿责任。本案所涉保险不存在保险标的物,不适用保险标的物所在地人民法院管辖的规定。故本案应当由被告住所地人民法院管辖。”

也有观点认为,责任保险的保险标的是对第三者的赔偿责任,因此可以将货币作为表现形式的赔偿款理解为“保险标的物”。例如,济源市誉锐建设工程有限公司、人保财险公司上海市分公司责任保险合同纠纷案中,誉锐建设公司认为“雇主责任保险的保险标的物为雇主向雇员赔偿的财产利益,可见已经赔偿的财产利益作为保险标的物的所在地为誉锐建设公司所在地”;对此,济源中院(2021)豫96民辖终6号案认为:“赔偿责任不属于物的范畴,故本案所涉保险不存在保险标的物,本案应由被告住所地即人保财险上海分公司所在地确定管辖。”

对于工程责任保险,更有观点将“保险标的物”理解为在建工程,进而将保险标的物所在地认为是工程所在地;或者是在投保建设工程一切险附加第三者责任保险的情况(常见情形)下,认为第三者责任保险项下的索赔属于建设工程一切险及附加险的整体,进而认定保险标的物所在地是工程所在地。例如,浙商财产保险股份有限公司锦江支公司、贵州新正鑫建筑工程有限公司责任保险合同纠纷案中,一审法院认定案件涉及的建筑施工企业雇主保险,所涉保险对象是在建设工程工地上做工时受伤,进而认为所涉保险标的物所在地应为工程所在地,应由工程所在地人民法院管辖;对此,二审法院遵义中院(2019)黔03民辖终81号案认为,一审法院认定管辖不当,案涉雇主责任保险的保险标的是雇主承担的赔偿责任,应由被告所在地人民法院管辖。又如,河源中院(2016)粤16民辖终77号案认为,保险合同所投保险的标的物即建筑工程一切险是一个整体,其中包含了因火灾产生的第三者责任险,该案作为一起保险合同纠纷,其诉讼管辖连结点为被告住所地或保险标的物所在地,保险标的物所在地人民法院依法享有管辖权。

(二)“保险标的物”与“保险标的”之概念厘定

厘清工程责任保险合同纠纷中被保险人起诉保险人的管辖问题,关键在于正确理解《民事诉讼法》中关于财产保险合同纠纷管辖规则中的“保险标的物”与《保险法》语境下的“保险标的”之间的逻辑关系。

关于“保险标的”的概念,《海商法》第 218 条第 1 款作出了穷尽式列举的规定:“下列各项可以作为保险标的:(一)船舶;(二)货物;(三)船舶营运收入,包括运费、租金、旅客票款;(四)货物预期利润;(五)船员工资和其他报酬;(六)对第三人的责任;(七)由于发生保险事故可能受到损失的其他财产和产生的责任、费用。”由该条款可以归纳出,保险标的系具有鉴定可能性的对象,或者说是可以用货币进行衡量的对象,但并不设定对象必须是有体物的限制。就《保险法》语境中的“保险标的”的概念,因《保险法》(发布日期为 1995 年 6 月)是《海商法》(发布日期为 1992 年 11 月)保险一章的一般法,出于本国法律的体系化协调,故应作同样理解。

关于“保险标的物”的概念,需特别说明的是,在《保险法》的规范内容中并没有提及“保险标的物”,因从构词的角度其重心在于“标的物”而非“保险”,故解析“保险标的物”这一概念的逻辑起点是民法上的“物”。理论上,民法上的“物”系权利的客体,最典型的当数物权。作为物权客体的物,除人的身体之外,通说认为需具备有体性。《民法典》第 115 条规定“物包括不动产和动产”,该条款将物分为不动产和动产,表明“物”原则上应具有有体性。

从《民法典》体系的角度出发,也可以得出“标的”和“标的物”在一体性的要求上具有显著的区别。“标的”一词出现的场景多用于表示权利义务指向的客体,不受“有体性”的限制,如电子合同的标的可以为“服务”(第 512 条);保理合同中虚构应收账款作为转让“标的”(第 763 条);技术开发合同的标的是技术(第 857 条)等。同时,“标的物”一词的场景多用于指向有体的动产或者不动产,如提存(第 520 条、第 529 条、第 557 条、第 570 条)、抵销要件的构成(第 568 条)、买卖合同所有权移转(第 595 条)、融资租赁合同(第 740 条)等。

因此,从“保险标的”和“保险标的物”的概念及《民法典》体系解释的角度,不难得出结论:“保险标的”不等同于“保险标的物”,“保险标的”指向的是具有鉴定可能性的对象,“保险标的物”指向的是有体性的动产或者不动产。由此也可以进一步推理,工程责任保险的标的系被保险人对第三者依法应负的赔偿责任,“赔偿责任”显然不是具备有体性的动产或者不动产,因此工程责任保险不具有“保险标的物”,无法由“保险标的物”所在地人民法院管辖。

(三)小结

通过对民法语境下“标的物”和“标的”的体系解释可得出的结论是,从解释结论的协调性角度出发,《民事诉讼法》第 25 条中确定保险合同管辖的“保险标的物所在地”标准并不适用于工程责任险。即便部分法院将“保险标的物所在地”作出扩大解释是出于保护被保险人的目的,但若欲突破“原告就被告”的一般民事管辖规则而创设例外,须以足够正当的法理作为支撑。但显然,工程责任险因其保险标的为无形责任而不得不在《民事诉讼法》第 25 条的适用上作出限缩。

因标的物特殊属性而与普通财产保险有所区别的责任险引发的管辖争议近几年来未曾中断,也有判例从不同维度对“保险标的物所在地”的管辖规范作出了不同阐释。我们认为,一方面,在法律适用和解释的过程中绝不能偏离工程责任险作为财产保险的本质属性;另一方面,从责任保险标的的性质来看,“原告就被告”原则在工程责任险的管辖确定上具有其正当性。

二、关于工程责任险中第三者起诉保险人的管辖问题

(一)概述

第三者直接请求权是指对责任保险合同的被保险人享有请求权的第三者直接对保险人提起的赔偿请求权,这是在责任保险领域一项特有的民事诉讼制度。《保险法》第 65 条第 2 款规定:“责任保险的被保险人给第三者造成损害,被保险人对第三者应负的赔偿责任确定的,根据被保险人的请求,保险人应当直接向该第三者赔偿保险金。被保险人怠于请求的,第三者有权就其应获赔偿部分直接向保险人请求赔偿保险金。”

虽在实体法上对于第三者直接向保险人起诉有明确的规定,但是在民事诉讼领域中没有第三者直接起诉如何确定管辖的直接规定。第三者直接请求权的立法目的在于通过诉讼直接解决纠纷,减少讼累,维护第三者的权益,因此仅仅适用民事诉讼“原告就被告”的司法管辖规则显然不利于很好地维护第三者的权益。

第三者主张权利时,存在第三者与被保险人之间的赔偿关系与保险人与被保险人之间的保险关系两重法律关系对应的管辖并列或者竞合问题,因此如何确定管辖将是无法回避的问题。例如,设计单位向某保险公司投保职业责任保险并约定管辖法院A,因设计人员工作疏忽导致重大设计错误并造成需要拆除重建带来的财产损失,设计单位需对业主单位承担赔偿责任。此时若业主单位直接向保险公司起诉,根据第三者和被保险人之间设计合同的法律关系确定管辖,则应是工程所在地人民法院管辖,若根据第三者和被保险人之间的侵权法律关系确定管辖,则侵权行为地和被保险人住所地人民法院均有权管辖;若根据保险人和被保险人之间的法律关系确定管辖,则应是A法院管辖。[①]

探究第三者可否依据第三者和被保险人之间的法律关系确定管辖法院,以及第三者是否受保险人和被保险人之间协议管辖的约束,对于更好地践行第三者直接请求权制度具有重要意义。

(二)理论分析

第三者直接起诉保险人,是否受保险人和被保险人之间法律关系指向的管辖规定的约束,与第三者直接请求权的权利来源相关。

有观点认为,第三者直接请求权是债权代位权,第三者之所以对保险人有索赔权,是因为其继受了被保险人在保险合同中的权利义务,那么其继受被保险人应受管辖条款约束的义务也属当然之理。[②] 例如,淄博中院(2021)鲁03民辖终203号案认为:《保险法》第65条第2款实际属于债权人代位求偿权范围,即第三者作为被保险人的债权人,在被保险人怠于行使权利情况下,可以代位被保险人直接向保险人主张权利。第三者在主张权利时,权利义务与被保险人相同,并受到保险合同条款的约束,因此第三者应根据保险人和被保险人约定的管辖方式处理争议。

更为常见的司法案例是第三者同时将被保险人和保险人列为被告,在此情

---

① 关于建设工程设计合同是否适用专属管辖问题在实务中具有一定争议,本案例根据江苏高院《关于审理建设工程施工合同纠纷案件若干问题的解答》(2018)其中提到的"1. 建设工程合同案件专属管辖如何理解?《最高人民法院关于适用〈中华人民共和国民事诉讼法〉的解释》第28条规定建设工程施工合同案件按照不动产专属管辖确定受诉法院,即建设工程施工合同纠纷一律由建设工程所在地人民法院管辖。'建设工程施工合同纠纷'还包括建设工程价款优先受偿权纠纷、建设工程分包合同纠纷、建设工程监理合同纠纷、装饰装修合同纠纷、建设工程勘察合同纠纷、建设工程设计合同纠纷"编写。

② [美]约翰·F. 道宾:《保险法》(第3版),法律出版社1999年版。转引自陈亚芹:《论责任保险第三人直接请求权的立法模式——对直接请求权理论基础的新解读》,载《保险研究》2011年第1期。

况下，目前的司法判例大多支持依据第三者和被保险人之间的法律关系指向的管辖规定确定管辖法院，也就是说，仅是增加一个被告的做法就可以使第三者突破保险人和被保险人约定的管辖方式。例如，烟台中院(2021)鲁 06 民辖终 193 号案认为：鉴于被保险人未及时赔付第三者工伤待遇且未及时向保险人主张保险理赔权，第三者依据工伤待遇赔偿协议和《保险法》关于责任保险的规定，以保险人、被保险人为共同被告，诉请依法判令两被告向其支付雇主责任险的保险赔偿金。根据《民事诉讼法》的规定，同一诉讼的几个被告住所地、经常居住地在两个以上辖区的，各辖区人民法院都有管辖权。因此，被保险人所在地人民法院对该案有管辖权。又如，泰安中院(2021)鲁 09 民辖终 206 号案认为：第三者在从事打井勘探工作时受伤，其劳动单位为其投保了雇主责任险，第三者请求依法判令被保险人(劳动单位)、保险人赔偿医疗费、伤残赔偿金、住院津贴等，根据第三者主张的诉讼请求及事实理由，该案应为提供劳务者受害责任纠纷，依法应由侵权行为地或者被告住所地人民法院管辖，并非单纯因保险合同产生的纠纷。

造成上述第三者直接请求权管辖问题逻辑困境的原因，在于对第三者直接请求权的权利来源的争议。在保险理论研究的传统认识中，学者有持权利转移说或债权代位说观点的，主张受害第三人对保险人提起诉讼的权源，是被保险人对保险人享有的债务扣押权，或是受害第三人作为被保险人的债权人，对被保险人起诉保险人的诉因享有代位权。随着责任保险制度的发展，其保护重心逐渐偏移于可向保险人主张赔偿责任的第三者，法定利益第三者契约说逐渐得到越来越多人的肯定，其认为拟制保险契约双方当事人有成立利益第三者契约之意思表示，同时也事先拟制第三者有表示享受利益之意思表示；因此，受害人与被保险人处于共同债权人地位，对保险人均享有保险契约上的保险金请求权，受害第三者对保险人的索赔权不是继受自保险合同，合同中的管辖条款对第三者也无当然的约束力。[①] 类似地，持原始取得说的学者强调，受害人的直接请求权是由损害赔偿保险法直接赋予的，与保险契约无关。[②]

---

① 参见陈亚芹：《论责任保险第三人直接请求权的立法模式——对直接请求权理论基础的新解读》，载《保险研究》2011 年第 1 期。

② 李薇：《日本机动车事故损害赔偿法律制度研究》，法律出版社 1997 年版。转引自陈亚芹：《论责任保险第三人直接请求权的立法模式——对直接请求权理论基础的新解读》，载《保险研究》2011 年第 1 期。

（三）司法实践的做法

从目前司法实践的做法来看，第三者直接起诉保险人的情况下，实质上第三者可以通过调整被告的诉讼技巧，选择第三者与被保险人之间的法律关系指向的管辖法院，或者保险人和被保险人之间的法律关系指向的法院。虽这种处理方式在法理上具有争议，但在司法实践中便于处理争议，也确实切实可行。

当第三者将被保险人和保险人均列为被告，通常可以选择第三者与被保险人之间的法律关系指向的管辖法院。理由在于，第三者和被保险人之间的法律关系导致的赔偿责任是责任保险产生与适用的逻辑前提，没有赔偿责任的产生，就不可能产生责任保险。第三者起诉保险人的根本原因，是保险人和被保险人之间存在保险合同法律关系。同时，无论是第三者起诉保险人，还是被保险人起诉保险人，其保护对象都是第三者。因此，允许第三者选择其与被保险人之间的法律关系指向的管辖法院，更能反映案件的法律关系，也更符合公平的价值内涵。

第三者仅将被保险人列为被告，通常可以选择保险人和被保险人之间的法律关系指向的管辖法院。理由在于，管辖地是否可预见及诉讼是否便利是民事诉讼管辖权规则制定的两个基本价值参考因素。对于被保险人而言，其与保险人的法律关系所指向的管辖法院是其订立保险合同法律关系时即考虑的，因此第三者选择依据保险人和被保险人之间的法律关系接受其保险合同约定管辖也好，还是不接受约定管辖仅基于保险合同关系向被保险人住所地法院起诉，对于保险人而言都是其完全可以预见的，并且是便利的。

（四）小结

在责任保险制度日益完善的今天，其基本功能已经从风险转移转变为对第三者的补偿，具有社会保障的属性；同时，第三者直接起诉保险人的制度也是为了保护（受害）第三者的权益。因此，若第三者仅能依据“原告就被告”的管辖规则，显然与责任保险和第三者直接起诉制度的属性不符。

关于第三者直接起诉保险人的责任保险纠纷，在目前的司法实践中，第三者通过是否将被保险人列为被告的诉讼策略选择，实质上具有了一定程度上的管辖选择权，这虽在法理上有争议，但无疑不违背第三者直接起诉制度的立法目的。

第 2.2 条 【工程责任保险人代位求偿权的行使】

第三者对保险标的的损害有责任的，工程责任保险的保险人自赔付保险金之日起，可以在赔偿金额范围内向有责任的第三者代位行使请求赔偿的权利，但第三者与被保险人具有相同保险利益、第三者系非故意造成保险事故的被保险人组成人员或工程责任保险合同另有约定的除外。

【条文主旨】

本条旨在解决工程责任保险中保险人赔付保险金后能否行使代位求偿权的问题。本条确立的裁判规则是：工程责任保险的保险人除不能对具有相同保险利益的共同被保险人，或第三者系非故意造成保险事故的被保险人组成人员行使代位求偿权外，只要存在被保险人可以对之进行索赔的第三者，都享有代位求偿权。

【理解与适用】

一、工程责任保险代位求偿权制度的理解与适用范围

“保险代位权是各国保险法基于保险利益原则，为防止被保险人获得双重利益而公认的一种债权移转制度”；[①]保险人向被保险人赔偿保险金后，可以向对保险事故负有法律责任或对保险标的的损害负有民事赔偿责任的第三者行使代位请求赔偿的权利。保险代位求偿权是财产保险合同特有的制度，是财产保险合同补偿性的体现，人身保险不适用代位求偿权。于责任保险而言，因责任保险属于财产保险业务范畴，故不受人身保险代位求偿权除外规则的限制，但保险代位权在责任保险中的适用范围相对狭窄。

《保险法》第 60 条第 1 款规定：“因第三者对保险标的的损害而造成保险事故的，保险人自向被保险人赔偿保险金之日起，在赔偿金额范围内代位行使被保险人对第三者请求赔偿的权利。”因而，保险人行使保险代位权的首要条件是保险事故的发生须由第三者不法行为所致，第三者负有向被保险人赔偿的法律责任。在一般的财产保险中，受害人是被保险人，保险人行使代位

---

① 许崇苗、李利编著：《保险合同法理论与实务》，法律出版社 2002 年版，第 466 页。

请求权的基础是被保险人对第三者享有的赔偿请求权。在责任保险中,保险标的是被保险人依法对第三者应负的赔偿责任,被保险人由此可避免自身财产受损。此情形中,保险人赔付后没有追偿对象,故实际不享有代位求偿权。据此,关于责任保险的保险人是否实际享有代位权问题,在实务中存在诸多争议。

《保险法司法解释四》第16条规定:"责任保险的被保险人因共同侵权依法承担连带责任,保险人以该连带责任超出被保险人应承担的责任份额为由,拒绝赔付保险金的,人民法院不予支持。保险人承担保险责任后,主张就超出被保险人责任份额的部分向其他连带责任人追偿的,人民法院应予支持。"

上海高院《关于审理保险代位求偿权案件解答(一)》第7条规定:"对受害人的损失,商业责任保险的被保险人与其他侵权人承担连带赔偿责任时,保险人的保险赔偿责任范围如何确定?商业责任保险的保险人承担保险赔偿责任后,如何行使保险代位求偿权?答:……保险合同仅约定'对因由被保险人承担的赔偿责任,保险人负责赔偿'的,一般可以解释为保险人对被保险人所负的全部赔偿责任承担保险赔偿责任,包括对外的连带责任。《侵权责任法》第十四条规定,支付超出自己赔偿数额的连带责任人,有权向其他连带责任人追偿。如保险人对被保险人给付的保险赔偿金已超出被保险人依法应自行承担部分的,保险人有权向其他连带责任人就超出部分行使保险代位求偿权。"

基于以上规定,有观点认为,责任保险的代位求偿权"仅适用于共同侵权的情形。即被保险人和其他共同侵权人致人损害而应当承担连带责任时,保险人按照保险合同对被保险人承担赔偿责任后,可以就其他共同侵权人应承担的赔偿责任份额,代位被保险人请求其他共同侵权人予以赔偿"。[①] 但也有观点认为,"只要被保险人不是唯一责任人和最终责任人,只要还存在其他应对保险事故负责的共同责任人或最终责任人,也即被保险人可以对之进行索赔的第三人,保险人在进行赔偿以后都可以行使代位求偿权"[②]。

相比较而言,我们较为认同第二种观点。责任保险的保险人可以行使代位

① 惠丽蓉等编著:《新保险法热点与疑难问题解答》,法律出版社2010年版,第205页。

② 王正华、岳晓琳:《浅析责任保险代位求偿权制度》,浙江省2012年保险法学学术年会论文。

求偿权的情形不局限于共同侵权，还应包括其他非依法应由被保险人承担民事赔偿责任的情形，如被保险人与第三者违约行为产生的合同责任。相邻权人以保障所属房屋安全为由阻碍工程开展施工，工程监理人、设计人、承包人为赶工需要共同向相邻权人出具承诺书，保证在建工程的施工不会对其房屋质量产生影响，否则各方承担连带责任。三方内部同时也协议约定，“若出现质量事故，按监理人 20%、设计人 20%、承包人 60% 比例分担赔付责任，且该比例系三方的终局责任，不受过错因素的约束”。承包人为工程投保了责任保险，监理人、设计人均未投保。其后，由于设计人和承包人责任导致地坪沉降，相邻权人房屋因此倒塌。相邻权人遂向承包人提出索赔申请，并向保险人主张在承包人投保的保险限额内赔偿其损失。如根据上述第一种观点，则保险人依据责任保险代承包人向相邻权人承担赔偿责任后，就丧失了追偿权利，该结果并不符合各方约定，也存在承包人在保险公司赔付后另行基于合同约定比例向设计人、监理人主张超出其实际损失的不当利益的可能，增加道德风险。因此，我们认为，保险人履行赔付义务后有权基于三方内部协议的约定按比例向设计人、监理人追偿，且不论设计人、监理人对保险事故的发生有无过错。

综上，我们认为，工程责任保险中保险人行使代位求偿权的情形不限于侵权责任，合同责任也可作为保险人追偿的依据。

二、工程责任保险代位求偿权的行使限制

（一）工程责任保险的保险人不能对“非故意造成保险事故的组成人员”行使代位求偿权

《保险法》第 62 条规定：“除被保险人的家庭成员或者其组成人员故意造成本法第六十条第一款规定的保险事故外，保险人不得对被保险人的家庭成员或者其组成人员行使代位请求赔偿的权利。”该规定表明，保险人原则上不能对被保险人的家庭成员或其组成成员行使代位求偿权，除非被保险人的家庭成员和组成人员故意造成的保险事故。但针对工程责任保险而言，我们认为，“家庭成员”暂无适用可能，原因在于我国现阶段尚无自然人作为被保险人投保工程责任保险的实例。何谓“组成人员”，我们认为，工程责任保险中的“组成人员”即被保险人为法人或其他非法人组织时，被保险人的员工或雇员。我国台湾地区“保险法”第 53 条“前项第三人为被保险人之家属或受雇人时，保险人无代位请求权”，亦将“受雇人”排除在保险人行使代位求偿权之外。

“雇主责任险”是雇主为保障雇员在受雇期间因工作而遭受意外导致伤亡为其雇员办理的保险。在保险合同有效期内,雇员在受雇过程中因工作原因导致伤残,雇员有权向雇主提出损害赔偿请求,此时雇员系受害人,又系“组成人员”。保险人代雇主承担赔偿责任后,如果再赋予保险人向作为受害人的雇员行使代位请求赔偿的权利,则意味雇员所受损失并未得到填补,届时,保险人又将责任转至雇主,导致雇主所投责任保险失去意义。

“监理工程师职业责任保险”是监理单位的注册监理工程师在承担工程监理业务时,由于疏忽或过失、技术过错、指令错误而未履行监理合同所规定的监理义务,致使委托人遭受经济损失,保险人将赔偿监理单位依法应承担的委托人损失的保险。在我国,监理工程师自行投保责任险的可能性较低,现阶段推行的仍是监理单位投保。当发生监理事故时,监理工程师实施的监理行为属于职务行为,相应责任应由监理单位承担。此时,若将监理工程师定义为《保险法》第 60 条第 1 款规定的“造成保险事故的第三者”,则意味着保险人赔付保险金后有权向监理工程师追偿,此情形不仅违反了《民法典》关于职务行为的法律责任的规定,而且导致“监理工程师职业责任保险”失去了其存在的意义。

综上,工程责任保险中,保险人不能对“非故意造成保险事故的组成人员”行使代位求偿权。

(二)工程责任保险的保险人不能对具有相同保险利益的“共同被保险人(联合被保人)”行使代位求偿权

我国绝大多数保险险种通常只存在一个被保险人,“工程建设过程的复杂性,使其可能涉及的当事人和关系方较多,包括工程业主、主承包商、分承包商、设备供应商、设计商、技术顾问、工程监理等,他们均有可能因其对工程项目拥有保险利益而成为工程保险合同的被保险人”。①

虽然我国保险法中没有共同被保险人或联合被保人的概念,但 FIDIC1999 年版红皮书就出现了联合被保人条款。如第 18.1 条约定:“在本条中,对于每种类型的保险,‘应投保方’是指对办理保持相关条款中规定的保险负有责任的一方……如果保险单需要对联合被保人提供保障,保险赔偿应如同已向联合被保人的每一方发出单独保险单一样,对每个被保险人分别施用”;第 18.2 条约定:“除非在专用条款中另有规定,本条规定的各项保险……(b)应由共同有权

---

① 贾林青编著:《保险法》(第 5 版),中国人民大学出版社 2014 年版,第 209 页。

从保险人处得到赔偿的各方联名投保，保险赔偿金在各方间保有或分配，唯一用于修正损失或损害……”“联合被保人”即同一份保单中的共同被保险人。当被保险人相互发生保险事故时，以上条款使得各被保险人之间不再互负责任，保险人无法向其他联合被保人行使代位求偿权。

但对于具有不同保险利益的共同被保险人，如发包人、承包人、分包人，因其保险利益存在期间不同，保险利益内容及指向的保险标的不同，故此种情形下，保险人可以行使代位求偿权。比如，专业分包人仅参与某一分项工程，或仅针对某一个阶段进行施工，其保险利益应限于该分项工程施工范围内及工程合同生效至应尽义务完成期间法律和合同上的责任利益。如果保险事故发生时，专业分包人已将工程合同履行完毕，此时其与其他共同被保险人已没有相同保险利益，保险人是可以对其行使代位求偿权的。

综上，我们认为，工程责任保险人除不能对保险合同中具有相同保险利益的共同被保险人，或非故意造成保险事故的组成人员行使代位求偿权外，工程责任保险只要存在被保险人可以对之进行索赔的第三者，保险人即享有代位求偿权。

第 2.3 条 【赔偿责任未确定时，第三者直接起诉保险人的处理方式】

在工程责任保险纠纷诉讼中，赔偿责任未确定时，受损害的第三者可以将保险人和被保险人列为共同被告主张权利。

受损害的第三者亦可以仅将保险人列为被告，并将被保险人列为第三人主张权利。

人民法院应在查明赔偿责任数额后，判决保险人在责任限额内直接对第三者承担责任。

【条文主旨】

《保险法》第 65 条第 2 款规定：“责任保险的被保险人给第三者造成损害，被保险人对第三者应负的赔偿责任确定的，根据被保险人的请求，保险人应当直接向该第三者赔偿保险金。被保险人怠于请求的，第三者有权就其应获赔偿部分直接向保险人请求赔偿保险金。”但是，对于保险责任未确定的情况下，第三者如何维护其合法权益，未作出明确规定。

在保险责任未确定的情况下，第三者可以选择同时起诉保险人和被保险人；也可以仅起诉保险人，同时向人民法院申请通知被保险人作为第三人参加诉讼。通过前述两种方式，法院可以在一个案件中查清赔偿责任的数额，并判决保险人在责任限额内对第三者承担责任。

第三者在面临被保险人拒绝或者拖延确定赔偿责任时，可以免于先起诉被保险人再起诉保险人的诉累，以高效的诉讼策略保障其合法权益，从而实现责任保险中第三者直接行使诉权，保护受害第三者的立法目的。

【理解与适用】

一、第三者直接起诉保险人的实践困境

《保险法》第 65 条第 2 款规定："责任保险的被保险人给第三者造成损害，被保险人对第三者应负的赔偿责任确定的，根据被保险人的请求，保险人应当直接向该第三者赔偿保险金。被保险人怠于请求的，第三者有权就其应获赔偿部分直接向保险人请求赔偿保险金。"对于何谓"赔偿责任确定"，《保险法司法解释四》第 14 条规定："具有下列情形之一的，被保险人可以依照保险法第六十五条第二款的规定请求保险人直接向第三者赔偿保险金：（一）被保险人对第三者所负的赔偿责任经人民法院生效裁判、仲裁裁决确认；（二）被保险人对第三者所负的赔偿责任经被保险人与第三者协商一致；（三）被保险人对第三者应负的赔偿责任能够确定的其他情形。前款规定的情形下，保险人主张按照保险合同确定保险赔偿责任的，人民法院应予支持。"

由此带来的疑问是，在赔偿责任未确定时，第三者能否直接向保险人请求赔偿保险金。如果答案是否定的，在被保险人拒绝或者拖延与第三者协商确定赔偿责任时，第三者是否只能通过先提起一个诉讼确定赔偿责任，再向保险人主张赔偿保险金。若是如此，无疑将给受害的第三者添加不必要的诉讼成本。但如果答案是肯定的，从法院查清案件事实的角度而言，在被保险人不参加诉讼的情况下，由于保险人与第三者未发生直接纠纷，赔偿责任将难以查清。

从司法实践的角度而言，在赔偿责任未确定的情况下仅起诉保险人，甚至有被驳回起诉或者驳回全部诉讼请求的风险。例如，上海市浦东新区法院（2020）沪 0115 民初 39043 号案认为：保险人直接向第三者赔偿保险金的前提是被保险人对第三者应负的赔偿责任已确定，然仅凭现有证据，该案被保险人

对第三者应负的赔偿责任尚不能确定，故原告（第三者）直接向保险人要求赔偿保险金，缺乏依据，裁定驳回原告起诉。又如，龙岩中院（2021）闽08民终1119号案认为：责任保险是指以被保险人对第三者依法应负的赔偿责任为保险标的的保险，雇主责任保险是以被保险人（雇主）对第三者（雇员）承担赔偿责任为前提的责任保险，保险人承担雇主责任保险，保险金赔偿责任以雇主依法应对雇员承担赔偿责任为前提条件，雇主没有责任或者责任金额无法确定，均不能引起雇主责任险的赔付责任，最终判决驳回原告（第三者）全部诉讼请求。

因此，赔偿责任未确定的情况下，分析第三者能否通过同时起诉保险人和被保险人，或者起诉保险人并申请被保险人作为第三人参加诉讼，在一个诉讼中处理赔偿责任和保险赔偿责任，并直接获得保险赔偿金，是保障受害第三者权益所需要探究的问题。

二、第三者将保险人、被保险人列为共同被告的可行性分析

第三者将保险人、被保险人列为共同被告，涉及不同法律关系能否在同一诉讼中进行审理的理论争议。第三者起诉保险人的诉讼与第三者起诉保险人、被保险人的诉讼，两种模式的区别并非仅是被告人数的简单增加，更涉及责任主体范围拓展、转移社会风险的正当性基础以及不同标的之诉的合并审理困境。

从理论分析的角度而言，保险人和被保险人对于第三者的责任被称为不真正连带责任。不真正连带责任是指多数债务人就同一内容之给付，各负全部履行之义务，而因一债务人之履行，则全体债务消灭之债务，主要具备责任主体复数、责任相互独立以及责任发生原因独立三方面的特征。① 有观点认为，不真正连带责任形态下，对于并列的复数侵权责任主体，受害人可以选择向其一主张全部侵权责任，但受害人不能同时或者先后起诉不同责任主体。这是因为按照我国《民事诉讼法》有关共同诉讼的规定，只有在诉讼标的相同或者属于同一种类的情形下才有构成共同诉讼的空间，而不真正连带责任原因的独立性决定了债权人与不同债务人的诉讼标的不可能相同。②

虽然不真正连带责任案件普遍采用个别诉讼模式较为适宜，但对于作为保

---

① 参见李中原：《不真正连带债务理论的反思与更新》，载《法学研究》2011年第5期。

② 参见肖建国、黄忠顺：《论复数侵权责任主体间的法定诉讼担当》，载《北京科技大学学报（社会科学版）》2012年第1期。

险合同纠纷语境下的保险人的不真正连带责任，赋予提起诉讼的第三者整体诉讼实施权，具有合理性。首先，从请求权的实体牵连性的角度而言在第三者仅起诉被保险人时，法院需审查第三者和被保险人之间的赔偿责任是否成立；在第三者仅起诉保险人时，法院需审查第三者和被保险人之间的赔偿责任是否成立以及第三者和保险人之间的保险赔偿责任是否成立。因此，对于第三者起诉保险人时，因第三者对保险人的请求权与第三者对被保险人的请求权之间具有紧密的实体牵连性，故具有合一判决的必要。其次，若拒绝第三者同时起诉保险人和被保险人的整体诉讼实施权，则在第三者选择起诉保险人时，保险人将因未参与赔偿责任产生的法律事件而无法充分地就赔偿责任的成立进行有效抗辩（举证）。最后，诉讼标的不同问题的解决可以借鉴域外类似必要共同诉讼，即“对于请求，每个当事人各自具有独立的适格，故而可单独起诉或被诉，但一旦共同起诉或被诉，法律上则要求法院对该诉讼标的在全体共同诉讼人中合一地予以确定，并划一地确定胜败之结果”。①

在当前责任保险纠纷案件的司法审判活动中，保险人、被保险人一般被列为被告，法院通常在查清被保险人对第三者的赔偿责任后，直接判决保险人向第三者承担保险赔偿责任。例如，栖霞市法院（2021）鲁0686民初947号、沈阳市苏家屯区法院（2021）辽0111民初6022号等大量案例显示，第三者将保险人、被保险人列为共同被告起诉后，法院均进行了实体审理并作出由保险人向第三者支付保险赔偿金的民事判决。

综上所述，第三者将保险人、被保险人列为共同被告的做法，从理论分析的角度具有确实的合理性，且不被司法实践拒绝，是赔偿责任尚未确定情况下，第三者可以选择的救济途径。

三、被保险人作为第三人加入诉讼的可行性分析

关于被保险人作为第三人参加诉讼，系出于《民事诉讼法》第59条第2款的规定：“对当事人双方的诉讼标的，第三人虽然没有独立请求权，但案件处理结果同他有法律上的利害关系的，可以申请参加诉讼，或者由人民法院通知他参加诉讼。人民法院判决承担民事责任的第三人，有当事人的诉讼权利义务。”

① ［日］新堂幸司：《新民事诉讼法》，林剑锋译，法律出版社2008年版，第546页。转引自罗恬漩：《数人侵权的共同诉讼问题研究》，载《中外法学》2017年第5期。

在具体操作上，根据《最高人民法院关于适用〈中华人民共和国民事诉讼法〉的解释》第 222 条规定："原告在起诉状中直接列写第三人的，视为其申请人民法院追加该第三人参加诉讼。是否通知第三人参加诉讼，由人民法院审查决定。"因此，第三者在提起诉讼时可直接将被保险人列为第三人。

在第三者仅起诉保险人的情况下，将被保险人列为第三人通知参加诉讼，有利于避免多重诉讼、降低诉讼成本和一次性解决纠纷。在第三者仅起诉保险人的情况下，若被保险人在审理过程中缺失，法院面临无法查清案件事实的困境，正如前文提到的上海市浦东新区法院（2020）沪 0115 民初 39043 号案、龙岩中院（2021）闽 08 民终 1119 号案，法院均以第三者未能举证证明被保险人应向第三者承担的赔偿责任为由，驳回第三者的起诉或者驳回第三者的全部诉讼请求。将被保险人列为第三人加入诉讼，通过被保险人的答辩及举证，有利于法院查清案件事实和明确赔偿责任，进而在案件中对保险赔偿责任作出判决，切实保障第三者通过高效的诉讼方式实现其合法权益。

事实上，将案件的相关主体列为第三人加入诉讼，从而帮助法院查清案件事实的做法，其他法律领域早已采取。例如，《建设工程合同司法解释（一）》第 43 条第 2 款规定："实际施工人以发包人为被告主张权利的，人民法院应当追加转包人或者违法分包人为本案第三人，在查明发包人欠付转包人或者违法分包人建设工程价款的数额后，判决发包人在欠付建设工程价款范围内对实际施工人承担责任。"又如，《最高人民法院关于适用〈中华人民共和国海事诉讼特别程序法〉若干问题的解释》第 69 条规定："海事法院根据油污损害的保险人或者提供财务保证的其他人的请求，可以通知船舶所有人作为无独立请求权的第三人参加诉讼。"

司法实践中亦不拒绝"将保险人作为被告、将被保险人列为第三人"的做法。例如，原告王某某与被告诚泰财产保险股份有限公司四川分公司、第三人成都特佳建筑劳务有限公司责任保险合同纠纷案中，第三人劳务公司就案涉项目向被告保险公司投保建筑施工企业雇主责任险，后第三人劳务公司之雇员（原告）在施工过程中受伤，经鉴定伤残等级为六级，原告在起诉时将保险人列为被告，将被保险人列为第三人。对此，乐山市市中区法院（2018）川 1102 民初 6628 号案认为：根据《保险法》第 65 条第 2 款，原告有权直接向被告保险人请求保险赔偿金，并在审理第三人对原告的赔偿金额和被告对原告应赔付的保险金额后，判决被告向原告支付保险赔偿金。类似的案件，如五莲县法院（2021）鲁

1121 民初 2189 号、南靖县法院(2021)闽 0627 民初 1119 号、贵阳市花溪区法院(2020)黔 0111 民初 11427 号等,均采用相似的审理方式。

综上所述,将被保险人列为第三人参加诉讼的方式,有利于法院查清案件事实和一次性解决纠纷,且不被司法实践拒绝,是在赔偿责任尚未确定情况下,第三人可以选择的一种救济途径。

第 2.4 条 【工程责任保险的被保险人与第三者间确定的赔偿责任对保险人的约束力】

工程责任保险的被保险人与第三者就被保险人的赔偿责任达成和解协议,或者由人民法院、仲裁机构主持达成调解协议,被保险人主张保险人承担保险责任的,按照以下情形处理:

1. 和解协议或者调解协议经保险人认可,被保险人据此请求保险人在保险合同约定的保险责任范围内承担保险责任的,应予支持。

2. 和解协议或者调解协议未经保险人认可,保险人主张对保险责任范围以及赔偿数额重新予以核定的,应予支持。

工程责任保险的被保险人对第三者所负的赔偿责任经人民法院生效裁判、仲裁机构生效裁决确认,被保险人据此请求保险人在保险合同约定的保险责任范围内承担保险责任的,应予支持。

【条文主旨】

本条旨在解决工程责任保险的被保险人和第三者间确定的赔偿责任对保险人的约束力问题。被保险人与第三者间赔偿责任常见的确定方式有两种:一是被保险人与第三者协商一致确定;二是经人民法院生效裁判、仲裁机构生效裁决确认。关于前者情形对保险人的约束力问题,《保险法司法解释四》第 19 条已经规定了责任保险保险人的和解参与权,本条在该规定的基础上,认为工程责任保险保险人的参与权可适用于达成调解协议的情形。关于后者情形对保险人的约束力问题,本条认为保险人有权主张在保险合同约定的保险责任范围内承担保险责任。

【理解与适用】

一、工程责任保险的保险人与被保险人承担责任的依据不同，两者最终承担的赔偿责任金额可能是不一致的

工程责任保险的保险人、被保险人、第三者之间形成的是两种法律关系，保险人与被保险人之间形成的是保险合同法律关系，被保险人与第三者之间形成的是损害赔偿法律关系。与此相对应的是，保险人是根据保险合同约定承担赔偿责任，被保险人是根据法律规定向第三者承担责任。所以，保险人与被保险人承担责任的依据是不同的。

基于保险人是根据工程责任保险合同约定承担赔偿责任，而保险合同中常规设置有责任限额、责任免除等条款，故其实际需要承担的赔偿责任金额与被保险人须承担的赔偿责任金额可能是不一致的。以《联合财险公司建设工程设计责任保险条款》为例，保险人负责赔偿的是被保险人由于设计的疏忽或过失而引发的工程质量事故造成的人身伤亡或财产损失，但保险人对超出每次事故责任限额、每次事故每人人身伤亡责任限额和累计责任限额等责任限额的部分不承担赔偿责任，对“被保险人及其代表的重大过失、故意、恶意、欺诈行为和违法犯罪行为”“被保险人承接超越国家规定的资质等级许可范围的工程设计业务”等特定原因造成的损失不承担赔偿责任，对“罚款、罚金、惩罚性赔款或违约金”“精神损害赔偿”等特定损失也不负责赔偿。①

除前述原因以外，实务中，被保险人基于项目进度推进、舆情等各方面因素的特殊考量，最终承担的赔偿金额也并非限于其可转嫁至保险人的赔偿金额。被保险人造成第三者损失后，可能出于避免与第三者纠缠影响项目推进、降低舆情对项目开展的影响、认为可以向保险人转嫁责任等心理，对第三者作出超出保险人责任范围的赔偿或承诺。在被保险人出于上述心理赔偿或承诺时，保险人对第三者损失进行审核后，如果认为不属于须赔偿的范围，便不会予以赔付，如果认为赔偿金额过高且不合理，其支付的赔偿金额也会比被保险人实际支付给第三者的少。②

---

① 参见中国保险行业协会网，http://www.iachina.cn/col/col7063/index.html，最后访问日期：2021年11月19日。

② 参见孙智：《诠释工程保险》，长江出版社2014年版，第127页。

综上,工程责任保险的保险人最终承担的赔偿责任金额与被保险人最终承担的可能是不一致的。

二、工程责任保险的被保险人与第三者协商确定的赔偿责任对保险人的约束力

(一)工程责任保险的被保险人与第三者协商确定的赔偿责任,经保险人认可(不限于书面形式)的,保险人在保险合同约定的保险责任范围内承担保险责任

责任保险的保险人是根据保险合同约定承担赔偿责任,所以保险人虽然因认可被保险人与第三者协商确定的赔偿责任而受其约束,但其仍是在保险合同约定的保险责任范围内承担保险责任。[①] 工程责任保险的保险人亦是如此,其承担保险责任的义务来源是保险合同的约定,故在其认可被保险人与第三者协商确定的赔偿责任时,仍有权主张在保险合同约定的保险责任范围内承担保险责任,要求扣除保险合同中约定的免赔、比例赔偿或不予赔偿等项目。但若保险人明确表示放弃根据保险合同约定进行抗辩,则应当认定为保险人已经对其自身权利进行了处分。

关于保险人认可赔偿责任的形式,保险合同的格式条款中往往约定须采用书面形式,如《信达财产保险股份有限公司公众责任保险(2009 版)条款》中约定,"未经保险人书面同意,被保险人对受害人及其代理人作出的任何承诺、拒绝、出价、约定、付款或赔偿,保险人不受其约束"。[②] 对此,我们倾向认为,《民法典》第 469 条第 1 款规定:"当事人订立合同,可以采用书面形式、口头形式或者其他形式",保险人与被保险人达成认可赔偿责任合意的形式应不限于书面形式,保险人的认可应视其真实意思表示确定。《最高人民法院关于保险法司法解释(四)理解与适用》一书中亦认为,责任保险的保险人同意的形式不限于书面形式,如果被保险人能够证明保险人已通过其他方式予以认可,对保险人同样产生约束力。[③]

---

① 参见最高人民法院民事审判庭第二庭编著:《最高人民法院关于保险法司法解释(四)理解与适用》,人民法院出版社 2018 年版,第 388 页。

② 参见中国保险行业协会网,http://www.iachina.cn/col/col2788/index.html,最后访问日期:2021 年 11 月 19 日。

③ 参见最高人民法院民事审判庭第二庭编著:《最高人民法院关于保险法司法解释(四)理解与适用》,人民法院出版社 2018 年版,第 388 页。

（二）工程责任保险的被保险人与第三者协商确定的赔偿责任，未经保险人认可的，保险人有权主张对保险责任范围以及赔偿数额重新予以核定

工程责任保险的被保险人与第三者协商确定的赔偿责任，若保险人未作出认可的意思表示，也就不能作出保险人受其约束的认定。但此种情况并不意味着免除了保险人的保险责任，而是保险人有权主张对保险责任范围以及赔偿数额重新予以核定。

关于未经保险人认可的情形，须结合具体实务情况进行认定。若保险人未收到参与被保险人与第三者间协商的通知，或者保险人参与了被保险人与第三者间协商但明确表示不同意被保险人与第三者协商确定的赔偿责任，此时认定保险人未认可被保险人与第三者协商确定的赔偿责任没有争议。存有争议的情况是保险人收到了参与被保险人与第三者间协商的通知后无正当理由未参与，或者参与了被保险人与第三者间协商但无正当理由未作出认可与否的意思表示。有观点认为，根据《民法典》第140条的规定，沉默只有在符合特定条件时才可以视为作出意思表示，保险人在收到通知后或者参与协商后的沉默，既没有法律规定或者保险合同约定此种情形是保险人作出了认可的意思表示，也不存在推定保险人认可的交易习惯，同时保险合同中往往会约定保险人受被保险人赔偿承诺约束以经保险人书面同意为条件，所以不应认定为保险人作出了认可的意思表示。另有观点认为，保险人作为专业的保险责任承保主体，在收到参与被保险人与第三者间协商的通知时，应负有积极参与并表明态度的义务，若其怠于参与协商，或者就协商结果消极地不作任何意思表示，应承担推定认可的法律后果。工程责任保险“保险责任”条款示例见表2－1。

表2－1 工程责任保险“保险责任”条款示例

保险类别	“保险责任”条款
《信达财产保险股份有限公司公众责任保险（2009版）条款》	第3条 在保险期间内，被保险人在保险单载明的区域范围内合法从事生产、经营等业务时，因过失导致意外事故，造成第三者人身伤亡或财产损失，依照中华人民共和国法律应由被保险人承担的经济赔偿责任，保险人按照本保险合同的约定负责赔偿。 第4条 保险事故发生后，被保险人因保险事故而被提起仲裁或者诉讼的，对应由被保险人支付的仲裁或诉讼费用以及事先经保险人书面同意支付的其他必要的、合理的费用，保险人按照本保险合同的约定也负责赔偿。①

① 参见中国保险行业协会网，http://www.iachina.cn/col/col2788/index.html，最后访问日期：2021年11月19日。

续表

保险类别	“保险责任”条款
《天安保险股份有限公司建设工程设计责任保险条款(2009 版)》	第 3 条　在本合同列明的保险期间或追溯期内,由于被保险人设计的疏忽或过失,导致造成本保险合同列明的建设工程设计项目发生工程质量事故,造成下列人身伤亡和/或财产损失,由委托人或者代表在保险期间内首次向被保险人提出书面索赔请求,并经被保险人向保险人提出索赔申请,依照中华人民共和国法律应由被保险人承担的经济赔偿责任,保险人按照本保险合同约定负责赔偿: (一)建设工程本身的物质损失; (二)第三者人身伤亡或财产损失; (三)发生保险责任事故后,被保险人为缩小或减少对受害人的经济赔偿责任所支付的必要的、合理的费用,保险人负责赔偿。 第 4 条　保险事故发生后,被保险人因保险事故而被提起仲裁或者诉讼的,对应由被保险人支付的仲裁或诉讼费用以及事先经保险人书面同意支付的其他必要的、合理的费用,保险人按照本保险合同约定也负责赔偿。 在每次事故赔偿中,本条与上述第三条(一)、(二)各项费用之和,不得超过本保险合同明细表中列明的每次事故赔付限额。①
《中华联合财产保险股份有限公司建设工程勘察责任保险条款》	第 3 条　被保险人在本保险合同载明的保险期间或追溯期内完成勘察(出具勘察成果文件之日为完成勘察之日)的、位于中华人民共和国境内的建设工程,由于被保险人勘察工作中的过失发生工程质量事故造成下列损失,并由建设单位或第三者在本保险期间内首次向被保险人提出损害赔偿请求,依据中华人民共和国法律应由被保险人承担经济赔偿责任的,保险人按照本保险合同的约定负责赔偿: (一)建设工程本身的损坏; (二)第三者的人身伤亡和财产损失。 第 4 条　被保险人的下列费用,保险人按照本保险合同的约定也负责赔偿: (一)保险事故发生后,被保险人因保险事故而被提起仲裁或者诉讼的,对应由被保险人支付的仲裁或者诉讼费用以及事先经保险人书面同意支付的其他必要的、合理的费用,保险人按照本保险合同约定也负责赔偿; (二)保险事故发生时,被保险人为减少对建设单位或第三者的经济赔偿责任所支付的必要的、合理的费用,保险人按照本保险合同约定也负责赔偿。②

① 参见中国保险行业协会网,http://www. iachina. cn/col/col4860/index. html,最后访问日期:2021 年 11 月 19 日。

② 参见中国保险行业协会网,http://www. iachina. cn/col/col7062/index. html,最后访问日期:2021 年 11 月 19 日。

三、工程责任保险的保险人的参与权同样适用于调解

经人民法院组织调解制作的调解书，虽然效力上与法院生效裁判一致，但其本质上仍然是被保险人与第三者合意达成，此时仍然要保障保险人的参与权。[①] 实务中部分法院也确定了责任保险的此裁判规则，如《山东省高级人民法院关于审理保险合同纠纷案件若干问题的意见（试行）》第 17 条第 2 款规定："被保险人与第三者之间的赔偿金额系当事人自行协商确定，或通过人民法院民事调解程序确定的，人民法院应根据保险人请求对相关事实进行必要的审查"；《浙江省高级人民法院关于审理财产保险合同纠纷案件若干问题的指导意见》第 20 条规定，"如被保险人与第三者之间采取调解方式，法院出具民事调解书确认的，在审理后续财产保险合同纠纷案件中，法院根据需要可对相关事实进行必要的审核"。对此，我们认为，工程责任保险亦应适用此规则。

四、工程责任保险的被保险人与第三者间生效裁判、裁决对保险人的约束力

（一）生效裁判、裁决不同于调解或者和解达成的协议

《民诉法司法解释》第 148 条第 1 款规定："当事人自行和解或者调解达成协议后，请求人民法院按照和解协议或者调解协议的内容制作判决书的，人民法院不予准许。"调解、和解是当事人合意解决纠纷的方式，在法律允许的幅度内，当事人可以自由处分自己的权利，可能超出原告的诉讼请求范围进行协商，而生效裁判是法院对当事人之间的纠纷作出的强制性处理决定，是公权力对私权的判断，围绕当事人的诉讼请求作出，不允许超出或者遗漏当事人的诉讼请求。[②] 我国现行立法对法院裁判与和解或者调解达成的协议也是区别处理的，如《最高人民法院关于民事诉讼证据的若干规定》第 10 条即仅将已为人民法院发生法律效力的裁判所确认的基本事实列为免证事实。

仲裁是偏重效率的解决纠纷方式，对当事人的程序保障和司法程序相比相对较弱，但仲裁裁决具有确定当事人权利义务关系的作用，这种禁止当事人就同一

---

① 参见最高人民法院民事审判庭第二庭编著：《最高人民法院关于保险法司法解释（四）理解与适用》，人民法院出版社 2018 年版，第 390 页。

② 参见最高人民法院修改后民事诉讼法贯彻实施工作领导小组编著：《最高人民法院民事诉讼法司法解释理解与适用》（上），人民法院出版社 2018 年版，第 445 页。

事实申请后续的仲裁或诉讼的法律效力，与生效裁判在确定当事人实体权利义务关系及有关程序上是一致的。[1] 基于此，《最高人民法院关于民事诉讼证据的若干规定》第10条同样将已为仲裁机构的生效裁决所确认的事实列为免证事实。

（二）生效裁判、裁决对保险人的约束力

保险人与被保险人间的保险合同纠纷与被保险人与第三者之间的损害赔偿纠纷不属于同一法律关系，保险人未参与被保险人与第三者间诉讼或仲裁的审理程序，且仅凭被保险人与第三者间的人民法院生效裁判、仲裁机构生效裁决，也难以客观全面地认定保险合同纠纷中需审查的一系列问题，如是否属于保险责任范围、是否有免责事由等。[2] 综合考虑各方权利的平衡，《保险法司法解释四》第14条规定了责任保险的保险人有权按照保险合同确定赔偿责任。工程责任保险在责任保险中属于专业性较强的险种，基于上述考量，即便被保险人与第三者间的赔偿责任经生效裁判、裁决确定，该赔偿责任也不一定属于保险人须承担的责任范围，在被保险人据此请求保险人承担保险责任时，保险人应有权主张在保险合同约定的保险责任范围内承担保险责任。

值得注意的是，若保险人对被保险人与第三者间的生效裁判、裁决确定的赔偿责任没有异议，只是要求根据保险合同约定扣除相应的免赔、比例赔偿或不予赔偿等项目，则不存在推翻生效裁判、裁决的问题。但若保险人对前述生效裁判、裁决确定的赔偿责任有异议，则须依照法定的程序实现权利救济。如果保险人认为事实认定部分确定的赔偿责任存在错误，根据《最高人民法院关于民事诉讼证据的若干规定》第10条的规定，保险人在保险合同纠纷中须有相反证据足以推翻或反驳。如果认为人民法院生效裁判的判项主文确定的赔偿责任存在错误，则需要人民法院通过审判监督程序救济。[3] 此时保险人作为无独立请求权第三人，在人民法院没有判决其承担民事责任的情形下，无直接申请再审的权利，但可以依据《民事诉讼法》第59条的规定提起第三人撤销之诉。工程责任保险的免赔条款示例见表2-2。

---

① 参见最高人民法院民事审判第一庭编著：《最高人民法院新民事诉讼证据规定理解与适用》（上），人民法院出版社2020年版，第161-162页。

② 参见最高人民法院民事审判庭第二庭编著：《最高人民法院关于保险法司法解释（四）理解与适用》，人民法院出版社2018年版，第305页。

③ 参见最高人民法院民事审判庭第二庭编著：《最高人民法院关于保险法司法解释（四）理解与适用》，人民法院出版社2018年版，第374-375页。

表 2 - 2 工程责任保险的免赔条款示例

免赔类型	《中华联合财产保险股份有限公司建设工程勘察责任保险条款》	《天安保险股份有限公司建设工程设计责任保险条款(2009 版)》	《永诚财产保险股份有限公司工程监理责任保险条款》	《永诚财产保险股份有限公司特种设备第三者责任保险条款》
被保险人或其代表故意、重大过失行为导致损失免赔	1. 投保人、被保险人或其代表的重大过失、故意、恶意、违法或犯罪行为; 2. 被保险人将工程勘察业务转包或违法分包给其他单位或者个人; 3. 被保险人承接超越其国家规定的资质等级许可范围的工程勘察业务; 4. 被保险人被吊销《工程勘察资质证书》后或被责令停业整顿期间继续承接工程勘察业务; 5. 被保险人未签订《建设工程勘察合同》进行勘察的建设工程发生的任何损失; 6. 因被保险人延迟交付勘察成果文件所致的任何性质的损失①	1. 被保险人将工程设计任务转让、委托给其他单位或个人完成的; 2. 被保险人承接超越国家规定的资质等级许可范围的工程设计业务; 3. 被保险人的注册人员超越国家规定的执业范围执行业务; 4. 未按国家规定的建设程序进行工程设计; 5. 被保险人延误交付设计文件②	1. 被保险人将工程监理业务转让、委托给其他单位或者个人; 2. 被保险人承接超越其国家规定的资质等级许可范围的工程监理业务; 3. 被保险人被收缴《监理许可证书》或《工程监理企业资质证书》后或被勒令停业整顿期间继续承接工程监理业务; 4. 派遣未持有有效资格证书的人员监理工程; 5. 被保险人的监理工程师被吊销执业资格后或被勒令暂停执业期间继续执行业务; 6. 被保险人及其代表的重大过失、故意行为或违法行为;	1. 特种设备未经质量技术监督部门检测合格或对影响安全的有关问题提出限期整改后未改正的; 2. 被保险人盗用、伪造检验报告、检测结果或在特种设备超期未检或已经相关部门检验确认报废后仍然使用; 3. 特种设备的充装者擅自对非自有气瓶、非托管气瓶或非法制造及超检验周期的气瓶、罐车等进行充装的; 4. 投保人、被保险人及其雇员或代表的重大过失、故意行为或违法行为③

① 参见中国保险行业协会网,http://www.iachina.cn/col/col7062/index.html,最后访问日期:2021 年 11 月 19 日。

② 参见中国保险行业协会网,http://www.iachina.cn/col/col4860/index.html,最后访问日期:2021 年 11 月 19 日。

③ 参见中国保险行业协会网,http://www.iachina.cn/col/col3881/index.html,最后访问日期:2021 年 11 月 19 日。

续表

免赔类型	《中华联合财产保险股份有限公司建设工程勘察责任保险条款》	《天安保险股份有限公司建设工程设计责任保险条款(2009版)》	《永诚财产保险股份有限公司工程监理责任保险条款》	《永诚财产保险股份有限公司特种设备第三者责任保险条款》
			7. 泄露委托人的商业秘密; 8. 被保险人未签订《建设工程委托监理合同》或超越委托人的授权范围进行监理的建设工程发生的任何损失; 9. 因委托监理合同本身的错误、疏漏或违反法律法规而导致的损失①	
不可抗力原因导致损失免赔	1. 战争、敌对行动、军事行为、武装冲突、恐怖活动、罢工、骚乱、暴动; 2. 核辐射、核爆炸、核污染及其他放射性污染; 3. 地震及其次生灾害、海啸及其次生灾害、雷击、暴雨、洪水、台风等自然灾害; 4. 火灾、爆炸②	1. 战争、敌对行为、军事行为、武装冲突、罢工、骚乱、暴动、恐怖活动、盗窃、抢劫; 2. 核辐射、核爆炸、核污染及其他放射性污染; 3. 大气污染、土地污染、水污染及其他各种污染; 4. 地震、雷击、暴雨、洪水等自然灾害; 5. 火灾、爆炸③	1. 战争、类似战争行为、敌对行为、军事行动、武装冲突、恐怖活动、罢工、骚乱、暴动; 2. 核反应、核子辐射和放射性污染④	1. 战争、敌对行动、军事行为、武装冲突、恐怖活动、罢工、骚乱、暴动; 2. 核反应、核子辐射和放射性污染; 3. 地震、盗窃、抢劫⑤

① 参见中国保险行业协会网,http://www.iachina.cn/col/col3903/index.html,最后访问日期:2021年11月19日。

② 参见中国保险行业协会网,http://www.iachina.cn/col/col7062/index.html,最后访问日期:2021年11月19日。

③ 参见中国保险行业协会网,http://www.iachina.cn/col/col4860/index.html,最后访问日期:2021年11月19日。

④ 参见中国保险行业协会网,http://www.iachina.cn/col/col3903/index.html,最后访问日期:2021年11月19日。

⑤ 参见中国保险行业协会网,http://www.iachina.cn/col/col3881/index.html,最后访问日期:2021年11月19日。

续表

免赔类型	《中华联合财产保险股份有限公司建设工程勘察责任保险条款》	《天安保险股份有限公司建设工程设计责任保险条款（2009版）》	《永诚财产保险股份有限公司工程监理责任保险条款》	《永诚财产保险股份有限公司特种设备第三者责任保险条款》
特定第三人行为导致损失免赔	他人冒用被保险人的名义进行工程勘察①	1. 他人冒用被保险人或与被保险人签订劳动合同的人员的名义设计的工程； 2. 委托人提供的工程测量图、地质勘察等资料存在的错误； 3. 未与被保险人签订劳动合同的人员签名出具的施工图纸引起的任何索赔； 4. 因勘察而引起的任何索赔②	他人冒用被保险人的名义承接工程监理业务③	不具有资格证书人员操作特种设备或盗用、伪造、涂改、转借作业人员证件操作特种设备④
特定类型损失、费用免赔	1. 被保险人或其雇员的人身伤亡及其所有或管理的财产损失；	1. 被保险人或其雇员的人身伤亡及其所有或管理的财产的损失；	1. 由于保险责任事故造成的任何性质的间接损失；	1. 特种设备测试、检修、改装；

① 参见中国保险行业协会网，http://www.iachina.cn/col/col7062/index.html，最后访问日期：2021年11月19日。

② 参见中国保险行业协会网，http://www.iachina.cn/col/col4860/index.html，最后访问日期：2021年11月19日。

③ 参见中国保险行业协会网，http://www.iachina.cn/col/col3903/index.html，最后访问日期：2021年11月19日。

④ 参见中国保险行业协会网，http://www.iachina.cn/col/col3881/index.html，最后访问日期：2021年11月19日。

续表

免赔类型	《中华联合财产保险股份有限公司建设工程勘察责任保险条款》	《天安保险股份有限公司建设工程设计责任保险条款(2009版)》	《永诚财产保险股份有限公司工程监理责任保险条款》	《永诚财产保险股份有限公司特种设备第三者责任保险条款》
	2. 建设单位提供的资料、文件的毁损、灭失或丢失； 3. 被保险人应该承担的合同责任，但无合同存在时仍然应由被保险人承担的经济赔偿责任不在此限； 4. 罚款、罚金、惩罚性赔款； 5. 精神损害赔偿责任； 6. 间接损失①	2. 被保险人应该承担的合同责任，但无合同存在时仍然应由被保险人承担的经济赔偿责任不在此限； 3. 罚款、罚金、惩罚性赔偿或违约金； 4. 精神损害赔偿； 5. 受害人或其代表的各种间接损失； 6. 委托人提供的帐册、文件或其他资料的损毁、灭失、盗窃、抢劫、丢失②	2. 被保险人或其雇员的人身伤亡及其所有或管理的财产的损失； 3. 被保险人及其代表对委托人造成的人身伤害、精神损害及有形财产损失； 4. 罚款、罚金、惩罚性赔款； 5. 委托人提供的资料、文件的毁损、灭失或丢失③	2. 被保险人或其雇员的人身伤亡及被保险人或其雇员所有或管理的财产损失； 3. 被保险人与他人协议中约定的责任，但不包括没有该协议被保险人仍应承担的责任； 4. 精神损害赔偿责任； 5. 因保险事故造成的间接损失； 6. 罚款及惩罚性赔款④
其他原因导致的免赔	行政行为或司法行为⑤	行政行为或司法行为⑥	政府有关部门的行政行为或执法行为⑦	国家机关的行政行为或执法行为⑧

① 参见中国保险行业协会网，http://www.iachina.cn/col/col7062/index.html，最后访问日期：2021年11月19日。

② 参见中国保险行业协会网，http://www.iachina.cn/col/col4860/index.html，最后访问日期：2021年11月19日。

③ 参见中国保险行业协会网，http://www.iachina.cn/col/col3903/index.html，最后访问日期：2021年11月19日。

④ 参见中国保险行业协会网，http://www.iachina.cn/col/col3881/index.html，最后访问日期：2021年11月19日。

⑤ 参见中国保险行业协会网，http://www.iachina.cn/col/col7062/index.html，最后访问日期：2021年11月19日。

⑥ 参见中国保险行业协会网，http://www.iachina.cn/col/col4860/index.html，最后访问日期：2021年11月19日。

⑦ 参见中国保险行业协会网，http://www.iachina.cn/col/col3903/index.html，最后访问日期：2021年11月19日。

⑧ 参见中国保险行业协会网，http://www.iachina.cn/col/col3881/index.html，最后访问日期：2021年11月19日。

第2.5条 【勘察、设计、监理单位员工身份及执业资格对责任险的影响】

工程职业责任保险的被保险人允许未经注册的建设工程勘察、设计、监理人员从事建设工程勘察、设计、监理活动,造成保险事故的,保险人以此为由拒绝赔付对应保险金的,应予支持。

造成保险事故的勘察、设计、监理人员是注册执业人员,但未与被保险人建立劳动合同关系,被保险人以此为由主张拒绝赔付对应保险金的,除保险合同另有约定外,不予支持。

【条文主旨】

本条旨在解决在工程职业责任保险中,被保险人违反《建筑法》《建设工程勘察设计管理条例》等现行法律、法规、规章的规定,允许未经注册的建设工程勘察、设计、监理人员从事建设工程勘察、设计、监理活动,以及未与造成保险事故的勘察、设计、监理人员建立劳动合同关系,对保险人承担保险责任的影响。

【理解与适用】

一、我国对从事建筑活动的专业技术人员实行严格的执业资格注册管理制度

《建筑法》第14条规定:"从事建筑活动的专业技术人员,应当依法取得相应的执业资格证书,并在执业资格证书许可的范围内从事建筑活动。"《建设工程勘察设计管理条例》第9条规定:"国家对从事建设工程勘察、设计活动的专业技术人员,实行执业资格注册管理制度。未经注册的建设工程勘察、设计人员,不得以注册执业人员的名义从事建设工程勘察、设计活动。"第36条规定:"违反本条例规定,未经注册,擅自以注册建设工程勘察、设计人员的名义从事建设工程勘察、设计活动的,责令停止违法行为,没收违法所得,处违法所得2倍以上5倍以下罚款;给他人造成损失的,依法承担赔偿责任。"《注册监理工程师管理规定》第3条第2款规定:"未取得注册证书和执业印章的人员,不得以注册监理工程师的名义从事工程监理及相关业务活动。"上述法律、法规与部门规章对从事建筑活动的专业技术人员建立了严格的执业资格注册管理制度。

二、被保险人允许未经注册人员从事建筑活动对保险人承担保险责任的影响

若被保险人违反执业资格注册管理制度的规定，允许未经注册的勘察、设计、监理人员从事建设工程勘察、设计、监理活动，在发生保险事故理赔争议时，我们倾向认为，须视与保险事故是否存在因果关系作区别处理。

（一）若被保险人允许未经注册人员从事建筑活动，造成保险事故的，保险人可拒绝赔付对应保险金

如前文所述，基于建筑活动的特殊性，我国对从事建筑活动的专业技术人员实行严格的执业资格注册管理制度，与此相对应，工程职业责任保险合同条款中往往将事故责任人的执业资格证明明确列为理赔材料之一，如《中华联合财产保险股份有限公司建设工程勘察责任保险条款》第 28 条约定，被保险人请求赔偿时，应向保险人提供事故责任人的执业资格证书[①]。

在此背景下，若被保险人允许未经注册人员从事建筑活动，造成保险事故的，我们倾向认为保险人可拒绝赔付对应保险金，且不宜允许被保险人通过明确约定方式转嫁在此情形下的事故责任，理由有二：一方面，被保险人允许未经注册人员从事建筑活动的行为本身是故意违反上述执业资格注册管理制度，若支持此时的赔付请求，则意味着为被保险人实施故意违法行为提供了转嫁责任的保障，易诱发道德风险。另一方面，责任保险虽然是指以被保险人对第三者依法应承担的赔偿责任为保险标的，但其本意是保险人对被保险人的过失行为所导致的损失进行赔付，并不包括对被保险人的故意违法行为造成的损失进行赔付，工程职业责任保险合同条款也是持此态度，如《中华联合财产保险股份有限公司建设工程勘察责任保险条款》中约定被保险人负责赔偿的是“由于被保险人勘察工作中的过失发生工程质量事故”造成的损失，不负责赔偿“投保人、被保险人或其代表的重大过失、故意、恶意、违法或犯罪行为”造成的损失；[②]《天安保险股份有限公司建设工程设计责任保险条款（2009 版）》中约定的被保险人负责赔偿的情形是“由于被保险人设计的疏忽或过失，导致本保险合同列

① 参见中国保险行业协会网，http://www. iachina. cn/col/col7062/index. html，最后访问日期：2022 年 2 月 20 日。

② 参见中国保险行业协会网，http://www. iachina. cn/col/col7062/index. html，最后访问日期：2022 年 2 月 20 日。

明的建设工程设计项目发生工程质量事故”，不负责赔偿“投保人、被保险人及其代表的故意行为”所引发的事故。①

（二）若被保险人允许未经注册人员从事建筑活动的行为与保险事故之间没有因果关系，保险人不能以此为由拒绝赔付对应保险金

若被保险人允许未经注册人员从事建筑活动的行为，与保险事故之间不存在因果关系，则保险人不能以此为由主张拒绝赔付保险金，山东高院（2015）鲁民申字第695号案也持此观点。该案中，聊城规划设计院设计涉案工程施工图时，赵某某、刘某某不具有国家一级注册建筑师资格，但涉案工程的总平面图的设计人是许某某，具备国家一级注册建筑师资格，其设计的总平面图与聊城规划设计院向陈庄社区回迁指挥部提供的分房图不符，而将东西两户户型设计错误，导致赵某某在此基础上设计的储藏室、一至六层及阁楼平面图也与上述分房图不符，致使户型全部出现镜像现象，此事故系具备国家一级注册建筑师资格的设计人员许某某失误、疏忽所致，基于此，山东高院认为聊城财保公司不能据此免责。

特别需要说明的是，根据《民事诉讼法》第67条第1款的规定，当事人对自己提出的主张，有责任提供证据。被保险人允许未经注册人员从事建筑活动行为与保险事故之间存在因果关系是保险人主张的免责事由，应由保险人承担相应的举证责任。

三、我国专业技术人员实行聘用注册制度

《建设工程勘察设计管理条例》第10条规定：“建设工程勘察、设计注册执业人员和其他专业技术人员只能受聘于一个建设工程勘察、设计单位；未受聘于建设工程勘察、设计单位的，不得从事建设工程的勘察、设计活动。”《注册监理工程师管理规定》第17条规定：“取得资格证书的人员，应当受聘于一个具有建设工程勘察、设计、施工、监理、招标代理、造价咨询等一项或者多项资质的单位，经注册后方可从事相应的执业活动。从事工程监理执业活动的，应当受聘并注册于一个具有工程监理资质的单位。”据此，取得资格证书的人员从事勘察、设计、监理活动须以受聘于一个建设工程勘察、设计、监理单位为前提。

① 参见中国保险行业协会网，http://www.iachina.cn/col/col4860/index.html，最后访问日期：2022年2月20日。

特别需要注意的是，上述规定未对“聘用关系”进行明确限定，但从国家政务服务平台所公布证书注册办事指南可知，此处的“聘用关系”仅指劳动合同关系，表现为：勘察设计注册工程师的《初始注册申请表》中，需申请人作出“本人只受聘于本单位并缴纳社保，未受聘于其他单位或在其他单位缴纳社保”的承诺；[①]监理工程师的《初始注册申请表》，需申请人作出“本人只受聘于注册单位且社会保险已由注册单位缴纳”的承诺。[②]

四、造成保险事故的勘察、设计、监理人员是注册执业人员，但未与被保险人建立劳动合同关系，对保险人承担保险责任的影响

（一）造成保险事故的勘察、设计、监理人员是注册执业人员，但未与被保险人建立劳动合同关系，被保险人以此为由主张拒绝赔付对应保险金，保险合同有约定的，按约定处理

造成保险事故的勘察、设计、监理人员是注册执业人员，但被保险人与保险事故责任人未建立劳动合同关系，有保险条款将其约定为免赔情形，如《天安保险股份有限公司建设工程设计责任保险条款》中约定，保险人对“未与被保险人签订劳动合同的人员签名出具的施工图纸引起的任何索赔”不负责赔偿。[③] 也有保险条款将其分情况约定，如《永诚财产保险股份有限公司建设工程设计责任保险条款》中约定，对“未与被保险人签订劳动合同的工程设计人员签名出具的施工图纸引起的任何索赔”不负责赔偿，“但如果这些设计人员同与被保险人有合作关系的单位签有劳动合同，并事先由被保险人向本保险人书面报备并获本保险人同意的除外”。[④] 对此，我们倾向认为，依法成立的合同，对当事人具有法律约束力，若保险合同对此情形有约定的，应当按约定处理。

---

① 参见《一级注册结构工程师和其他专业勘察设计注册工程师执业资格认定（初始注册）》，载国家政务服务平台网，http://gjzwfw.www.gov.cn/fwmh/item/item_11100000000013338W100011703900101.do，最后访问日期：2022 年 2 月 25 日。

② 参见《监理工程师执业资格认定（初始注册）》，载国家政务服务平台网，http://gjzwfw.www.gov.cn/fwmh/item/item_11100000000013338W100011704000001.do，最后访问日期：2022 年 2 月 25 日。

③ 参见中国保险行业协会网，http://www.iachina.cn/col/col4860/index.html，最后访问日期：2022 年 2 月 20 日。

④ 参见中国保险行业协会网，http://www.iachina.cn/col/col3894/index.html，最后访问日期：2022 年 2 月 20 日。

(二)造成保险事故的勘察、设计、监理人员是注册执业人员,但未与被保险人建立劳动合同关系,被保险人以此为由拒绝赔付对应保险金,且保险合同没有约定的,不予支持

上述情形下,若保险合同条款对被保险人能否拒绝赔付对应保险金没有约定,我们倾向认为,保险人不能拒绝赔付,理由有二:其一,《保险法》第65条第4款规定,责任保险,是指以被保险人对第三者依法应负的赔偿责任为保险标的的保险。被保险人投保工程职业责任保险,旨在转移在勘察、设计、监理活动中对第三者应负的赔偿责任,无论其与从事勘察、设计、监理活动的人员是否建立劳动合同关系,前述人员均是代表被保险人从事的建筑活动,若其造成保险事故,也是由被保险人对第三者承担赔偿责任。从责任保险的功能定位来看,保险人不能拒绝赔付。其二,弱化企业资质、推行个人执业资格制度是我国资质改革的趋势。若从事勘察、设计、监理活动的人员是注册执业人员,则其已经具备从事相应执业活动的能力,此时被保险人任用其从事相应专业技术活动,与任用具有劳动合同关系的注册人员之间没有本质差异,不存在增加责任事故风险的问题。基于以上事由,我们认为,不宜将保险人的赔付责任绝对限定为事故责任人与被保险人存在劳动合同关系。

第2.6条 【特种车辆车上人员与第三者的界定】

事故发生时,位于吊篮等特种车辆非固定组成装置上的人员,不属于特种车辆车上人员,除保险合同另有约定外,属于特种车辆第三者责任险赔偿范围。

特种车辆车上人员正常下车后与保险车辆发生事故,原则上属于第三者;车上人员因特种车辆颠覆、倾斜等脱离了被保险车辆造成损害的,不宜认定为第三者。

【条文主旨】

特种车辆第三者责任险项下,如何界定车上人员和第三者?对此,现行法律没有规定,中国保险行业协会在《特种车商业保险示范条款》(2020版)中虽对两者的概念进行了定义,但规定得较为笼统。在一些特定时空状态下,当事人往往会对特种车辆车上人员和第三者的概念理解发生分歧。要解决这些争

议，除考虑《保险法》《道路交通安全法》等相关法律规定外，还要考虑保险合同条款的相关约定综合认定。

【理解与适用】

一、界定特种车辆车上人员和第三者相关的法律规定和合同约定

现行的法律法规，包括《保险法》和《道路交通安全法》中均没有对特种车辆车上人员和第三者进行界定的条款。从与特种车辆第三者责任保险相关的保险合同条款演变来看，目前已废止的《机动车辆保险条款解释》（保监发〔2000〕102 号）第 2 条的解释中对第三者进行了明确："第三者：在保险合同中，保险人是第一方，也叫第一者；被保险人或使用保险车辆的致害人是第二方，也叫第二者；除保险人与被保险人之外的，因保险车辆的意外事故致使保险车辆下的人员或财产遭受损害的，在车下的受害人是第三方，也叫第三者。"同时，在第 4 条免责条款中将"本车上的一切人员和财产"排除在了第三者责任险赔偿范围之外，并在第 4 条的解释中对"本车上的一切人员和财产"进行了明确："本车上的一切人员和财产：意外事故发生的瞬间，在本保险车辆上的一切人员和财产，包括此时在车下的驾驶员。这里包括车辆行驶中或车辆未停稳时非正常下车的人员，以及吊车正在吊装的财产。"2003 年我国实施车险条款费率管理制度改革，2000 版车险条款和配套的《机动车辆保险条款解释》同时废止。在中国保险行业协会最新发布的《特种车商业保险示范条款》（2020 版）中对两者的概念也分别进行了定义，其中第 3 条是对第三者的定义："本保险合同中的第三者是指因被保险机动车发生意外事故遭受人身伤亡或者财产损失的人，但不包括被保险机动车本车车上人员、被保险人。"第 4 条是对车上人员的定义："本保险合同中的车上人员是指发生意外事故的瞬间，在被保险机动车车体内或车体上的人员，包括正在上下车的人员。"与 2000 版车险条款相比，2020 版《特种车商业保险示范条款》对特种车辆车上人员的定义进行了较大改动：首先，从相互空间位置来说，表述从原来的"本保险车辆上的一切人员和财产"变成了"被保险机动车车体内或车体上的人员"；其次，对"上下车人员"的表述，从原来的"包括车辆行驶中或车辆未停稳时非正常下车的人员"变成了"包括正在上下车的人员"。

综合上述规定可以看出，目前保险行业监管机构对特种车辆第三者责任保

险项下的第三者采取了否定列举式的规定，即特种车辆本车车上人员和被保险人之外的受害者，都是第三者。对于特种车辆“本车车上人员”，则从时空两个方面进行了定义：（1）从时间限定条件来讲，是指“发生意外事故的瞬间”；（2）从空间限定条件来讲，是指“被保险机动车车体内或车体上”。通过上述规定来界定特种车辆车上人员和第三者，大部分情形下都没有问题，但对于一些特殊情形，如在事故发生时位于吊篮等特种车辆非固定组成装置上的人员、从特种车辆上正常下车后与被保险车辆发生事故的人员、因特种车辆颠覆或倾斜等脱离了被保险车辆造成损害的人员，其属于特种车辆第三者责任保险项下的车上人员还是第三者，依据上述规定很难界定。

二、事故发生时，位于吊篮等特种车辆非固定组成装置上的人员不属于特种车辆车上人员

与普通机动车不同，特种车辆除了具有通行功能外，一般还具有一些特殊的作业功能。在其标准作业功能之外，特种车辆上有时会临时加装一些延伸其作业功能的非固定组成装置（本处所称的临时加装的非固定组成装置不包括特种车辆本身设计中包括的可更换附件），如为了更好地发挥吊车的作用，经常会在吊车吊臂上临时悬挂吊篮，施工人员站在吊篮内进行高空作业。此时，站在吊篮内进行施工作业的人员是特种车辆车上人员还是第三者，界定起来就比较困难。2020版《特种车商业保险示范条款》对车上人员的定义是：“本保险合同中的车上人员是指发生意外事故的瞬间，在被保险机动车车体内或车体上的人员，包括正在上下车的人员。”该定义从相互空间位置角度给出了界定特种车辆车上人员的空间限定条件，即发生意外事故的瞬间，位于被保险特种车辆“车体内”或“车体上”的人员。但对于站在吊篮内等非固定组成装置上的人员，是否属于“车体内”或“车体上”，涉事各方往往各执一词，极易产生纠纷。

对于上述问题，各地法院在审判实践当中的观点也不尽一致。比如，山西高院（2020）晋民申1537号案认为：“虽然吊篮不是起重机的原始组成部分，但起重机在起重作业时吊篮以及吊篮中的刘某某均受起重机的完全控制支配，与起重机应视为一体，不属于车辆下的第三人。”该案将吊篮等特种车辆非固定组成装置视为车辆的一部分，据此得出位于非固定组成装置上的人员也属于特种车辆车上人员的结论。济南中院（2021）鲁01民终4805号案的观点则截然相反，其认为：“根据保险条款的约定，车上人员与车辆在空间上应为‘车上’或

‘车内’的关系，但本案事故发生时，房某某所处的位置为吊篮内。吊篮并非被保险车辆的固定组成部分，而是为了充分发挥被保险车辆的功能，附加于被保险车辆上可以随时分离的附件，该种结合并不紧密、固定，不应将吊篮与车辆视为一体，本案原告所处位置不属于车上或车内，因此房某某应认定为第三人。”宿迁中院（2019）苏 13 民终 2072 号、泰州中院（2021）苏 12 民终 1106 号、威海中院（2021）鲁 10 民终 2603 号、敦煌市法院（2021）甘 0982 民初 139 号等案件判决书也持相同观点。

对此，我们倾向认同非固定组成装置上的人员不属于特种车辆车上人员这一观点，理由如下：首先，吊篮等非固定组成装置并非被保险车辆的固定组成部分，而是为了充分发挥车辆使用功能而附加于车辆上且可以随时拆分的附件，不属于特种车辆“车体”的一部分。其次，这种结合并不紧密、固定，非长期紧密固定于被保险特种车辆之上并融为一体，所以也不能将吊篮等非固定组成装置与特种车辆视为一体。因此，站在吊篮等非固定组成装置上的人员自然不能视为处于“车体内”或“车体上”，也就不能认定为特种车辆车上人员。最后，如果涉案双方对有关“车体”的保险条款理解存在分歧，而这一问题又无法从现行法律和保险合同中找到明确依据，按照格式条款不利解释原则，也应当作出对保险人不利的解释，将事故发生时位于吊篮等非固定组成装置上的人员认定为第三者。基于以上分析，我们认为，事故发生时，位于吊篮等特种车辆非固定组成装置上的人员，不属于特种车辆车上人员，应纳入特种车辆第三者责任保险赔偿范围。需要注意的是，如果在涉案的保险合同条款内容中把事故发生时位于特种车辆非固定组成装置上的人员明确约定为车上人员而非第三者的，则应当依据保险合同的约定处理。

但需要说明的是，位于吊篮等特种车辆非固定组成装置上的人员，能不能纳入特种车辆第三者责任保险赔偿范围，还要看保险合同免责条款的约定。2020 版《特种车商业保险示范条款》第 22 条明确约定：“下列原因导致的人身伤亡、财产损失和费用，保险人不负责赔偿……（三）被保险机动车被转让、改装、加装或改变使用性质等，导致被保险机动车危险程度显著增加，且未及时通知保险人，因危险程度显著增加而发生保险事故的。”依据上述约定，如果因为临时加装非固定组成装置导致被保险特种车辆危险程度显著增加，被保险人又没有及时通知保险人，而保险事故又是因为危险程度显著增加才发生的，这种情况下保险人是不负责赔偿的。

三、特种车辆车上人员与第三者在特定情形下的身份转化

在界定机动车车上人员和第三者方面,有一个非常复杂的问题,那就是车上人员与第三者的身份转化问题。特种车辆作为机动车的一种,同样面临这一难题,如果再考虑特种车辆车体的多样化和不规则性、车上操作人员构成的复杂性和所处位置的不确定性,这一问题变得更加复杂。篇幅所限,我们这里主要探讨"特种车辆车上人员正常下车后与被保险车辆发生事故"和"车上人员因特种车辆颠覆、倾斜等脱离了被保险车辆造成损害"这两种典型情况。

(一)特种车辆车上人员正常下车后与被保险车辆发生事故原则上属于第三者

2020 版《特种车商业保险示范条款》对车上人员的定义是:"本保险合同中的车上人员是指发生意外事故的瞬间,在被保险机动车车体内或车体上的人员,包括正在上下车的人员。"从该定义对特种车辆车上人员的时空限定条件来看,车上人员应为"发生意外事故的瞬间"位于被保险特种车辆"车体内"或"车体上"的人员。换句话说,本属于特种车辆上的车上人员,正常下车后与被保险车辆发生事故的"瞬间",不再位于"车体内"或"车体上",也就转化成了第三者。

需要注意的是,正常下车的特种车辆车上人员可以转化为第三者的人员范围,不应包括正常下车的特种车辆驾驶人员。这是基于侵权责任法的基本原理,任何危险作业的直接操作者不能构成此类侵权案件的受害人。[①] 特种车辆驾驶人员因为各种原因正常下车后,其行为仍然属于管理特种车辆的角色,并未改变其特种车辆驾驶人员的身份。如果仅仅依据时空状况界定特种车辆驾驶人员到底属于车上人员还是第三者,可能会出现特种车辆驾驶人员故意制造保险事故请求保险赔偿的情形,引发道德风险。特种车辆驾驶人员以外的其他车上人员则不同,在正常下车后,从对特种车辆的控制力来看,已不具有任何控制能力,与通常的事故受害第三者相比,没有任何本质差别,所以,应将他们作为第三者看待,纳入特种车辆第三者责任保险的赔偿范围之内。

(二)车上人员因特种车辆颠覆、倾斜等脱离了被保险车辆造成损害的,不宜认定为第三者

对于特种车辆车上人员受外力影响脱离车辆后能否转化为第三者,现行法

---

① 参见张新宝:《侵权责任法原理》,中国人民大学出版社 2005 年版,第 327 页。

律没有规定，各地法院在司法审判中的观点分歧较大，有些甚至截然相反，最高院的观点也经历了一个变化的过程。2008 年第 7 期《最高人民法院公报》公布的“郑某某诉徐某某、中国人民财产保险股份有限公司长兴支公司道路交通事故人身损害赔偿纠纷案”中的观点认为：“由于机动车辆是一种交通工具，任何人都不可能永久地置身于机动车辆之上，故机动车辆保险合同中所涉及的‘第三者’和‘车上人员’均为在特定时空条件下的临时性身份，即‘第三者’与‘车上人员’均不是永久的、固定不变的身份，二者可以因特定时空条件的变化而转化。因保险车辆发生意外事故而受害的人，如果在事故发生前是保险车辆的车上人员，事故发生时已经置身于保险车辆之下，则属于‘第三者’。至于何种原因导致该人员在事故发生时置身于保险车辆之下，不影响其‘第三者’的身份。”河南省 2015 年度发布的参考性案例 26 号［解放区人民法院（2012）解民初字第 1117 号］和江苏省（2014）参阅案例 98 号［海州区法院（2013）海民初字第 0163 号］也都持相同观点。之后，最高院民事审判第一庭的观点发生了变化，倾向认为：车上人员与车外人员的区别是比较固定的，因交通事故的撞击等原因导致车上人员脱离本车的，不存在转化成所谓第三者的问题，该人员仍应当属于车上人员的范畴。从以上所述情况来看，对于机动车车上人员受外力影响脱离车辆后能否转化为第三者，最高院的观点已经从最初的认可转化为否定。特种车辆作为机动车的一种类型，自然需要注意到这一观点变化。由此，基于目前的主流观点，我们倾向认为，因特种车辆颠覆、倾斜等脱离了被保险车辆造成损害的车上人员，不宜认定为第三者。

第 2.7 条　【特种车辆责任保险第三者的保险金直接请求权】

特种车辆责任保险第三者直接向保险人请求赔付保险金的，不予支持，但法律有明确规定的除外。

特种车辆责任保险被保险人对第三者应负的赔偿责任确定且怠于请求保险人而直接向第三者赔偿的，第三者可以其应获赔偿部分直接向保险人请求赔付保险金。

【条文主旨】

保险人作为保险合同的一方当事人，承担的是保险合同责任，承担责任的形式是依据保险合同赔付保险金。根据合同的相对性原则,除非法律另有规定,请求赔付保险金的只能是保险合同的另一方即被保险人。特种车辆责任保险的第三者不是保险合同的当事人,无权依据保险合同直接向保险人请求赔付保险金,只能从被保险人处间接获得。但在“被保险人对第三者应负的赔偿责任确定”和“被保险人怠于请求”这两个前提条件均成就的情况下,第三者可以其应获赔偿部分向保险人直接请求赔付保险金。

【理解与适用】

一、特种车辆责任保险第三者一般无权直接向保险人请求赔付保险金

在涉及特种车辆责任保险的法律纠纷中,第三者要求被保险人进行赔偿一般是基于被保险人与第三者之间的侵权法律关系,而被保险人要求保险人支付保险金系基于保险人与被保险人之间的保险合同关系。第三者与保险人在保险事故发生前并无任何法律上的关联,双方既无合同法律关系,也无侵权法律关系。被保险人对第三者的侵权事实仅仅是保险合同的理赔事由,而保险人则是依据保险合同承担合同责任。很多情况下,虽然基础的侵权事由成立,被保险人基于侵权法律关系也应赔偿第三者,但依据保险合同,可能因为保险合同中约定的除外责任或免赔条款,保险人不负有向被保险人赔偿保险金的责任。因此,第三者不能仅仅依据基础的侵权事实,就突破合同相对性,直接向保险人主张赔偿金。此观点为大多数法院所认可,如上海高院《关于审理道路交通事故损害赔偿案件若干问题的解答》第 1 条中明确指出:“保险公司承担的是保险金的赔付责任,故保险合同外第三人无权以保险公司为被告诉请赔付保险金,保险公司的诉讼地位以第三人为宜。理由如下:道路交通事故仅系保险合同的理赔事由,故保险公司承担的是保险合同责任。因此,保险公司的诉讼地位取决于请求方是否享有保险金之赔付请求权。保险金赔付请求权系基于保险法与保险合同产生,如法律规范与保险合同均未规定另外受益人,被保险人应为当然且唯一的保险金请求权人,他人无权直接向保险公司请求给付保险金,只能从被保险人处间接获得。”山东高院《关于审理保险合同纠纷案件若干问题的意见》第 33 条第 1 款中也明确指出:“第三者责任保险的被保险人给第三者造成损害,第三者直接起诉保险人要求赔偿保险金的,人民法院不予支持。但法律、行政法规另有规定的除外。”虽然《保险法》第 65 条第 1 款规定:“保险人对

责任保险的被保险人给第三者造成的损害，可以依照法律的规定或者合同的约定，直接向该第三者赔偿保险金。”但该条款只规定了保险人可以直接向第三者给付保险金，用词是“可以”而非“应当”，并未授予第三者直接向保险人请求赔付保险金的权利。因此，一般情形下，特种车辆责任保险第三者无权直接向保险人请求赔付保险金。

二、在法律有明确规定的情形下，特种车辆责任保险第三者有权直接向保险人请求赔付保险金

如前文所述，一般情形下，第三者不是特种车辆责任保险合同的当事人，无法突破合同相对性直接向保险人请求赔付保险金。但在法律有明确规定的情况下，第三者可以不考虑合同的相对性，而是依据法律的相关规定直接向保险人请求赔付保险金。此时，其请求权的基础不是保险合同的约定，而是来自法律的明确规定。现行法下，规定特种车辆责任保险第三者可以直接向保险人请求赔付保险金的一共有两种情形：一是涉及交强险的情形；二是《保险法》第 65 条第 2 款规定的被保险人对第三者应负的赔偿责任确定且怠于请求保险人直接向第三者赔偿的情形。关于第二种情形，下文单独详述。关于第一种情形，相关的法律规定为《道路交通安全法》第 76 条，根据该条规定，机动车发生交通事故造成人身伤亡、财产损失的，由保险公司在机动车交强险责任限额范围内予以赔偿；不足的部分，由侵权行为人按过错大小承担相应的赔偿责任。交强险与其他的商业保险不同，从性质上来说属于国家规定的强制保险。交强险保险人所承担的保险赔偿责任，系独立于侵权行为人和被保险人以外的，无须先行确定被保险人的民事赔偿责任。相反，只有先确定了交强险保险人的保险赔偿责任，才有可能要求侵权行为人承担剩余部分的损失。[1] 由此可见，特种车辆作为机动车的一种类型，其投保的交强险的第三者可以依据该条法律规定，直接要求交强险的保险人承担保险赔偿责任，换句话说，即特种车辆交强险项下第三者有权依据该条法律规定直接向保险人请求赔付保险金。

---

① 参见王静：《保险案件裁判精要》，法律出版社 2019 年版，第 631 页。

三、特种车辆责任保险第三者依据《保险法》第 65 条第 2 款的规定直接向保险人请求赔付保险金的条件

《保险法》第 65 条第 2 款规定："责任保险的被保险人给第三者造成损害，被保险人对第三者应负的赔偿责任确定的，根据被保险人的请求，保险人应当直接向该第三者赔偿保险金。被保险人怠于请求的，第三者有权就其应获赔偿部分直接向保险人请求赔偿保险金。"该款规定不能简单地视为法律规定第三者拥有直接向保险人请求赔偿的权利，因其请求权的行使仍然是以"被保险人怠于请求"为前提，并未突破被保险人与保险人之间的合同相对性。特种车辆责任保险作为责任保险的一种类型，保险人依据被保险人的请求直接向第三者赔偿保险金的行为，是典型的"经由被指令人而为交付"。此种情形下，特种车辆责任保险第三者并不享有直接的履行请求权，也就不享有对保险人直接的保险金给付请求权。只有在被保险人怠于请求的情况下，第三者才可依该条款向保险人请求赔付。从法律性质上来说，该规定可以看作《民法典》第 535 条第 1 款债权人代位权在保险合同法律关系中的具体应用。《民法典》第 535 条第 1 款规定："因债务人怠于行使其债权或者与该债权有关的从权利，影响债权人的到期债权实现的，债权人可以向人民法院请求以自己的名义代位行使债务人对相对人的权利，但是该权利专属于债务人自身的除外。"根据该规定，当债务人不履行其对债权人的到期债务，又不以诉讼方式或者仲裁方式向其债务人主张其享有的具有金钱给付内容的到期债权，致使债权人的到期债权未能实现的，债权人可直接向次债务人代位行使债权请求权。需要注意的是，此时特种车辆责任保险第三者行使直接请求权有三个前提条件：一是"被保险人对第三者应负的赔偿责任确定"；二是第三者还未从被保险人处得到足额赔偿；三是"被保险人怠于请求"。

（一）如何认定"被保险人对第三者应负的赔偿责任确定"

特种车辆责任保险项下，无论是在被保险人向保险人请求的情况下，还是在被保险人怠于请求而第三者直接请求的情况下，保险人向第三者赔付保险金都要受保险合同中的免赔条款等保险合同约定的制约。对于什么情况下才算"被保险人对第三者应负的赔偿责任确定"，《保险法》并没有明确规定，各地法院在审判实践中出台了一些指导意见。浙江高院在 2009 年 9 月 8 日发布的《关于审理财产保险合同纠纷案件若干问题的指导意见》第 20 条中就规定，"在

责任保险中,被保险人与第三者之间的赔偿金额已由生效判决确定的,被保险人据此请求保险人承担保险责任的,在保险合同约定的范围内,可予支持”。随着时间的推移,最高院在 2018 年 7 月 31 日发布的《保险法司法解释四》第 14 条对此问题作了明确规定:“具有下列情形之一的,被保险人可以依照保险法第六十五条第二款的规定请求保险人直接向第三者赔偿保险金:(一)被保险人对第三者所负的赔偿责任经人民法院生效裁判、仲裁裁决确认;(二)被保险人对第三者所负的赔偿责任经被保险人与第三者协商一致;(三)被保险人对第三者应负的赔偿责任能够确定的其他情形。前款规定的情形下,保险人主张按照保险合同确定保险赔偿责任的,人民法院应予支持。”但此处需要注意两点:一是在没有保险人参与的情况下,被保险人与第三者之间达成的赔偿协议,对保险公司并不产生必然的约束力,如果保险人对赔偿协议的内容不认可,第三者并不能以调解协议为依据直接向保险人请求赔偿;二是即使被保险人给第三者造成损害的赔偿责任确定,此赔偿数额也不必然等同于第三者可以直接向保险人请求的数额,其请求范围还要受保险合同约定的赔偿限额、除外责任、被保险人已经赔偿情况等的限制。

(二)如何认定“被保险人怠于请求”

关于“被保险人怠于请求”的认定标准,《保险法》规定得较为笼统,各地法院的司法观点也不尽相同。上海海事法院(2017)沪 72 民初 2556 号案认为:“被保险人怠于请求”,“是指在被保险人对第三者应负的赔偿责任确定后,被保险人不履行赔偿责任,且第三者以保险人为被告提起诉讼时,被保险人尚未向保险人提出直接向第三者支付保险金请求的情形。该请求不仅是被保险人理赔意愿的表达,更重要的是被保险人要求保险人赔付的主体明确为第三者而非被保险人自身”。最高院在总结各地审判实践的基础上,在其发布的《保险法司法解释四》第 15 条对此问题作了明确规定:“被保险人对第三者应负的赔偿责任确定后,被保险人不履行赔偿责任,且第三者以保险人为被告或者以保险人与被保险人为共同被告提起诉讼时,被保险人尚未向保险人提出直接向第三者赔偿保险金的请求的,可以认定为属于保险法第六十五条第二款规定的‘被保险人怠于请求’的情形。”从该条规定来看,“被保险人怠于请求”的认定标准已经比较明晰了。

第 2.8 条 【特种车辆作业过程中发生事故时保险责任的承担】

同时投保了交强险和特种车辆第三者责任险的工程特种车辆，在作业过程中发生责任事故造成损害需要赔偿的，先由承保交强险的保险人在交强险赔偿限额内承担赔偿责任，不足部分由特种车辆第三者责任险的保险人按照合同约定进行赔偿。

【条文主旨】

虽然特种车辆在作业过程中发生的事故不属于交通事故，但根据交强险制度的立法本意，特种车辆在作业过程中发生的责任事故应属于交强险理赔范围。投保车辆在作业过程中发生责任事故，先由承保交强险的保险人在交强险赔偿限额内承担赔偿责任，不足部分由特种车辆第三者责任险的保险人按照合同约定进行赔偿。

【理解与适用】

一、特种车辆在作业过程中发生的事故不属于交通事故

《道路交通安全法》第 119 条第 5 项规定，交通事故是指车辆在道路上因过错或者意外造成的人身伤亡或者财产损失的事件。第 70 条第 1 款规定："在道路上发生交通事故，车辆驾驶人应当立即停车，保护现场……"第 77 条规定："车辆在道路以外通行时发生的事故，公安机关交通管理部门接到报案的，参照本法有关规定办理。"综合以上法律规定，我们认为，构成交通事故的核心要素主要有两点：一是事故发生的场所限制条件，即事故发生的地点应为"道路上"，这里的道路一般是指公路、城市道路和虽在单位管辖范围但允许社会机动车通行的地方，包括广场、公共停车场等用于公众通行的场所；二是事故发生时的机动车状态限制条件，即事故发生时机动车应处于"通行状态"，包括行驶过程中或停放车辆过程中。因此，认定特种车辆在作业状态下发生的事故是否构成交通事故就可以从以上两个核心要素考虑。

特种车辆相较于普通机动车，除了具有通行功能外，其最大的特点是具有某些特殊的作业功能，如起重、装卸、清障、清扫、升降、搅拌、挖掘、推土、压路等。特种车辆在作业时，一般是在封闭工作区域而较少在公共道路上，这一特点明显与交通事故要求的“道路上”的场所限制条件不符。但是,《机动车交通事故责任强制保险条例》等规定,机动车在道路以外的地方通行时发生事故,可以比照适用。所以,“道路上”这一要素并不必然对特种车辆在作业过程中发生的事故是否属于交通事故产生实质性障碍,如从道路上进出作业场所或在作业场所内通行,也是可以比照交通事故适用的。

除了“道路上”这一场所限制条件,我们再来考虑“通行状态”这一限制条件。特种车辆在作业时,虽然具有起吊、挖掘、搅拌、泵送等作业动作,但作为整个机动车来讲,并不会发生长距离的空间位移,所以把特种车辆的作业状态理解为“通行状态”,非常牵强。也正是基于这一点,将特种车辆在作业过程中发生的事故归类为交通事故是不合适的。

二、特种车辆在作业过程中发生的责任事故属于交强险理赔范围

《机动车交通事故责任强制保险条例》第 3 条规定:“本条例所称机动车交通事故责任强制保险,是指由保险公司对被保险机动车发生道路交通事故造成本车人员、被保险人以外的受害人的人身伤亡、财产损失,在责任限额内予以赔偿的强制性责任保险。”根据该条规定,结合上文分析,既然特种车辆在作业过程中发生的事故不属于交通事故,那么该类事故似乎就不属于交强险的赔付范围。事实上,绝大部分承保特种车辆交强险的保险人也持这种观点。对于特种车辆在作业过程中发生的事故,保险人多以该类事故属于安全生产事故而非交通事故为由拒赔。司法实践中,各地法院的司法观点也不尽相同,有的甚至截然相反。比如,四川高院《机动车交通事故责任纠纷案件审理指南》第 12 条规定:“允许在道路通行的特种车辆在通行时发生事故造成第三人损害的,保险公司应当承担交强险赔偿责任。特种车辆进行特种作业时发生事故造成第三人损害的,保险公司不承担交强险赔偿责任。”山东高院的司法观点则截然相反,在山东高院民二庭发布的《关于审理保险合同纠纷案件若干问题的解答》第 15 条中明确指出:“特种作业车辆属于《中华人民共和国道路交通安全法》第一百一十九条第三项规定的机动车范畴,必须投保机动车交通事故责任强制保险。从交强险条款的规定来看,被保险人在使用被保险机动车过程中发生交通事故,致使受害人遭受人身伤亡或者财产损失,应当由被保险人依法承担损害赔偿责任。对于‘使用’一词,根据文义理解,应当包含驾驶、作业在内,交强险条款并未将作业事故排除在保险责任范围之外,故特种车辆因作业而引发的责任

事故应属于交强险保险责任范围。此外,特种车辆交强险的保费金额往往高于普通机动车交强险保费金额。基于保险的对价平衡原则,特种车辆因作业发生的责任事故也不应排除在交强险保险范围之外。”

我们倾向于山东高院的观点,因为无论是从交强险制度的立法本意来理解,还是从保险行业监管机构的态度来看,都可以得出特种车辆在作业过程中发生的事故属于交强险赔付范围的结论。理由如下:

第一,关于特种车辆在道路之外非通行状态下进行作业时发生的事故是否属于交强险的理赔范围,《道路交通安全法》和《机动车交通事故责任强制保险条例》中均未作出明确规定。但《道路交通安全法》第 77 条规定:“车辆在道路以外通行时发生的事故,公安机关交通管理部门接到报案的,参照本法有关规定办理。”《道路交通安全法实施条例》第 97 条第 1 款规定:“车辆在道路以外发生交通事故,公安机关交通管理部门接到报案的,参照道路交通安全法和本条例的规定处理。”《机动车交通事故责任强制保险条例》第 43 条规定:“机动车在道路以外的地方通行时发生事故,造成人身伤亡、财产损失的赔偿,比照适用本条例。”最高院《关于审理道路交通事故损害赔偿案件适用法律若干问题的解释》第 25 条规定:“机动车在道路以外的地方通行时引发的损害赔偿案件,可以参照适用本解释的规定。”可见,《道路交通安全法》等法律法规并未将道路之外发生的机动车事故排除在机动车交强险的理赔范围之外。特种车辆作为机动车的一种类型,在道路之外发生的事故自然也未排除在机动车交强险的理赔范围之外。

第二,《机动车交通事故责任强制保险条款》第 8 条规定:“在中华人民共和国境内(不含港、澳、台地区),被保险人在使用被保险机动车过程中发生交通事故,致使受害人遭受人身伤亡或者财产损失,依法应当由被保险人承担的损害赔偿责任……”但无论是该保险条款,还是相关法律法规,均未对机动车使用的内涵和外延进行明确说明。特种车辆除了具有通行这一所有机动车均具有的功能外,一般还具有一些特殊的作业功能。特种车辆的使用状态,除了“通行”这一使用状态外,其大部分情况下是处于“特殊作业”的使用状态。我们认为,在生产场所开展的作业行为本质上也是机动车的一种使用状态,发生责任事故时,应当比照交通事故的处理原则,由保险人在交强险的范围内予以赔偿。

第三,交强险制度的立法本意,系通过法律规定强制机动车的所有人或管理人依法投保交强险,使参保车辆在通常使用状态下发生责任事故时,事故的受害人能够及时从保险人处获得经济赔偿,同时分散投保人承担责任的风险。特种车辆作为一种特殊类型的机动车,也属于机动车第三者责任强制保险的范围。但特种车辆与一般机动车不同,其处于道路上"通行"这一使用状态的时间非常少,大部分情况下是处于场地内进行"特种作业"的使用状态。也就是说,在道路上通行不是其通常的使用状态,在通行状态下发生交通事故是小概率事件,而在场地内作业是其通常的使用状态,在特种作业状态下发生责任事故是大概率事件。如果仅以道路通行状态下发生的交通事故这一小概率事件作为交强险的理赔范围,而将作业时发生的责任事故这一大概率事件完全排除在交强险的赔偿范围之外,则特种车辆责任事故的受害人获得交强险救济的概率将大大降低,投保人投保交强险的目的也将受限,这一结果与机动车交强险设立的目的并不相符,显然有悖于交强险制度的立法本意。

第四,原保监会在《关于交强险条例适用问题的复函》(保监厅函〔2008〕345 号)中明确指出:"根据《机动车交通事故责任强制保险条例》第四十三条的立法精神,用于起重的特种机动车在进行作业时的责任事故,可以参照适用该条例。"由此可见,原保监会对于特种车辆在作业时发生责任事故,所持态度是保险人应在交强险责任范围内承担赔偿责任。原保监会作为当时保险行业的监管机构,其所发布的文件对保险行业具有规范和指导作用,保险公司应当遵照执行。该复函虽是原保监会针对徐州市九里区法院在审理个案中遇到此类问题时作出的答复,但对法院处理类似案件具有很强的针对性和参考价值。事实上,各地法院在审理类似案件时,大部分都参考了此复函精神,如江苏高院(2020)苏民再 98 号、山东高院(2018)鲁民再 1019 号、上海一中院(2016)沪 01 民终 8782 号案均持此观点。

对于此复函的适用范围,有观点认为不宜作扩大解释,仅适用于复函中提到的起重这一类特种车辆,如湖南高院(2017)湘民申 2000 号案就持此观点。我们认为,该观点值得商榷。虽然各类特种车辆在作业时的运行状态和功能有所不同,但本质上都属于"特种作业"这一使用状态,所以该复函精神可类推适用于所有特种车辆作业过程中发生责任事故的情形。

三、特种车辆同时投保交强险与特种车辆第三者责任险的情况下,在作业过程中发生责任事故时的赔付顺序

《民法典》第 1213 条规定:"机动车发生交通事故造成损害,属于该机动车

一方责任的，先由承保机动车强制保险的保险人在强制保险责任限额范围内予以赔偿；不足部分，由承保机动车商业保险的保险人按照保险合同的约定予以赔偿；仍然不足或者没有投保机动车商业保险的，由侵权人赔偿。”如上文所述，既然特种车辆在作业过程中发生的责任事故属于交强险理赔范围，那么在特种车辆同时投保交强险与特种车辆第三者责任险的情况下作业过程中发生责任事故，就应该按照该条规定的赔付顺序，先由承保机动车强制保险的保险人在交强险责任限额范围内予以赔偿；不足部分，由承保特种车辆第三者责任险的保险人按照保险合同的约定予以赔偿，仍然不足的，由侵权人赔偿。

第2.9条 【保险单载明的施工场地与建筑施工安责险保险人保险责任承担的关系】

建筑施工安全生产责任保险的保险单载明施工场地的，被保险人对在该施工场地及邻近区域发生的因工程生产安全事故或施工意外事故造成的从业人员人身伤亡、第三者人身伤亡或财产损失请求赔偿的，应予支持。

保险单未载明施工场地的，被保险人对投保人所投保工程发生的因生产安全事故或施工意外事故造成的从业人员人身伤亡、第三者人身伤亡或财产损失请求赔偿的，应予支持。

【条文主旨】

本条系关于保险单载明的施工场地与建筑施工安全生产责任保险（以下简称建筑施工安责险）保险人保险责任承担关系的裁判规则。保险单载明施工场地的，保险人除对施工场地内发生的生产安全事故或施工意外事故造成的从业人员人身伤亡、第三者人身伤亡或财产损失承担保险责任外，因施工场地在空间上无法完全隔绝，保险人对施工场地邻近区域发生的事故亦应承担保险责任。保险单未载明施工场地的，应认定保险人对投保工程发生的所有工程生产安全事故和施工意外事故承担保险责任，不限于某一具体场地。

【理解与适用】

在施工企业与保险人订立的建筑施工安责险保险合同中，保险责任条款常将引起保险责任的生产安全事故限定于发生在具体的施工场地中，保险条款中用“施工地址或区域”“施工场所”等予以描述，并多要求在保险单中予以明确。如太平洋财险公司的《建筑施工企业安全生产责任保险（C 款）条款》用语为“本保险单载明的场所”，中华联合财产保险股份有限公司《建筑施工行业安全生产责任保险条款》用语为“保险单载明的承保区域范围”。考虑到建筑施工涉及的区域较为复杂，除工程主体所在的区域外，包括工程材料的预加工场所、施工人员参与的工程废物集中处理的场所、工程主体周边的工程道路等区域，均可被解释为广义的施工场地，施工人员在这些场地从事的与建筑施工相关的工作均服务于工程主体。但建筑施工安责险为商业保险，承保标的为施工企业的赔偿责任，保险人有限的责任免除不会影响受害人的权益保障，保险人为准确核定费率及控制风险限定保险事故的发生场所，应属正当。司法实践中，存在诸如在工程材料的预加工场所、工人宿舍、工程主体周边道路发生的事故是否属于保险人应承担的保险责任的情形的争议。以下围绕具体争议提出分析思路并作出总结。

一、工程地址与施工场地的区分

工程地址与施工场地属不同概念，工程地址是经设计、规划、审批确定的工程所在地；施工场地的范围广于工程地址，是指工程限定的边界范围以内的区域，以及规定界限以外确实用于建筑或拆毁的其他中间准备区域。保险单仅载明工程地址而未载明施工场地的，应视为未明确施工场地。邵阳中院（2019）湘 05 民终 799 号案认为：在保险公司签发给投保人的湖南省建筑施工行业安全生产责任保险共保体保险单上并没有施工场地这一明确范围的款项，只载明工程的名称是绥宁县枫香大道建设工程及工程地址在绥宁县枫香大道。工程地址与工程施工场地并非同一概念，保险合同系格式条款，保险合同所约定的保险范围“场所”通常理解应当是整个绥宁县枫香大道建设工程施工的空间活动处所。

实践中，存在保险单仅载明工程地址或既未载明施工场地亦未载明工程地址的情形。在此情形中，保险合同不因保险单未明确施工场地而存在效力瑕疵，保险人仍应对保险事故承担保险责任，相关生产安全事故或施工意外事故的发生场所应包括投保人所投保工程涉及的全部施工场地。该解释未超越保险人在订立保险合同时的预期，亦与保险费用以投保工程的全部价款为标准进行核定不相冲突，且与投保人投保建筑施工安责险的目标一致。

常德市临澧县法院(2020)湘0724民初328号案对施工场地的认定作出延伸讨论,即施工场地是否限于围挡或围栏内部。该案中,投保人和保险人对合同条款的理解发生争议:关于"施工场地"的理解,投保人结合临澧人保财险公司《安责险条款》第37条"安全责任事故引起工地内及邻近区域的第三者人身伤亡或财产损失"的表述,认为应当延伸至"施工场地的邻近区域","邻近区域"与"封闭区域"实属"施工场地"的共同组成部分,完全割裂有违建筑领域的惯常认知;保险人认为"限于围栏封闭的建筑工区",因从业人员的死亡地点位于工地入口,并非严格意义上的"施工场地"。常德市临澧县法院认为,鉴于保险合同系保险人利用其强势地位事先拟定的格式条款,在当事人对格式条款的理解发生争议时,应当作出不利于提供格式条款一方的解释,故其对投保人所作的解释予以采信。一方面,法院从格式条款解释的角度作出的认定并无不当。另一方面,投保人提出的"邻近区域"与"封闭区域"共同组成"施工场地"的解释更为合理,也符合工程施工的实际情况,通过施工人员是否在从事施工及其相关工作的过程中发生意外事故来限定保险事故的认定,而非机械地以施工场地四至来限定,更加符合投保人投保建筑施工安责险的合理期待,不会出现仅因施工人员身处施工场地门外便不属于保险理赔范围的极端情况。

二、施工人员在工程主体周边道路合法从事施工或相关工作发生的意外事故属于保险事故范围

建筑工程活动具有复杂性,因突发或偶发原因扩展至周边道路的情况并不罕见,围挡设置、材料进场、废物外运、电缆敷设等均有可能将施工行为的活动空间扩展至周边道路,而相关行为是施工所必要的合理行为,属于建筑施工及其相关工作的组成部分。此处需注意的是,《保险法》第27条第2款规定,"投保人、被保险人故意制造保险事故的,保险人有权解除合同,不承担赔偿或者给付保险金的责任"。保险条款一般也会将施工人员的故意行为、违法行为作为免责条款,施工人员在道路上开展工作应遵守交通规则,违反交通规则或故意行为导致的事故属于保险人免责范围。湖南临湘市法院(2019)湘0682民初1046号案认为:第一,受害人系原告建筑工地上雇请的民工,在工地上从事建筑施工工作,原告在施工过程中遗留的泥土对附近路面造成了影响,理应及时清理,以确保路面的车辆正常通行。受害人受原告方的指派去从事清洗路面也是为了更好地完成建筑施工工作,故法院认为受害人系为在建筑工地上施工过程

中意外死亡。第二,受害人清洗路面意外死亡,其行为是否为违法行为。保险条款第7条第1款约定"投保人、被保险人及其代表、雇员的故意行为、违法行为"为免责条款,被告以受害人违法《道路交通安全法》,负事故的次要责任为由,认定受害人存在违法性,应当免除被告的赔偿责任。法院认为,受害人系受原告方雇请,从事建筑施工工作。受害人被指派清洗建筑施工过程中遗留在附近路面上的渣土,是为了防止公路上的车辆因渣土的原因出现交通事故,其行为本身不具有违法性,不能认为受害人系从事违法行为。

三、施工人员宿舍发生的意外事故不属于保险事故范围

一般而言,作为临时设施的施工人员宿舍应在空间上与在建工程明确区分,以确保施工人员的人身财产安全。《建设工程安全生产管理条例》第29条第1款规定:"施工单位应当将施工现场的办公、生活区与作业区分开设置,并保持安全距离;办公、生活区的选址应当符合安全性要求。职工的膳食、饮水、休息场所等应当符合卫生标准。施工单位不得在尚未竣工的建筑物内设置员工集体宿舍。"《建筑施工安全检查标准》(JGJ 59－2011)第3.2.3条第5项亦明确要求:"施工作业、材料存放区与办公、生活区应划分清晰,并应采取相应的隔离措施","在施工程、伙房、库房不得兼做宿舍"。《施工现场临时建筑物技术规范》(JGJ/T 188－2009)第4.2.2条建议,生活区宜位于建筑物的坠落半径和塔吊等机械作业半径之外。

各地有更为明晰的规定,如《杭州市建设工地职工宿舍安全使用与管理暂行规定》(杭建工发〔2005〕487号,已废止)第4条就宿舍的选址要求:"施工现场临时宿舍选址应处于在建建筑物的坠落半径之外。如因场地所限局部位于坠落半径之内的,必须组织专家进行技术论证,提出可靠防护措施。如无法确保安全或场地不具备搭设条件的,应外借场地搭设或租房用于安置。现场临时宿舍应实行封闭管理,与作业区、周边居民区保持有效隔离。"施工人员宿舍与施工场地一般有明确隔离,且施工人员在宿舍内的生活活动不属于与建筑施工相关的工作行为,在宿舍内发生的如跌倒、烫伤等意外事故不属于建筑施工安责险所要保障的因施工活动导致从业人员人身伤亡。常德中院(2016)湘07民终1764号案认为:顺建公司在澧县人保公司投保的《地方性安全生产责任保险》的保险条款约定的场所是顺建公司进行施工的澧县银盛花园西苑施工工地,但受害人因意外事故受伤的场所是顺建公司用于工人住宿、休息而租赁的

民房，该民房不在施工场所内，因此，在施工场所外发生的意外事故，不符合保险条款关于赔偿场所范围的约定，且受害人受伤时不是从事建设、施工活动，也不是因建设、施工活动发生事故而受伤，因此，受害人受伤的情形也不符合保险条款关于保险事故的约定。此外，即便施工人员宿舍设置于施工场地中，在宿舍内发生的因生活活动引发的意外事故也不应当认定为保险事故。但需要明确的是，若因修建临时设施发生意外事故导致施工人员人身伤亡或第三人人身伤亡、财产损失的，则属于保险事故。

综合上述情形，施工人员是否在从事建筑施工及相关工作过程中受到人身损害应作为判断保险人应否承担保险责任的核心要素，若保险单对施工场地作出明确约定，施工场地可作为保险责任范围的限制。但对施工场地的认定不应机械化，应在考虑施工活动复杂性的基础上，将施工围栏外的邻近区域纳入施工场地范畴。对于第三人因工程生产安全事故或施工意外事故所受人身财产损害而言，因建筑施工安责险承保的是施工企业的赔偿责任，与第三人并不直接相关，保险合同的约定应当遵守，上述与施工人员相关的规则亦应类比适用于第三人，即保险单对施工场地作出明确约定的，该施工场地及邻近区域发生的工程生产安全事故或施工意外事故造成的第三人人身财产损害属于保险责任范围，保险单未作出明确约定的，则仅考虑第三人受损是否因工程生产安全事故或施工意外事故造成。

第 2.10 条 【建筑施工安责险与工伤保险的赔付顺序】

建筑施工安责险的被保险人缴纳工伤保险费用，被保险人因保险事故在工伤保险基金赔偿之外进行赔偿的，被保险人请求保险人在保险合同约定的赔偿范围内对该赔偿费用予以赔偿的，应予支持。

建筑施工安责险的保险人以被保险人未参加工伤保险为由，请求按照工伤保险待遇和标准扣减相应赔偿费用的，不予支持。

建筑施工安责险的被保险人应负的赔偿责任确定，被保险人请求保险人直接向该从业人员赔偿保险金的，或被保险人怠于请求，该从业人员就其应获赔偿部分直接向保险人请求赔偿保险金的，应予支持。

【条文主旨】

建筑施工安责险性质上属于商业保险,受《保险法》规制;工伤保险性质上属于社会保险,受《社会保险法》规制。建筑施工安责险与工伤保险的性质、主体、内容、赔付流程均不同。原则上,建筑施工安责险与工伤保险应受各自合同条款、法律条文的规制,两者并行,互不牵制。但是,建筑施工安责险与工伤保险同样具有分散企业用工风险的功能,且建筑施工安责险作为《安全生产法》规定的建筑施工行业应当投保的险种,同样具备工伤保险所要达到的保障因工作遭受事故伤害的工作人员获得医疗救治和经济补偿、促进工伤预防和职业康复的类似功能。并且,建筑施工安责险的被保险人和工伤保险的用人单位经常重合。因此,在实践中对于建筑施工安责险与工伤保险的赔付顺序存在争议,本条旨在理顺两者的关系。

【理解与适用】

在因生产安全事故导致从业人员人身伤亡的情况下,建筑施工安责险的被保险人或相关主体无论是否为该从业人员投保工伤保险,均不影响该从业人员依法应当享受的工伤保险待遇,区别在于由工伤保险基金承担还是由本应投保的用工单位承担。如果将建筑施工安责险单纯地理解为用工单位为分散用工风险而投保的商业保险,则保险人应承担的保险责任完全受限于被保险人的实际赔偿金额。进一步分析则会发现,被保险人是否为从业人员投保工伤保险将直接导致在发生生产安全事故时被保险人应实际承担的赔偿金额的差异。若认可该差异存在的事实,并以此为基础结合保险合同约定认定建筑施工安责险保险人应承担的保险责任,则事实上出现了建筑施工安责险在一定程度上替代工伤保险的效果,使被保险人一定程度上免于承担未给从业人员投保工伤保险的违法行为的后果,这显然不符合设立建筑施工安责险的目的。由此,困惑重重。

一、用人单位对工作人员人身损害所负的赔偿责任与工伤保险的赔偿

用人单位的工作人员因工伤事故遭受人身损害,工作人员本人或其近亲属有权向用人单位主张损害赔偿,该请求权性质为侵权损害赔偿请求权,《民法典》实施之前,源于雇主责任。2003 年公布的《人身损害赔偿司法解释》第 11

条第 1 款规定:“雇员在从事雇佣活动中遭受人身损害,雇主应当承担赔偿责任。雇佣关系以外的第三人造成雇员人身损害的,赔偿权利人可以请求第三人承担赔偿责任,也可以请求雇主承担赔偿责任。雇主承担赔偿责任后,可以向第三人追偿。”该款系之前工作人员因工伤事故遭受人身损害向用人单位请求赔偿的直接依据。虽然《安全生产法》第 116 条第 1 款亦规定:“生产经营单位发生生产安全事故造成人员伤亡、他人财产损失的,应当依法承担赔偿责任;拒不承担或者其负责人逃匿的,由人民法院依法强制执行。”但一方面该条仅适用于生产经营性企业,且将生产安全事故作为责任承担的前提;另一方面该条所谓“依法承担赔偿责任”的一种解释是,该条并未规定生产经营单位的赔偿责任,仍需依据其他法律法规确定其赔偿责任,因此该条一般并未被用作工作人员因工伤事故遭受人身损害时向用人单位请求赔偿的直接依据。《民法典》实施之后,同时作出修订的《人身损害赔偿司法解释》(法释〔2020〕17 号)删除了原第 11 条前两款,《民法典》本身亦未增添相关内容,似乎意味着工作人员因工伤事故遭受人身损害,用人单位由承担无过错责任转变为过错责任。此种解释并不妥当,原因在于,《人身损害赔偿司法解释》保留并强化作出如下规定:“依法应当参加工伤保险统筹的用人单位的劳动者,因工伤事故遭受人身损害,劳动者或者其近亲属向人民法院起诉请求用人单位承担民事赔偿责任的,告知其按《工伤保险条例》的规定处理。”工伤保险赔偿替代该情形中的侵权损害赔偿,成为工作人员或其近亲属寻求救济的主要渠道。

上述论证并不意味着工作人员无权向用人单位直接请求损害赔偿。《安全生产法》第 56 条第 2 款规定:“因生产安全事故受到损害的从业人员,除依法享有工伤保险外,依照有关民事法律尚有获得赔偿的权利的,有权提出赔偿要求。”该款对特定情形下工伤保险赔偿和民事赔偿的顺序进行明确,遵循工伤保险赔偿优先救济原则,工作人员可以在生产安全事故受到损害的法定情形下,从工伤保险基金先行获得赔偿,然后再依据相关民事法律关系就侵权损害赔偿与工伤保险赔偿存在差额的部分主张权利。对于一般情形,最高院认为:“在工作人员因工作而自己受到损害的场合,存在两种情况,法律适用各不相同。一种情况是用人单位无过错,工作人员发生工伤事故是其自身劳动保护意识不强或本身违反操作规程导致的,如劳动纪律松弛、安全意识淡薄、违反操作规程等,此时,劳动者只能按工伤保险待遇标准获得赔偿……另一种情况是用人单位对工伤事故的造成存在重大过错,如管理不善、强迫加班等,此时,劳动者不仅构成工伤，而且用人单位对劳动者也构成一般民事侵权。这种情况下，劳动者既有获得工伤保险待遇的权利，也有获得民事赔偿的权利。当劳动者享受了工伤保险后，用人单位不能因为保险赔付而免责，仍需承担民事赔偿责任。需要注意的是，因工伤赔偿与民事侵权系同一主体（用人单位），此种情况下应当遵循工伤保险赔偿优先的原则，即劳动者应当优先请求工伤保险赔偿，然后再向用人单位主张工伤保险与民事赔偿差额部分的赔偿及要求给予精神损害赔偿等民事侵权责任。应当注意，劳动者不享有选择权。”[①]当然，工作人员主张差额部分赔偿及精神损害赔偿的依据是《民法典》第 1165 条，即过错责任。

综合上述论证，结合《工伤保险条例》，工作人员因工伤事故遭受人身损害，可主张的工伤保险待遇包括工伤医疗待遇、一次性医疗补助金、一次性伤残就业补助金、一次性伤残补助金、丧葬补助金、工亡补助金等，用人单位仍需承担停工留薪期工资和护理费、伤残津贴等费用，用人单位还可能承担工伤医疗待遇之外的医疗费用和精神损害赔偿等。就此医疗费用而言，工作人员使用的药品、服务是否为工伤治疗所必需和用人单位的过错程度是判断用人单位应否对工伤医疗待遇之外的医疗费用承担赔偿责任及确定赔偿数额的依据。此外，《工伤保险条例》第 62 条第 2 款规定：“依照本条例规定应当参加工伤保险而未参加工伤保险的用人单位职工发生工伤的，由该用人单位按照本条例规定的工伤保险待遇项目和标准支付费用。”

二、建筑施工安责险与工伤保险的赔付顺序

（一）建筑施工安责险原则上并行赔付，其赔付不以工伤保险赔付为前提

建筑施工安责险保险人对被保险人应负的赔偿责任，按照保险合同约定承担保险责任。具体而言，在从业人员因工伤事故遭受人身损害的情形中，建筑施工安责险保险合同一般约定的赔偿范围包括死亡赔偿金、残疾赔偿金和医疗费用，与工伤保险所承担的一次性伤残补助金、工亡补助金和工伤医疗待遇在偿付项目上具有相似性。

同时，考虑到建筑施工安责险作为财产保险，受到损失填补原则的限制，即

① 最高人民法院民法典贯彻实施工作领导小组主编：《中华人民共和国民法典侵权责任编理解与适用》，人民法院出版社 2020 年版，第 245－246 页。

保险人支付的保险金不得超过被保险人的实际损失[1],在某些情况下可能产生适用难题。有观点认为,如果认为工伤保险赔偿是对建筑施工安责险被保险人侵权责任的减免,那么在工伤保险已部分偿付的情况下,建筑施工安责险被保险人仍应承担的死亡赔偿金或残疾赔偿金类型的赔偿金额如何确定存在困难,而且《人身损害赔偿司法解释》关于残疾赔偿金和死亡赔偿金计算方式与《工伤保险条例》关于一次性伤残补助金和工亡补助金的计算方式差别难测,尤其是死亡赔偿金与工亡补助金基本一致,若以《人身损害赔偿司法解释》和《工伤保险条例》分别计算之后的差额作为建筑施工安责险被保险人仍应承担的残疾赔偿金或死亡赔偿金,再由建筑施工安责险保险人按照合同约定进行赔偿,这种操作实际将工伤保险看作商业保险,且在逻辑上违反了《保险法》第56条关于重复保险的规定。

我们认为,上述推论系对工伤保险的误解。《保险法》第56条规定的重复保险是以商业保险为前提,而工伤保险属社会保险,与建筑施工安责险属商业保险的性质不同,不存在所谓重复保险的问题。《安全生产法》第51条规定:"生产经营单位必须依法参加工伤保险,为从业人员缴纳保险费。国家鼓励生产经营单位投保安全生产责任保险;属于国家规定的高危行业、领域的生产经营单位,应当投保安全生产责任保险。具体范围和实施办法由国务院应急管理部门会同国务院财政部门、国务院保险监督管理机构和相关行业主管部门制定。"《安全生产责任保险实施办法》第3条亦规定:"按照本办法请求的经济赔偿,不影响参保的生产经营单位从业人员(含劳务派遣人员,下同)依法请求工伤保险赔偿的权利。"显然,工伤保险与建筑施工安责险并不排斥,工伤保险的赔偿并未减免用工企业的侵权责任。《八民纪要》就社会保险与侵权责任的关系在第9条指出,"被侵权人有权获得工伤保险待遇或者其他社会保险待遇的,侵权人的侵权责任不因受害人获得社会保险而减轻或者免除"。

综上,我们认为,建筑施工安责险与工伤保险的性质不同、赔付途径不同,建筑施工安责险的赔偿不以工伤保险赔付为前提。

(二)建筑施工安责险是以被保险人应承担的赔偿责任为保险标的,以被保险人实际承担或实际应承担的赔偿数额为限

建筑施工安责险是以被保险人应承担的赔偿责任为保险标的,工伤保险最

---

[1] 温世扬主编:《保险法》(第3版),法律出版社2016年版,第70页。

终的赔偿责任是工伤保险基金，被保险人仅缴纳工伤保险费用，工伤保险基金的赔偿能否视为被保险人的赔偿？对此，我们认为，从结果上看，工伤保险基金貌似替代用人单位对劳动者进行赔偿。但是，工伤保险基金是由众多用人单位缴纳工伤保险费用汇集而来，建立工伤保险基金的目的是在于强制用人单位缴纳工伤保险等费用，以法律强制力建立保障基金，防止用人单位在发生工伤事故时不能及时或无力赔偿劳动者，从而保障劳动者的基本权利，而非分散用人单位的用工风险。工伤保险基金对劳动者的赔偿是基于法律的规定而非民事合同进行赔偿。因此，工伤保险基金的赔偿不等同于用人单位的赔偿，即不等同于建筑施工安责险项下被保险人实际赔偿。

在有工伤保险基金赔偿的情形下，建筑施工安责险项下的被保险人并未承担赔偿责任，保险人无赔偿合同义务。但是，工伤保险赔偿有严格的赔偿范围限制，在实践中存在为抢救、治疗被保险人从业人员而发生的部分费用不在工伤保险赔偿范围的情形。对此费用，被保险人应当予以赔偿。如该费用符合建筑施工安责险合同约定的范围，被保险人请求保险人赔偿该费用的，应予支持。

三、被保险人未参加工伤保险，保险人不能以此抗辩而减免相应赔偿责任

《工伤保险条例》第 62 条第 2 款规定："依照本条例规定应当参加工伤保险而未参加工伤保险的用人单位职工发生工伤的，由该用人单位按照本条例规定的工伤保险待遇项目和标准支付费用。"根据该款规定，被保险人如未参加工伤保险，被保险人应自行按照规定的工伤保险待遇项目和标准支付费用，即被保险人自行承担赔偿责任。由此，保险人能否抗辩主张减免相应赔偿责任？如不能减免，是否会产生建筑施工安责险替代工伤保险而影响工伤保险的缴纳？对此，我们认为，保险人不能以此为由抗辩减免相应的赔偿责任，主要理由有：第一，被保险人承担该赔偿责任是建筑施工安责险的保险标的，如无合同特别约定，被保险人无合同依据减免自己的保险责任。第二，如前文所述，工伤保险与建筑施工安责险的性质不同，并行不悖，保险人提出该抗辩缺乏法律依据。第三，被保险人未参加工伤保险应由其承担相应的法律责任，不妨碍其民事权利的行使。《工伤保险条例》第 62 条第 1 款规定："用人单位依照本条例规定应当参加工伤保险而未参加的，由社会保险行政部门责令限期参加，补缴应当缴纳的工伤保险费，并自欠缴之日起，按日加收万分之五的滞纳金；逾期仍不缴纳

的,处欠缴数额1倍以上3倍以下的罚款。”根据该规定,被保险人未参加工伤保险应由其承担相应行政责任。行政责任与民事责任的性质不同,不应混淆。保险人与被保险人之间是保险合同关系,即使保险人存在违法行为,应由执法机关对其违法行为进行评价与苛责,保险人无权在民事合同关系中主张抗辩。益阳中院(2018)湘09民终858号案认为,建筑施工安责险与工伤保险是并行关系,用人单位是否投保工伤保险不影响建筑施工安责险的全额赔付。益阳市赫山区法院(2020)湘0903民初1579号案亦持相同观点。

四、建筑施工安责险的赔付路径

虽然工伤保险的存在使建筑施工安责险仅可能在医疗费用部分引发损失填补原则的适用,但损失填补原则所要避免的被保险人道德风险始终存在。若从业人员或其近亲属已从工伤保险获得赔偿,建筑施工安责险被保险人在取得从业人员的死亡赔偿金、残疾赔偿金或医疗费用赔偿后未转付给从业人员或其近亲属,而该从业人员或其近亲属对此费用并未主张赔偿,则可能诱发被保险人道德风险。并且《保险法》第65条第3款规定:“责任保险的被保险人给第三者造成损害,被保险人未向该第三者赔偿的,保险人不得向被保险人赔偿保险金。”建筑施工安责险被保险人未向相关从业人员赔偿时,无权要求保险人承担相应保险责任。

此外,《保险法》第65条第2款规定:“责任保险的被保险人给第三者造成损害,被保险人对第三者应负的赔偿责任确定的,根据被保险人的请求,保险人应当直接向该第三者赔偿保险金。被保险人怠于请求的,第三者有权就其应获赔偿部分直接向保险人请求赔偿保险金。”由此可见,在被保险人应负的赔偿责任确定的情况下,由被保险人请求保险人直接向相关从业人员支付保险金是最优的偿付路径,法律也在特定情况下赋予了相关从业人员直接向保险人请求赔偿保险金的权利。

第2.11条 【工程环境污染责任保险渐进性污染的表现形态】

工程被保险人从事业务活动过程中因业务的需要所进行的经常性排污行为所导致的渐进性损失,如工程施工噪声污染等造成的损失,建设工程环境污染责任保险的保险人主张不承担保险责任的,应予支持。

保险人对意外事故引起的渐进性污染主张不承担保险责任的,不予支持。

【条文主旨】

通常情况下,渐进性污染导致的损失不在环境污染责任保险赔偿的范围之内。但实践中,渐进性污染的表现形态和成因不同;意外事故引起的渐进性污染,我们认为,应当属于环境污染责任险的保险范围。

【理解与适用】

一、环境污染责任保险基本的法律关系以及需要厘清的几个概念

(一)环境污染责任保险基本的法律关系

《保险术语》(GB/T 36687－2018)第3.6.7条规定,环境污染责任保险(environmental pollution liability insurance)是"以被保险人因其污染环境致使第三者遭受损害,应当承担的赔偿或治理责任为保险标的的责任保险"。环境污染责任保险是一种特殊的责任保险,是在第二次世界大战以后经济迅速发展、环境问题日益突出的背景下诞生的。

环境污染责任保险本质上是一种财产保险,也是一种责任保险,在环境污染责任保险法律关系中,保险人承担了被保险人因意外造成环境污染的经济赔偿和治理成本,使第三方污染受害者在被保险人无力赔偿的情况下也能及时得到给付。《保险法》第65条第1款规定:"保险人对责任保险的被保险人给第三者造成的损害,可以依照法律的规定或合同的约定,直接向该第三者赔偿保险金。"保险人承保后,会要求企业在投保同时完善环境污染风险防范措施。这在一定程度上能够促进企业自身风险的管控,从而产生更大的社会意义。环境污染责任保险在一定程度上强化了保险对环境污染事故的预防和风险管理职能。因此,对于环境污染责任保险的理解和处理,不仅与《保险法》相关,而且与《民法典》等其他法律相关。

生态环境部于2018年5月7日审议并原则通过的《环境污染强制责任保险管理办法(草案)》规定,从事环境高风险生产经营活动的企业事业单位和其他生产经营者应投保环境污染强制责任保险。国际经验表明,涉及公共安全的

险种的发展离不开完善的法律制度和环境，离不开政府的强制推动或财政补贴等政策。比如，对于环境污染责任险，保险人会根据被保险人环境管理状况厘定保费、费率，承保之前和承保期间都会定期对被保险人进行风险勘察。如果被保险人的环境管理措施不到位，保险人或者拒绝承保，或者会要求提高保险费率。

（二）需要特别厘清的几个基本概念

以下几组保险基本概念在环境污染责任保险中经常出现，需要予以厘清。

1. 期内索赔制和期内发生制

期内索赔制是指在保险期间内提出保险索赔。比如，2021 年 1 月 1 日至 2021 年 12 月 31 日保险期间的保单，在此保单期间内提出保险索赔，保单就会响应。保险事故实际发生可能在 2021 年 1 月 1 日之前，当时并没有发现或者没有提出索赔。这种格式的保单通常会约定一个追溯期，如追溯期可以追溯到 2019 年 1 月 1 日，这个日期通常是保险人首次承保本业务的起始日期。保单追溯期过长会使保险人承担过多的不确定性风险，因此追溯期也是保险人和投保人关注的一个问题。

期内发生制是指在保险期间内发生事故，而提出保险索赔的时间可以在保单结束后。比如，2021 年 1 月 1 日至 12 月 31 日保险期间的保单，这个期间管道漏油，但是没有发现或者没有提出索赔，保单结束后才提出索赔。事实证明管道漏油的发生是在保险期间内，保单就可以响应。这种格式的保单会导致保险人在保单结束后依然面临索赔，从保险人的财务预算而言，需要预留充足准备金，而且未来风险不确定性很大，因此这种保单格式不是保险人普遍接受的条款格式，其市场范围就小很多，并且保费相对较高。在实务中，有些北美业主或者项目所在地在北美，通常会要求用事故发生制保单格式。

2. 首赔层责任和超赔层责任

首赔层责任是按照合同要求，通常是要求承包人购买首赔层责任险（如 1000 万元责任限额），那么，发生责任事故后，如承包人施工作业过程中造成第三方损失，则承包人首赔层保单先赔偿。如果第三方损失超过 1000 万元，则会启动业主购买的超赔层责任保险。建设工程项目合同中通常会约定承包人承担首赔层责任以及对应的责任限额，业主承担超赔层责任。保险安排上，发包人和承包人各自购买的保单中都会约定清楚谁是首赔层责任谁是超赔层责任。

实践中，通常业主特别是油气行业作业者承担更多的环境污染责任（相对于承包人而言）。因为承包人在项目中获取的仅仅是工程款，并无巨额投资及相应的收益，无法承担重大的环境污染责任。比如，在墨西哥湾深水地平线钻井艇井喷导致爆炸火灾事故中，钻井等承包人对第三方承担的也是有限责任，绝大部分的清污费用和对第三方赔偿都是由发包人英国 BP 公司承担的。

二、建设工程环境污染保险的种类和适用场景

（一）环境损害责任保险

大多数企业都存在环境风险，要么是由于它们正在进行的经营活动，要么是它们的历史污染。造成污染的一方应当赔偿对环境造成的损害，即遵循污染者付费原则。历史污染的责任一般由污染者承担，如果污染者不再存在，则由当前的土地所有者或占用人承担。环境损害责任保险 EIL 保单旨在应对上述这些风险敞口，包括历史污染的损失、持续经营造成污染的损失，或两者的组合。保单涵盖包括因财产损害、人身伤害和任何相关法律费用而产生的费用以及突发事件和逐渐污染所引起的未来补救费用。这种保单还可以赔偿第一方（被保险人）业务中断的损失，如污染事故造成的租金收入损失或利润损失。通常，这种保险限于每年一次。不过，根据业务类型，也有可能获得 3 ~ 5 年的保险。历史污染保单的投保期可以比较长，一般为 10 年，投保前通常须向保险人提交环境调查报告。保险范围（以及业务风险的性质）将影响保单保费，这类保险的保费一般比较高。

环境损害责任保险 EIL 保单与标准责任险保单和标准财产险保单保险范围有很大不同。区别见表 2 – 3。

表 2 – 3 EIL 保单、标准责任险保单、标准财产险保单措辞比较

	自行清理费用	渐进性污染	历史污染	生物多样性破坏	法定清理费用	减排费用
EIL 保单措辞	是	是	是	是	是	是
标准责任险保单措辞	否	否	否	否	否	否
标准财产险保单措辞	否	否	否	否	否	否

（二）场地环境污染责任保险和承包人环境污染责任保险

场地环境污染责任保险通常由甲方购买，保障场地内的污染事故导致的第三方损失和索赔。承包人环境污染责任保险是由承包人购买，保障承包人的活动导致的第三方损失和索赔。

在英国，由“突发、非本意和意外”污染事故引起的第三方索赔，也通常由综合责任保险保单或扩展保单承保。1991 年，英国保险商协会在责任保险保单中引入了污染责任的标准除外条款。标准除外条款有效地将“突发、非本意和意外”污染事件引起的第三方损害限定在承保范围内。

在国际工程实践中，承包人购买的综合责任保险（General Liability，GL；or Comprehensive General Liability，CGL）或第三者责任险（Third Party Liability，TPL）可扩展环境污染责任，通常也只保障突发或意外污染责任。不限定突发或意外的污染责任（或在合同中叫作环境责任），属于更广泛的环境责任，如渐进性污染造成的损失和责任，需要专门的环境责任保险承保人报价，这种情况下，环境责任保险的保费较高。

上述介绍的环境损害责任保险保障的污染并不限于突发和意外。目前国内市场通行的环境污染责任险的污染指的是突发的、意外的污染。实践中，环境污染的表现形态复杂多样，环保部门与银保监会的有关指导意见并没有对环境污染责任保险承保的污染表现形态作出明确规定。下文将重点分析国内的环境污染责任保险承保和免责的不同污染表现形态。

三、工程环境污染责任保险渐进性污染的表现形态

《人保财险公司环境污染责任保险条款》中“环境污染事故”，是指因突发意外事故使外部自然环境受到污染，导致人体健康受到危害、社会经济与人民财产受到损失、造成不良社会影响的突发性事件。这一过程必须是突然的和不可预料的，而不是缓慢和渐进的行为。《中华联合财险公司环境污染责任保险条款》中“意外事故”的释义也指突发的、非本意的、不可预见的事故。

（一）被保险人从事业务活动过程中因业务的需要所进行的经常性排污行为所导致的渐进性损失，保险人应当免责

我们在理解“被保险人从事业务活动过程中因业务的需要所进行的经常性排污行为所导致的渐进性损失”时，往往对渐进性损失和污染的理解有难度。一方面，我们认为渐进性污染具有持续性、缓慢性、累积性、长期性、潜伏性、隐

蔽性,其损失程度和后果严重且具有不确定性及不可逆性等特点。这显然与上述保险人保险条款中的突发的、不可预见的突发性事故污染不同。另一方面,渐进性污染亦有与突发性污染都具有非本意性或非故意性,即事故的发生是非故意的、非预期的、非计划的。

判定渐进性污染和突发性污染两者区别的标准首先在于判断污染事故是否属于一次性的突发意外事故。突发性污染事故发生过程必须是突然的和不可预料的,而不是缓慢和渐进的过程。其次在于区分环境污染责任保险费率厘定。突发性污染造成的直接损失责任易认定、损失可量化,而渐进性污染长期性、潜伏性等特征使损害后果在法律上也具有不确定性,无形中也增加了渐进性环境污染责任保险费率厘定的难度。

在河北高院(2018)冀民申5554号中华联合财险公司与胡某某噪声污染责任纠纷案中,中铁十一局京沈京冀客专Ⅶ标段指挥部在中华联合财险公司等保险人投保建筑安装工程一切险及附加第三者责任险。河北高院经审查认为,从保险合同的内容来看,该保险条款包括第三者责任险。第三者责任事故处理的约定为:兹双方约定,被保险人给第三者造成损害,被保险人对第三者应负的赔偿责任确定的,保险人依据被保险人与第三者签订的赔偿协议,在赔偿限额内进行赔付。中铁十一局在施工过程中因爆破噪声对胡某某所养的猪造成的损害,依据保险合同的约定,申请人应当承担相应的赔偿责任。保险人主张的免责事由不成立,法院不予支持。

以上案例,法院依据建筑安装工程一切险及附加第三者责任险条款判决保险人对施工噪声污染产生的损失承担责任。我们认为,首先,该判决保险合同条款依据不足。通常情况下,第三者责任险项下可以扩展环境污染责任保险,或者由投保人单独购买环境污染责任保险。施工噪声污染产生的损失赔偿应当在环境污染责任保险项下赔偿,而不是在第三者责任险项下赔偿。其次,法院并未对施工噪声污染的渐进性或意外性进行确认。施工噪声污染造成的损失在性质上应当是一种被保险人从事业务活动过程中因业务的需要所进行的经常性排污行为所导致的渐进性损失,此种渐进性污染表现形态并不属于环境污染责任保险的保险范围。法院判决由保险人承担保险赔偿责任值得商榷。

(二)建设工程环境污染责任保险的保险事故应当包括意外事故引起的渐进性污染事故

目前,市场通行保险条款都明确将引起污染的原因限定于"突发意外事故",但对污染的表现形态没有作出明确的定义,虽然市场通行保险条款除外了因业务的需要所进行的经常性排污行为所导致的渐进性损失,但是没有明确除外其他类型的渐进性污染,如由意外事故引起的渐进性污染等。

意外事故引起的渐进性污染与经常性经营活动中产生的渐进性污染的判断标准在于渐进性污染发生的原因。意外事故引起的渐进性污染是指因意外事故的发生导致环境的渐进性污染。这里的渐进性污染也具有持续性、缓慢性、累积性、长期性、潜伏性、隐蔽性,引起的损失程度和后果严重,且具有不确定性及不可逆性等特点。

保险人对意外事故引起的渐进性污染承担保险责任要满足以下几点构成要素:

1. 发生意外事故。意外事故是指突发的、非本意的、不可预见的事故。

2. 意外事故引起的渐进性污染是非故意的,不可预见的,且被保险人无法通过采取合理手段避免。

3. 渐进性污染与意外事故之间有直接的引起与被引起的因果关系。

安宁市法院(2017)云0181民初864号案认为:该事故系原告云南祥丰金麦化工有限公司污水处理池发生泄漏,导致应急用应急池内因雨水过大冲刷,使污水外泄导致案外人财产受损的事实,系由环境污染引发,案发地渣场管道中途泄漏所挖的应急池,属于保险合同中特别约定的承保范围,故为环境污染责任保险赔偿的范围,应由被告大地财险公司安宁支公司予以承保。被告大地财险公司安宁支公司辩称的案涉事故为逐渐发生的事故,即属于非突发性或非意外的事故,不应由其承担赔偿责任。安宁市法院认为,保险人的保险责任成立,即该案中的损失是由意外性的污染事故导致的。

四、借鉴国外环境污染责任保险在保险事故渐进性方面的实践和发展,国内保险业引入和创新渐进性污染事故发生的环境污染责任保单,以适应更多更广泛的市场需求

鉴于以上分析,我国国内的环境污染责任保险承保范围有限,渐进性污染导致的损失大多不在环境污染责任保险范围之内。为满足国内更多更广泛的

市场需求,可以借鉴国外环境污染责任保险在保险事故渐进性方面的实践和发展。比如,国外承包人 A 承包了一个大型工业设施维修项目,在维修施工时,由于阀门过紧导致一根油管泄漏。泄漏是逐渐发生的,因此一开始并不明显。然而,随着时间的推移,泄漏导致土地污染并需要进行土地修复工程。因承包人 A 的工艺有缺陷,故其要对这些工程负责。承包人 A 的环境污染责任保单排除了与渐进性污染有关的责任。如果承包人 A 在开始维修施工时就投保承包人污染责任险 CPL 或者环境损害责任保险 EIL,这两种险种区别于传统的环境污染责任保险,上述案例中油管泄漏逐渐产生的损失和责任就可以由承包人污染责任险 CPL 或者环境损害责任保险 EIL 给予相应的保险保障和覆盖了。

五、《民法典》及后续出台的司法解释对污染者赔偿责任要求的提高,有利于推动环境保护领域责任保险的发展

《民法典》首次从立法层面就生态环境损害赔偿提供了明确的实体法依据;首次在侵权责任编增加了破坏生态环境责任的规定,专门在侵权责任编环境污染和生态破坏责任一章第 1232 条新增规定了生态环境惩罚性赔偿制度,完善了环境侵权范围;明确了侵权人的生态环境修复责任;确立了生态环境公益诉讼制度,明确了生态环境损害赔偿的范围,有力回应了社会发展所提出的环境问题。

《民法典》第 1232 条规定:“侵权人违反法律规定故意污染环境、破坏生态造成严重后果的,被侵权人有权请求相应的惩罚性赔偿。”惩罚性赔偿,突破损害赔偿填平原则,通过让恶意的不法行为人承担超出实际损害数额的赔偿,达到充分救济受害人、制裁恶意侵权人的效果,具有惩罚、震慑、预防等多重功能。2022 年 1 月,最高院把贯彻实施好《民法典》生态环境惩罚性赔偿制度,作为践行习近平生态文明思想、习近平法治思想的生动实践,指导各级法院积极开展工作探索。在认真总结各地法院司法经验的基础上,经过反复调研论证和广泛征求意见,就生态环境侵权纠纷案件适用惩罚性赔偿的范围、认定要件、计算基数和倍数等具体问题予以规范,制定出台了《关于审理生态环境侵权纠纷案件适用惩罚性赔偿的解释》。该解释明确了人民法院审理生态环境侵权纠纷案件适用惩罚性赔偿的原则,进一步细化了当事人主张惩罚性赔偿的时点和具体请求,惩罚性赔偿的适用条件、履行顺位等问题,确保《民法典》生态环境惩罚性制度在审判实践中落实落细,见行见效。

因此,与之相伴的是生产经营与生态环境密切相关的企业投保需求的扩大。保险人可考虑开发全新的生态环境损害责任险产品,也可根据上述变化适时调整现有环境污染责任保险条款设计。

第2.12条 【行政行为是否构成建设工程环境污染责任保险免责事由的判定原则】

建设工程环境污染责任保险中,保险人以损失、费用和责任系行政行为造成为由主张免责的,对行政行为是否构成免责事由,应按照如下原则予以判定:

(1)因惩罚性行政行为产生的损失、费用和责任,构成保险人免责事由;

(2)以预防下一次污染事故发生为直接目的的行政行为造成的损失、费用和责任,构成保险人免责事由;

(3)行政行为不造成被保险人义务和责任发生转移的,其造成的损失、费用和责任,不构成保险人免责事由。

【条文主旨】

发生环境污染责任保险事故后,判定行政行为是否构成免责事由的原则我们认为有以下三点:一是判定惩罚性行政行为如行政处罚等为免责事由。二是我们应区分行政行为本身的“直接目的”。该行政行为的直接目的应限于为此次环境污染事故做出的行政行为。预防下一次污染事故发生的行政行为,如环保部门要求环保设施设备整改的费用,保险人应当免责。三是我们应判断被保险人在环境污染责任保险项下的责任是否因行政行为而发生被保险人义务和责任的转移。

【理解与适用】

环境污染责任保险中关于保险人因行政行为免责的条款通常的约定和表述如下:行政行为造成的损失、费用和责任,保险人不负责赔偿。

一、行政行为的定义和内涵外延

环境污染责任保险条款中,行政行为造成的损失、费用和责任,不属于保险人损失赔偿范畴。但为避免出现保险人滥用行政行为这一事由进行免责，应当对环境污染责任保险保单中的“行政行为”之内涵和外延予以厘定。详见本书第1.14条。

二、行政行为是否构成免责事由的判定原则

首先，判定惩罚性行政行为如行政处罚等为免责事由。

《行政处罚法》第2条规定：“行政处罚是指行政机关依法对违反行政管理秩序的公民、法人或者其他组织，以减损权益或者增加义务的方式予以惩戒的行为。”判断某一污染环境、破坏生态行为是否具有违法性，应充分关注政府行政机关在环境治理体系中所处的主导地位。被保险人实施了污染环境、破坏生态的不法行为，是对其施以惩罚或处罚的正当性基础。《保险法》第57条中规定，“保险事故发生时，被保险人应当尽力采取必要的措施，防止或者减少损失。保险事故发生后，被保险人为防止或者减少保险标的的损失所支付的必要的、合理的费用，由保险人承担”。《保险法》第64条规定：“保险人、被保险人为查明和确定保险事故的性质、原因和保险标的的损失程度所支付的必要的、合理的费用，由保险人承担。”从保险人承担的责任和费用损失性质上看，此类属于民事责任和损失范围，并不包含行政责任及相关费用损失。行政处罚行为的责任和费用损失性质属于行政责任和损失。显而易见，因被保险人环境违法行为导致的行政处罚，不能通过保险转移被保险人应当承担的行政责任。

其次，我们应区分行政行为本身的“直接目的”。该行政行为，直接目的应限于为此次环境污染事故做出的行政行为。预防下一次污染事故发生的行政行为，如环保部门要求环保设施设备整改的费用，保险人应当免责。

生态环境部于2021年12月发布了第二批生态环境损害赔偿磋商十大典型案例。其中，以重庆市南川区某公司赤泥浆输送管道泄漏污染凤咀江生态环境损害赔偿案为例。2020年3月，重庆市南川区某公司赤泥浆输送管道焊接处因长期高压冲击发生破裂，17立方米赤泥浆流入凤咀江顺流而下，致使水体碱度升高，鱼类大量死亡。经第三方机构鉴定评估，本次泄漏事故定性为一般（Ⅳ级）突发环境事件，凤咀江水生态环境、天然渔业资源等受到严重损害，生态环境损害量化金额为70.58万元。经磋商达成一致意见并签订赔偿协议，由该公司承担生态环境损害赔偿费用共计106.95万元，其中包括主动投入36.37万元对跨江管道实施整改。2020年5月25日，南川区生态环境局依法作出罚款1.9

万元的行政处罚。2020 年 9 月 26 日,该公司完成了跨江赤泥浆输送管道密封罩和废水收集池整改验收。

该案例中,南川区生态环境局依法作出罚款 1.9 万元的行政处罚,作为惩罚性行政行为的 1.9 万元罚款不应在保险人的保险责任范围内。《保险法》第 57 条第 2 款中规定,"保险事故发生后,被保险人为防止或者减少保险标的的损失所支付的必要的、合理的费用,由保险人承担"。由此可见,被保险人采取的预防或减少保险标的的损失所支付的费用是直接针对本次保险事故。因此,整改方案中的跨江赤泥浆输送管道密封罩和废水收集池整改费用是为避免下次环境污染事故发生而产生的费用,也应当排除在环境污染责任保险范围之外。

最后,我们应判断被保险人在环境污染责任保险项下的责任是否因行政行为而发生被保险人义务和责任的转移。

平安财险公司和中华联合财险公司环境污染责任保险条款第 4 条均约定:"发生意外事故后,被保险人为了控制污染物的扩散,尽量减少对第三者的损害,或为了抢救第三者的生命、财产所发生的合理必要的施救费用,保险人负责赔偿。"《保险法》第 57 条中规定,"保险事故发生时,被保险人应当尽力采取必要的措施,防止或者减少损失。保险事故发生后,被保险人为防止或者减少保险标的的损失所支付的必要的、合理的费用,由保险人承担"。根据该条规定,控制污染物的扩散,尽量减少对第三者的损害,或为了抢救第三者的生命、财产所发生的合理必要的施救是被保险人的义务和责任。实践中当发生环境污染事故时,行政机关可能代为履行被保险人的该种义务和责任,采取某种紧急处置或行政强制措施。

以行政强制措施中的代履行为例,《行政强制法》第 50 条规定,"行政机关依法作出要求当事人履行排除妨碍、恢复原状等义务的行政决定,当事人逾期不履行,经催告仍不履行,其后果已经或者将危害交通安全、造成环境污染或者破坏自然资源的,行政机关可以代履行,或者委托没有利害关系的第三人代履行"。根据该规定确定的原则,在代履行的情况下,行政相对人(被保险人)的义务和责任仍应当属于行政相对人,并不会因为行政行为的干预发生义务和责任的转移。由此推断,因代履行等行政行为产生的费用、损失和责任,保险人免责明显不合理,因而不应免责。

第三章

工程质量潜在缺陷保险

导 论

一、工程质量潜在缺陷保险概述

（一）基本概念

广义上的工程质量保险，是指由保险公司对工程质量问题损坏予以赔偿、维修或重置的保险。其包括工程质量潜在缺陷保险、工程质量保证保险、一切险等与工程质量有关的保险。

狭义上的工程质量保险，仅指工程质量潜在缺陷保险。工程质量潜在缺陷保险，指由建设单位投保的、保险公司根据保险条款约定、对在保险范围和保险期限内出现的由于工程质量潜在缺陷所导致的投保建筑物损坏履行赔偿义务的保险。在国外此种类型的保险全称为 Inherent Defect Insurance（直译为潜在缺陷保险），简称 IDI，由于其保险责任期限通常长达 10 年，也翻译为十年责任保险。

工程质量潜在缺陷保险是一种建筑产品建成售出后在使用过程中保护购买者利益、协调各方权利义务的保险制度。当购买者在建筑物使用过程中发现建筑物出现质量缺陷时，购买者可以直接向保险人提出索赔申请，保险公司核实信息后，对出现的质量缺陷进行维护或赔偿。这大大降低了购买者维权的难度，从而保护了购买者的利益。同时，在这一保险业务开展过程中，保险人可以根据开发商的信誉记录调整保险费率，促进建设单位规范建设行为，提高建筑质量标准。

（二）工程质量潜在缺陷保险的特征

1. 保证性

工程质量潜在缺陷保险具有保证担保的特征，建设单位投保工程质量潜在缺陷保险，相当于保险公司向相关第三方保证或承诺，当投保人建设的建筑工程发生潜在缺陷质量事故造成建筑物损害时，由保险公司向遭受损害的第三者负责赔偿。从这个意义上说，保险公司为建筑物的质量和保修予以信用加持。

2. 社会性

保险公司为了降低风险、提前监管建设过程，在这一险种的设计中，加入了包括技术检验服务、案例追查等一系列经营原则和制度，这些原则和制度使工程质量保险除了具有补偿保障功能外，还具有很强的第三方监督和服务职能以及社会风险管理功能，这不仅能稳定购买者对于建筑物的未来预期，还能推动工程质量的提高和工程管理水平的提升，对于稳定社会关系，帮助职能部门监管工程质量起到重要作用，因此，各地住建部门都在推行工程质量潜在缺陷保险。

3. 类强制性

强制险又称法定保险，是由法律规定必须参加的保险，交强险（机动车交通事故责任强制保险）是我国首个由国家法律规定实行的强制险。工程质量潜在缺陷保险是为建立健全工程质量风险管控体系，切实保障住宅工程产权所有人合法权益所设立，各地住建部门在出台推行工程质量潜在缺陷保险的规定中，将投保工程质量潜在缺陷保险作为购地条件，此种推行的力度和方法有可能将工程质量潜在缺陷保险纳入必保范围，类似于强制险。

4. 预防性

工程质量潜在缺陷保险区别于其他险种的重要特点是，保险公司从自身经济利益出发，积极参与工程的监督和质量管理，将控制工程质量风险的关口前移。保险公司聘请的专业管理团队在工程风险的评估和控制方面有一般人不具有的专业优势，对投保工程从规划阶段、设计阶段到施工全过程进行风险控制，将质量责任提前落到实处。因此，这一险种的推行对于工程质量风险起到了较好的预防作用。

（三）工程质量潜在缺陷保险与其他相关险种的区别

1. 工程质量潜在缺陷保险与建筑工程一切险、安装工程一切险

根本区别在于承保的工程阶段不同，建筑工程一切险、安装工程一切险承保的是工程施工期间的保险责任，而工程质量潜在缺陷保险承保的是工程竣工验收后的保险责任。因此，工程质量潜在缺陷保险发生在建设工程一切险、安装工程一切险保险期间截止以后，二者承保的保险责任期间没有重合。

2. 工程质量潜在缺陷保险和财产一切险

二者的根本区别是保险责任的范围不同。工程质量潜在缺陷保险承保的

是建筑物内在质量缺陷引起的质量事故风险,外部原因引起的建筑物损害不在工程质量潜在缺陷保险的保险责任范围之内。财产一切险承保建筑物在保险期间内因自然灾害或意外事故造成的直接物质损坏或灭失,保险公司按照约定负责赔偿,建筑物的内在质量缺陷属于财产一切险的除外责任范围。因此,工程质量潜在缺陷保险和财产一切险的保险责任范围没有重合。

3. 工程质量潜在缺陷保险与职业责任险

二者的根本区别在于被保险人不同。不可否认,工程质量潜在缺陷保险与职业责任险在保险责任上有重合的地方。例如,工程设计责任险承保由于设计人员履职不当造成设计缺陷,进而导致意外事故发生的损失。工程质量潜在缺陷保险承保建筑物潜在质量缺陷引起的意外事故造成的损失,如果建筑物的潜在缺陷是设计缺陷,那这两个险种的保险责任范围就是重合的。一旦发生设计缺陷造成的保险事故,被保险人可以基于这两个险种向保险公司索赔。但两者不同的是,工程质量潜在缺陷保险的被保险人是建设单位或购房业主,因此,索赔的主体是建设单位或购房业主。职业责任险的索赔主体是设计师的职业单位,以及设计公司、监理公司或其他的履职人员所代表或任职的主体。

(四)工程质量潜在缺陷保险的发展

1. 工程质量潜在缺陷保险在国外的发展

IDI 最早产生于法国,法国《民法典》第 1792 条明确了各参建单位对于建筑工程完工交付起的 10 年期的严格责任,涵盖的损失类型包括建筑物主体结构缺陷和非主体结构缺陷(无法实现设计目的,unfit for purpose)。1978 年的法国《保险法》第四部分规定,任何个人和法人,凡涉及房屋建造销售,都要参与保险。此后,意大利、芬兰、澳大利亚、日本、美国、加拿大等发达国家纷纷效仿,立法强制投保该类保险。这些国家通过引入保险,使保险人承担责任,并通过派出或委托专业技术人员复查工程质量,以达到控制风险的目的。从 1978 年起法国立法强制实行 IDI 保险制度后,法国一直是 IDI 保险最大的市场,每年保险费约为 7 亿欧元。其他国家的立法大多只强制要求部分工程投保,如在西班牙强制投保的范围是公用建筑物和居住用房,在芬兰强制投保的范围仅是住宅。

2. 工程质量潜在缺陷保险在我国的发展

2002 年,建设工程质量保险首次进入我国政策调研范畴。

2005 年 8 月，原建设部和原保监会联合发布《关于推进建设工程质量保险工作的意见》，为推进工程质量保险工作提出了基本制度框架。

2006 年，原保监会批准中国人民财产保险股份有限公司制定的《建设工程质量保险条款》；2006 年 9 月原建设部与原保监会联合下文，在北京、上海、深圳等 14 个城市正式启动建设工程质量保险试点工作。

2008 年，全国建设工程质量保险的第一批试点项目珠海格力广场小区项目和苏州天辰花园项目正式启动，签约上述项目的是长安责任保险公司。

2012 年，上海市建设交通委、原保监会上海监管局等联合发布了《关于推行上海市住宅工程质量潜在缺陷保险的试行意见》，着手开展为期 3 年的 IDI 试点工作。

2016 年 1 月，北京市正式施行《北京市建设工程质量条例》，明确要求推行建设工程质量保险制度；2016 年 6 月，上海市出台《关于本市推进商品住宅和保障性住宅工程质量潜在缺陷保险的实施意见》（已于 2019 年 3 月更新），并于 2016 年 11 月印发了具体的理赔服务规范（现已失效），于 2017 年印发具体的试行实施细则（已于 2019 年 9 月发布正式版本）。

2017 年 4 月，住建部下发《关于开展工程质量安全提升行动试点申报工作的通知》，9 个省份开展了工程质量潜在缺陷保险试点工作，其中北京、上海、江苏、浙江、山东、安徽、广东均有项目落地。

2018 年 3 月，住建部工程质量安全监管司在工作要点中明确写入要积极稳妥推进工程质量保险试点工作。

2018 年 11 月，中国保险行业协会发布我国首套正式公开发布的 IDI 质量风险控制机构工作标准——《建筑工程质量潜在缺陷保险质量风险控制机构工作规范》，对于质量风险控制机构的细化管理，将推动国内建筑工程质量潜在缺陷保险进一步发展。

2019 年，《住房和城乡建设部关于完善质量保障体系提升建筑工程品质的指导意见》要求加快发展工程质量保险。同年 3 月，上海市更新《关于本市推进商品住宅和保障性住宅工程质量潜在缺陷保险的实施意见》（以下简称“上海市细则”）；4 月，北京市出台《北京市住宅工程质量潜在缺陷保险暂行管理办法》（以下简称“北京市细则”）；9 月，上海市出台正式版《上海市住宅工程质量潜在缺陷保险实施细则》。

二、工程质量潜在缺陷保险构成要件

（一）工程质量潜在缺陷保险的主体

1. 投保人

工程质量潜在缺陷保险的投保人，通常为对建筑工程潜在缺陷负有责任的建设单位或开发商，实践中还包括政府投资项目的项目主管单位或建设项目的主管单位、代建单位。在各地住建部门的规范性意见中，也推荐或鼓励勘察、设计、施工、监理、预拌混凝土生产及建筑预制构配件生产供应等有关单位及其人员作为投保人投保工程质量潜在缺陷保险。

2. 被保险人

工程质量潜在缺陷保险的被保险人，为对建筑工程的内在缺陷有经济利益的主体，包括建筑工程初始所有权人、受让人、继承人以及政府投资项目的项目主管单位或建设项目的主管单位、代建单位，也有可能扩展为使用权人、居住权人、承租人或融资机构。

3. 受益人

工程质量潜在缺陷保险属于财产险范围，根据《保险法》第 18 条第 3 款的规定，受益人被限定于人身保险合同中，财产保险领域并不存在保险法意义上的“受益人”。但是，这并不意味着财产险合同中不能约定受益人，也不意味着约定了受益人属于无效约定。工程质量潜在缺陷保险中，很多地方的住建部门在规范性意见中将购房业主界定为受益人，因此，保险公司在保险合同中可以以特约或扩展条款的方式将建筑工程的受让人或购房业主约定为受益人。

4. 索赔权益人

索赔权益人，从文义解释是对保险标的享有保险利益，依据保险合同约定享有索赔权利的权利人，包括被保险人和受益人。严格来说，索赔权益人这一概念并非保险法上的概念，而出现在各地住建部门关于工程质量缺陷保险的规范性意见中，这些规范性意见中索赔权益人均指业主，即住宅或者其他建设工程的所有权人。

（二）工程质量潜在缺陷保险的保险方式

工程质量潜在缺陷保险的承保可以采取单一保险公司保险或采取共保模式。共保是共同保险的简称，是指两个或两个以上的保险公司及其分支机构使用同一保险合同，对同一保险标的、同一保险责任、同一保险期限和同一保险金额进行的保险。共保可采用成立共保集团或者签订共保协议的方式。“上海市细则”与“北京市细则”中都要求工程质量潜在缺陷保险的承保模式采取“共保模式”,共保体由牵头保险公司和至少两家成员保险公司组成,并实行统一保险条款、统一保险费率、统一理赔服务、统一分配份额、统一信息平台。同时,参加共保的保险公司也应由住房和城乡建设、金融监管部门通过公开招标方式确定。上海相关实施意见中还对共保模式的牵头保险公司的注册资金、偿付能力充足率、抗风险能力、资质业绩等作出具体规定。

(三)可投保的项目类型

目前,国内可保工程质量潜在缺陷保险的项目涵盖房建工程和市政工程,房建项目包括住宅、园区、办公楼、医院、学校、博物馆、工业楼宇以及文体中心等同类型项目;市政工程项目包括桥梁、高架桥、明挖隧道、明挖箱涵以及挡土墙等同类型项目。实践中投保工程质量潜在缺陷保险的主要工程类型为住宅和写字楼,深圳有关于代建制的市政工程投保工程质量潜在缺陷保险的经验,其余项目鲜有投保工程质量潜在缺陷保险。

(四)示范性保险条款

保险公司按照法律法规及有关规范性文件,根据建设工程风险程度、工程技术复杂程度、参建单位企业资质和诚信情况、风险管理要求、历史理赔数据、再保险市场状况等,公平、合理拟定工程质量潜在缺陷保险的保险条款,该条款仅作为示范性框架条款。各地需结合地方的保修范围、保险方案、服务要求等部分修改框架条款的措辞,并在使用时报备地方版条款。同时,保险公司需要制订工程质量风险评估实施方案、保险告知书、保险理赔应急预案等,作为保险合同的附件。中国保险行业协会官方网站(http://www. iachina. cn/)中,首页“保险产品”模块下设“财产保险投资型保险产品名录”“财产险产品信息库”“人身险产品信息库”三大模块,其中财产险产品信息库包含各保险公司的各险种的示范性保险条款。

(五)保险责任

保险责任是指保险公司需要承担赔偿责任的范围,也就是保险合同中约定的由保险人承担的危险范围。工程质量潜在缺陷保险的保险责任由保单载明,通常情况下界定为建设工程竣工验收合格后的一定期间内,在正常使用条件下,因工程质量潜在缺陷发生的质量事故所造成的建设工程的损坏的修复、加固或重置的费用。

工程质量缺陷包括勘察缺陷、设计缺陷、施工缺陷和材料缺陷,反映在建设工程中,可能出现在建设工程的各个部位。目前国内工程质量潜在缺陷保险承保的保险责任范围主要包括地基基础和主体结构的缺陷,小部分保单的保险责任范围还包括防水保温工程的质量事故,其余部分少有出现。

地基基础和主体结构工程缺陷主要包括:整体或局部倒塌,地基产生超出设计规范允许的不均匀沉降,基础和主体结构部位出现影响结构安全的裂缝、变形、破损、断裂,阳台、雨篷、挑檐、空调板等悬挑构件出现影响使用安全的裂缝、变形、破损、断裂,外墙面脱落、坍塌等影响使用安全的质量缺陷,以及其他地基基础和主体结构部位出现的影响结构安全的工程质量潜在的缺陷。

保温和防水工程缺陷包括:围护结构的保温层破损、脱落,地下、屋面、厕浴间防水渗漏,外墙(包括外窗与外墙交接处)渗漏,其他有防水要求的部位渗漏。

(六)免赔事由或除外责任

被保险人或他人使用建设工程期间,出现工程质量事故后,并非所有质量事故或质量事故的所有损失都属于工程质量潜在缺陷保险的理赔范围。保险人对不属于保险单列明的保险责任范围以及保险单额外说明的除外责任、免赔事由不负责赔偿。工程质量潜在缺陷保险的免赔事由主要可归类为四种:

第一,擅自改变工程设计,导致质量缺陷风险增大或无法甄别原有建筑存在的问题还是改变设计导致的工程质量问题,由此产生的不利后果,保险人不承担保险责任。例如,工程所有权人或使用人超过设计标准增大荷载、擅自拆改工程承重结构、擅自改变设备位置、改变建筑物的结构。

第二,不正常使用行为,包括改变建筑物使用用途、未按照相关要求或设计用途正常使用造成的质量缺陷、维修,荷载超过设计规定等。

第三,不可抗力、意外以及第三方致损,包括因所有权人或使用人以外的第三方造成的质量缺陷、自然灾害、战争或其他建筑物不能抵御的外力造成损失,如非由建筑物缺陷造成的沉降、滑坡、塌陷或崩塌等。

第四,其他除外责任,主要包括在工程维修保证期内发生的缺陷;被保险人没有合理地修理、加固建筑物或其他故意行为、欺诈行为造成的损失等。

(七)工程质量潜在缺陷保险的日期及期间

1. 投保时间

工程质量潜在缺陷保险承保的标的物是新建筑物,保险人可以通过技术检查,审查投保建筑项目开工前的设计方案,并检查施工情况以评估内在缺陷风险。因此,为降低保险人的风险,保证保险人能够提前介入工程质量监管,工程质量潜在缺陷保险这一险种设计的投保时间为工程开工前。《人保财险公司建筑工程质量保险条款》[人保(备案)〔2009〕N438号,以下简称《人保示范条款》]第2条规定,“凡获得国家或当地建设主管部门资质认可的建筑开发商均可作为本保险合同的投保人,于工程开工前就其开发的住宅商品房及写字楼工程(以下简称建筑物)投保本保险”。“上海市细则”和“北京市细则”第10条均规定,投保缺陷保险的建设单位应当在办理施工许可手续前,与保险公司签订书面保险合同,并一次性支付合同约定的保险费。当然,国际上也存在保险公司承保已建成的新建筑物的质量缺陷,但重新审查设计和施工的花费相当高,其风险也难以把控,我国并未将此种情形纳入保险范围。

2. 等待期

等待期,自保单载明的工程竣工验收合格之日起,至投保人和保险人协商确定的时间之日止。《人保示范条款》第9条规定:“建筑物竣工验收合格满一年后,投保人应就其开发的建筑物,向保险人指定的建筑工程质量检查控制机构申请质量检查,上述机构检查通过后,本保险合同自检查通过之日起生效。”“上海市细则”第4条第3款规定:“保险期限从该工程质量潜在缺陷保险承保的建筑竣工备案两年后开始起算。建设工程在竣工备案后两年内出现质量缺陷的,由施工承包单位负责维修。”“北京市细则”第5条第2款规定,“保险责任开始时间自建设工程竣工验收合格2年之日起算”。

等待期制度是工程质量潜在缺陷保险特有的一种制度。其他国家在推行IDI保险制度时,就已经设置了等待期,等待期的设置一方面是为了让风险暴露在施工单位较为活跃的期间,以避免施工单位推脱责任,更快更便捷地修复工程质量问题。另一方面,对于保险公司而言,等待期的设置也降低了保险公司的风险。

3. 保险期间

保险期间亦称保险期限,是指保险人承担赔偿责任的期间,通常以保险单载明的起讫时间为准。工程质量潜在缺陷保险的保险期间起点为等待期届满之日或等待期届满后的某一日,根据保险对象和出险类型分为不同的保险期限,通常情况下主体结构和地基基础的保险期限为10年,保温防水为5年。

(八)保险费

工程质量潜在缺陷保险的保险费为保险金额与保险费率的乘积。一般民用建筑应视风险状况和保障程度而有所不同,费率水平在1.25‰～2.5‰。投保时,保险人首先按照预计保险金额乘以费率收取预付保险费。当工程竣工并通过验收,保险人收到工程质量检查机构签发的最终验收报告后,保险人按照最终的实际保险金额乘以费率计算应收取的实际保险费,投保人需缴纳的最终保险费为实际保险费扣除预付保险费的金额。

(九)保险理赔流程

保险公司应当建立科学、合理、高效的工程质量潜在缺陷理赔体系,优化理赔制度,制定理赔应急预案,提供专业、快速的理赔服务。保险理赔受理、现场勘察、索赔核定、理赔维修等具体服务标准由建设单位和保险公司在保险合同中约定。

关于理赔金额,在投保的时候可先按照工程概算的价格作为预计保险金额,在工程结束时再按照工程决算的总造价作为最终的实际保险金额。由于工程造价受物价指数的影响比较大,如果发生通货膨胀,很可能发生损失,工程概算或决算的价格已经低于工程实际的造价。保险双方可以在合同中约定通货膨胀指数,每年按照一定比例调高保险金额。如果发现建筑物存在缺陷的时候,保险财产的重置价值高于保险金额,保险人只能按照重置价值和保险金额的比例进行赔偿。

申请理赔方和保险公司对保险责任范围和维修结果是否符合要求存在争议的,申请理赔方可以与保险公司共同委托具有工程质量检测专业资质和司法鉴定资格的第三方工程质量检测鉴定机构进行检测鉴定。鉴定结果属于保险责任的,检测鉴定费用由保险公司承担;鉴定结果不属于保险责任的,检测鉴定费用由申请理赔方承担。对赔偿金额存在争议的,申请理赔方可以与保险公司共同委托具有相应司法鉴定资格的工程质量缺陷损失评估机构进行评估。

(十)保险人的代位求偿权

保险人的代位求偿权为法定权利。发生保险责任范围内的损失,被保险人依法或依约可向第三方主张赔偿的,属于有责任方的保险事故。保险人自向被保险人赔偿保险金之日起,依法取得法定代位求偿权。在工程质量潜在缺陷保险中,保险人的代位求偿权可能基于工程质量缺陷向勘察单位、设计单位、施工单位等主体行权。

（十一）引入工程质量风险管理机构

工程质量风险管理 Technical Inspection Service 机构（简称 TIS 机构）是指受保险公司委托，通过运用工程质量保险技术，对被保险建设工程项目潜在的质量风险因素实施辨识、评估、报告、提出处理建议，促进工程质量的提高，减少和避免质量事故发生，并最终对保险公司承担合同责任的工程保险技术机构。引入 TIS 机构是工程质量潜在缺陷保险的特有制度。

在工程质量潜在缺陷保险这一险种的设计中，引入 TIS 机构具有重大意义。在承保工程质量潜在缺陷保险时，保险公司作为金融机构，较难具备工程质量风险管控的能力和经验，缺乏建设工程领域的背景知识和专业技术，并且工程建设过程中无法了解工程各方的行为和客观风险情况。因此，保险公司通过选择独立于建设工程五方责任主体的第三方技术风险管理机构，即 TIS 机构，在工程实施的各个环节对工程质量潜在缺陷进行风险管理，评估工程设计、施工和验收阶段的风险，通过风险评估技术和风险控制措施调节工程质量潜在缺陷风险水平，对潜在缺陷风险进行评估并提出解决方案。

TIS 机构与保险公司的关系是委托关系，由保险公司按照法律法规、工程建设标准、施工图设计文件的要求对被保险建设工程项目实施过程风险管控，由经保险公司书面委托的 TIS 机构负责具体实施。TIS 机构按照与保险公司签订的风险管理委托合同的约定，对保险公司拟承保建设项目委派专门的风险管理项目负责人。TIS 机构或其项目负责人应结合工程项目的实际情况，制订被保险工程项目技术检查工作计划。技术检查工作计划应包括风险管理项目负责人及团队人员配备、风险管理具体实施范围和对象、过程风险管理具体实施计划、查勘频次、过程风险管理的关键节点或重点工序、需要建设单位及保险公司协调配合的相关事项等。TIS 机构应根据保险合同内容及质量风险评估服务计划，向保险公司提供过程评估报告和节点评估报告。

（十二）工程质量潜在缺陷保险常见问题及纠纷汇总

工程质量潜在缺陷保险推行中，遇到的常见问题和纠纷包括：谁是被保险人，购房业主是受益人还是被保险人，能否以受益人的身份主张索赔；工程质量潜在缺陷保险责任范围是什么，保险人能否以特约来改变各地住建部门规范性文件中所界定的工程质量潜在缺陷保险的保险责任范围；工程质量潜在缺陷保险的保险责任期间如何界定，特殊情况下能否延展保险责任期间；工程质量潜在缺陷保险中投保人的解除权应否受限，什么情况下受限；工程质量潜在缺陷保险中保险人理赔后的代位追偿可向谁追偿,是否只能在理赔后才能开始追偿;以及发生保险纠纷后,争议双方对于是否存在质量问题无法形成一致时如何处理,TIS 机构在其中的作用,保险人主张免责的举证责任分配规则等。我们在分则中将详细解析问题以及处理意见。

第3.1条 【工程质量潜在缺陷保险中的被保险人和受益人】

工程项目的建设单位是工程质量潜在缺陷保险的投保人、被保险人，业主是工程质量潜在缺陷保险的受益人。

本条所称业主，是指建设工程的所有权人，包括工程的建设单位或其继任人或整体受让人。

【条文主旨】

本条旨在解决工程质量潜在缺陷保险中的被保险人和受益人的主体认定问题。

【理解与适用】

保险法律关系中，一般有投保人、保险人、被保险人、受益人等概念。《保险法》第10条规定："保险合同是投保人与保险人约定保险权利义务关系的协议。投保人是指与保险人订立保险合同，并按照合同约定负有支付保险费义务的人。保险人是指与投保人订立保险合同，并按照合同约定承担赔偿或者给付保险金责任的保险公司。"第12条第2款规定："财产保险的被保险人在保险事故发生时，对保险标的应当具有保险利益。"第12条第4款规定："财产保险是以财产及其有关利益为保险标的的保险。"第12条第5款规定："被保险人是指其财产或者人身受保险合同保障，享有保险金请求权的人。投保人可以为被保险人。"

工程质量潜在缺陷保险在我国尚处于发展初期，不同地方规定中关于其法律关系各方主体的界定尚不统一，部分梳理如表3-1所示。

表 3－1　地方规定中关于保险主体的条款

序号	发布时间	有效期	发布机关	文件名称	关于保险主体的条款
1	2018/2/8	2018/2/8—2020/12/31	江苏省住房和城乡建设厅、江苏保监局	《关于推行江苏省住宅工程质量潜在缺陷保险试点的实施意见（试行）》	第 2 条第 4 款：本意见所称被保险人，是指建设单位。 第 2 条第 5 款：本意见所称业主，是指住宅或其他建设工程所有权人，为保险合同的受益人和索赔权益人。
2	2019/3/14	2019/3/14—2024/1/31	上海市住房和城乡建设管理委、上海市地方金融监管局、上海银保监局	《关于本市推进商品住宅和保障性住宅工程质量潜在缺陷保险的实施意见》	第 2 条第 4 款：本实施意见所称被保险人，是指建设单位。 第 2 条第 5 款：本实施意见所称业主，是指住宅或者其他建设工程所有权人，为保险合同的受益人和索赔权益人。
3	2019/4/24	2019/4/24—2024/4/30	北京市住房和城乡建设委员会、北京市规划和自然资源委员会、北京市地方金融监督管理局、中国银行保险监督管理委员会北京监管局	《北京市住宅工程质量潜在缺陷保险暂行管理办法》	第 2 条第 1 款：本办法所称住宅工程质量潜在缺陷保险，是指由住宅工程建设单位投保的，保险公司根据保险条款约定，对在保险范围和保险期间内出现的因工程质量潜在缺陷所导致的投保建筑物损坏，履行赔偿义务的保险。 第 2 条第 4 款：本办法所称业主，是指住宅或者其他建设工程所有权人，为保险合同的受益人和索赔权益人。

续表

序号	发布时间	有效期	发布机关	文件名称	关于保险主体的条款
4	2020/3/3	2020/3/3—2024/12/31	重庆市住房和城乡建设委员会、重庆市规划和自然资源局、重庆市地方金融监督管理局、原中国银行保险监督管理委员会重庆监管局	《重庆市推行住宅工程质量潜在缺陷保险试行意见》	第2条第1款:本试行意见所称住宅工程质量潜在缺陷保险,是指由住宅工程建设单位投保的,保险公司根据保险条款约定,对在保险范围和保险期限内出现的因工程质量潜在缺陷所导致的投保建筑物损坏,履行赔偿义务的保险。 第2条第4款:本试行意见所称业主,是指住宅或者其他建设工程所有权人,为保险合同的受益人和索赔权益人。
5	2021/5/27	2021/5/27—	青岛市住房和城乡建设局、青岛市财政局、原中国银行保险监督管理委员会青岛监管局、青岛市地方金融监督管理局	《青岛市住宅工程质量潜在缺陷保险试点工作实施方案》	第2条第4款:本实施方案所称被保险人,是指建设单位。 第2条第5款:本实施方案所称业主,是指住宅或者其他建设工程所有权人,为保险合同的受益人和索赔权益人。
6	2021/7/10	2021/7/10—	淄博市住房和城乡建设局、原中国银行保险监督管理委员会淄博监管分局、淄博市地方金融监督管理局	《淄博市住宅工程质量潜在缺陷保险试点工作实施办法》	第2条第3款:本办法所称投保人,是指住宅工程的建设单位。 第2条第4款:本办法所称被保险人,是指业主,即住宅或者区域内其他建筑物所有权人,为保险合同的受益人和索赔权益人。

续表

序号	发布时间	有效期	发布机关	文件名称	关于保险主体的条款
7	2021/7/22	2021/7/22—	济南市住房和城乡建设局、原中国银行保险监督管理委员会莱芜监管分局	《济南市全面推行住宅工程质量潜在缺陷保险的实施意见》	第2条第4款：本意见所称投保人，是指住宅工程的建设单位。 第2条第5款：本意见所称被保险人，是指业主，即住宅或者区域内其他建筑物所有权人，为保险合同的受益人和索赔权益人。
8	2021/8/1	2021/8/1—2023/8/1	绵阳市住房和城乡建设委员会、绵阳市金融工作局、原中国银行保险监督管理委员会绵阳监管分局	《绵阳市住宅工程质量潜在缺陷保险试行办法》	第3条第1款：本办法所称住宅工程质量潜在缺陷保险，是指由住宅工程建设单位投保的，保险公司根据保险条款约定，对在保险范围和保险期间内出现的因工程质量潜在缺陷所导致的投保建筑物损坏，履行赔偿义务的保险。 第3条第4款：本办法所称业主，是指住宅或者其他建设工程所有权人，为保险合同的被保险人。

由表3－1可知，在各地规定中，除《保险法》中的常见主体外，还出现了"业主"这一主体。关于"业主"的定义，最高院《建筑物区分所有权司法解释》第1条规定："依法登记取得或者依据民法典第二百二十九条至第二百三十一条规定取得建筑物专有部分所有权的人，应当认定为民法典第二编第六章所称的业主。基于与建设单位之间的商品房买卖民事法律行为，已经合法占有建筑物专有部分，但尚未依法办理所有权登记的人，可以认定为民法典第二编第六章所称的业主。"但对于工程质量潜在缺陷保险而言，目前多数地方规定中，将"业主"界定为"住宅或者其他建设工程所有权人"。

在各地的规定中，对工程质量潜在缺陷保险的投保人与建设单位的认定基本一致,存在不一致的主要是工程质量潜在缺陷保险的被保险人的主体认定问题。多数地区将建设单位界定为被保险人,将业主界定为受益人和索赔权益人,如上海市、江苏省等;也有部分地区将业主定性为被保险人,如济南市、绵阳市等;还有地区规定中并未专门界定被保险人。

关于工程质量潜在缺陷保险的被保险人应为建设单位还是业主的问题,实践中有不同的定义,理论上也存在不同的观点。有观点认为,工程质量潜在缺陷保险的被保险人应为业主,理由主要有以下三个方面。

第一,工程质量潜在缺陷保险承保主要是工程竣工验收合格两年后的缺陷损失赔偿责任,又因业主从建设单位处购买房屋,成为所有权人,故若发生保险事故,则在保险事故发生时是业主对保险标的具有保险利益,而非建设单位。

第二,该缺陷保险的保护对象是业主,业主是索赔权益人。根据《保险法》第 12 条的规定,被保险人才对保险金享有请求权,故被保险人不可能是建设单位。

第三,《保险法》只在人身保险合同中规定了受益人,虽然目前的商业保险活动将受益人扩大至财产保险,但是此做法与法律规定相悖,故将建设单位规定为"被保险人"存在不妥当之处。因此,工程质量潜在缺陷保险的投保人是工程项目的建设单位,业主是住宅工程质量潜在缺陷保险的被保险人、索赔权益人。

相反的观点认为,工程项目的建设单位是工程质量潜在缺陷保险的投保人、被保险人,业主是工程质量潜在缺陷保险的索赔权益人。因为《保险法》第 12 条第 2 款规定:"财产保险的被保险人在保险事故发生时,对保险标的应当具有保险利益。"工程质量潜在缺陷保险的保险利益不是购房人的财产利益,而是建设单位对工程质量问题进行维修或赔偿所付出的成本利益,理由为《房屋建筑工程质量保修办法》第 14 条规定:"在保修期内,因房屋建筑工程质量缺陷造成房屋所有人、使用人或者第三方人身、财产损害的,房屋所有人、使用人或者第三方可以向建设单位提出赔偿要求。建设单位向造成房屋建筑工程质量缺陷的责任方追偿。"《民法典》第 287 条规定:"业主对建设单位、物业服务企业或者其他管理人以及其他业主侵害自己合法权益的行为,有权请求其承担民事责任。"因此,当工程出现质量缺陷问题时,作为业主的购房人依法可向其房屋买卖合同关系的相对方即建设单位主张权利,此时保险公司进行的赔偿实际上是关于建设单位财产利益的保险。所以,工程质量潜在缺陷保险的被保险人是建设单位。对于业主来说，其享有的是向保险公司进行索赔的权利，这一权利一般通过保险公司编制的《住宅工程质量潜在缺陷保险告知书》中列明的理赔申请流程行使，因此，可将业主界定为受益人。

另外，工程质量潜在缺陷保险具有一定的特殊性，该保险是在工程项目建设初始，由建设单位投保的一种财产保险，被保险的标的物是建设工程，随着工程竣工验收以及所有权转移后，工程项目或建筑物的继任人或整体受让人（如住宅工程的商品房出售后的购房者）成为被保险标的物的所有权人，并享有向保险公司要求保险赔付的权利，在工程项目和建筑物所有权转移之前，建设单位也享有要求保险赔付的权利，也属于该险种中的业主的范畴。

基于此，我们认为，工程项目的建设单位是工程质量潜在缺陷保险的投保人、被保险人，业主是工程质量潜在缺陷保险的受益人，这里的"业主"，指建设工程的所有权人，包括工程的建设单位或其继任人或整体受让人。

第 3.2 条　【保险人能否以特约方式缩小地方政府的规范性文件中规定的工程质量潜在缺陷保险的保险责任范围】

建设单位投保工程质量潜在缺陷保险的，保险人不得以特约方式将建设单位、代建单位、设计单位、施工单位、材料供应单位、监理单位中任意一家或几家的原因导致工程质量事故所造成的损失约定为除外责任加以排除，也不得将上述单位非故意或重大过失导致的工程质量事故造成的损失约定为除外责任加以排除。索赔权益人主张赔偿，保险人以双方通过特约方式排除了相关责任为由进行抗辩的，不予支持。

【条文主旨】

本条明确工程质量潜在缺陷保险的范围，必须涵盖因全部工程质量潜在缺陷导致工程质量事故所造成的损失，无论该原因系建设单位、代建单位、设计单位、施工单位、材料供应单位中哪一方造成或是上述单位故意或者重大过失造成还是非故意或一般过失造成，在保险期限内保险人均应当赔付，并且不得以书面协议的形式将该情形约定为除外责任加以排除。

工程质量潜在缺陷保险具有公益性和类强制性，是各地政府倡导甚至强制推广的一类险种。工程质量潜在缺陷保险是一种建筑产品建成售出后在使用过程中保护购买者利益、协调各方权利义务的保险制度，其保险责任范围受各地政府的规范性文件、指导性意见约束。如果承保工程质量潜在缺陷保险的保险人在保险范围的条款中作出排除自身部分责任的约定，必然损害公共利益，与《民法典》第132条“民事主体不得滥用民事权利损害国家利益、社会公共利益或者他人合法权益”的规定相悖。因此不能任意限缩保险责任范围，扩大除外责任。

【理解与适用】

一、工程质量潜在缺陷保险具有较强的公益性，该制度的实践应当以维护公共利益为原则

工程质量潜在缺陷是指建筑工程在竣工验收时未被发现，在正常使用过程中因勘察、设计、施工及材料等原因造成被保险建筑的物质损失的缺陷。由于工程质量潜在缺陷的不可回避性、建设单位片面追求利益、追责难度较大等诸多原因，商品房质量纠纷频发，业主维权成本极高。事实上，为了保障建设工程质量，我国在二十余年前就建立了工程监理制度，旨在建立一个公平、公正的管理体制，发挥对工程质量监管的作用。但监理单位因为受聘于建设单位、工作内容仅涉及施工阶段等原因，在工程质量保障的表现上不尽如人意。故借鉴国外的成功经验，我国积极引进了工程质量潜在缺陷保险制度。

工程质量潜在缺陷导致的损失发生后，赔偿权益人需要得到赔偿，工程质量缺陷也需要紧急维修。但是赔偿需要等待责任认定，责任认定的过程中又难免存在争议，在此期间工程质量缺陷却一直无法得到修复，业主索赔难度较高。另外，鉴于我国建筑市场的现状，工程竣工验收后，不乏相关责任方注销、解散的情形，又进一步加大了业主索赔的难度。尤其是诉讼的方式，既耗费时间精力，又要投入诉讼成本，后续执行效果也是未知数，业主利益难以得到保障。通过投保工程质量潜在缺陷保险，工程质量缺陷发生时，保险公司通过判断是否属于保险范围、是否处于保险期限内等事项，迅速作出理赔与否的决定。这为业主提供了成本更低的救济途径，也倒逼相关单位提高工程质量，降低工程质量风险水平。

综上所述，工程质量潜在缺陷保险是一种旨在保障最终业主在本建筑项目上的根本利益的保险，是一个协助解决民生问题的“准公共产品”，在建筑工程质量管理中发挥积极重要的作用。因此，在落实推进该项制度时，应当坚持维护公共利益的原则。

二、地方政府的规范性文件中的保险责任范围由保险期间、承保范围、除外责任等规定共同组成;保险人以特约方式缩小保险责任范围,将损害公共利益,不应鼓励或支持

保险责任是指因工程存在潜在质量缺陷而造成损失的,保险人按照主险和附加险的约定负责赔偿修理、加固或重置的费用。保险责任的范围由保险责任期间、承保范围等概念确定,地方政府规范性文件一般还会对保险责任范围作除外责任的规定。如“北京市细则”第 8 条规定:存在下列情形之一的,不属于保险责任范围:(一)房屋所有权人或使用人超过设计标准增大荷载、擅自拆改房屋承重结构、擅自改变设备位置等未按照《房屋建筑使用说明书》相关要求或设计用途正常使用造成的质量缺陷;(二)在房屋使用过程中,因房屋所有权人或使用人以外的第三方造成的质量缺陷;(三)合同约定的不可抗力造成的质量缺陷。“上海市细则”第 5 条规定:“因业主责任或者第三方造成的质量问题,或者不可抗力造成的质量问题,不属于本实施意见规定的保险责任。”

工程质量潜在缺陷保险具有较强的公益性。对于在建筑物保险责任期间内出现的工程质量问题,通过工程质量缺陷保险,由保险公司承担保险责任,可以第一时间进行理赔并防止损失扩大,进而维护社会稳定,这也是工程质量潜在缺陷保险的设立目的之一。

如果允许保险人以特约方式缩小地方政府规范性文件中规定的工程质量潜在缺陷保险的保险责任范围,保险人基于趋利避害的原则,必然通过约定尽可能地去减少承保风险,如调整保险期间、承保范围、增加除外责任等。在保险合同的签订和履行中,保险人作为服务的提供方,相较投保人和索赔权益人都更有经验,对保险责任范围的调整,必然对投保人和索赔权益人的利益产生损害。因此,从维护社会公共利益的角度考虑,需要对保险人的权利作出必要的限制。

三、索赔权益人理赔时,事故原因不应作为排除保险责任的理由,保险人通过合同约定排除部分事故保险责任的,不予支持

工程质量潜在缺陷保险的一大优势就是索赔权益人理赔时无须举证事故责任方,避免了耗时费力的诉讼,建筑也可以在最短的时间内修复并恢复使用。原本由索赔权益人承担的具体索赔工作,则由保险公司进行处理。保险公司大

多自项目立项阶段便进场，并委托了专业的TIS机构全程对建筑进行风险管理控制，由其通过诉讼或其他方式索赔，提高效率的同时也很好地保护了索赔权益人的利益。

如果允许保险人在合同中约定根据事故发生原因不同可以排除部分责任，则意味着对于质量瑕疵的认定及原因分析等工作都放在了索赔权益人向保险公司索赔这一阶段。事故原因分析处理等工作复杂耗时、专业要求高，工程质量潜在缺陷保险就是为了避免一般业主陷入这类索赔事务中而设立。如此一来，既损害了索赔权益人的利益，也导致社会效率低下，有悖于政府推行工程质量潜在缺陷保险制度的初衷。

四、通过强制性规定对工程质量潜在缺陷保险的责任范围加以规范，平衡多方利益，推动工程质量潜在缺陷保险健康发展

必须承认的是，目前地方性规范文件关于保险责任范围尚存在一些不成熟的地方。如保险期限针对不同分部工程，参照质量保修期的规定一般为10年、5年或2年，但保险责任期间却通常自竣工验收后两年才起算，即期限一致，起算点却不同，如此保险责任期间的最后两年实际上已超出了一般工程的质量保修期，在这期间，保险公司承担保险责任后难以向相关单位主张赔偿，是否会损害保险公司的利益？

尽管目前各地规范性文件对保险责任范围的相关规定尚未达成一致，但可以预见的是，将来工程质量潜在缺陷保险业务更加成熟后，对于保险责任期间、承保范围、除外责任等内容也会有更加统一的规范标准。

第3.3条 【共保模式下首席承保人定损核赔的决定对被保险人和其他共保人的效力】

工程质量潜在缺陷共同保险合同纠纷中，首席承保人能否代表全部保险人决定是否赔偿以及赔偿数额，具有以下两种处理规则：

共保人共同签发保单、共同签署保险合同的，依据共同保险合同的约定进行判断。约定不明的，首席承保人的意思表示对其他共保人不当然发生法律效力，各共保人均有权利受理索赔、查勘定损、决定是否接受首席承保人的意思表示。

共保人之间签署共保协议共同授权首席承保人代表共保体对外行权后首席承保人签发保单、签署保险合同的，首席承保人定损核赔的决定视为共保体一致作出的核赔定损的决定，对被保险人产生法律效力。首席承保人定损核赔的决定是否对其他共保人发生法律效力，应根据共保协议的约定进行判断；约定不明的，首席承保人的意思表示对其他共保人不当然发生法律效力，如果首席承保人有违反共保协议约定的程序性事项，其他共保人有权拒赔。

【条文主旨】

国内各地近年来在推行工程质量潜在缺陷保险的过程中，倡导采用共保模式。“北京市细则”第15条规定，“缺陷保险的承保采取共保模式。共保体由牵头保险公司和至少两家成员保险公司组成，并实行统一保险条款、统一保险费率、统一理赔服务、统一分配份额、统一信息平台。由市住房城乡建设、金融监管部门通过公开招标方式，选择注册资本金充裕，综合偿付能力充足，风险管理能力强，承保理赔服务优质，具有一定的缺陷保险承保经验，信用良好的保险公司，供建设单位投保时选择”。

既然工程质量潜在缺陷保险推行共保模式，那么在共保模式下，会存在多个保险人，为了平衡各保险人的利益以及提高共保模式的工作效率，通常情况下都会设立首席共保人即规范性意见中的“牵头保险公司”。首席共保人和其他共保人之间的关系在法律上如何界定，被保险人能否当然认为首席共保人的行为代表共保体全体成员，在共保法律关系中是容易引发争议的问题。

我们认为，共同保险合同中，首席共保人的法律地位，在共保人共同签发保单、共同签署保险合同（以下简称“明共保”）与共保人之间签署共保协议共同授权首席承保人代表共保体对外行权后首席承保人签发保单、签署保险合同（以下简称“暗共保”）这两个不同的共保模式下，应当呈现不同的法律效果。

“明共保”的情形下，投保人（被保险人）和各保险人共同存在于一个保险合同中，不存在外部法律关系和共保人内部法律关系的区分，投保人或被保险人对于存在多个保险主体，各个保险人各自的权利义务以及各个保险人彼此之间的关系明确了解。因此，在判断首席共保人行为对被保险人和其他共保人的法律后果时，都按照保险合同的约定判断即可；如果合同约定不明确，可以按照合同解读的基本规则来判断。但需要注意的是，首席共保人与其他保险人之间，不存在当然的代理与被代理的法律关系。保险合同约定首席共保人全权负责的，首席共保人的法律行为具有代表全部共保人的法律效力，对被保险人和其他共保人产生法律效力；没有此类约定或约定不明确的情况下，首席共保人的法律行为并不当然具有代表全部共保人的法律效力，各保险人与投保人之间各自成立独立的保险法律关系，各保险人依据承保比例独立享有权利，承担义务。

"暗共保"的情形下，虽然投保人或被保险人知晓保险人为多个主体，但各保险人之间的共保协议并未与投保人或被保险人协商，未经投保人或被保险人确认。因此，"暗共保"情形下，投保人、被保险人与共保人之间形成投保人、被保险人和首席共保人之间的外部保险法律关系和首席共保人和其他共保人之间的内部法律关系。外部法律关系下，首席共保人代表全体共保人与投保人、被保险人签约，首席共保人的任何法律行为均代表全体共保人。内部法律关系下，共保人之间的权利义务受共保协议约束，首席共保人对外作出的意思表示是否对内产生法律效力，要根据共保协议的约定来判断。这就意味着，在"暗共保"情形下，首席共保人的行为对被保险人和其他共保人会出现不同的法律后果，被保险人的外部法律关系下，首席共保人的行为当然代表全体共保人；其他共保人的内部法律关系下，首席共保人的行为能否约束其他共保人，要按照共保协议的约定来判断。

【理解与适用】

一、共保的概念

共保是共同保险的简称。原保监会《关于大型商业保险和统括保单业务有关问题的通知》第 3 条中规定，"共保是共同保险的简称，是指两个或两个以上的保险公司及其分支机构（不包括同一保险公司的不同分支机构）使用同一保险合同，对同一保险标的、同一保险责任、同一保险期限和同一保险金额进行的保险。参与共保的保险公司称为共保承保人。共保可以采用成立共保集团或者签订共保协议的方式。成立共保集团需制订相应的章程。共保集团的成立、变更和撤销及其章程的制订和修改应报中国保监会备案。除航天联合体和核保险共同体外，再保险公司不可以参加共保集团"。

原保监会《关于加强财产保险共保业务管理的通知》第1条规定:“规范的共保业务应符合以下要求:(一)被保险人同意由多个保险人进行共保;(二)共保人共同签发保单,或由主承保人签发保单,同时附共保协议;(三)主承保人向其他共保人收取的手续费应与分保手续费平均水平有显著区别。”

二、共保的模式

目前保险行业的共保模式有两种:一种是“明共保”,另一种是“暗共保”。

在“明共保”模式下,保险合同的承保方全部显名。保单上列明的保险人为全部共保人,共保人各自的承保比例、共保人之间的法律关系、出险后被保险人向谁申请理赔、各保险人的核赔原则等事项均约定在保单或保险合同中,无论是投保人还是被保险人抑或是保险人,均依据保险合同享有权利、履行义务。

在“暗共保”模式下,投保人和各保险人之间的法律关系分为对外法律关系和对内法律关系。对外法律关系是指首席承保人与投保人之间的法律关系,对内法律关系是各保险人之间的法律关系。对外法律关系中,与投保人签署保险合同的主体是首席承保人,保单签发主体也是首席承保人,其他的保险人不在对外法律关系中作为签约主体出现。对内法律关系中,共保体的各保险人之间签署共保协议,保险人之间的承保比例、保费分配、首席承保人和其他保险人之间的权利义务关系、核赔定损流程等事项均在共保协议里作出约定。在此模式下,虽然保监会要求共保模式须经过被保险人同意,但并不要求共保协议须经过被保险人同意,也不要求共保协议作为保单和保险合同的组成部分,共同约束投保人、被保险人和全体共保人,因此,被保险人和首席共保人之外的保险人之间并不存在直接的法律关系,而是各自依据协议与首席共保人发生法律关系。

由上述分析可知,“明共保”和“暗共保”这两种不同的共保模式,虽然都是共保,但其表现形式不同,因而各个角色之间的法律地位、行为的法律后果均不同,因此,在判断首席共保人行为的法律后果时,应该在不同的模式下适用不同的规则判断。

三、目前常用的共保条款中对于首席承保人与其他共保人之间关系的约定及其法律效力

共保人之间关系的条款主要包括共保原则、共保比例、共保方式、共同赔偿

处理、追偿等核心条款，由于共保协议不需要备案，所以各保险公司的共保协议区别较大。我们重点关注两个核心条款：共保原则条款和赔偿处理条款。

(一)共保原则条款

人保、人寿、太平洋这些保险公司的共保条款的前半句话大多为“共保各方应遵守保户第一、信誉第一、利益共享、风险共担的原则”，但是后半句话各有不同，有的约定为“以相关保险合同和共保协议为基础，共同承担责任与义务”，有的约定为“以相关保险合同和共保协议为基础，共保各方对被保险人承担连带责任”，还有的约定为“除非双方另行达成一致约定，否则在首席保险人向被保险人赔偿后，其他共保人按约定分摊”。

上述三种共保原则条款，在法律关系上呈现不同的含义。单从前半句话来看，“利益共享、风险共担”的法律含义更类似于契约型合伙或连带债务人，如果没有后半句，共保人在共保协议作这样的约定，应判断各共保人对于保险理赔承担连带责任。从后半句来看，则上述三种不同的约定方式实质上导致不同的法律效果。《民法典》第 517 条规定：“债权人为二人以上，标的可分，按照份额各自享有债权的，为按份债权；债务人为二人以上，标的可分，按照份额各自负担债务的，为按份债务。按份债权人或者按份债务人的份额难以确定的，视为份额相同。”第 518 条规定：“债权人为二人以上，部分或者全部债权人均可以请求债务人履行债务的，为连带债权；债务人为二人以上，债权人可以请求部分或者全部债务人履行全部债务的，为连带债务。连带债权或者连带债务，由法律规定或者当事人约定。”依据上述法律规定，连带责任为严格责任，在合同条款没有明确写明连带责任的情形下，不能认定为连带责任，只能认定为按份之债。因此，我们认为，从后半句来看，第一种约定方式下，保险人之间是按份之债，每个保险人仅以自己承保的份额为限对被保险人承担责任，被保险人是不能向其中的一个保险人进行全额索赔的。第二种约定方式下，保险人之间是连带之债，被保险人可以向任意一个保险人主张全额索赔，任何一个保险人都应当代表全部保险人先行对被保险人清偿。第三种约定方式下，被保险人应向首席共保人索赔，而不能向其他共保人索赔。

总体来说，如果共同保险合同约定各保险人之间对保险理赔金额承担连带责任，则被保险人可以向任一共保人主张全额索赔；如果共同保险合同未约定各保险人之间对保险理赔金额承担连带责任，则应认定为按份之债，被保险人仅能要求各保险人在承诺的份额内理赔；如果共保合同约定首席共保人先行理赔再分摊，则被保险人有权且只能向首席共保人全额索赔。

（二）赔偿处理条款

共保协议中主要有以下三种约定赔偿处理条款方式。

第一种约定方式为："本项目采取首席承保人负责制，首席承保人负责组织、代表共保体各成员为被保险人提供包括但不限于事故勘察、理赔、培训、防灾防损等服务工作，并根据被保险人的要求组织、提供其他承诺的相关服务工作，所发生的费用由共保人按照保险比例分摊。对于以上服务，首席承保人有最终决定权，共同承保人承诺接受并遵守首席承保人与投保人就有关保险承保、理赔等事宜作出的任何书面决定。"

第二种约定方式为："单项保险事故索赔金额在人民币 200 万元以下（含 200 万元），由首席承保人全权负责事故现场的查勘、检验、定损及定损后的一切理赔事务。单项保险事故索赔金额在人民币 200 万元以上，由首席承保人通知其他共保方，经各共保方共同商议达成一致意见后，由首席承保人负责具体理赔事务。"

第三种约定方式为："所有赔案由首席承保人牵头处理，当被保险人、保险经纪人或者其他共保人对于首席承保人的赔偿处理有疑义时，可以要求召开共保人赔偿联席会议，最终赔案处理意见按共保比例少数服从多数的原则执行，赔案处理中产生的理赔费用（公估费、咨询费、专家费以及勘察费等）由各共保人按照承保比例分摊。"

这三种约定方式文字表述不同，其法律含义也有较大区别，核心区别在于全体共保人对于首席共保人的授权范围。第一种约定方式下，全体共保人授权首席承保人来作出核赔定损的决定，首席承保人的决定直接约束全体共保人，对全体共保人产生法律效力。第二种约定方式下，区分了索赔事项的标的金额，在不同的标的金额下，首席承保人被授权的权限不同，标的小的保险事故，授权首席承保人来作出核赔定损的决定，首席承保人的决定直接约束全体共保人，对全体共保人产生法律效力；标的大的保险事故，仅授权首席承保人通知各共保人召集会议，并未授权首席承保人最终核赔定损的决定，是否核赔定损是共保人协商一致的结果。第三种约定方式下，全体共保人对于首席承保人的授权仅仅是牵头，并未授予其决定权和处置权，因此，首席承保人对于核赔定损表达的意见仅仅是其一方意见，该意见对其他共保人不当然发生法律效力，也不能直接约束其他共保人。

总体来说,无论是“明共保”还是“暗共保”,在共同保险合同抑或共保人之间的共保协议中,都会对首席共保人的授权事项作出约定,这些约定是确定共保人之间法律关系的核心内容,首席共保人的行为是否对其他共保人产生法律约束力,取决于这些约定。

四、司法实践中,对于首席承保人决定定损核赔的法律行为对被保险人以及其他共保人效力的争议问题的处理

共保争议主要有两类:一类是“明共保”模式下共保主体与被保险人之间的纠纷,此类纠纷较少;另一类是在首席共保人和其他共保人之间的纠纷,往往出现在首席共保人理赔后与其他共保人分担赔偿金额的过程中,此类纠纷较为常见,因此下文以此类型纠纷进行分析。

情形一:共保协议有首席共保人全权处理所有理赔事宜的概括性授权的约定,首席共保人的处理结果对共保人具有约束力,共保人应按共保协议比例支付处理费用。武汉中院(2015)鄂武汉中民商终字第01124号案认为,人保财险公司与太平洋财险公司及一棉集团签订的共保协议约定,人保财险公司在不损害太平洋财险公司利益的前提下全权处理一切理赔事宜。根据原《合同法》第397条关于“委托人可以特别委托受托人处理一项或者数项事务,也可以概括委托受托人处理一切事务”的规定,上述共保协议约定属于太平洋财险公司对人保财险公司全权处理所有理赔事宜的概括性授权,故人保财险公司有权代表太平洋财险公司处理与共保事务赔偿相关的一切事宜,包括聘请鉴定人员和专业法律人员及进行诉讼、仲裁等程序。况且,人保财险公司向一棉集团出具财产综合险保单在前,人保财险公司与太平洋财险公司签订共保协议在后,故法院认定太平洋财险公司对财产综合险保单上全部内容应知晓并认可,否则其不会同意人保财险公司出具的保单,鉴于其对保单未提出异议并实际收取了保费,应视为太平洋财险公司对保单的内容认可。

情形二:如果共保协议中约定需要共保人协商决定核赔,其他共保人在首席承保人通知其勘察现场、协商核赔的情况下,不参与勘察,不发表意见,此时首席承保人单方作出的核赔决定对其他共保人生效。宜春中院(2017)赣09民终144号案认为,虽共保协议约定索赔金额在500,000元以上的保险事故,共保人应共同商议定损,达成一致后由首席保险人负责定损后的具体理赔事务,但共保协议并未约定共保人未协商定损,永诚财险公司可拒绝理赔。现人保财险

公司已支付了该笔事故的全部理赔款,且人保财险公司的定损程序与共保过程中发生的其他保险事故的定损程序并无区别,永诚财险公司亦不能举证证明人保财险的定损结果不合理。永诚财险公司应当按照共保协议约定的比例,支付人保财险公司已垫付的出险日期为 2015 年 3 月 13 日的保险理赔款中的 351,125 元。蓬江区法院(2015)江蓬法民二初字第 46 号案认为,第一,中华财险公司参与查勘定损是其权利而非义务,人保财险公司收到赔案后均向中华财险公司送达接报案登记表并要求其工作人员签名,已履行了告知查勘定损义务,如果中华财险公司拒不参与共同查勘定损,人保财险公司也无法强迫。第二,中华财险公司知道自己有参与查勘定损的权利,人保财险公司每次赔案均向中华财险公司送达接报案登记表,若其认为自己没有参与共同查勘定损,人保财险公司即独自作出定损侵犯了中华财险公司的权利,中华财险公司应当提出意见或者致函人保财险公司;若人保财险公司拒绝中华财险公司参与共同定损,中华财险公司应当起诉要求解除合同或追究人保财险公司的违约责任。第三,中华财险公司作为经营保险业务多年的保险公司,应当知晓其放弃对人保财险向自己主张权利义务的行为进行抗辩所带来的后果,但是中华财险公司在两次收到人保财险公司的公函后依然不闻不问,没有提出异议。综上,中华财险公司在协议期内没有参与共同查勘定损,亦没有对人保财险公司独自查勘定损的行为提出异议,其行为应视为默认了人保财险公司查勘定损行为的合法性和合理性。

情形三:如果首席承保人并未取得其他共保人关于核赔定损的授权,且未遵守共保人之间就核赔定损的协商机制,则其他共保人有权拒赔。北京二中院(2017)京 02 民终 8456 号案认为,根据共保协议的约定,太平洋财险公司作为首席承保人,在出具保险单后履行向信达财险公司留存副本备案、收取保险费 10 日内及时向信达财险公司划付、向信达财险公司收取出单手续费及风险管理基金、获悉保险事故后及时向信达财险公司发出出险通知、向信达财险公司送达最终理赔报告及赔款计算书等义务。但是,根据审理查明的事实,太平洋财险公司从未就其下属宁波分公司在共保协议框架内签发保险单并履行理赔义务的情况向信达财险公司进行通报,亦从未向信达财险公司划付保险费,明显违反了共保协议的约定。共同保险的目的在于扩大保险人的风险分散范围、保证其经营的稳定性。现太平洋财险公司在支付完最后一笔涉案理赔款项后,才向信达财险公司寄送共保分摊催款函,要求信达财险公司分摊理赔款,其上述行为改变了保险合同的射幸性，使保险标的风险的不确定性转化为确定性，违背了共保协议分散风险的本意。因此，判决驳回太平洋财险公司要求分摊理赔款及利息的起诉请求。

第3.4条 【“暗共保”被认定为再保险的风险以及被认定后的影响】

共保人不能举证证明共保协议系保单、保险合同附件或投保人知悉、确认共保协议内容的，共保人之间将被认定为再保险法律关系。首席共保人之外的主体将无条件分摊赔款，共保合同中的约定不再适用。

【条文主旨】

共同保险与再保险，都是保险机构为有效转移、分散自身风险而采取的风险管理方式。二者虽然在功能机制上有所不同，但都能够通过“横向”与“纵向”的风险转移，最大限度为保险人提供有效风险保障。工程质量潜在缺陷保险存在保险期间长、管理难度大、风险不确定等特点，加之目前国内工程潜在缺陷保险制度发展尚不成熟，保险人开展工程保险业务具有很大风险。因此，在工程质量潜在缺陷保险承保中往往会并用共同保险与再保险这两种风险分担方式。

工程质量潜在缺陷保险中，共保方式为各地推荐使用的风险分担方式。由于保险公司承保应当在资本金范围内承保，超出资本金承保会受到监管部门的限制，故如果全部采取“明共保”的模式，保险公司业务范围会受限。保险公司为扩大业务规避监管，大量采用了“暗共保”模式，即表面上仅有首席共保人承保，内部再由共保人之间分摊风险的模式，躲在暗处的共保人不属于保险合同的一方，不受银保监会监管规定管理，这种模式是保险公司规避监管的产物。

在“暗共保”模式下，共保人之间签订的共保协议虽然与再保险合同名称不同，表面条款不同，但核心内容都是在保险人之间分摊风险。因此，仅从协议的内容无法将二者作实质性区分，存在混同的风险。

如果共保协议被认定“名为共保、实为再保险”，裁判者将适用再保险的管理规定判断合同效力以及其他保险人的权利与义务。再保险典型特点就是“共命运”原则，首席共保人承担责任后，其他共保人必须按比例分摊。因此，在“暗共保”被认定为再保险的情形下，其他共保方以未参与现场勘察、定损，首席共保人未召开会议讨论核赔定损等抗辩理由将不能得到支持,也就是说,共保协议中关于共保人之间核赔定损的约定不产生实质性意义。

【理解与适用】

一、再保险的概念

《保险法》第 28 条第 1 款规定,“保险人将其承担的保险业务,以分保形式部分转移给其他保险人的,为再保险”。原银保监会《再保险业务管理规定》第 2 条第 1 款、第 2 款规定,“本规定所称再保险,是指保险人将其承担的保险业务,部分转移给其他保险人的经营行为。本规定所称直接保险,也称原保险,是相对再保险而言的保险,由投保人与保险人直接订立保险合同的保险业务”。

上述条文一方面界定了再保险的概念,另一方面区分了再保险和原保险。原保险是投保人与保险人之间签订保险合同形成的保险关系;再保险是保险人与再保险人之间签订再保险合同形成的保险关系。这是再保险与原保险的本质区别。

二、共同保险与再保险的异同

通说认为,共同保险是横向风险转移,再保险是纵向风险转移,二者虽然都是风险转移机制,但二者在法律特征上完全不同。

(一)发生法律关系的主体不同

共同保险是多个保险人与投保人之间的保险法律关系,是原保险中的一种。共保中的两方主体,一方是投保人或被保险人,另一方是两个或两个以上的保险人。在共同保险中,无论同时存在多少个保险人,都是保险法律关系中投保人的相对方。

再保险,则是保险人与再保险人之间风险分散的法律关系;再保险中的两方主体,一方是保险人,另一方也是保险人。

(二)法律关系的性质不同

共同保险的法律性质是保险法律关系,是投保人向保险人投保而形成的保险法律关系,二者之间的法律关系受保险合同约束,各保险人之间作为共同债务人,其权利义务仍受保险合同约束。

再保险的法律性质并非保险法律关系,而是两个保险主体之间依约共享收人、共担风险的合伙或合作法律关系。

（三）所适用的法律规则不同

共同保险中，共保人之间的权利义务通过协议来约定，对于协议内容在保险法律法规中没有规范性要求，目前都是援引《民法典》中共同债务人的处理原则来处理。

再保险中，保险人与再保险人之间的权利义务受保险法律法规约束，再保险合同有通用版本，适用不穿透原则处理各方权利义务，适用共命运原则按比例分摊风险，同时法律对于再保险比例也作出强制性规定。

（四）投保人或保险人可否穿透合同主张权利不同

共保法律关系中，即便是"暗共保"情况下，投保人仍可以穿透向首席共保人之外的其他共保人主张权利；其他共保人也可以穿透向投保人要求支付保险费。

再保险法律关系中，再保险接收人不得向原保险投保人要求支付保险费，投保人或被保险人不得向再保险接收人提出索赔的请求。

（五）追偿主体不同

共保法律关系中，各共保人承担保险责任后，追偿主体以及权利义务通过共保协议进行约定，可以授权首席共保人行使，追偿到款项后按比例分配；也可以各共保人自行追偿。

再保险法律关系中，由于保险合同和再保险合同之间的隔离不能穿透，因此，再保险接收人不能直接行使追偿权，仅能由保险合同中的保险人即再保险分出人进行追偿，追偿成功后，再保险分出人把属于再保险接收人按比例应得追偿款及时返还。

（六）共保手续费与再保险分包手续费平均水平区别较大

保险行业的惯例是共保手续费较再保险分保手续费低很多，大致低20%。

综上所述，共保与再保险有着根本区别，本质是原保险和再保险的区别。但这种区别在"明共保"中较为典型；"暗共保"模式下，首席共保人之外的其他共保人并不出现在保险合同中，其他共保人作为原保险的主体的法律特征不明显，而共保协议与再保险合同的主体、实质法律特征高度相似，因此二者边界比较模糊。

三、“暗共保”和再保险的异同

从近年发展的情形看，“暗共保”在协议约定上更多趋向再保险化，主要表现在以下几个方面。

（一）存在两份主体相同的协议

再保险下必然存在两份合同：一是投保人与保险人签订的保险合同；二是保险人与再保险接受人签订的再保险合同。

共保下理论上不需要存在两份协议，一个保险合同可以全部约定。但是目前保险领域，尤其是暗共保情形下，通常会存在两份合同：一是投保人与首席保险人签订的保险合同，二是保险人之间签订的共保协议。

（二）合同主体、各方权利义务高度一致

再保险的两份合同：一是原保险合同，签约主体是投保人和保险人；二是再保险合同，签约主体是两个保险人。

共同保险的共保人属于共同债务人，它们之间的权利义务在没有约定的情况下应是按份之债，但目前共保更多采用首席共保人制度。首席共保人制度就是在若干个共同保险人中推举一个保险人作为首席保险人，由首席保险人全权处理与被保险人之间的法律关系。首席共保人制度的设立，实际上借鉴了再保险合同的首席再保险人制度，是共同保险的再保险化的典型表现。在这种首席共保人制度下，共保合同演变为一份保险合同，签约主体是投保人和首席保险人；另一份是共保协议，签约主体则是多个保险人。

（三）协议内容均是对保险合同风险按比例分担

再保险合同是保险人将其承接保险业务中的风险以分保形式转移给再保险人，再保险接收人对于保险合同中的风险无条件按比例分担，而不能以未参加勘验、未参加定损核赔进行抗辩。

共保合同下，各共保人理论上是有权利参加勘验、有权利对核赔定损发表意见。但由于大多数采用了首席共保人模式或连带式的共同保险方式，使共保的特性不再凸显。所有的共同保险人对被保险人的保险赔偿承担连带责任，或者首席共保人对外赔偿后内部按份承担。这种形式的共同保险，在具体做法上完全再保险化，与再保险很难实质性区别。

基于以上因素，在共同保险再保险化的现状下，如果保险人之间发生纠纷后，首席共保人不能举证证明共保协议与保险合同关联或不能举证证明投保人认可共保协议的存在，那么“暗共保”协议与再保险合同实质趋同，因此法院将认定为是再保险的法律关系。

四、司法观点

首先，司法实践中对于“暗共保”和再保险的认定是根据共保与再保险的法律特征来判断。“暗共保”情形下，如果首席共保人不能举证证明投保人认可由共保协议约定的主体共保或不能证明共保协议是保险合同附件的，将被认定为再保险。

北京金融法院(2021)京74民终534号案认为：人寿保险公司与人民保险公司均认为双方签订的案涉《共保协议》及《补充协议》系共同保险。该院认为案涉《共保协议》及《补充协议》虽名为“共保”，但实质上符合再保险的定义及特点，应认定为再保险，理由如下：区分再保险与共同保险应注重以下几个关键点：(1)参与主体方面，共同保险发生于投保人与保险人之间，系数个保险人与投保人建立的直接保险合同关系；而再保险发生于保险人与保险人之间，参与主体仅为再保险分出人与分入人。(2)权利义务方面，共同保险权利义务直接发生于投保人与保险人之间，而再保险人分入人与投保人不存在直接的权利义务关系。保险费收取方面，共同保险投保人系向数名保险人提出保险要求，由各保险人承担保险责任并收取相应保险费；而再保险中，再保险分出人从投保人处收取保费后向再保险分入人支付相应保费，再保险分入人并不直接从原保险投保人收取保费。(3)责任分摊方面，共同保险是两个或两个以上的保险公司及其分支机构(不包括同一保险公司的不同分支机构)使用同一保险合同、对同一保险标的、同一保险责任、同一保险期限和同一保险金额进行的保险，是对责任的横向分担；而再保险合同中，再保险分入人就原保险合同的责任进行承保，不直接对原保险合同的被保险人承保，原保险人通过合同约定，将原保险合同的保险业务部分转移给再保险分入人，系责任的纵向分担。

其次，共保被认定为再保险后，共保人之间的赔款分摊方式将遵守再保险的法律规定，再保险分出人与再保险分入人的赔款摊回适用“共命运”原则。

最高院(2016)最高法民申2934号案认为：太平洋保险中山支公司等10家公司之间系财产一切险保险合同关系，永安财险公司与国泰财险公司之间系以该财产一切险保额的20%为再保险份额的再保险合同关系，两者之间系不同的保险法律关系，再保险接受人与原保险的投保人、被保险人、受益人之间，不存在直接的权利义务关系,不享有原保险合同约定的原保险人的合同权利。原保监会《财产保险公司再保险管理规范》第三章第一节第6条规定,“赔款摊回适用‘共命运’原则,即在分出公司根据保险条款尽职厘定损失的前提下,分出公司的理赔决定自动适用于再保险接受人”。由此可见,除非当事人在再保险合同中明确约定,否则,在保险事故发生后,再保险接受人因并非原保险合同的当事人,其承担再保险责任,并不以其直接参与现场查勘、定损为前提。因此,二审判决根据当事人之间的再保险合同的约定,参考再保险业务的行业规范和惯例,判令永安财险公司承担总保险金额20%份额的再保险责任,并无不当。永安财险公司主张其因未在保险事故发生后被及时通知以及未对保险事故进行查勘定损而不应承担再保险责任,于法无据,不应支持。

北京金融法院(2021)京74民终534号案认为:该案赔偿款分摊方式及比例应结合再保险赔款摊回的“共命运”原则进行确定。原保监会《财产保险公司再保险管理规范》第三章第一节第6条中规定:“再保险双方应严格按照分保条件约定进行赔案管理,任何一方均不能以任何理由拒绝履行或拖延履行发送出险通知、提供赔案资料和摊回赔款等责任。赔款摊回适用‘共命运’原则,即在分出公司根据保险条款尽职厘定损失的前提下,分出公司的理赔决定自动适用于再保险接受人。再保险接受人的赔偿责任限于原保单以及再保险合同约定的保险责任范围,分出公司自身的坏账、倒闭等财务风险,以及未经再保险公司同意的通融赔付(分出公司明知无实际赔偿责任的自愿赔付)等除外。”

第3.5条 【保险人保险期间延展的特殊情况】

鉴于可能存在建设工程竣工验收合格后一段时间内无法出售及交付情形,若投保人与保险人在保险合同中约定,保险人在保险责任期间届满后交付的一定期限内承担保险责任的,使用人请求保险人在该期限内就工程质量潜在缺陷按照保险合同约定继续履行赔偿修理、加固或进行重置等义务的,人民法院或者仲裁机构应予支持。

【条文主旨】

本条主要从工程质量潜在缺陷保险的保险期间、保险责任期间角度分析保险责任期间届满后交付的保险责任承担问题。

保险人毫无疑问在保险责任期间中需要对标的物的损毁、缺陷等情况承担保险责任，在保险责任期间届满后，无须再对保险标的物承担任何责任。因此在保险责任期间届满后，保险人原则上不予赔偿。

但为了推行及实施工程质量潜在缺陷保险制度，为了维护工程质量潜在缺陷保险的设立初衷，为了维护住宅工程所有人的合法权益，防止住宅工程发生投保建筑物尚未使用，不可能发现工程质量潜在缺陷问题，保险责任期间就已经届满的情况，因此可以要求保险人在合同中约定保险责任期间届满后交付的投保建筑多承担一定时间的维修和赔偿责任。如根据北京、上海等地政府颁布的地方规章，可以在保险合同中约定，如果保险责任期间届满后交付的住宅工程，被保险人在交付之日起一定期限内，发现投保建筑物存在质量缺陷的，保险人应当承担维修或赔偿责任。

出于对保险人利益的维护，对保险人与被保险人之间公平的维护，也应该规定此种情况下的保险责任承担最长期限，且该期限不宜过长，以免加重保险人负担，阻碍工程质量潜在缺陷保险的推进，我国现已公布的各地政府关于延长责任的时限多限定在 6 个月。

【理解与适用】

一、时间节点的名词解释

根据“北京市细则”第 5 条、《人保财险公司北京市工程质量潜在缺陷保险条款(2019 版)》第 5 条、“上海市细则”第 4 条的相关规定，总结住宅工程质量潜在缺陷保险的保险期间、保险责任期间及等待期定义如下：

(一)保险责任期间

保险责任期间即保险人承担保险责任的期间，是保险人主要履行保险合同的一段时间，是投保人、保险人及被保险人最为关注的内容之一。

《建筑法》第 62 条规定，地基基础工程、主体结构工程、屋面防水工程和其他土建工程，以及电气管线、上下水管线的安装工程，供热、供冷系统工程等项目保修的期限，应当按照保证建筑物合理寿命年限内正常使用，维护使用者合法权益的原则确定；具体的保修范围和最低保修期限由国务院规定。

结合《建设工程质量管理条例》第 40 条及北京市政府、上海市政府的有关规定可知，地基基础和主体结构工程的保险责任期间为 10 年；防水和保温工程的保险责任期间为5年;装修工程(包括全装修和非全装修,墙面、顶棚抹灰层工程等其他分项工程)、电气管线、给排水管道、设备安装,供热与供冷系统工程的保险责任期间为2年。上述期间均自建设工程竣工验收合格后等待期届满之日起算。

(二)保险期间

投保人在建设工程办理施工许可手续前向保险人申请投保工程质量潜在缺陷保险,经保险人同意承保,保险合同成立,投保人按照保险合同约定缴纳保险费,保险合同生效。保险期间指自保险合同生效之日起,至保险责任期间届满之日止的一段时间。

(三)等待期

等待期自建设工程竣工验收合格之日起,至投保人和保险人协商确定的时间止。

如上保险期间、保险责任期间、等待期是目前北京和上海相关政府机构等普遍规定的期间,如投保人和保险人在保险合同中另有特别约定的,以约定为准。

二、承担保险责任的结束

正常情况下,保险人在工程质量潜在缺陷保险责任期间届满后不再承担保险责任。

投保建筑物在竣工验收时可能存在该时点未能发现的,因勘察、设计、施工、监理及建筑材料、建筑构配件和设备等质量原因导致的,不符合施工图设计文件、工程建设标准和合同要求,而在使用过程中暴露出的工程质量潜在缺陷。

针对该等情形,投保建筑物虽经相关主体竣工验收合格,且经保险人委托的工程质量风险管理机构检查通过,只要在正常使用条件下,在保险责任期间内,保险人应就工程质量潜在缺陷履行赔偿修理、加固或进行重置等义务。但如果保险责任期间届满后,被保险人要求保险人承担工程质量潜在缺陷责任,则保险人有理由以保险责任期间届满,拒绝承担保险责任进行抗辩,人民法院或者仲裁机构应对保险人的抗辩予以支持。

三、建议保险责任延长的特殊情况

如果在保险合同中另有约定,如保险人与投保人约定在工程质量潜在缺陷保险责任期间届满后交房的,保险人在保险合同约定的一定期限内承担保险责任,则人民法院或者仲裁机构应对使用人要求保险人在这一定期限内就工程质量潜在缺陷继续履行赔偿修理、加固或进行重置等义务的请求予以支持。

由于住宅建设工程具备复杂、周期长、主体多等特点,投保人基于多种因素,可能存在保险责任期间届满后才予以交房的情形。在这种情况下出现保险责任期间届满与被保险人尚未使用和发现工程质量潜在缺陷之间错位的问题。一般在订立保险合同时,投保人面对这种情况会要求保险人对该种情况下保险责任延长予以书面形式的确认,即在保险合同中特别约定。保险人可就是否将其纳入保险合同与投保人协商,若协商同意不纳入,则保险人可对该情况不进行特别表述。

该举措的目的是维护保险人与投保人、使用人之间的公平问题。如果一律不考虑交房时间点,简单地认定只要保险责任期间届满,保险人就有权拒绝承担赔偿责任。这就会丧失我国政府机构推行工程质量潜在缺陷保险的初衷,对于促进投保人提升建设工程质量以及快速处理业主入住使用后的质量问题等,显然是不利的。因此,针对投保人交房时保险责任期间已经届满问题的处理,有必要规定保险人在保险合同约定的一定期限内承担保险责任,同时规定该时点的最长期限。

目前,我国工程质量潜在缺陷保险仍有待完善,政府机构、保险公司等虽都针对如上情形都作出了相应规定,但差异较大。比如,"北京市细则"第 5 条规定,"但对于保险期间届满后交房的,业主在交房之日起 6 个月内,发现承保范围内的建筑存在质量缺陷的,由保险公司承担维修或赔偿责任";"上海市细则"第 4 条规定:"……保险期限届满后交房的,建设单位应当在交房前 15 日通知保险公司、业主共同验收,若存在质量缺陷,由建设单位承担赔偿责任。业主应当在交房之日起六个月内,对承保范围内的建筑质量进行自查,若存在质量缺陷,由保险公司承担赔偿责任。"《人保财险公司北京市工程质量潜在缺陷保险条款(2019 版)》第 9 条则规定:"业主在交房之日起 6 个月内,发现承保范围内的保险单载明的建设工程存在质量缺陷的,由保险人承担维修或赔偿责任。前述时间点最长不超过本保险合同的保险期间。"由此可见,北京和上海政府机构以及人保公司对交房时点作出保险期间届满、保险责任期间届满的规定,出发点是相同的。但以工程质量潜在缺陷保险设立初衷和推行的角度而言,以及对投保人、保险人、被保险人利益的考虑和衡量,以保险责任期间届满作为交房时点进而规定保险人保险责任承担更为准确。

在保险期间届满后交房的住宅建设工程，投保人、被保险人应当在交房前 15 日通知保险人、业主等共同通过验收，如该时点存在工程质量缺陷，由投保人承担维修或赔偿责任；业主在交房之日起 6 个月内，发现承保范围内的建设工程存在质量缺陷的，由保险人承担维修或赔偿责任。该 6 个月是目前政府和保险机构普遍规定的期限，如投保人和被保险人有其他约定的，应以约定为准。

但上述自保险责任期间届满次日至本条款规定的交房后一定期限到期日，如上期限总和超过保险合同对应险种的保险责任期间年数，则保险人不再予以赔偿，否则会过分加长保险人的保险责任承担期间。

第 3.6 条　【投保人的合同解除权】

投保人因投保工程质量潜在缺陷保险而享受政府政策支持或取得其他利益的，或法律另有规定、合同中另有约定的，投保人主张单方解除合同的，不予支持。

【条文主旨】

本条主要从投保人的角度出发。一方面，保险行业发展至今虽然因立法理念的改变与技术手段的更新，投保人的弱势地位有所改变，但总的来说保险人在缔约地位上依然居于优势，故而应向投保人一方倾斜性保护。另一方面，由于投保人承担保险费缴纳义务，却不必然享受保险合同的利益，因此会造成权利与义务的不对等，通过法律赋予的解除权可以对该不对等进行调整。

现行的工程质量潜在缺陷保险行政规章多以鼓励推行的姿态出现，而非强行要求普遍适用。基于此，行政规章中多用鼓励的政策推动主体选择工程质量潜在缺陷保险。投保人既然因此政策享受到红利，则不应该放弃使用工程质量潜在缺陷保险，否则政策红利的前提就不存在。为防止此类恶意获取红利的可能，这种情况下的解除应该予以限制。

2016 年太平洋保险公司更新的 IDI 保险合同，明确规定投保人未经保险人同意无合同解除权，而这就属于“合同中另有约定的除外”。

【理解与适用】

一、投保人应享有任意解除的权利

我国现行保险法沿用的是大陆法系保险法的“保险契约上之三分法”，即主张保险合同存在保险人、投保人与被保险人三个主体。被保险人对保险标的物具有利益，投保人仅是订立保险合同的人，是保险合同的当事人。投保人为什么出钱属于投保人与被保险人之间的内部问题，不在保险法的管理范围之内。

《保险法》第 15 条规定，“除本法另有规定或者保险合同另有约定外，保险合同成立后，投保人可以解除合同”。《保险法司法解释二》第 2 条规定：“人身保险中，因投保人对被保险人不具有保险利益导致保险合同无效，投保人主张保险人退还扣减相应手续费后的保险费的，人民法院应予支持。”《保险法司法解释三》第 17 条规定：“投保人解除保险合同，当事人以其解除合同未经被保险人或者受益人同意为由主张解除行为无效的，人民法院不予支持……”由此可见，《保险法》并未对投保人任意解除权设置第三人同意权的限制，投保人可以不顾第三人反对而解除利他合同。保险人在接到投保人通知解除时，不能对之行使告知第三人、判断有无解除权等专属于裁判机关的权责与义务。

从保险的历史角度来看，保险自创始之初便存在地位不均等行为。保险人在经济实力、专业程度、信息掌握度上拥有巨大的优势，在缔约地位上居于优势，掌握保险合同的格式条款。因此，为维护保险人与其他二者间的相对公平，避免保险人的优势过于明显，保险法才须对投保人一方给予倾斜性保护。

从保险的角色角度来看，投保人、保险人是保险合同的当事人。投保人承担了保险义务，缴纳了保险费用，却不必然享有保险合同的利益，这也就是“保险合同权利与义务的结构性差异”。法律赋予投保人任意解除权也是对投保人与被保险人之间的失衡利益的再调节，根据《保险法》第 12 条的规定，被保险人享有保险金请求权，该请求权系在保险事故发生后被保险人享有的财产权利，但在保险事故发生前，对被保险人、受益人期待之保护不应有损于投保人的法定权利。

二、实践中投保人不应享有任意解除的情况

（一）投保人已因投保该保险而享受政府政策福利待遇的

投保人已经因为其投保工程质量潜在缺陷保险而享受到部分政策福利待

遇,在这种情况下,投保人申请解除该合同就相当于消去了政府政策福利待遇的基础。如果不对这种情况提前制止,则会使“假投保真拿钱”的情况越来越多。一方面,这不符合地方政府推出福利待遇行政法规的初心一大力推广工程质量潜在缺陷保险;另一方面,容易给地方财政造成较大负担,影响政府公信力。

从另一个角度而言,地方政府的相关行政法规是地方政府发挥主观能动性,采用行政手段调节房地产与保险市场的具象化表现。推广工程质量潜在缺陷保险并以政策红利补偿这种行为,实质上是地方政府代替保险中的受益人——业主给予了投保人价值相当的对价,而这种对价的交付还通过政府的政务公开机制通知保险人。《保险法司法解释三》第 17 条规定:“投保人解除保险合同,当事人以其解除合同未经被保险人或者受益人同意为由主张解除行为无效的,人民法院不予支持,但被保险人或者受益人已向投保人支付相当于保险单现金价值的款项并通知保险人的除外。”因而,对于这种情况下的投保人解除,保险人以未经受益人同意抗辩的,法院应予以支持。

某案例为 A 公司诉 B 保险公司财产保险合同纠纷案,A 公司诉请解除 IDI 保险合同,B 保险公司依据保险合同中的相关约定拒绝解除。二审法院认为,一方面,IDI 保险风险涉及面广、周期长,且存在规范性文件与保险条款约定,投保人不得任意解除;另一方面,A 公司通过投保 IDI 保险,解冻了相对应的物业保修金。A 公司对投保目的明知,对于退还物业保修金需以投保 IDI 保险为前提的义务属性亦明知,其行为有违诚信原则。故二审法院维持原判,不同意解除合同。二审法院一方面是根据合同约定解除需经过保险人及房管部门同意,另一方面也是考虑到了投保人 A 公司通过投保了 IDI 保险解冻了物业保修金,若解除 IDI 保险合同,不符合诚信原则,也不符合 IDI 保险目的。

(二)保险合同中约定了不得任意解除的

《保险法》第 15 条赋予了投保人任意解除权,同时也规定了投保人和保险人可以在保险合同中对保险合同的问题另行约定。常见的,如诉讼财产保全责任保险中约定“除法院驳回申请人诉讼财产保全申请外,本保险合同投保人不得退保”。与此同时,《保险法》第 19 条第 2 项也规定,排除投保人、被保险人或者受益人依法享有的权利的格式条款无效。部分人认为,在保险合同中约定排除投保人任意解除权的条款符合第 19 条第 2 款的描述,理应无效。

在司法实践中也有很多相似的案例,如 2017 年自然人 C 诉 D 保险公司案。C 诉称,保险合同第 32 条约定在保险合同期限内,未全额偿清贷款本息前,投保人不得退保。法院依据《保险法》第15条认可了C与D保险公司在保险合同中的约定,支持了D保险公司。这实际上保护了受益人的利益,防止订立保险合同的目的落空。由此可见,是否属于《保险法》第19条描述之情况要结合案情判断。

另外,《保险法》第19条规范的范围限制在"格式条款"当中,也就是说,要符合该条款的要求,该排除条款就必须属于格式条款,否则一般应依据《保险法》第15条确认双方约定条款的效力。

第3.7条 【保险人和投保人对是否存在工程质量缺陷有争议的处理】

被保险人未能按照保险人委托的工程质量风险管理机构在等待期限届满前发出的缺陷整改要求予以整改的工程质量缺陷,保险人主张不予赔偿的,应予支持,但保险合同另有约定的除外。

保险人和投保人对是否存在工程质量缺陷有争议的,可共同委托有资格的鉴定机构予以鉴定,如鉴定结果认定存在属于保险合同约定的保险责任范围的工程质量缺陷的,保险人承担全部或相应部分的鉴定费用。因鉴定影响工程交付或使用而给被保险人造成损失的,保险人承担全部或相应部分的赔偿责任。

【条文主旨】

本条旨在解决被保险人未能按照保险人委托的工程质量风险管理机构在等待期限届满前发出的缺陷整改要求对工程质量缺陷进行整改情形下,保险人保险责任的承担问题;以及保险人和投保人双方因对是否存在工程质量缺陷有争议而共同委托有资格的鉴定机构予以鉴定后,因鉴定影响工程交付或使用而给被保险人造成损失时的责任承担问题。

【理解与适用】

一、被保险人未能按照保险人委托的工程质量风险管理机构在等待期限届满前发出的缺陷整改要求予以整改的工程质量缺陷,保险人有权不予赔偿,但保险合同另有约定的除外

实践中,保险人缺乏建设工程领域的背景知识和专业技术,在工程建设过

程中无法了解工程各方的行为和客观风险情况,因此,必须委托专业的工程质量风险管理机构来负责工程质量潜在缺陷保险的具体风险管理工作。

具体来说,保险人按照法律法规、工程建设标准、施工图设计文件的要求对被保险建设工程项目实施过程风险管控,工程质量风险管理机构则接受保险人的委托参与工程质量潜在缺陷问题的风险管理工作,经保险人书面委托和授权进行工程质量风险管理工作的具体实施。

正因为工程质量风险管理机构具备较高的专业知识和专业技术,其提出的工程质量风险管理工作的具体建议一般具有重要的依据价值。因此,在工程质量潜在缺陷保险合同中,一般约定投保人、被保险人应接受并积极配合保险人委托的工程质量风险管理机构对保险单载明的建设工程进行工程质量风险管理工作,对于发现的工程质量潜在缺陷,投保人应予以整改。同时,投保人、被保险人应接受并积极配合保险人指定的工程质量风险管理机构对保险单载明的建设工程在竣工验收合格后等待期届满时进行的工程质量风险复查工作。对于保险人发现的属于保险责任范围的未整改的工程质量潜在缺陷,保险人有权根据保险合同约定适当上浮保险费率或者列入保险除外责任;对于工程质量潜在缺陷严重的,保险人有权解除保险合同。对于在质量复查中发现的属于保险责任范围的工程质量潜在缺陷,投保人整改的,应当纳入保险责任范围;投保人未整改的工程质量潜在缺陷,保险人可以根据保险合同约定将其列入保险除外责任。

因此,除投保人与保险人的特殊约定外,被保险人未能按照保险人委托的工程质量风险管理机构在等待期届满前发出的缺陷整改要求予以整改的工程质量缺陷,保险人有权不予赔偿。

二、保险人和投保人对是否存在工程质量缺陷有争议的,可共同委托有资格的鉴定机构予以鉴定,如鉴定结果认定存在属于保险合同约定的保险责任范围的工程质量缺陷的,保险人承担全部或相应部分的鉴定费用。因鉴定影响工程交付或使用而给被保险人造成损失的,保险人承担全部或相应部分的赔偿责任

虽然工程质量风险管理机构具备较高的专业知识和专业技术,但其毕竟是直接接受保险人的委托,与保险人存在委托合同关系,且工程质量风险管理机构对是否存在工程质量缺陷的意见将对保险合同中投保人和保险人的权利义

务产生较大的影响,如果保险人和投保人双方对是否存在工程质量缺陷有争议,往往仍然需要委托有资格的鉴定机构予以鉴定。

实践中,工程项目具有一定的复杂性和专业性,对其是否存在工程质量缺陷进行鉴定往往需要较长的时间。而且,为了保障鉴定结果的真实性和准确性,往往需要对工程项目的现状进行固定,避免后期因保险人、投保人以及最终所有权人对工程现状进行改变,而导致缺陷责任无法鉴定的情形。如购买商品房的业主对房产进行装修并实际入住,有可能导致工程质量缺陷问题被掩盖或改变。因此,保险人和投保人委托有资格的鉴定机构予以鉴定后,很有可能因鉴定影响工程交付或使用,进而给被保险人造成损失。此时,鉴定结果对是否构成保险合同约定的保险事件的认定,是影响保险人是否承担保险责任和相应损失赔偿责任的关键因素。如鉴定结果认定存在属于保险合同约定的保险责任范围的工程质量缺陷,保险人应当根据保险合同约定和相关法律规定承担保险责任,并承担全部或相应部分的鉴定费用,并对因鉴定影响工程交付或使用而给被保险人造成的损失承担赔偿责任。

第 3.8 条 【TIS 出具的评估报告或专项意见的重要性】

保险合同签订后,保险公司可以委托建设工程质量风险管理机构(以下简称风险管理机构)实施风险管理。风险管理机构不得与该工程参建单位存在关联关系,不得直接或间接参与该工程的勘察、设计、施工、监理和材料供应等工作。保险公司应当与风险管理机构签订书面委托合同,依法约定双方的权利和义务。

风险管理机构按照法律法规、工程建设标准、施工图设计文件和保险合同的要求,对建设工程实施工程质量风险评估,并向保险公司和建设单位出具工程质量风险过程评估报告和最终评估报告,评估报告应当明确检查发现的质量缺陷和整改情况。

TIS 提出的质量缺陷问题,未经整改的,建设单位不得组织竣工验收。

【条文主旨】

本条主要从工程质量潜在缺陷保险中 TIS 的职能入手,厘清风险管理机构在工程质量潜在缺陷保险中的具体角色定位并说明其职能的重要性。

TIS机构的工作成果最终会形成评估报告呈报保险公司与建设单位,该报告除了用于保险公司对工程项目进行风险评估和管理,在工程竣工验收或相关案件审理中也应充分参考。

【理解与适用】

一、工程质量风险管理机构与监理单位在建筑工程质量控制方面所起的作用各不相同,在施工各阶段乃至案件的审理中应当重视TIS出具的报告

工程质量风险管理机构的职责与工程监理虽然存在一定程度的重合,但在工作地位、工作阶段、工作范围和工作方法方面均有明显的区别。

(一)工作地位不同

《建筑法》规定监理要"客观、公正地执行监理任务",明确对监理提出了作为公正第三方的独立性要求。独立性意味着监理在工作中不得受委托方和承包单位的制约,但实际上,监理在业务开展时要通过合同受托于建设单位,在经济关系上,监理不可能不受到建设单位的制约,从而导致监理公正客观的独立地位有很大弱化。另外,监理因为工作性质原因,长期驻扎现场,和现场管理人员工作接触较多,感情因素也会引发监理的工作标准放宽,导致公正客观的独立地位弱化,不利于工程质量品质提升。

反观TIS,因为TIS受托于保险公司参与工程质量控制工作,在经济关系上,和建设单位没有关联,不会受到建设单位的制约。此外,TIS不得与该工程其他参建单位存有关联关系,不得直接或间接参与该工程的项目管理、勘察、设计、施工、监理、材料供应等服务。所以TIS无论在经济关系还是在工作关系上,均能做到独立于工程参建各方主体。另外,TIS工作方式是以质量抽查为主,查完即走,这种工作方式避免了和承包单位长期相处于施工现场,减少了客观因素对质量控制工作的干扰,更加强了TIS的工作独立性,对工程质量的控制和品质提升非常有利。

(二)工作阶段不同

《建设工程监理规范》规定监理可以接受建设单位的委托,提供工程勘察、设计、保修等阶段的相关服务。虽然有相关许可,不过在实际施行中监理的工作仅限定在施工阶段。可是往往重大的工程质量潜在隐患和风险,其实是源于工程的勘察和设计阶段,而且工程质量隐患和风险的暴露又大部分是在工程的保修阶段,所以这三个阶段的质量隐患和风险的控制工作反而非常关键和重要,需要相关机构进行相关质量控制工作,进而提升整体的建筑工程品质。

《建筑工程质量潜在缺陷保险质量风险控制机构工作规范》中明确规定,TIS 的工作内容分为勘察设计阶段、施工阶段、竣工阶段和复查阶段。不仅如此,该规范还详细规定了 TIS 在上述各个阶段的工作内容、工作标准和工作成果,是实质性地对建筑工程进行全过程质量隐患检查和控制,也是对监理质量控制工作的有效扩展和补充,非常有利于工程质量隐患的排除和控制,促进整体建筑工程品质的提升。

(三)工作范围不同

监理的工作范围在引入之初涵盖工程质量、建设工期和建设资金使用三个方面,随着监理制度在国内深入推行,中央和地方相关建设主管部门出于各自的实际需要,陆续给监理增加了安全管理和环保监督职能,逐步形成了涵盖工程施工阶段各方面的大而全的工作范围。然而,监理的工作范围扩展之后,相应的监理费用、人员数量等工作支持资源并没有随之提升,这不利于建筑工程品质的提升。

相比于监理工作的"大而全",TIS 工作就相对"小而专"。首先,TIS 的工作范围仅限于工程质量隐患的发现和排除,不涉及工期、资金、安全和环保等方面的管理和控制工作;其次,在质量隐患的发现和排除方面,TIS 的工作范围和工程投保范围保持完全一致,严守合同界限。这使 TIS 在工程质量控制方面更有针对性,保持专注的工作精力,对最终建筑工程品质的提升显然是非常有利的。

综上,TIS 和监理机构既不能相互取代,也不能混为一谈。TIS 作为施工过程中更加独立的第三方,其出具的评估报告对工程质量的控制和品质提升非常有利。

二、TIS 出具评估报告的法律效力

因相关制度仍在鼓励推行阶段,TIS 出具的评估报告作为竣工验收的依据或前提条件之一,缺少位阶较高的法律支持,但从当前试点情况来看应是大势所趋。

工程质量缺陷责任保险发展至今,在我国多地都已经进行了试点工作,各地也颁布了一些地方行政规章。在部分城市的试点方案中,不乏将 TIS 出具的评估报告列为工程验收依据之一的情形。如《杭州市简易低风险建设工程质量

潜在缺陷保险试点方案》中规定:风险管理机构应当在每个分部工程验收前进行全面检查……质量缺陷未改正的,建设单位不得组织相关分部验收……最终报告中列出的质量潜在缺陷未整改到位的,不得通过竣工验收。最终报告作为竣工验收的内容之一。又如,《海南省房屋建筑工程质量潜在缺陷保险试点工作方案》中规定:建设单位应当邀请保险公司参加工程质量竣工验收。最终检查报告中指出建设项目存在的质量缺陷问题,施工单位没有完成整改的,建设单位不得组织竣工验收。

TIS 出具的评估报告,相较于全程参与工程施工的监理单位的意见更加中立、独立,在工程的竣工验收阶段以及后续可能涉及的案件审理过程中应当充分参考。因为 TIS 是为保证保险承保质量新引进的一种质量控制模式,无法马上嵌入国内现行的建筑行业质量控制体系中,所以能否将 TIS 和监理角色合并、或借鉴国外的 TIS 模式、或建议政府在推动该项业务时对于 TIS 的角色和作用给予明确定位,出具相关政策或法规给予 TIS 模式实质性的支持,这都值得我们共同思考。我国有关工程质量潜在缺陷保险中 TIS 的规定如表 3 -2 所示。

表 3 -2　我国有关工程质量潜在缺陷保险中 TIS 的规定摘录

序号	公布时间	发布机关	文件名称	关于 TIS 的条款
1	2017 年 7 月	上海市住房和城乡建设管理委员会	《上海市住宅工程质量潜在缺陷保险实施细则(试行)》	第 2 条　(风险评估和计划)风险管理合同签订后,风险管理机构需收集相关的工程资料,对工程中可能出现的质量风险进行评估,编制风险管理机构工作检查计划。 第 9 条　(风险交底)在工程开工前,保险公司应组织风险管理机构、建设单位及项目参建各方召开风险管理交底会。交底会上风险管理机构应对工程中可能存在的质量风险点、过程中质量检查方式以及参建各方需配合事宜等进行告知,并形成会议纪要。 第 10 条　(质量风险检查报告)风险管理机构应按照风险管理合同要求执行现场检查,并及时编写《质量风险检查报告》报保险公司,检查报告应当包括检查情况的描述、检查存在质量缺陷、缺陷处理建议和潜在缺陷风险分析。

续表

序号	公布时间	发布机关	文件名称	关于 TIS 的条款
2	2019 年 4 月	北京市住房和城乡建设委员会、北京市规划和自然资源委员会、北京市地方金融监督管理局、中国银行保险监督管理委员会北京监管局	《北京市住宅工程质量潜在缺陷保险暂行管理办法》	第 17 条　保险公司制定的工程质量风险评估实施方案,应包括具体实施工程质量风险评估的机构及其人员情况,工程质量风险评估的具体实施范围、实施计划、关键节点、重点工序,需要建设单位配合的具体事项和通知义务等。 第 18 条　缺陷保险合同签订后,保险公司应当委托建设工程质量风险管理机构(以下简称风险管理机构)实施风险管理。保险公司应当与风险管理机构签订书面委托合同,依法约定双方的权利和义务。 风险管理机构不得与该工程参建单位存在关联关系,不得直接或间接参与该工程的勘察、设计、施工、监理和材料供应等工作。 风险管理机构按照法律法规、工程建设标准、施工图设计文件和保险合同的要求,对建设工程实施工程质量风险评估,并向保险公司和建设单位出具工程质量风险过程评估报告和最终评估报告,评估报告应当明确检查发现的质量缺陷和整改情况。 建设单位接到评估报告后应当责成施工单位及时整改质量缺陷问题。保险公司和建设单位就报告中工程质量缺陷认定存在争议的,按照保险合同中双方约定的方式解决。
3	2019 年 7 月	海南省住房和城乡建设厅、原中国银保监会海南监管局	《海南省房屋建筑工程质量潜在缺陷保险试点工作方案》	工程质量潜在缺陷保险合同签订之后,保险公司应当聘请建设工程质量风险管理机构对保险责任内容实施风险管理,工程参建各方应当提供便利条件,配合开展工作,不得以任何理由妨碍风险管理工作开展。TIS 是为建设项目提供质量风险监督、检查和评估等相关服务的第三方机构,应具备独立性,不得与参建单位有关联。 TIS 应当根据保险责任内容按合同约定条款对工程开展全过程风险检查,形成过程检查报告,内容包括检查发现的质量缺陷问题、处理意见和建议。

续表

序号	公布时间	发布机关	文件名称	关于 TIS 的条款
				TIS 应当在工程完工后形成最终检查报告，最终检查报告应当明确发现的质量缺陷及整改情况，并给出保险责任内容的风险评价。TIS 机构的过程检查报告和最终检查报告应当提供给保险公司、建设单位和工程质量监督机构。建设单位接到过程检查报告和最终检查报告后，应当责成施工单位及时整改质量缺陷问题。监理单位应当督促施工单位整改质量缺陷问题，施工单位拒不整改或者整改不力的，监理单位应当报告建设单位，并抄送保险公司。建设单位应当邀请保险公司参加工程质量竣工验收。最终检查报告中指出建设项目存在的质量缺陷问题，施工单位没有完成整改的，建设单位不得组织竣工验收。设计或施工单位与 TIS 就工程质量缺陷的认定发生争议的，可委托双方共同认可的工程质量第三方鉴定机构进行鉴定。
4	2020 年 12 月	广州市住房和城乡建设局、广州市地方金融监督管理局、广州市规划和自然资源局	《广州市住宅工程质量潜在缺陷保险管理暂行办法实施细则》	第 10 条　投保工程质量潜在缺陷保险的建设单位，应当在办理施工许可手续前，与选定的保险公司签订工程质量潜在缺陷保险合同。 建设单位分阶段办理施工许可的，应在涉及结构施工许可手续前，与选定的保险公司签订整个工程的质量潜在缺陷保险合同。 工程质量监督机构应当在工程监督交底时，检查建设单位是否按照土地出让合同约定购买工程质量潜在缺陷保险。检查中发现建设单位存在失信行为的，依照信用管理权限记录其失信信息。 第 12 条　符合下列条件之一的法人组织，可以作为工程质量潜在缺陷的风险管理机构： 1. 具有大型建筑工程管理经验，拥有房屋建筑工程监理专业乙级或以上资质； 2. 具有 3 年以上受保险公司或房地产开发商委托开展国内外建设工程质量风险管理经验，并按专业要求配备相应工程师的工程管理机构；

续表

序号	公布时间	发布机关	文件名称	关于 TIS 的条款
				3. 其他符合条件的工程管理咨询机构。 第 13 条　风险管理机构在签订风险管理合同后,应当收集工程相关资料,对工程质量风险进行评估,编制风险管理检查计划。
5	2021 年	杭州市城乡建设委员会	《杭州市简易低风险建设工程质量潜在缺陷保险试点方案》	保险公司应当组建或委托符合条件的质量风险管理机构负责工程建设全过程质量风险管理技术检查工作。建设、施工单位应配合风险管理机构的工作,为其提供必要的条件,不得阻碍其开展正常的风险管理工作。 保险合同签订后,保险公司应当制定工程质量风险管理实施方案,并经建设单位确认。风险管理机构应当根据实施方案对建设工程进行风险管理。每次检查应当形成检查报告,检查报告内容包括检查发现的质量缺陷问题、处理意见和建议。 风险管理机构应当在每个分部工程验收前进行全面检查,对整个工程实施过程中的质量检查情况、质量缺陷追踪情况进行汇总评价,并按要求报送建设单位、保险公司和工程质量监督机构。质量缺陷未改正的,建设单位不得组织相关分部验收。 在工程完工后,风险管理机构应对整个工程实施过程中的质量检查情况、质量缺陷追踪情况进行汇总评价,编制《质量风险最终检查报告》,并将书面材料盖章后报建设单位、保险公司和工程质量监督机构。保险公司应当参与竣工验收,并提出最终报告。最终报告中列出的质量潜在缺陷未整改到位的,不得通过竣工验收。最终报告作为竣工验收的内容之一。

第 3.9 条 【关于保险人责任免除的举证责任分配】

工程质量潜在缺陷保险中，被保险人以投保的建筑物在保险期限内存在潜在质量缺陷为由诉请保险人理赔的，保险人认为不属于保险责任范围或存在责任免除条款所列情形的，应当就其主张承担举证责任。保险人不能举证证明上述情形存在，经鉴定也不能确定建筑物损坏原因系潜在缺陷之外的原因造成，应当由保险人承担相应举证不能的不利后果；保险人举证证明存在多因一果的情形或经鉴定得出的结论为多因一果的情形下，人民法院或者仲裁机构可适用按比例分责原则来确定保险人的赔偿金额。

【条文主旨】

工程质量潜在缺陷保险的保险标的为工程竣工验收完成一定期限之后出现的潜在质量缺陷造成的建筑损坏。保险人承保这一保险责任后，在保险条款中通常会对保险责任、免责事由或免责项、免赔额或免赔期等作出约定。一旦出现保险事故，被保险人申请索赔时，就会发生谁来证明发生了保险事故，保险事故的损失有多大，哪些损失应当赔哪些损失不应当赔的问题。如果保险人拒赔或赔付金额发生争议，双方纠纷进入诉讼或仲裁阶段，又会进一步存在诉讼中的举证责任分配问题。

由于工程质量潜在缺陷保险为我国政府推广的类似于强制险的险种，其目的是对工程保修制度的补充和完善，提升工程质量问题的赔付能力。在这种原则指导下，出现工程质量问题后，原则上保险人都应当及时修复或赔偿。为了实现这一险种的功能，快速解决工程质量问题的修复，实践中是由保险人委托质量鉴定机构对于事故成因进行鉴定。因此，在发生拒赔所产生的纠纷后，由保险人就事故是否属于保险事故范围，是否存在免责情节承担举证责任，更符合这一险种的设立目的。这种举证责任承担方式类似于现行民事诉讼法中的举证责任倒置。

将免责拒赔的举证责任分配给保险人的法律意义是：保险人如果拒赔，应当对于被保险人提出的保险事故是否属于建筑工程质量保险的保险责任范围、是否存在免责事由承担举证责任。在此类保险纠纷中，保险事故的成因是否属于建筑潜在缺陷，往往是最核心的争议焦点，保险人或者人民法院或者仲裁机构大概率会通过委托专业的工程质量鉴定机构来对事故成因进行鉴定。鉴定结论如果确定了事故成因,那根据事故成因来判断保险人的责任;如果无法确定事故的成因,基于举证责任的分配将由保险人承担举证不能的不利后果,也就是保险人要承担赔偿责任;如果事故成因多样,既有潜在缺陷,又有其他原因,人民法院或者仲裁机构则可能使用比例分摊原则来判定保险人应当承担的赔偿责任。

【理解与适用】

工程质量潜在缺陷保险,是承保建筑工程在竣工验收后,较长时间内仍然存在潜在质量缺陷的风险的保险。

一、工程质量潜在缺陷保险的保险责任

工程质量潜在缺陷保险,承保的民事责任是建筑物潜在质量缺陷所对应的损失赔偿责任。如何定义工程质量潜在缺陷保险的保险责任,“北京市细则”第5条规定,缺陷保险的基本承保范围为地基基础和主体结构工程、保温和防水工程,具体范围按照《建筑工程施工质量验收统一标准》(GB 50300)的规定执行。

(一)地基基础和主体结构工程缺陷

其主要包括:(1)整体或局部倒塌;(2)地基产生超出设计规范允许的不均匀沉降;(3)基础和主体结构部位出现影响结构安全的裂缝、变形、破损、断裂;(4)阳台、雨蓬、挑檐、空调板等悬挑构件出现影响使用安全的裂缝、变形、破损、断裂;(5)外墙面脱落、坍塌等影响使用安全的质量缺陷;(6)其他地基基础和主体结构部位出现的影响结构安全的工程质量潜在缺陷。

(二)保温和防水工程缺陷

其主要包括:(1)围护结构的保温层破损、脱落;(2)地下、屋面、厕浴间防水渗漏;(3)外墙(包括外窗与外墙交接处)渗漏;(4)其他有防水要求的部位渗漏。建设单位投保缺陷保险的保险期间,地基基础和主体结构工程为10年,保温和防水工程为5年。保险责任开始时间自建设工程竣工验收合格2年之日起算。住宅工程在竣工验收合格之日至保险责任开始时间内出现的工程质量潜在缺陷,由建设单位负责组织维修。保险期间届满后交房的住宅工程,建设单位应当在交房前15日通知保险公司、业主共同验收,若存在质量缺陷,由建设单位承担维修或赔偿责任。保险合同约定的保险范围和保险期间之内,由保险公司履行维修或赔偿责任;保险合同约定的保险范围之外或保险期间到期之

后的工程保修范围和保修期间，执行国家和本市法律法规和标准的有关规定，但对于保险期间届满后交房的，业主在交房之日起6个月内，发现承保范围内的建筑存在质量缺陷的，由保险公司承担维修或赔偿责任。

《人保示范条款》有过一段相对权威的解释。其第4条规定："本保险合同中载明的、由投保人开发的建筑物，按规定的建设程序竣工验收合格满一年后，经保险人指定的建筑工程质量检查控制机构检查通过，在正常使用条件下，因潜在缺陷在保险期间内发生下列质量事故造成建筑物的损坏，经被保险人向保险人提出索赔申请，保险人按照本保险合同的约定负责赔偿修理、加固或重置的费用：（一）整体或局部倒塌；（二）地基产生超出设计规范允许的不均匀沉降；（三）阳台、雨蓬、挑檐等悬挑构件坍塌或出现影响使用安全的裂缝、破损、断裂；（四）主体结构部位出现影响结构安全的裂缝、变形、破损、断裂。正常使用：指按照建筑物的原设计条件使用，包括但不限于：（1）不改变建筑物主体结构；（2）不改变使用用途；（3）不超过设计荷载。潜在缺陷：指在竣工验收合格满一年后，保险人指定的建筑工程质量检查控制机构检查时未能发现的引起建筑物损坏的缺陷，包括勘察缺陷、设计缺陷、施工缺陷和建筑材料缺陷。建筑物的损坏：指投保人交付给被保险人的建筑物出现结构损坏或渗漏。投保人交付时的建筑物包含装修、设备、设施的，该装修、设备、设施因前述结构损坏或渗漏造成的损坏，也在建筑物的损坏范围内。主体结构部位：指建筑物的基础、墙体、柱、梁、楼盖、屋盖等。修理、加固费用：包括材料费、人工费、专家费、残骸清理费等必要、合理的费用。"

人保财险北京分公司制定的《北京市工程质量潜在缺陷保险条款》第5条规定："保险单载明的建设工程竣工验收合格，并经保险人委托的工程质量风险管理机构检查通过的，在正常使用条件下，在保险责任期间内，因工程质量潜在缺陷发生下列情形，造成建设工程的损坏，保险人按照本保险合同的约定负责赔偿修理、加固或重置的费用：（一）整体或局部倒塌；（二）地基产生超出设计规范允许的不均匀沉降；（三）基础和主体结构部位出现影响结构安全的裂缝、变形、破损、断裂；（四）阳台、雨蓬、挑檐、空调板等悬挑构件坍塌或出现影响使用安全的裂缝、破损、断裂；（五）外墙面脱落、坍塌等影响使用安全的质量缺陷；（六）其他地基基础和主体结构部位出现的影响结构安全的工程质量潜在缺陷；（七）围护结构的保温层破损、脱落；（八）地下、屋面、厕浴间防水渗漏；（九）外墙（包括外窗与外墙交接处）渗漏；（十）其他有防水要求的部位渗漏。"

从上述规范性意见以及保险公司的通用条款可以看出，工程质量潜在缺陷保险的保险责任范围可用五个方向来框定：

第一，在建筑物正常使用条件下发生的质量事故为保险事故。所谓正常使用条件，是指按照该建筑物通常的使用功能、使用方式、使用频率节奏、使用人数使用。对建筑物进行添附、增建改建不属于正常使用，对建筑物进行破坏式装修也不属于正常使用，让建筑物处于危险状态也不属于正常使用。

第二，保险事故的成因是建筑物潜在缺陷，而不是外力作用或第三方原因。所谓建筑物的潜在缺陷，是指建筑物因不符合国家或行业现行的有关技术标准、设计文件以及合同中对质量的要求，而导致的结构工程设计、原材料质量、或施工工艺方面的缺陷或质量问题。这些缺陷或问题在工程完工前已经存在，但是竣工验收和保险人指定的建筑工程质量检查控制机构检查中均未发现。换个角度来说，承保的质量缺陷排除了社会与自然因素造成的建筑物损坏，也排除了故意行为因素、政治因素、他人人为因素以及其他外界因素造成的损失。

第三，质量事故发生或暴露在保险期间内为保险事故。工程质量潜在缺陷保险在建设工程竣工验收合格、等待期结束后，且经保险人指定的建筑工程质量检查控制机构检查通过后才生效。在竣工验收中已经发现的质量问题、在竣工验收后等待期内出现的质量问题以及后续在建筑工程质量检查控制机构检查中发生的质量问题未予修复的，均不属于在保险期间内发生的质量事故。

第四，保险事故引起的建筑物的损害指主体结构以及地基基础的损坏，包括建筑物倒塌、地基不均匀沉降、结构裂缝断裂变形等。主体结构和地基基础是指建筑物的基础、墙体、柱、梁、楼盖、屋盖等。一般情况下，建筑工程质量保险主险承保的是主体结构和地基基础的损坏，防水、保温、采暖、电气、给排水、通风空调等可以作为附加险，也可以不作为附加险。

第五，保险责任的赔偿范围仅包括直接修复费用，添附部分的损失、装修家具损失、房屋贬值损失等都不属于保险人的理赔范围。基于保险的补偿原则，出现潜在缺陷导致建筑物损坏的，保险人赔偿的范围仅仅限定在维修加固费用范围内，维修加固所需材料费、人工费、专家费、残骸清理费等必要、合理的费用属于理赔范围。但是，建筑物损坏以及维修导致的建筑物价值的贬损，建筑物损坏以及维修过程中破坏的装修及添附的损失，乃至建筑物损坏而延伸造成的人员伤亡、相邻建筑物损坏的损失等缺陷修复费用之外的费用，均不在保险理赔的范围内。

二、工程质量潜在缺陷保险的免责事由

由于工程质量潜在缺陷保险的保险责任框定在上述潜在质量缺陷范围内，解读工程质量潜在缺陷保险的保险责任时，上述提取出的限定条件当然成为该险种的免责事由。实践中，保险公司主张的免责事由通常还有以下几种形式：

一是保险公司对于常见免责事由在通用条款予以明确。保险公司在承保该种类险种时，在保险合同中还会约定一些通用的免责事由，如自然灾害等不可抗力因素、战争军事行动、司法行政行为等。《人保示范条款》第 5 条规定："下列原因造成建筑物的损坏，保险人不负责赔偿：(一)投保人、被保险人的故意行为；(二)战争、敌对行动、军事行动、武装冲突、罢工、骚乱、暴动、恐怖活动；(三)行政行为或司法行为……(五)核辐射、核裂变、核聚变、核污染及其他放射性污染；(六)雷电、暴风、台风、龙卷风、暴雨、洪水、雪灾、海啸、地震、崖崩、滑坡、泥石流、地面塌陷等自然灾害；(七)火灾、爆炸……"

二是针对工程质量潜在缺陷保险的保险责任特点，保险公司在通用条款或特别约定中注明一些个性化的免责条款。如《人保示范条款》第 5 条第 4 项"被保险人使用不当或改动结构、设备位置和原防水措施"、第 5 条第 8 项"外界物体碰撞、空中运行物体坠落"、第 5 条第 9 项"建筑物附近施工影响"这类特殊事项造成的建筑物损坏，不属于保险责任的范围。人保财险北京分公司制定的《中国人民财产保险股份有限公司北京市工程质量潜在缺陷保险条款》第 7 条还规定了其他情形，包括"(十一)非结构工程、设备、配件以及室外工程在设计、施工、材料上的疏忽、缺陷、错误或遗漏；(十二)房屋所有权人或使用人超过设计标准增大荷载、擅自拆改房屋承重结构、擅自改变设备位置等未按照《房屋建筑使用说明书》相关要求或设计用途正常使用造成的质量缺陷；(十三)在房屋使用过程中，因房屋所有权人或使用人以外的第三方造成的质量缺陷"。

三是相关管理部门的规范性意见以及保险公司的保险合同备案条款也对免责事由作出了规定。在住建部门制定的规范性文件中，"北京市细则"第 8 条规定，存在下列情形之一的，不属于保险责任范围：(1)房屋所有权人或使用人超过设计标准增大荷载、擅自拆改房屋承重结构、擅自改变设备位置等未按照《房屋建筑使用说明书》相关要求或设计用途正常使用造成的质量缺陷；(2)在房屋使用过程中，因房屋所有权人或使用人以外的第三方造成的质量缺陷；(3)合同约定的不可抗力造成的质量缺陷。"上海市细则"第 5 条规定，"因业

主责任或者第三方造成的质量问题,或者不可抗力造成的质量问题,不属于本实施意见规定的保险责任”。《人保示范条款》第7条规定:“其他不属于本保险责任范围内的一切损失和费用,保险人也不负责赔偿。”

四是保险公司还会对理赔范围进行限缩解释,特别注明修复费用之外的其他损失不进行理赔。《人保示范条款》第6条规定:“对于下列各项,保险人不负责赔偿:(一)在对建筑物进行修复过程中发生的功能改变或性能提高所产生的额外费用;(二)人身伤亡;(三)被保险人在入住后添置的包括装修在内的任何财产的损失;(四)任何性质的间接损失;(五)本保险合同载明的免赔额。”人保财险北京分公司制定的《北京市工程质量潜在缺陷保险条款》更为详细,其第7条规定:“对于下列各项损失、费用和责任,保险人不负责赔偿:(一)保险单载明的建设工程竣工验收时,工程质量风险管理机构竣工检查报告提出的未整改的工程质量潜在缺陷中,由保险人列为除外责任的工程质量潜在缺陷;(二)保险单载明的建设工程竣工验收合格后等待期届满时,工程质量风险管理机构在进行质量复查时发现的未维修完善的损坏;(三)保险单载明的建设工程竣工验收后,被保险人或保险单载明的建设工程使用人自行添置的包括装修内的任何财产的损失,但初装修房(毛坯房)的合理二次装修损失不在此限;(四)在对保险单载明的建设工程进行修复过程中,为满足被保险人或保险单载明的建设工程使用人要求,超过原设计施工标准,功能改变或性能提高所产生的额外费用;(五)修理、加固导致的任何颜色、透明度等表面外观的差异;(六)自然磨损、折旧、物质本身变化或其他渐变原因造成的损失和费用;(七)非因工程质量潜在缺陷造成的保险单载明的建设工程的任何损失;(八)任何第三方损失;(九)等待期内建设工程出现的损失;(十)保险事故致使被保险人或保险单载明的建设工程使用人无法使用建设工程、停业、停电、停水、停气、停产、通讯或者网络中断、数据丢失、电压变化等造成的损失以及被保险人或保险单载明的建设工程使用人财产因市场价格变动造成的贬值、修理后因价值降低造成的损失等各种间接损失;(十一)人身伤亡或精神损害赔偿;(十二)罚款、罚金和惩罚性赔偿;(十三)保险合同载明的保险责任期间之前发生的保险事故,保险人不负责赔偿,但保险单载明的建设工程竣工验收合格后等待期内,投保人破产、解散,预收保险费已交清的,不在此限;(十四)保险单载明的免赔额或按保险单载明的免赔率计算的免赔额。”

保险公司的免责条款与保险责任条款相互呼应,从正反两方面界定了工程质量潜在缺陷保险的保险责任范围。这些条款结合起来,清晰展现了保险公司对工程质量潜在缺陷保险责任范围的态度。

三、在工程质量潜在缺陷保险的保险责任以及免责事由的事实查明上,由保险人承担免责事实存在的举证责任

我国民事诉讼法采用“谁主张,谁举证”的一般举证责任规则,其法律意义包括由主张方承担行为意义的举证义务,如果主张方不能举证证明,则由主张方承担败诉的结果意义的法律后果。但是对于一些特殊类型的侵权案件,也规定了举证责任倒置的特殊举证责任规则。它是指对于主张方提出的侵权事实,被告否认需要承担责任的,由被告承担损害非己方责任或损害由第三人导致,否则推定被告举证不能,承担不利法律后果。

举证责任倒置一般发生在特殊侵权和某些技术性、专业性较强的案件中。这类案件的权利人受限于客观原因,很难较为充分举证证明自己的主张,尤其是一些需要借助专业仪器和专业技术才能查出事故成因的案件中,权利人要举证证明自己的损失与侵权方的侵权行为有因果关系,存在现实的困难。因此,在这类案件中,法律将主要的举证责任分配给主张责任免除方。需要注意的是,举证责任倒置并不意味着所有的证据都要被告提交,原告首先要就发生侵权事实的发生进行初步意义的举证,被告方仅仅是针对自身无过错或无因果关系承担举证责任。

对于工程质量潜在缺陷保险的索赔纠纷来说,由于被保险人和保险人专业性的不对等,可以适用类似于举证责任倒置的规则,由保险人就被保险人所述事故不属于保险责任范围或存在责任免除条款所列情形承担举证责任。具体来说,就是被保险人就保险事故的发生以及事故状态承担初步意义的举证责任;被保险人举证后,保险人如果认为不应当赔付,就不属于保险责任范围以及存在可适用的免责事由承担举证责任。

(一)被保险人对其索赔请求仅承担初步举证责任,举证责任的范围限定于被保险人能力所及的范围内

保险事故发生后,进行保险理赔的前提是被保险人提出索赔申请,且同时附带提供支撑起索赔申请的证明和资料,如此,保险人才能了解是否发生了保险事故,事故发生的原因是否属于保险责任范围,保险标的物的损失程度等初步信息。因此,被保险人对于其索赔主张首先要承担举证责任。《保险法》第

22 条第 1 款规定："保险事故发生后，按照保险合同请求保险人赔偿或者给付保险金时，投保人、被保险人或者受益人应当向保险人提供其所能提供的与确认保险事故的性质、原因、损失程度等有关的证明和资料。"《人保示范条款》第 28 条规定："被保险人向保险人请求赔偿时，应提交保险单或保险凭证、索赔申请、损失清单、房产所有权证明文件、建筑工程质量保修书，以及其他投保人、被保险人所能提供的与确认保险事故的性质、原因、损失程度等有关的证明和资料。"

但是，我们要注意到，保险理赔是一项极具专业性的工作，被保险人并非专业人士，对其举证责任的范围应当作出合理界定。通常理解，应以被保险人依一般情形可以获取的资料为限，否则对于被保险人则过于苛刻。另外，也不得超过证明发生保险事故所必需的资料范围。即便如此界定，实务中仍会出现被保险人提供的资料证明不完整、错误或有遗漏的情况，为此，《保险法》给予被保险人补充提交资料的机会，同时也要求保险人对于被保险人的举证进行指导。《保险法》第 22 条第 2 款规定："保险人按照合同的约定，认为有关的证明和资料不完整的，应当及时一次性通知投保人、被保险人或者受益人补充提供。"需要注意的是，该条款规定保险人"应当"而不是"可以"或"有权"通知被保险人补充提供资料，显然立法倾向认为保险人的举证指导是义务，而非权利，被保险人的举证义务是有限义务。

《保险法》没有规定被保险人违反初步举证责任的法律后果。我国司法实践中通常不认定被保险人承担"证据失权"的法律后果，而是根据被保险人违反义务的主观过错程度及造成的客观损害后果，免除保险人在相应范围内一定的保险金给付责任。这一裁判理念与其他保险法领域相对先进的国家或地区采用了同样的裁判思维。如《欧洲保险合同法原则》第 6:102 条规定，依据适当情形，保单持有人、被保险人或者受益人应当在保险事故调查过程中与保险人合作，应当回答保险人的合理询问，尤其是关于如下信息的询问：(1) 保险事故的原因与后果；(2) 保险事故发生的记录或者证据；(3) 进入相关地点。前述合作义务被违反时，保险人若能证明其因此遭受了损失，则有权降低保险金赔付额。如果违反该项义务是出于造成损失之故意或者义务人明知可能造成损失却置之不顾，则保险人应无义务赔付保险金[①]。

---

① 参见"欧洲保险合同法重述"项目组：《欧洲保险合同法原则》，韩永强译，载梁慧星主编：《民商法论丛》(第 48 卷)，法律出版社 2011 年版，第 12 页。

（二）被保险人对于其拒赔承担举证责任，该举证责任为诉讼法上具有结果意义的举证责任

被保险人在核赔过程中，在一定期限内要就是否理赔给出实质性结果，该实质性结果的形成取决于保险人对被保险人的索赔申请及其附带证据的判断，还取决于保险人的进一步专业取证及判断。保险人的核赔部门通常会关注如下问题，包括：出险原因是不是保险责任，损失是否属于免赔责任或责任免除项，受损建筑是否属于保险财产，被保险人是否对损失财产拥有可保利益，出险时间是否在保险期间内，出险事项是否为保单列明事项，保单的附件保障、批单或特约对于索赔有无限制性条款，支持理算结论的单证是否齐全、真实有效，现场勘验报告是否有错误或疏漏，损失计算是否合理适当。无论核赔部门关注哪个方面的问题，如果作出拒赔的决定，均要披露其理由，该理由应当有事实证据的支撑，否则一旦成讼，保险人将承担败诉的后果。

无论在核赔过程中还是诉讼中，如果双方就保险事故的成因产生争议，保险人或者人民法院或者仲裁机构大概率会委托专业的工程质量鉴定机构对保险事故的成因进行鉴定。鉴定结论会有几种可能性：一是质量事故是工程的潜在缺陷造成的，这种情况下保险人要承担赔偿责任；二是质量事故并非工程潜在缺陷造成，这种情况下保险人无须承担赔偿责任；三是无法确定质量事故的成因，这种情况下由保险人承担举证不能的败诉后果，即保险人承担赔偿责任；四是质量事故成因多样，既有潜在缺陷，又有其他原因，曾经有一个阶段司法实践中采取近因原则来处理，但目前更多适用的是比例分摊原则。近因原则是指保险事故是造成损失的最直接、最有效原因时，保险人才承担保险责任的原则，但采用近因原则直接造成一种或者全赔或者不赔的状态，在保险事故为数个原因共同造成时，一定要判断出唯一的，主要或最有力的原因，以便决定保险人是否承担责任，这种决定性判断出现争议的概率非常大，极容易形成纠纷。相较而言，分摊原则的最大进步就在于打破了全有或全无原则的绝对性限制，对于被保险人利益保护更为细致合理，也更能平衡保险人和被保险人之间的关系。广东高院《关于审理保险合同纠纷案件若干问题的指导意见》第 17 条规定："多个原因造成保险事故，其中有承保风险又有非承保风险的，被保险人主张保险人按承保风险占事故原因的比例或程度承担保险责任的，人民法院应予支持。"

关于这一部分的观点，在各地法院的类似案例中也有所体现。例如，在北京二中院（2014）二中民终字第 03217 号案中，被保险人上诉称，因坠落导致的

全部车损属于保险责任赔付范围,保险公司在保险合同术语中对于坠落的解释“整车腾空后下落”是单方解释,不符合正常的理解和认知。北京二中院认为:保险车辆是否属于坠落或者车辆损失险条款第 5 条规定的其他属于保险责任范围的情形,应当根据事故发生时的水深、地形等实际情况进行判断,而非进行推测,保险公司对此应当负有较重的举证责任。按照保险合同的约定,保险公司应当在事故发生后到现场勘察,被保险人在保险车辆发生事故后及时向保险人报案,但保险公司在该案中未能提交证据证明其进行了现场勘察,因此无法证明车辆发生事故时是否会发生坠落或者碰撞等情形,仅凭现有证据难以作出判断,保险公司的拒赔缺乏事实依据。北京二中院据此二审改判,支持了被保险人的诉讼请求。

又如,在北京一中院(2014)一中民终字第 9856 号案中,保险公司上诉称,一审法院对于农保制度中各机构的法定职责及相关约定认定有误,在种植业保险中,是否构成保险责任以及损失数额的确定,保险公司均应在园林部门、气象部门的协助下进行。被保险人报案后,保险公司虽立即组织了园林局在内的相关部门前往事发地点进行现场勘察,但始终未出具书面证明。一审法院曾去园林局调查并制作询问笔录,园林局工作人员已经澄清不存在低温冻害对果树产生的不利影响。因此,2013 年 4 月 20 日的气温并未造成冻害,不属于保险责任。2013 年果木减产是由于多种原因造成,与 4 月 20 日气温无关,一审法院混淆举证责任,将举证责任强加给保险公司。北京一中院认为,鉴于果木种植具有季节性的特点,保险合同条款中对于事故发生后的报案时间和查勘、定损时间均有严格约定。低温现象发生后,被保险人在约定时间内报案,保险公司勘察定损后认为不属于保险责任,但并未按照保险合同约定向被保险人出具拒绝赔偿通知书,使被保险人对保险理赔的结果无从知晓,从而错过了行使救济权利的最佳时期。而且,保险公司的行为导致该案诉讼中无法就因果关系进行司法鉴定,一审法院认定保险公司承担举证责任并无不当,保险公司主张果木减产是多种因素造成,与 4 月 20 日的低温天气不存在因果关系,但并未提交充分有效证据予以证明。因此,北京一中院判决驳回保险公司的上诉请求。

再如,在广东高院(2015)粤高法民二申字第 347 号案中,保险公司申诉称,发动机进水损坏属于保险合同约定的免责事由,保险公司不应承担保险责任。广东高院认为,虽然保险条款第 7 条第 10 项约定发动机进水后导致的发动机损坏，保险公司不负责赔偿，但保险公司并无证据证明该案保险事故是发动机进水导致，评估公司出具的《关于粤 C××××号机动车价格鉴定情况说明》载明涉案车辆是“水淹事故损失”，并未认定是发动机进水导致车辆受损。保险公司委托的其他评估公司所作鉴定结论书也未认定该案车损是发动机进水所致，可见保险公司所述没有事实依据，驳回了保险公司的申诉请求。

总之，保险人是风险管理的专业机构，保险合同也是采用其拟定的格式条款所订立，基于对保险合同条款的充分理解及丰富的事故处理和理赔经验，对于发生的事故是否属于保险合同约定的保险赔偿责任，明显比被保险人具有更加清晰、充分的了解和专业的判断。因此，工程质量潜在缺陷保险案件将拒赔的举证责任转移至保险人处，加重保险人的举证责任，是诚信原则和公平原则在保险纠纷中的体现，更能适当平衡双方利益。

第 3.10 条　【工程质量潜在缺陷保险的代位追偿】

保险人承担维修或赔付责任后，依据《保险法》第 60 条、第 61 条、第 63 条的规定，向建设单位以外的相关参建责任主体行使代位追偿权，请求勘察单位、设计单位、施工单位、设备材料供应商等承担法律规定或合同约定责任的，人民法院或仲裁机构应予支持。但是，保险合同对保险人代位追偿权有特殊约定的，从其约定。

在保险人向有关责任方行使代位请求赔偿权利时，被保险人应当向保险人提供必要的文件及其所知道的有关情况。

【条文主旨】

本条旨在解决工程质量潜在缺陷保险的承保机构在履行维修或赔付责任后，向勘察单位、设计单位、施工单位、设备材料供应商等责任方进行代位追偿的法律问题。

【理解与适用】

目前，对于保险代位追偿权的取得方式有两种立法例：当然代位主义和请求代位主义。当然代位主义是指，当保险人向被保险人履行赔偿义务后即可自动取得代位追偿权，即代位追偿权的取得仅以保险人理赔为条件。请求代位主义是指,保险人向被保险人赔偿后并不能直接取得代位追偿权,还需要被保险人以明示的方式将其赔偿请求权让渡给保险人。

在我国,保险公司承担保险责任后的代位追偿问题,主要由《保险法》及相关司法解释予以规范。《保险法》第 60 条规定:"因第三者对保险标的的损害而造成保险事故的,保险人自向被保险人赔偿保险金之日起,在赔偿金额范围内代位行使被保险人对第三者请求赔偿的权利。前款规定的保险事故发生后,被保险人已经从第三者取得损害赔偿的,保险人赔偿保险金时,可以相应扣减被保险人从第三者已取得的赔偿金额。保险人依照本条第一款规定行使代位请求赔偿的权利,不影响被保险人就未取得赔偿的部分向第三者请求赔偿的权利。"第 61 条规定:"保险事故发生后,保险人未赔偿保险金之前,被保险人放弃对第三者请求赔偿的权利的,保险人不承担赔偿保险金的责任。保险人向被保险人赔偿保险金后,被保险人未经保险人同意放弃对第三者请求赔偿的权利的,该行为无效。被保险人故意或者因重大过失致使保险人不能行使代位请求赔偿的权利的,保险人可以扣减或者要求返还相应的保险金。"第 63 条规定:"保险人向第三者行使代位请求赔偿的权利时,被保险人应当向保险人提供必要的文件和所知道的有关情况。"《保险法司法解释四》第 9 条规定:"在保险人以第三者为被告提起的代位求偿权之诉中,第三者以被保险人在保险合同订立前已放弃对其请求赔偿的权利为由进行抗辩,人民法院认定上述放弃行为合法有效,保险人就相应部分主张行使代位求偿权的,人民法院不予支持。保险合同订立时,保险人就是否存在上述放弃情形提出询问,投保人未如实告知,导致保险人不能代位行使请求赔偿的权利,保险人请求返还相应保险金的,人民法院应予支持,但保险人知道或者应当知道上述情形仍同意承保的除外。"

由上述规定可知,我国《保险法》对代位追偿权的取得方式采用的是当然代位主义,该规定适用于各种财产保险。我们认为,从保护保险人权益、保证该缺陷保险制度良好运作等角度出发,相关法律规定需要让保险人快速获得和行使代位追偿权,故工程质量潜在缺陷保险中保险人在理赔后便可以取得和行使其代位追偿权。

目前,工程质量潜在缺陷保险在我国尚处于发展初期,不同地方规定尚不统一,但对保险机构享有代位追偿权的意见相对统一,部分梳理如表 3－3 所示:

表3-3 我国工程质量潜在缺陷保险关于代位追偿的规定

序号	发布时间	有效期	发布机关	文件名称	关于代位追偿的条款
1	2017/8/16	2017/8/16—	福田区发展和改革局	《福田区政府投资代建项目工程质量潜在缺陷保险实施细则》	八、(六)4.代位追偿因法律法规或合同约定应由代建单位、设计单位、施工单位、设备材料供应商等责任方承担的法律责任,不因委托单位投保工程质量保险而免责。 保险公司在支付赔款后,相应取得代位追偿权,有权依法对质量缺陷的责任单位实施代位追偿,委托单位与相关责任方应予配合。
2	2018/2/8	2018/2/8—2020/12/31	江苏省住房和城乡建设厅、江苏保监局	《关于推行江苏省住宅工程质量潜在缺陷保险试点的实施意见(试行)》	第18条 (代位追偿)因法律法规或合同约定应由设计单位、施工单位、设备材料供应商等责任方承担的法律责任,并不因建设单位投保工程质量潜在缺陷保险而免责。 建设单位应当通过与保险公司签订协议的方式约定彼此之间的权利义务。 保险公司对工程质量潜在缺陷保险约定的质量缺陷损失负有赔偿义务,保险公司有权依法对质量缺陷的责任单位实施代位追偿,被保险人与相关各方应予以协助配合。

续表

序号	发布时间	有效期	发布机关	文件名称	关于代位追偿的条款
3	2019/3/14	2019/3/14—2024/1/31	上海市住房和城乡建设管理委、上海市地方金融监管局、上海银保监局	《关于本市推进商品住宅和保障性住宅工程质量潜在缺陷保险的实施意见》	第20条 （代位追偿）因法律法规或合同约定应由设计单位、施工单位、设备材料供应商等责任方承担的法律责任，并不因建设单位投保工程质量潜在缺陷保险而免责。 建设单位应当通过与保险公司签订协议的方式，约定彼此之间的权利义务。 保险公司对工程质量潜在缺陷保险约定的质量缺陷损失负有赔偿义务，保险公司有权依法对质量缺陷的责任单位实施代位追偿，被保险人与相关责任方应予以配合。
4	2019/4/24	2019/4/24—2024/4/30	北京市住房和城乡建设委员会、北京市规划和自然资源委员会、北京市地方金融监督管理局、中国银行保险监督管理委员会北京监管局	《北京市住宅工程质量潜在缺陷保险暂行管理办法》	第24条　按照法律法规或合同约定应由勘察、设计、施工、监理、预拌混凝土生产和建筑材料、建筑构配件和设备供应等相关责任单位承担的法律责任，并不因建设单位投保缺陷保险而免责。 保险公司对缺陷保险合同约定的质量缺陷损失履行赔偿义务后，有权依法对负有质量缺陷责任的相关单位行使代位请求赔偿权利，建设单位及相关责任单位应予以配合。

续表

序号	发布时间	有效期	发布机关	文件名称	关于代位追偿的条款
5	2020/3/3	2020/3/3—2024/12/31	重庆市住房和城乡建设委员会、重庆市规划和自然资源局、重庆市地方金融监督管理局、原中国银行保险监督管理委员会重庆监管局	《重庆市推行住宅工程质量潜在缺陷保险试行意见》	第19条 （法律责任）按照法律法规或合同约定应由勘察、设计、施工、监理、预拌混凝土生产和建筑材料、建筑构配件和设备供应等相关责任单位承担的法律责任，并不因建设单位投保缺陷保险而免责。 建设单位应当通过与保险公司签订协议的方式，约定彼此之间的权利义务。 保险公司对缺陷保险合同约定的质量缺陷损失履行赔偿义务后，有权依法对负有质量缺陷责任的相关单位行使代位请求赔偿权利，建设单位及相关责任单位应予以配合。
6	2021/1/12	2021/4/20—2026/4/19	湖南省住房和城乡建设厅、原中国银行保险监督管理委员会湖南监管局	《湖南省住宅工程质量潜在缺陷保险承保及理赔服务方案》	二、(五)代位追偿因法律法规或合同约定应由设计单位、施工单位、设备材料供应商等责任方承担的法律责任，并不因投保工程质量潜在缺陷保险而免责。 投保企业应当通过与共保体主承保公司签订协议的方式约定彼此之间的权利义务。 共保体主承保公司对住宅工程质量潜在缺陷保险约定的质量缺陷损失负有赔偿义务，共保体主承保公司有权依法对质量事故的责任单位实施代位追偿，被保险人与相关各方应予以协助配合。

续表

序号	发布时间	有效期	发布机关	文件名称	关于代位追偿的条款
7	2021/7/10	2021/7/10—	淄博市住房和城乡建设局、原中国银行保险监督管理委员会淄博监管分局、淄博市地方金融监督管理局	《淄博市住宅工程质量潜在缺陷保险试点工作实施办法》	第19条 （代位追偿）保险机构履行赔偿责任后，依法享有代位追偿的权利，可向建议单位以外的相关责任主体代位追偿。勘察、设计、施工、监理、预拌混凝土生产及建筑预制部品部件生产供应等有关单位及其人员责任不因建设单位投保缺陷责任保险而免除，鼓励其相关单位投保工程质量责任保险。
8	2021/7/22	2021/7/22—	济南市住房和城乡建设局、原中国银行保险监督管理委员会莱芜监管分局	《济南市全面推行住宅工程质量潜在缺陷保险的实施意见》	第19条 （代位追偿）推行工程质量潜在缺陷保险，应坚持工程质量各方主体责任不变，不因建设单位投保工程质量潜在缺陷保险而免责。 保险公司对工程质量潜在缺陷保险约定的质量缺陷损失负有赔偿义务，保险公司有权依法对质量缺陷的责任单位实施代位追偿，被保险人与相关责任方应予以配合。
9	2021/8/1	2021/8/1—2023/8/1	绵阳市住房和城乡建设委员会、绵阳市金融工作局、原中国银行保险监督管理委员会绵阳监管分局	《绵阳市住宅工程质量潜在缺陷保险试行办法》	第21条 按照法律法规或合同约定应由勘察、设计、施工、监理、预拌混凝土生产和建筑材料、建筑构配件和设备供应等相关责任单位承担的法律责任，并不因建设单位投保缺陷保险而免责。保险公司对缺陷保险合同约定的质量缺陷损

续表

序号	发布时间	有效期	发布机关	文件名称	关于代位追偿的条款
					失履行赔偿义务后，有权依法对负有质量缺陷责任的相关单位行使代位请求赔偿权利，建设单位及相关各方应予以配合。
10	2021/9/24	2021/9/24—	山东省住房和城乡建设厅	《关于在住宅工程中推行工程质量潜在缺陷保险制度的指导意见（试行）》	六、承保机构履行维修或赔付责任后，依法享有代位追偿的权利，可向建设单位以外的相关参建责任主体代位追偿。住宅工程建设单位的质量首要责任、其他参建单位及相关人员责任不因建设单位投保质量保险而免除，鼓励相关单位投保职业责任保险。

根据我国《保险法》的规定，代位追偿权是财产保险中保险人的一项基本权利，当保险人承担赔偿责任后，可向造成保险事故的“第三者”追偿，此处的“第三者”是指造成损害的责任人。实践中，隐蔽于建设过程中的工程质量缺陷包括人为因素以及由多方责任主体共同导致的混合过错，相关主体均要为自身失误引起的质量缺陷承担责任，如由设计单位引发质量缺陷的原因主要是设计缺陷，审图机构由于图审疏忽导致缺陷的也要承担责任；由施工单位引发质量缺陷的原因包括转包、违法分包、偷工减料、以次充好、盲目赶工期、关键部位违规施工等，监理单位由于疏忽质量控制导致缺陷的也要承担责任；竣工备案机构在竣工验收时的质量认定偏差，质量检测机构在专项检测中的质量监督疏忽，也都是保险公司的追偿目标。目前，就工程质量潜在缺陷保险而言，对被追偿的主体范围包括勘察单位、设计单位、施工单位、设备材料供应商等意见相对统一，但是否包括作为投保人的建设单位存在不同观点。

有观点认为，《保险法》规定的代位追偿权针对的是与合同无关联的人，但是在工程质量潜在缺陷保险中，建设单位是投保人和被保险人，还是某些情形下的受益人，并不是合同的第三者。所以，应当从广义上理解保险代位追偿权。

当投保人为自己利益投保时，投保人即被保险人，享有赔偿请求权，所以保险人不能向投保人行使代位追偿权。

相反观点认为，工程质量潜在缺陷保险是作为投保人的建设单位为了被保险人利益投保的，作为被保险人的业主享有赔偿请求权，并在获得保险人赔偿后将赔偿请求权让渡给保险人。这里的"业主"应当作狭义解释，不包括建设单位。若建设单位是造成工程质量缺陷的责任人，则保险公司应当可以向投保人建设单位进行追偿。

我们认为，当工程出现质量缺陷问题时，作为业主的购房人依法可向其具备房屋买卖合同关系的建设单位主张权利，此时保险公司进行的赔偿实际上是对建设单位财产利益的保险。所以，工程质量潜在缺陷保险的被保险人是建设单位。保险人承担维修或赔付责任后，可依据《保险法》第60条、第61条、第63条的规定向建设单位以外的相关参建责任主体行使代位追偿权。

除了代位追偿权的主体问题，关于代位追偿权的权利获取时间点也是一个重要的问题。基于目前的规定，一般认为，保险公司对工程质量潜在缺陷保险合同约定的质量缺陷承担维修或赔偿责任后，方有权对负有质量缺陷责任的相关主体行使代位追偿的权利。然而，由于建筑工程的复杂性，一起工程质量潜在缺陷保险事故索赔发起后，事故原因分析、维修方案制订、施工过程开展往往历时很久，保险人完全履行质量缺陷赔偿义务所需的时间跨度很长。过长的时间跨度会影响工程质量潜在缺陷保险事故证据的留存和责任认定。因此，有些国家和地区规定，即使在工程质量潜在缺陷保险的保险人按照保险合同完全履行赔偿义务之前，被保险人也可以将代位追偿权让渡给保险人。工程质量潜在缺陷保险制度已将被保险人和受益人的利益绑定在一起，保险人行使的代位追偿权和被保险人和受益人追偿本质效用是一致的，无须拘泥于必须完全履行赔偿义务的条件。尽早行使追偿权，责任的取证与认定都相对容易，能够避免事后取证难导致的相关方推脱责任的现象。基于此，我们认为，在受益人向保险公司提出工程质量潜在缺陷保险赔付的请求后，被保险人应依据保单规定（如签具"权益转让书"）将其享有的向第三者追偿损失的权利转让给保险人并协助保险人向第三方追偿。

第四章

工程保证保险

导 论

一、保证保险合同的基本概念

保证保险合同目前在国内并无统一的权威定义,《保险法》第 95 条规定:“保险公司的业务范围:……(二)财产保险业务,包括财产损失保险、责任保险、信用保险、保证保险等保险业务……”一般而言,谈到保证保险合同,总是与信用保险合同相对比,两者都是以市场经济活动中的信用风险作为保险标的的财产保险合同,只是根据承保方式的不同划分为两种合同。有观点认为,两者都可以归入广义的保证保险合同范畴。因国内目前主要的工程保证保险合同大多以债务人自身信用为保险标的,且《保险法》也将保证保险与信用保险并列,故本书所称的保证保险合同仅指狭义的保证保险合同。

原保监会《关于保证保险合同纠纷案复函》中认为:“保证保险是财产保险的一种,是指由作为保证人的保险人为作为被保证人的被保险人向权利人提供担保的一种形式,如果由于被保险人的作为或不作为不履行合同义务,致使权利人遭受经济损失,保险人向被保险人或受益人承担赔偿责任。”

原银保监会 2020 年 5 月 8 日印发的《信用保险和保证保险业务监管办法》第 1 条第 1 款规定:“本办法所称信用保险和保证保险,是指以履约信用风险为保险标的的保险。信用保险的信用风险主体为履约义务人,投保人、被保险人为权利人;保证保险的投保人为履约义务人,被保险人为权利人。”

我国台湾地区“保险法”第 95 - 1 条规定:“保证保险人于被保险人因其受雇人之不诚实行为或其债务人不履行债务所致损失,负赔偿之责。”

有学者认为,保证保险合同是指以债务人(投保人)因自身信用所涉及的违约行为为保险标的,保险人对债务人违约导致债权人(被保险人)遭受的经济损失承担保险赔偿责任。与之相对应的信用保险合同,则是指以信用风险作为担保标的,保险人对于被保险人(债权人)因债务人不能履约而遭受的经济损失承担保险赔偿责任。保证保险合同的主体涉及三方当事人,即保险人,作为投保人的债务人，作为被保险人的债权人。①

二、保证保险的发展

（一）保证保险合同的国际与国内发展

现代商品经济社会是建立在信用基础之上的，信用是在交易活动中能够履行义务而取得他人的信任。如果债务人在交易活动中不能按约定履行其义务，即丧失信用，则会影响债权人的经济利益。因此，这种信用风险的存在，使得信用保险合同和保证保险合同的产生成为必然。

保证保险合同起源于诚实保证保险，最早出现于18世纪末19世纪初的英国、美国等商业信用发达的国家。1842年，英国保证保险公司成立。1876年，美国在纽约开办了诚实保证业务，1893年成立了专营信用保险的美国保险公司。1919年，英国建立了出口信用制度，成立英国出口信用担保局。

第一次世界大战后，信用保险得到了迅速发展，欧美等国出现了众多的商业信用保险公司，以及私人保险公司之间联合成立的专门承保出口信用风险的机构。1929年至1933年，世界性经济危机爆发，在全世界范围内形成了空前的信用危机，各国信用保险业务受到致命冲击，此后，国营保险公司开始兴起。

1934年，英国、法国、意大利、西班牙等国的信用保险机构在瑞士成立了国际信贷和投资保险人协会，标志着国际信用保险的成熟和完善；我国的中国人民保险公司于1998年成为该协会的正式会员。时至今日，信用保险和保证保险已经成为各国保险市场的重要组成部分，被普遍适用于国内和国际的商业活动。

我国的信用保险和保证保险发展始于20世纪80年代。1985年4月1日施行的《保险企业管理暂行条例》（已失效）第21条第2项规定："人身保险以外的各种保险业务：指财产保险、农业保险、责任保险、保证保险、信用保险等业务。"这是我国最早关于信用保险及保证保险的文件。

1986年，中国人民保险公司开始试办短期出口信用保险；1988年9月1日，国务院决定由中国人民保险公司成立出口信用保险部并试办出口信用保险业务。1994年以后，中国进出口银行开始办理各种信用保险业务。2001年11月，中国出口信用保险公司成立。2003年以后，平安财险公司、人保财险公司相

① 参见范健、王建文、张莉莉：《保险法》，法律出版社2017年版，第291页。

继开展国内贸易信用保险业务。2013 年,中国人民保险公司的短期出口信用保险获批。

(二)工程保证保险在国内的发展

20 世纪 80 年代,中建系统的建筑工程公司在承接国际项目时,第一次接触到工程保证担保。随着利用世界银行贷款建设的工程项目从国外引进到国内,2000 年前后,各地开始在工程领域探索试行担保制度。北京市城乡建设委员会于 1998 年 11 月发布了《关于进一步加强工程招标投标管理的若干规定》,提出推行保函制度。2004 年 6 月 3 日,北京市建设委员会下发《关于在建设工程发包承包活动中设定保证担保的若干规定》,要求在工程发承包活动中推行保证担保制度。深圳市在 2001 年 12 月 20 日修订了《深圳经济特区建设工程施工招标投标条例》,对工程担保进行了强制性规定。厦门市在 2002 年 11 月 15 日公布《厦门市建筑市场管理若干暂行规定》,明确规定了投标时应出具保函。天津市建设管理委员会在 2003 年 3 月 18 日发布了《天津市建设工程担保实施办法》,规定天津市行政区域内的房地产开发项目均须施行承包人履约担保和业主的支付担保。

2004 年 8 月 6 日,原建设部印发《关于在房地产开发项目中推行工程建设合同担保的若干规定(试行)》,提出在工程建设合同造价 1000 万元以上的房地产开发项目中推行合同担保制度,包括投标担保、业主工程款支付担保、承包商履约担保和承包商付款担保等。但当时所规定的担保人并不包括保险公司,只包括银行金融机构和专业担保公司。

2005 年 10 月,成都、天津、深圳、常州、杭州、青岛以及厦门 7 个城市被指定为建设工程担保试点城市,为工程担保制度在全国范围的推广做好准备。

2006 年 12 月 7 日,原建设部印发《关于在建设工程项目中进一步推行工程担保制度的意见》,提出“2007 年 6 月份前,省会城市和计划单列市在房地产开发项目中推行试点;2008 年年底前,全国地级以上城市在房地产开发项目中推行工程担保制度试点,有条件的地方可根据本地实际扩大推行范围;到 2010 年,工程担保制度应具备较为完善的法律法规体系、信用管理体系、风险控制体系和行业自律机制”,并要求在投标担保、业主工程款支付担保、承包商履约担保和承包商付款担保四个担保类型外,鼓励各地开发其他类型的工程担保类型,包括预付款担保、分包履约担保、保修金担保等。在该意见中,提供工程担保的保证人,除了银行、专业担保公司外,还列入了保险公司。

2014年8月10日，国务院发布《关于加快发展现代保险服务业的若干意见》(国发〔2014〕29号)，之后，各地加快了工程履约保证担保的发展步伐。

2014年开始，原保监会允许保险公司涉足工程担保业务，到2018年，原保监会批准了17家保险公司经营建筑业相关保证保险业务，工程保证保险市场发展的条件已经初步具备。从2015年起，各地政府主管部门均发文支持保证保险的发展。

2019年6月20日，住建部等六部门联合下发《关于加快推进房屋建筑和市政基础设施工程实行工程担保制度的指导意见》，提出“到2020年，各类保证金的保函替代率明显提升”的目标，并要求加快推行银行保函制度，在有条件的地区推行工程担保公司保函和工程保证保险。

据不完全统计，至2020年，全国已有28个省、自治区、直辖市出台了建设工程保证保险相关政策法规。各保险公司也陆续开发了保证保险合同产品并进行试点。

2021年8月17日，人社部、住建部等七部门联合发布《工程建设领域农民工工资保证金规定》，提出支持有条件的地区探索引入工程担保公司保函或工程保证保险作为工资保证金的替代形式。

目前，中国保险行业协会已经制定的保证保险合同示范条款包括《建设工程施工合同履约保证保险示范条款》《建设工程施工合同投标保证保险示范条款》《建设工程施工合同预付款保证保险示范条款》《建设工程施工合同质量保证保险示范条款》等。

三、保证保险合同的特点及存在的问题

(一)保证保险合同的特点

1. 保证保险合同的主体涉及三方当事人，即保险人、作为投保人的债务人、作为被保险人的债权人。信用保险合同的主体则为两方当事人，即保险人和债权人。在保证保险合同中，投保人和被保险人是相互分离的，而在信用保险合同中，投保人和被保险人是一体的，均是债权人。

2. 保证保险的投保动机并不如一般的财产保险那样，来自投保人自身的需要，而通常是来自被保险人对于投保人的要求；投保人希望获得与被保险人签约的机会，就必须满足被保险人提出的此项要求，类似于通过第三方为自己增信。在国内，目前主流的工程保证保险更多起到的是替代各种工程中存在的保

证金的作用。

3. 保证保险合同的合同标的是债务人的信用风险，与一般财产保险所保障的财产利益通常是有形的不同，信用风险是一种无形的经济利益。

4. 保证保险合同的信用风险具有不确定性。一般的财产保险合同的风险可以运用大数法则进行科学的计算并找出其中的规律；而保证保险合同的风险不仅包括客观因素，还包括主观因素，因此，有观点认为对于债务人不履行义务的风险，大数法则并不完全适用。所以，保证保险在承保时，保险人会对债务人的资信情况进行仔细的调查，并确定所适用的保险费率。并且，保证保险合同一般将不可抗力作为责任免除事项。

5. 保证保险合同适用代位求偿制度，保险人在向被保险人（债权人）承担了保险赔偿责任后，债权人将其享有的对债务人的债权转让给保险人，由保险人代位向债务人追偿。

（二）保证保险存在的问题

1. 法律属性存在争议

国内学术界和实务界长期以来对于信用保险和保证保险的法律属性一直存在争议。有观点认为，信用保险合同和保证保险合同都具有担保合同的性质，是保险人在债务人不履行债务时提供的一种担保，因此，又将两者合称为广义的保证保险合同；也有观点认为，信用保险合同的本质是一种纯粹的保险业务，并非担保，而保证保险合同则是一种担保业务；还有观点认为，信用保险合同和保证保险合同均不具有担保的性质，都属于独立的保险业务。

就保证保险合同而言，关于其法律属性存在以下三种观点：（1）保证说，这一观点将保证保险视为保险公司以保险方式开办的保证业务，认为保证保险是有偿保证。（2）保险说，这一观点认为保险合同与保证合同存在本质上的区别，保证保险应属于财产保险的一种。（3）二元说，这一观点认为保证保险制度具有保证与保险的二元属性，该制度蕴含着保障各方当事人合法权益的双重救济模式，保证保险合同的性质取决于当事人的主张与选择。①

我们认为，工程保证保险合同不宜认定为具有担保的性质并适用担保法律规范，对保证保险合同的审理应当以《保险法》作为依据。具体见本书第 4.4 条工程保证保险合同的法律适用。

---

① 参见范健、王建文、张莉莉：《保险法》，法律出版社 2017 年版，第 292 页。

2. 缺乏研究

目前,保证保险已经发展成为除机动车保险外的第一大财产保险险种,但对保证保险纠纷的理赔经验和理赔案例的研究相对落后,专业理赔人才缺乏,对案例也缺少系统性的研究和探索。特别是因为保证保险中存在债务人主观违约因素这一与其他保险产品截然不同的特征,使保证保险的风险存在极大的不规律性,且责任条款设置也会存在与其他保险合同的显著区别。

3. 缺少相关规定

保证保险有其自身的特点,其与一般的财产保险存在明显的不同,因此,一些保险法中的一般条款,难以在保证保险中适用。我国《保险法》对于一些主要险种,如死亡保险、健康保险、责任保险等,均有特别规定;但对于保证保险则没有,保证保险在立法上几乎处于空白状态;最高院对于个案的极个别复函中,对于保证保险也存在不同的认识,导致保证保险的发展受到制度缺失的一定阻碍。

保证保险在我国亟待发展,在未来的立法工作中,需要对保证保险的定义、性质、分类、内容等进行全面的考虑,以使我国保证保险的发展具备良好的法律制度基础。

4. 缺少完善的信用风险评估体系

保证保险所承保的风险来自债务人,也就是投保人的诚实信用,而当事人的信用能力,无法通过传统的风险评估衡量之大数法则的方法进行,这就意味着,与一般财产保险相较,保险人承保的风险系数可能更高。因此,需要保险人从各种社会信用评估体系中,或是通过特定的评估方法来获取当事人的信用信息,而这涉及社会信用评估体系的完善和个人信息的保护等复杂问题,目前相关的评估体系建设还非常不足。

四、主要工程保证保险合同类型

在我国,工程保证保险目前还属于探索阶段。从中国保险行业协会到各个保险公司,都在积极探索研究新的工程保证保险的类型,以期为我国的建设工程领域提供更加全面的保障。

原建设部印发的《关于在建设工程项目中进一步推行工程担保制度的意见》载明:“除了《关于在房地产开发项目中推行工程建设合同担保的若干规定(试行)》中所规定的投标担保、承包商履约担保、业主工程款支付担保、承包商付款担保等四个担保品种外,各地还应积极鼓励开展符合建筑市场需要的其他类型的工程担保品种，如预付款担保、分包履约担保、保修金担保等。”

2019年，中国保险行业协会在原中国银保监会的指导下，组织人保财险、太保财险、平安财险、中华联合和大地财险等公司成立了条款起草工作组，对行业进行了广泛的调查研究，召开多次工作组讨论会及专家论证会，并反复征求建筑行业和保险行业的意见，最终形成了《建设工程施工合同投标保证保险示范条款》、《建设工程施工合同履约保证保险示范条款》、《建设工程施工合同预付款保证保险示范条款》及《建设工程施工合同质量保证保险示范条款》四种建设工程领域保证保险行业示范条款。除了该四种示范文本所涉的工程保证保险合同种类之外，部分保险公司还制定了建设工程施工合同支付保证保险条款、建设工程施工工人工资支付保证保险条款等。

（一）《建设工程施工合同投标保证保险示范条款》

本保险合同的投保人是指根据《建设工程招标文件》要求向建设工程招标人投标，具有相应建筑施工企业资质的当事人，即建设工程投标人。被保险人是指根据《建设工程招标文件》要求向建设工程施工投标人进行建设工程招标、确定中标人、与中标人（投保人）签订《建设工程施工合同》的当事人，即建设工程招标人、《建设工程施工合同》发包人。保险责任为在保险期间内，投保人在向被保险人招标建设工程投标的过程中违反《建设工程招标文件》规定要求，给被保险人造成直接损失的，保险人依据本保险合同的约定，以保险单所载的保险金额为限，对被保险人的上述损失承担赔偿责任。

（二）《建设工程施工合同履约保证保险示范条款》

本保险合同的投保人是指与被保险人签订《建设工程施工合同》的，具有相应建筑施工企业资质的当事人，即《建设工程施工合同》承包人。被保险人是指与投保人签订《建设工程施工合同》的当事人，即《建设工程施工合同》发包人。保险责任为在保险期间内，若投保人违反《建设工程施工合同》约定的义务，给被保险人造成直接损失的，保险人依据本保险合同的约定，以保险单所载的保险金额为限，对被保险人的上述损失承担赔偿责任。

（三）《建设工程施工合同预付款保证保险示范条款》

本保险合同的投保人是指与被保险人签订《建设工程施工合同》的，具有相应建筑施工企业资质的当事人，即《建设工程施工合同》承包人。被保险人是指与投保人签订《建设工程施工合同》的当事人，即《建设工程施工合同》发包人。保险责任为被保险人依据《建设工程施工合同》的规定向投保人支付工程项目的预付款，用于工程项目的营运和购买材料，投保人承诺按约定返还该预付款全额或以该预付款冲抵被保险人应支付给投保人的工程款后的余额。若投保人违反前述约定，保险人依据本保险合同的约定，以保险单所载的保险金额为限，对被保险人遭受的直接损失承担赔偿责任。

(四)《建设工程施工合同质量保证保险示范条款》

本保险合同的投保人是指与被保险人签订《建设工程施工合同》的，具有相应建筑施工企业资质的当事人，即《建设工程施工合同》承包人。被保险人是指与投保人签订《建设工程施工合同》的当事人，即《建设工程施工合同》发包人。保险责任为在保险期间内，投保人未按照与被保险人签订的《建设工程施工合同》有关约定履行建设工程质量缺陷维修义务，给被保险人造成直接损失的，保险人依据本保险合同的约定，以保险单所载的保险金额为限，对被保险人的上述损失承担赔偿责任。

(五)《建设工程施工合同支付保证保险条款》(以长安责任保险股份有限公司条款为例)

本保险合同的投保人是指依法向建设工程投标人投标、中标，与招标人签订《建设工程施工合同》的、具有相应工程施工承包资质的当事人，即建设工程承包人。被保险人是指依法向建设工程施工投标人进行建设工程招标、确定中标人、与投标人签订《建设工程施工合同》的当事人，即建设工程发包人。保险责任为在保险期间内，投保人在《建设工程施工合同》的履约过程中，因下列情形之一导致供应商、分包人或者职工根据相关法律、人力资源和社会保障局有关文书和其他有关法律文书(法院或仲裁机构裁决)要求被保险人直接予以支付时，被保险人可向保险人提出索赔，保险人依据本保险合同的约定，在保险金额内承担损失赔偿责任。

(六)《建设工程施工工人工资支付保证保险条款》(以阳光财产保险股份有限公司条款为例)

本保险合同的投保人是指依法在中华人民共和国境内(不含香港、澳门、台湾地区)设立并取得相应建设工程施工承包资质的建筑企业，即建设工程施工企业。被保险人是指依法与建设工程施工企业形成劳动关系(包括事实劳动关系)的施工工人，即从事建设工程项目的施工现场作业人员。保险责任为在保险期间内，投保人根据《建设工程施工合同》进行建设工程施工建设过程中因存在下列情形之一导致与施工工人发生工资纠纷，根据建设行政主管部门和/或人力资源和社会保障部门的调解意见、人民法院或劳动争议仲裁机构生效裁决文书，投保人应向被保险人支付工资而未予支付的，被保险人可向保险人提出索赔，保险人根据本保险合同的约定在保险金额内承担赔偿责任。

我国台湾地区的保证保险包括六种：工程押标金保证保险、履约保证金保证保险、预付款保证金保证保险、工程保留保证保险、保固保证金保证保险、工程支付款保证保险。

第 4.1 条 【保证保险合同中的反担保条款的效力】

当事人以保证保险合同不具有担保属性而主张其中的反担保条款不成立或无效的,不予支持。

【条文主旨】

法律意义上的反担保是向担保人提供的,其前提是存在本担保。但保证保险合同宜作为保险合同来处理,适用《保险法》的规定,而不宜适用担保法律规范。因此,在保证保险合同中约定的反担保条款,即便名为“反担保”,其法律性质也应理解为担保条款,该反担保条款并不以存在本担保为前提;当事人以本担保不存在为由主张反担保条款不成立或无效的,不予支持。

【理解与适用】

一、法律上的反担保概念

《民法典》第 387 条第 2 款规定:“第三人为债务人向债权人提供担保的,可以要求债务人提供反担保。反担保适用本法和其他法律的规定。”第 689 条规定:“保证人可以要求债务人提供反担保。”

本担保与反担保是相对的概念。本担保即固有意义上的担保,也就是人们通常所说的担保,指债务人或第三人以其特定财产或一般财产,为债权人因合同等产生的债权所提供的担保。反担保,是与本担保相对应的概念,又称“求偿担保”,是指在商品贸易、工程承包和资金借贷等经济往来中,为了换取担保人提供保证、抵押或者质押等担保,由债务人或第三人为该担保人新设担保,以保证该担保人承担了责任后易于实现其追偿权。该新设担保相对于本担保而言即为反担保。[1] 反担保是以本担保为基础前提,且依附于本担保,如果本担保不存在,则反担保也将不复存在。

反担保以本担保的成立为前提,只有在第三人为债务人提供的本担保成立

① 参见梁慧星、陈华彬:《物权法》(第 6 版),法律出版社 2016 年版,第 270 页。

的情况下，债务人为第三人提供的反担保才有设立的基础。其原因在于，反担保设立的目的是保障第三人追偿权，如果本担保不存在，则不存在反担保。

二、保证保险合同中的反担保条款应认定为担保条款

（一）实践中保证保险合同多存在反担保条款

现行的保证保险合同中，多存在要求投保人提供反担保的情形。如《中国保险行业协会建设工程施工合同履约保证保险示范条款》第 23 条约定："投保人应当在保险责任起始日前一次性交清全部保险费。投保人未按约定交纳保险费，保险合同不生效。保险合同约定投保人有义务交纳保证金或提供反担保的，投保人应于保险责任起始日前履行相关义务。"

保证保险合同中不仅存在反担保条款，而且是否提供反担保，也是保险公司考虑费率的重要参考因素。如《长安责任保险股份有限公司建设工程施工合同支付保证保险条款》第 14 条约定："本保险合同的保险费由保险人根据投保人企业经营情况、保险金额、反担保方式等因素确定，并在保险单上载明其金额。"

（二）保证保险合同中的反担保条款应认定为担保

保证保险合同不宜认定为保证（见本书第 4.4 条工程保证保险合同的法律适用），自然就不存在本担保，如果保证保险合同中保险人要求投保人提供"反担保"，这个"反担保"实质上是保险人为了保证其承担保证保险责任后代位求偿权的实现而要求投保人提供的"担保"。

实际上，保证保险合同中设立反担保条款的出发点，与正常的担保合同设立反担保条款的出发点是高度一致的，《民法典》第 392 条规定："……提供担保的第三人承担担保责任后，有权向债务人追偿。"《保险法》第 60 条第 1 款规定："因第三者对保险标的的损害而造成保险事故的，保险人自向被保险人赔偿保险金之日起，在赔偿金额范围内代位行使被保险人对第三者请求赔偿的权利。"《民法典》中反担保的意义在于保障担保人的追偿权，而保证保险合同中设定反担保条款的意义则在于保障保险人的代位求偿权。因此，保证保险合同中的反担保，其实质只是对保险人代位求偿权的一个保障，性质是"担保"，而不是法律意义上的反担保。

（三）不能以本担保不存在为由，认定保证保险合同中的反担保条款不成立或无效

首先，如上文所述，因为保证保险合同的性质应当认定为保险而非保证，所

以其中的反担保条款其实应当是法律意义上的本担保,而不是《民法典》第387条所称的反担保。因此通常理解的“不存在本担保则不存在反担保”这一逻辑,对于保证保险合同中的反担保条款并不适用。

其次,即便是法律意义上的反担保,也并不会仅因本担保的无效而认定不成立或无效。最高院《民法典担保制度解释》第19条第2款规定:“反担保合同无效的,依照本解释第十七条的有关规定处理。当事人仅以担保合同无效为由主张反担保合同无效的,人民法院不予支持。”

三、保证保险合同中应尽量避免采用反担保这一措辞

反担保是一个法律上较为常见且内涵较为明确的概念。保证保险合同中,虽然将投保人提供的对保险人代位求偿权的额外保障定义为反担保,虽然其与对物权法上担保人的追偿权的保障十分相似,但根本不是物权法法律意义上的反担保,而是担保。

因此,在保险合同中,应当尽量避免采用反担保这一措辞,避免司法机关采用担保与反担保的逻辑去判断保险合同中相关条款引发的争议,并适用担保方面法律规范对保险合同范围内的争议进行裁判,从而引发不必要的争议和实务问题。

第4.2条 【投标保证保险合同保险期间的截止日期】

招标人与中标人未签订《建设工程施工合同》即开始施工,保险人主张以实际开工之日作为保险期间截止日的,应予支持。

【条文主旨】

投标保证保险的保险责任,是投标人在工程投标过程中违反《建设工程招标文件》规定要求,给被保险人造成直接损失而导致的保险人所承担的赔偿责任。投标过程中的保险事故一般在《建设工程施工合同》签约日可以显现,故一般投标保证保险的保险期间截止日为《建设工程施工合同》签约日。

在双方未签订《建设工程施工合同》即开始施工的情况下,保险事故同样已经显现,要求保险人继续承担责任已无必要。因此,应以实际开工之日作为保险期间截止日。实际开工之日不明的,应综合考虑开工报告、合同、施工许可证、竣工验收报告或者竣工验收备案表等载明的时间,并结合是否具备开工条

件等事实,认定开工日期。

【理解与适用】

一、关于投标保证保险期间的截止日的一般规定

《中国保险行业协会建设工程施工合同投标保证保险示范条款》第 11 条第 1 款规定:“保险期间自投保人向被保险人投标之日起或保险单载明的保险起期之日起(二者以后发生者为准),至《建设工程施工合同》签约之日止,最长不超过一年。”

投标保证保险的保险责任,是投保人在投标过程中给被保险人造成损失,保险人根据保险合同的约定对被保险人进行赔偿。从《招标投标法》的规定来看,开标之时,投标过程就已经结束了,但相应的问题却要在之后才能显现。《招标投标法实施条例》第 35 条第 2 款、第 74 条规定:“投标截止后投标人撤销投标文件”“中标人无正当理由不与招标人订立合同,在签订合同时向招标人提出附加条件,或者不按照招标文件要求提交履约保证金”,可能被没收投标保证金;上述情形除了提交履约保证金可能发生在合同签订之后,其他的最晚都发生在合同签订之时。

投标保证保险既然保障的是投标过程中发生的保险事故,而保险事故的发生会在投标完成之后、缔约之前,因此,投标保证保险将合同签约日作为保险期间的截止日是有合理性的。

《招标投标法》第 24 条规定:“招标人应当确定投标人编制投标文件所需要的合理时间;但是,依法必须进行招标的项目,自招标文件开始发出之日起至投标人提交投标文件截止之日止,最短不得少于二十日。”第 46 条第 1 款规定:“招标人和中标人应当自中标通知书发出之日起三十日内,按照招标文件和中标人的投标文件订立书面合同。招标人和中标人不得再行订立背离合同实质性内容的其他协议。”《招标投标法实施条例》第 60 条第 1 款规定:“投标人或者其他利害关系人认为招标投标活动不符合法律、行政法规规定的,可以自知道或者应当知道之日起 10 日内向有关行政监督部门投诉。投诉应当有明确的请求和必要的证明材料。”一个完整的招投标及签约过程,即便加上可能的投诉周期,通常来说也不过两三个月,故投标保证保险合同条款中多约定,以一年为最长期限。

二、未签订《建设工程施工合同》但已经施工的，如何确定投标保证保险期间的截止日

首先，根据上述分析，之所以将截止日定为《建设工程施工合同》签约日，是因为至签约之日止，投标环节早已结束，投标人在投标阶段可能发生的导致保险事故的情形，应当都已经显现。此时，无论双方是否签订《建设工程施工合同》，都不妨碍被保险人得知保险事故的发生；要求保险人继续承担责任已无必要。

其次，《民法典》第490条第1款规定："当事人采用合同书形式订立合同的，自当事人均签名、盖章或者按指印时合同成立。在签名、盖章或者按指印之前，当事人一方已经履行主要义务，对方接受时，该合同成立。"如果招标人在签订正式的合同之前就已经同意中标人开始施工，此时《建设工程施工合同》应当视为已经成立。

因此，如果双方未签订《建设工程施工合同》就开始实际施工的，应当以实际开工之日作为保险期间的截止日。如果没有证据证明实际开工期间，建议参照《建设工程合同司法解释(一)》第8条的规定，综合考虑开工报告、合同、施工许可证、竣工验收报告或者竣工验收备案表等载明的时间，并结合是否具备开工条件的事实，认定开工日期。

第4.3条 【投标保证保险中赔偿金额的确定】

被保险人以招标文件或保险合同中的投标保证金金额作为主张索赔的依据，一般应予支持；但投保人有证据证实投标保证金数额过分高于其违约行为造成的损失除外。

招标文件或保险合同中没有约定招标保证金金额的，被保险人可以以其实际损失作为索赔的依据。

【条文主旨】

投标保证保险其意义在于替代投标保证金。在投标人违反招标文件约定或者《招标投标法》规定的相关义务的前提下，发包人可以没收投标保证金。因此，如果以投标保证保险代替投标保证金，可以以约定的投标保证金金额作为索赔的依据；双方未约定投标保证金数额的，应当以实际损失作为赔偿依据。

【理解与适用】

一、投标保证保险的赔偿责任

投标保证保险合同约定的保险责任是,以保险单所载的保险金额为限,对投保人在投标过程中违反《建设工程招标文件》要求给被保险人造成的保险合同约定的损失进行赔偿。①

虽然《中国保险行业协会建设工程施工合同履约保证保险示范条款》并没有对保险人在何种情形下承担保险责任进行细化,但是各保险公司在《投标保证保险条款》中均作了明确约定,且内容基本一致。例如:

《中华联合财险公司投标保证保险条款》第5条约定:“在保险期间内,投保人在向被保险人招标项目进行投标的过程中,因以下原因给被保险人造成的直接经济损失,应由投保人赔偿的,被保险人可向保险人提出索赔,保险人依据本保险合同的约定,在保险责任和保险金额范围内,对被保险人的损失承担赔偿责任:(一)投标截止后投保人未经被保险人同意违反《招标文件》撤销或修改其投标文件;(二)投标人与其他投标人相互串通投标;(三)中标后未按《招标文件》的要求签署相应的履约合同;(四)《招标文件》规定的其他有关投标实质性违约情形。”

《天安财险公司建设工程投标保证保险条款》第5条约定:“根据《中华人民共和国招标投标法》、《中华人民共和国招标投标法实施条例》,在保险期间内,投保人在向被保险人招标建设工程投标的过程中,因下列情形给被保险人造成直接经济损失的,被保险人可向保险人提出索赔,保险人依据本保险合同的约定,在保险金额内承担损失赔偿责任:(一)从投标截止日起至投保文件有效期满前,投保人未经被保险人同意或者违反《建设工程招标文件》撤销投标文件;(二)投保人与其他投标人相互串通投标;(三)投保人弄虚作假行为;(四)中标后未按《建设工程招标文件》的要求签署《建设工程施工合同》;(五)《建设工程招标文件》规定的其他有关投标实质性违约情形。”

《英大财险投标保证保险条款(2019版)》第5条规定:“在保险期间内,投保人向被保险人组织的招标项目投标过程中,发生下列情形之一的,被保险人

---

① 参见《中国保险行业协会建设工程施工合同投标保证保险示范条款》第5条。

可向保险人提出索赔。保险人依据本保险合同的约定对被保险人的损失进行赔偿,赔偿金额以保险金额为限。(一)投保人在招标文件规定的提交投标文件时间截止后撤销其投标文件或主动对投标文件提出实质性修改;(二)投保人接到中标通知后,拒绝按招标文件的规定和投标文件的承诺签订合同;(三)投保人中标后不按照招标文件要求缴纳履约保证金;(四)投保人中标后未按照招标文件规定交纳招标代理服务费的;(五)投保人违反相关法律法规及招标文件规定的其他应当不予退还投标保证金的行为。"

二、违反招标文件的损失界定

《招标投标法实施条例》第 26 条第 1 款规定:"招标人在招标文件中要求投标人提交投标保证金的,投标保证金不得超过招标项目估算价的 2%。投标保证金有效期应当与投标有效期一致。"第 35 条第 2 款规定:"投标截止后投标人撤销投标文件的,招标人可以不退还投标保证金。"第 74 条规定:"中标人无正当理由不与招标人订立合同,在签订合同时向招标人提出附加条件,或者不按照招标文件要求提交履约保证金的,取消其中标资格,投标保证金不予退还。对依法必须进行招标的项目的中标人,由有关行政监督部门责令改正,可以处中标项目金额 10‰以下的罚款。"

在司法实践中,多数情况下,在投标人违约的情况下,招标人会选择直接没收投标保证金。

对比各保险公司的条款可以看出,其确定投保人责任的具体情形,与《招标投标法实施条例》的规定高度近似,包括撤销投标文件、拒绝缴纳履约保证金等。相应的情形,在《招标投标法实施条例》的规定中,处理后果是投标保证金不予退还。也就是说,如果发生了上述情形,招标人可以直接依法没收投标保证金作为赔偿。

需要指出的是,投标保证金的性质目前并无定论,主流观点认为属于质押担保,理由是投标保证金区别于定金,不需要双倍返还。少数观点认为类似于定金,如原建设部《关于在房地产开发项目中推行工程建设合同担保的若干规定(试行)》第 18 条规定:"投标担保可采用银行保函、专业担保公司的保证,或定金(保证金)担保方式,具体方式由招标人在招标文件中规定。"

虽然根据《招标投标法实施条例》,对投标保证金不予退还似乎已经形成了惯例,但在理论上,如果采用质押担保说,则其只是对违约责任的一个担保,而其本身的金额是个担保额，并不能直接认定为违约责任的赔偿金额。所以，除非依据法律规定或合同约定，否则并不能简单地以投标保证金的金额来认定就是招标人的实际损失。

此外，投标保证金并非强制性条款。《招标投标法实施条例》第26条中规定，“招标人在招标文件中要求投标人提交投标保证金的，投标保证金不得超过招标项目估算价的2%”，可见，如果招标文件不要求缴纳投标保证金，也可以不交。所以，在招标文件没有约定的情况下，不能当然认为需要提交投标保证金或金额就是招标项目估算价的2%。

目前，司法实践中基本以支持不予返还投标保证金为主流裁判观点。因此，将约定的投标保证金数额作为赔偿金额，但投保人能够举证证实投标保证金数额过分高于实际损失的除外。在合同没有约定的情况下，不能当然认为需要缴纳投标保证金，也不能认为投标保证金金额当然就是招标项目估算价的2%。所以，不能以此标准来确定赔偿金额，而应当由提出主张的被保险人证明其实际损失。

第4.4条　【工程保证保险合同的法律适用】

工程保证保险合同应当适用保险法，不宜适用担保法律规范。

【条文主旨】

保证保险合同的性质到底是保证合同还是保险合同，理论上存在诸多争议，司法实践和行政管理领域也未有定论。鉴于工程领域无效合同大量存在，保证合同的从属性特征，以及我国对独立保证的限制，目前不宜认定工程保证保险合同为保证合同并适用担保法律规范。

【理解与适用】

一、保证保险合同性质的争议

保证保险是我国《保险法》规定的财产保险种类之一，但现行法律法规未见对其准确定义。

对保证保险的性质不仅理论界一直存在争议，司法实践中也未达成共识。

最高院对保证保险究竟是保证还是保险,存在不同的答复意见。在《最高人民法院对湖南省高级人民法院关于〈中国工商银行郴州市苏仙区支行与中保财产保险有限公司湖南省郴州市苏仙区支公司保证保险合同纠纷一案的请示报告〉的复函》(2000年8月28日公布,〔1999〕经监字第266号)中,最高院认为:"保证保险虽是保险人开办的一个险种,其实质是保险人对债权人的一种担保行为。"但在最高院《关于保证保险合同纠纷案件法律适用问题的答复》(2010年6月24日公布,〔2006〕民二他字第43号)中,最高院则认为:"此案所涉保险单虽名为保证保险单,但性质上应属于保险合同。"

各个主管机关对于保险公司从事担保业务的说法也存在矛盾。《关于加快推进房屋建筑和市政基础设施工程实行工程担保制度的指导意见》中规定:"支持银行业金融机构、工程担保公司、保险机构作为工程担保保证人开展工程担保业务。"但原保监会《关于规范保险机构对外担保有关事项的通知》则规定:"保险公司、保险资产管理公司不得进行对外担保。本通知所称对外担保,是指保险机构为他人债务向第三方提供的担保。"

二、担保合同的从属性

《民法典》第388条规定:"设立担保物权,应当依照本法和其他法律的规定订立担保合同。担保合同包括抵押合同、质押合同和其他具有担保功能的合同。担保合同是主债权债务合同的从合同。主债权债务合同无效的,担保合同无效,但是法律另有规定的除外。担保合同被确认无效后,债务人、担保人、债权人有过错的,应当根据其过错各自承担相应的民事责任。"最高院《民法典担保制度解释》第2条第1款规定:"当事人在担保合同中约定担保合同的效力独立于主合同,或者约定担保人对主合同无效的法律后果承担担保责任,该有关担保独立性的约定无效。主合同有效的,有关担保独立性的约定无效不影响担保合同的效力;主合同无效的,人民法院应当认定担保合同无效,但是法律另有规定的除外。"因此,担保合同效力的从属性,除法律另有规定外,必须遵循《民法典》的规定,当事人不得约定排除。

不仅仅是合同效力,在承担责任范围、管辖等方面,担保合同也存在从属性。最高院《民法典担保制度解释》第3条规定:"当事人对担保责任的承担约定专门的违约责任,或者约定的担保责任范围超出债务人应当承担的责任范围,担保人主张仅在债务人应当承担的责任范围内承担责任的,人民法院应予支持。担保人承担的责任超出债务人应当承担的责任范围,担保人向债务人追偿,债务人主张仅在其应当承担的责任范围内承担责任的,人民法院应予支持;担保人请求债权人返还超出部分的,人民法院依法予以支持。”第 21 条第 2 款规定:“债权人一并起诉债务人和担保人的,应当根据主合同确定管辖法院。”

因此,如果认为保证保险具有保证的性质,则因为从属性是担保的基本属性,必须依据主合同效力认定保证保险合同的效力、担保责任、管辖等。

三、工程保证保险合同不宜认定为保证合同

工程担保制度在我国目前处于大力推进阶段,国务院办公厅《关于促进建筑业持续健康发展的意见》(国办发〔2017〕19 号)中明确提出,要加强承包履约管理,有效发挥履约担保的作用,通过工程款支付担保等经济、法律手段约束建设单位履约行为、预防拖欠工程款。《关于加快推进房屋建筑和市政基础设施工程实行工程担保制度的指导意见》中也提出:“加快推行投标担保、履约担保、工程质量保证担保和农民工工资支付担保……在有条件的地区推行工程担保公司保函和工程保证保险。”因此,在工程领域推进保证保险是大势所趋,但相关理论研究和立法工作不可能完全跟上,在此情况下,司法裁判中应当秉持减少争议、支持创新的态度,充分发挥各个渠道对于解决实践问题的积极作用,不轻易否定新类型交易模式。

有观点认为,保证保险合同即便具有保证的功能,其本身也属于独立的保险合同。但我国目前对于独立担保的认定限制非常严格,《九民纪要》中强调:“要慎重认定独立担保行为的效力,将其严格限定在法律或者司法解释明确规定的情形。”因此,在《保险法》等没有特别规定的前提下,如果认为工程保证保险存在担保性质,就不宜认为其存在独立性。

在建设工程领域,由于我国建筑市场的特点,实际施工人制度的存在,以及住建部门对于招投标、资质等的严格限制,司法实践中无效施工合同的认定一直占有极高的比重。如果认为与施工合同相关的保证保险合同,诸如支付保证保险、履约保证保险、农民工工资保证保险等,具有担保的从属性,则施工合同的无效会导致上述保证保险均归于无效。

因此,如果认定保证保险存在担保属性,则将导致大量的保证保险合同归于无效,这显然与我国推进工程领域担保制度的初衷相违背,也会导致保险机构对于进入该市场存在顾虑。此外,如果认为保证保险存在担保属性,也会导

致保险公司违反不得进行对外担保业务之规定。

综上,在目前理论尚未形成定论的情况下,为保障工程保证保险的发展,推进我国建设领域担保制度的建立,不宜认定保证保险具有担保的性质并适用担保法律规范,对保证保险合同的审理应当以《保险法》作为依据。

第 4.5 条 【发包人没有支付预付款或支付预付款不足的,是否可导致预付款保证保险合同的解除或变更】

承包人以发包人没有支付预付款或支付预付款不足为由,主张解除或变更预付款保证保险合同的,不予支持。

【条文主旨】

通说认为,财产保险的保险利益的判断时点在保险事故发生之时,因此在保险期间发包人未按约支付或未按约足额支付预付款的,不构成预付款保证保险的保险利益的丧失或减少;承包人仅以发包人未按约支付或未按约足额支付预付款为由,主张解除或变更预付款保证保险合同的,不予支持。

【理解与适用】

一、发包人没有支付预付款或支付预付款不足,是否影响预付款保证保险的保险利益

预付款保证保险,是以承包人为投保人,发包人为被保险人,约定在保险期间内,发包人依据施工合同的约定向承包人支付工程项目的预付款,用于工程项目的营运和购买材料,而承包人未按约定返还该预付款全额或以该预付款冲抵工程款的,发包人可向保险人提出索赔,保险人依据保险合同的约定,在保险金额内承担损失赔偿责任的保险。

保险利益原则是保险法的基本原则之一,《保险法》第 12 条第 2 款规定:"财产保险的被保险人在保险事故发生时,对保险标的应当具有保险利益。"预付款保证保险的对象是预付款的返还或扣回,因此,其保险利益就是发包人取得返还或扣回的预付款。预付款保证保险的保险事故的发生之时是承包人拒绝或者迟延返还或扣回预付款之时,如果发包人未按约支付或未按约足额支付预付款，是否会影响预付款保证保险合同的保险利益？

对于该问题的分析，核心在于财产保险的保险利益认定的时点。财产保险的保险利益，是指投保人或者被保险人对保险标的保险事故的发生导致损害或者因保险事故的不发生而免受损害所具有的利害关系。通说认为，财产保险和人身保险存在一个重要的区别，即财产保险在保险合同订立时，并不要求投保人对保险标的具有保险利益；在保险事故发生时，被保险人对保险标的则必须具有保险利益。人身保险合同订立时，投保人必须具有保险利益；在保险事故发生时，投保人无须具有保险利益。

因此，对于保险财产是否存在保险利益，一般而言，是以保险事故发生时为时点。预付款保证保险的保险事故是承包人未按约定返还该预付款或以该预付款冲抵工程款，如果发包人未支付预付款或者支付预付款不足，则该保险事故缺乏发生的前提，此时自然无从谈起所谓保险事故发生时的保险利益问题。因此，部分预付款保证保险合同的条款中对于此种情形作了特别约定，自预付款支付之日起才计算保险期间，如《中国保险行业协会建设工程施工合同预付款保证保险示范条款》第 12 条第 1 款约定："本保险合同保险期间自发包人将预付款支付给承包人之日起或保险单载明的保险起期之日起（二者以后发生者为准），至预付款全部返还发包人或抵扣工程进度款之日止或保险单载明的保险终期之日止（二者以先到者为准），具体以保险单载明的起讫日期为准，最长不超过五年。"但并非所有预付款保证保险条款均如此，因此，并不排除承包人投保后发生发包人未支付预付款或者支付预付款不足的情形。

也有观点认为，财产保险利益规范的时点应包括整个保险期间，订立保险合同时属之，保险事故发生时亦属之。其理由在于：（1）保险利益为保险合同存在之中心目的。保险合同存在的目的在于，确保被保险人得以享受某种"利益"，纵使该利益受损害也可借由保险给付弥补。倘若保险合同空有合同的形态，而无实质确定的保障对象，即失其存在的目的。更不用说如果投保时不知道保险利益具体为何，无法推算保险利益受损的风险，也无法运用保险技术合理计算应收取多少保费。（2）从保险合同对价平衡的本质观之，保险费的交付与保险人的风险承担之间具有对价关系，如果从保险合同订立之日起至保险期限届满时间经过大半，保险利益均未产生，被保险人根本没有受损的风险，又如何为风险转移？保险人又有何依据收取保险费？此段仅投保人有缴纳保费义务而保险人无须承担风险的期间，保费是否应返还？若无须返还，对投保人是否公平?①

虽理论上确有一定分歧,但目前的主流观点,即依据《保险法》第12条之规定,对财产保险的保险利益的认定还是以保险事故发生之时为时点。因此,即便在保险期间发包人根本就未支付预付款,也不能以此认定保险利益发生了变化。

二、承包人不得以发包人未按约支付或未按约足额支付预付款为由主张解除或变更预付款保证保险合同

发包人未按约支付或未按约足额支付预付款,则承包人当然无须,也不可能返还或扣回相应的预付款。但是否可以认为在该期间对缴纳保费的承包人不公,承包人可以由此获得解除或变更合同的权利?

首先,如果合同没有特别约定,则承包人作为投保人,当然可以根据《保险法》第15条之规定主张解除权,无须考虑发包人是否按约足额支付了预付款。但预付款保证保险合同关乎发包人利益,在合同条款中通常都会设计特别约定。如《中国保险行业协会建设工程施工合同预付款保证保险示范条款》第43条约定:“本保险责任开始后,经被保险人书面同意,投保人申请合同解除时,应提供以下材料:(一)合同解除申请书;(二)保险单正本;(三)被保险人出具的解除保险合同无异议书面证明。”

其次,如果发包人未支付预付款或未足额支付预付款,一般而言,认为系施工合同履行中的正常商业风险,不能援引《民法典》第533条关于情势变更之规定主张变更或解除。而且,预付款保证保险存在的前提,当然是施工合同中约定了发包人支付预付款,如果发包人未按约支付预付款或未足额支付预付款,作为承包人,此时显然可以根据施工合同之约定,主张发包人承担违约责任并要求继续履行、赔偿相应损失。此时存在一定争议的是,如果承包人主张因发包人根本没有支付预付款,而导致承包人支付的预付款保证保险合同的保费属于损失,应当如何处理?如以财产保险的保险利益判断时点的通说推论,在投保时及保险期间,并不要求财产保险的保险利益必须存在,因此也难说缴纳的保费属于损失,毕竟发包人是有可能继续履行合同的,保险事故也是有可能发生的。

---

① 参见温世扬主编:《保险法》(第3版),法律出版社2016年版,第64页。

第4.6条　【履约保证保险中直接损失与间接损失的界定】

因延期竣工或延期交付建筑物导致被保险人对于建筑物使用的经济损失或被第三方索赔的损失，如合同明确约定属于间接损失并不予赔付，保险人据此主张不予赔付的，应予支持；如合同未明确约定属于间接损失并不予赔付，保险人主张该损失属于间接损失并不予赔付的，裁判者宜通过评估等方式排除其他介入因素后综合认定直接损失并予以赔付。

【条文主旨】

履约保证保险的赔偿范围仅限于直接损失。在我国《民法典》语境下，直接损失包括返还利益、信赖利益、固有利益、履行利益；间接损失即可得利益损失。直接损失和间接损失主要的区分标准是因果关系，直接损失是没有其他因素介入，完全是违约行为直接引起的损失，违约行为与损失属于直接因果关系；间接损失是在损失产生过程中有其他因素介入，即间接因果关系。

在施工合同中，对于是不是直接损失主要的争议点在于，延期竣工或延期交付建筑物导致被保险人对于建筑物使用的经济损失或被第三方索赔的损失。因为时间是无法计算价值的，必须通过其他计算方式来对发包人该逾期期间的使用价值的损失进行体现，因此在租金、损失赔偿、违约金等中不可避免地会发生缔约谈判等其他介入因素，但并不意味着其中没有必然发生的直接损失。因此，合同明确约定延期竣工或延期交付建筑物导致被保险人对于建筑物使用的经济损失或被第三方索赔的损失属于间接损失并不予赔付的，应依约执行。在合同没有明确约定的情形下，单纯认为有其他介入因素就一律不予赔付可能有失公平，裁判者宜通过评估等方式在消除其他介入因素后，综合认定必然发生部分，将之作为直接损失并予以赔付。

【理解与适用】

一、《民法典》语境下的直接损失与间接损失

履约保证保险，是以承包人为投保人，以发包人为被保险人，约定在保险期间内，如承包人违反《建设工程施工合同》约定的义务，给发包人造成直接损失，保险人依据保险合同的约定，以保险单所载的保险金额为限，对发包人的上述

损失承担赔偿责任的保险。

直接损失与间接损失的分类主要见于英美法系，通常认为，直接损失是指一方不履行或不适当履行合同义务造成另一方现有财产上的直接减少，而间接损失是指合同一方不履行或不适当履行合同义务造成另一方预期可以获得的利益损失。大陆法系一般不作直接损失和间接损失的划分，而是以损失的形式加以认定。

《民法典》中并没有关于间接损失的条文，涉及直接损失的条文只有一条，即第933条规定："委托人或者受托人可以随时解除委托合同。因解除合同造成对方损失的，除不可归责于该当事人的事由外，无偿委托合同的解除方应当赔偿因解除时间不当造成的直接损失，有偿委托合同的解除方应当赔偿对方的直接损失和合同履行后可以获得的利益。"最高院对此解释认为："合同损失包括实际损失和可得利益损失。实际损失是指当事人信赖合同能够履行并得到履行利益所提前支出的费用或财产因违约遭受的损失。可得利益是指如果合同按照约定履行当事人原本应当得到的经济利益。对实际损失的赔偿是为了使合同相对方恢复到缔约前的经济状态，对可得利益损失的赔偿是为了使当事人达到合同如约履行后本应该达到的状态。"①

《民法典》第584条规定："当事人一方不履行合同义务或者履行合同义务不符合约定，造成对方损失的，损失赔偿额应当相当于因违约所造成的损失，包括合同履行后可以获得的利益；但是，不得超过违约一方订立合同时预见到或者应当预见到的因违约可能造成的损失。"最高院认为："赔偿损失的范围可由法律直接规定或由当事人双方约定。在法律没有特殊规定和当事人没有另行约定的情形下，应按完全赔偿原则赔偿全部损失，包括直接损失和间接损失。直接损失指财产上的直接减少。间接损失又称所失利益，是指失去的可以预期取得的利益。对于损失赔偿的范围，《买卖合同司法解释》认为，在我国合同法上，买卖合同当事人之间的利益关系，在交易关系发展的不同阶段，主要会涉及返还利益、信赖利益、固有利益、履行利益以及可得利益等不同的利益类型。"②

因此，在我国《民法典》语境下，直接损失，也可称为实际损失，是与可得利

① 最高人民法院民法典贯彻实施工作领导小组主编：《中华人民共和国民法典合同编理解与适用（四）》，人民法院出版社2020年版，第2530页。

② 最高人民法院民法典贯彻实施工作领导小组主编：《中华人民共和国民法典合同编理解与适用（二）》，人民法院出版社2020年版，第764页。

益损失相对的概念,直接损失的范围包括了返还利益、信赖利益、固有利益、履行利益;间接损失,就是可得利益损失。

最高院《关于当前形势下审理民商事合同纠纷案件若干问题的指导意见》载明:"在当前市场主体违约情形比较突出的情况下,违约行为通常导致可得利益损失。根据交易的性质、合同的目的等因素,可得利益损失主要分为生产利润损失、经营利润损失和转售利润损失等类型。生产设备和原材料等买卖合同违约中,因出卖人违约而造成买受人的可得利益损失通常属于生产利润损失。承包经营、租赁经营合同以及提供服务或劳务的合同中,因一方违约造成的可得利益损失通常属于经营利润损失。先后系列买卖合同中,因原合同出卖方违约而造成其后的转售合同出售方的可得利益损失通常属于转售利润损失。"由此可见,间接损失或称可得利益损失一般会有生产、经营、转售等其他因素的介入,而不仅仅是因为违约行为而产生。

二、发包人的损失

建设工程领域常见的纠纷一般分为价款、质量、工期三类,而发包人超付价款的要求返还的损失比较少见,发包人损失一般集中于质量和工期。

质量问题所构成的损失,一般是指发包人自行返修所发生的费用,也包括质量问题导致发包人向第三人进行赔偿所造成的损失。《建设工程质量管理条例》第 41 条规定:"建设工程在保修范围和保修期限内发生质量问题的,施工单位应当履行保修义务,并对造成的损失承担赔偿责任。"对该条的释义中载明:"这里的损失,既包括因工程质量问题造成的直接损失,即用于返修的费用,也包括间接损失。如给使用人或第三人造成的财产或非财产损失等。"

承包人工期延误导致发包人损失是最常见的发包人索赔类型,此时发包人常见的损失范围包括经营收入损失、租金损失、逾期交房违约金损失、担保费用增加损失、机会利润损失、延长监理期费用损失、对他人违约产生的损失等。工期延误对发包人的损失并不会像质量损失那样直接地表现为返修费用,以一种直接的方式体现,因为时间本身是无法计算价值的,因此,工期延误的损失必然只能以该段时间内发生的租金、违约金等损失来体现。

根据上述对于直接损失和间接损失的区分,价款超付返还、质量问题返修费用,以及工期延误期间产生的额外的费用支出当然属于直接损失,质量缺陷给第三人造成的损害通常是侵权损害赔偿,因此,争议最大的问题是工期延误导致的损失应当如何认定。

三、工期违约导致的被保险人对于建筑物使用的经济损失是否属于间接损失

《中国保险行业协会建设工程施工合同履约保证保险示范条款》第8条约定："下列损失、费用和责任，保险人不负责赔偿：……（七）各类间接损失，包括但不限于延期竣工或延期交付建筑物导致被保险人对于建筑物使用的经济损失或被第三方索赔的损失……"第44条约定："本保险合同涉及下列术语时，适用下列释义：……4.间接损失：是指投保人造成被保险人损失，致使被保险人在一定范围内的未来财产利益的损失……"

承包人导致工期延误，在该建筑物系发包人自用的前提下，发包人的损失实际上是无法使用该建筑物，而不能使用该建筑物所丧失的使用价值是无法量化的。发包人不能使用的后果，或是发包人不使用该建筑物而造成生产经营损失，或是发包人另行租赁房屋而导致租金损失。生产经营损失因为介入了生产经营因素，因此应当属于间接损失。而租金损失，虽然其是必然发生，但也会因为介入了缔约谈判因素而导致被认定为间接损失。这可能也就是在《中国保险行业协会建设工程施工合同履约保证保险示范条款》中将延期交付建筑物导致被保险人对于建筑物使用的经济损失定义为间接损失的原因。

在合同明确约定被保险人对于建筑物使用的经济损失属于间接损失并不予赔偿的情况下，当然应当按约执行。但在合同没有约定的情况下，因为工期延误必然导致发包人无法使用建筑物，单纯地认为租金损失中介入了缔约谈判因素而认定为间接损失可能是不合适的，因为其中显然是含有必然发生的部分。此时，通过租金评估的方式排除缔约谈判因素，以评估所得的租金损失作为直接损失，可能是一个合理的路径。具体操作，当然需要裁判者根据实际情况综合认定。

四、工期违约导致发包人向第三人赔偿损失或违约金是否属于直接损失

对第三人造成的损害是否属于直接损失在实践中也是有争议的。在《最高人民法院关于保险船舶发生保险事故后造成第三者船舶沉没而引起的清理航道费用是否属于直接损失的复函》中，上海高院提出两种意见：第一种意见认

为，所谓的直接损失是指财产上的直接减少，即因损害的发生而导致财产受益的损失。第三者船舶被撞沉在航道内，为保证航道畅通，必须要清理沉船，经海监局指令而发生的打捞费对于第三者来说是必然发生的额外费用，是责任人直接过错引起的，不能视为间接损失。第二种意见认为，碰撞事故造成的直接损失指的是财产的直接灭失或损坏，该损失与事故有密切联系，且必定会发生。而清理航道费用并非碰撞原因直接造成的。最高院最终同意第二种意见，但在理由中并没有对清理第三者船舶费用是否为直接损失作出分析，而是直接根据保险条款进行了界定，认为："根据中国人民银行《沿海、内河船舶保险条款》和《沿海、内河船舶保险条款解释》的有关规定，保险船舶发生保险事故造成第三者船舶沉没而引起的清理航道费用不属于直接损失。"

建成后非自用的房屋，因为并非自己使用，所以发包人损失通常的表现形式是对第三人赔偿损失或逾期违约金。在司法实践中，有观点认为逾期违约金应当属于间接损失。最高院(2017)最高法民终428号案认为，逾期交房涉及案外人是否承担责任的问题，对于该部分损失发包人未充分举证，且商品房逾期交房损失属于间接损失，一审法院认定超出承包人预见并无不妥，故发包人该部分损失不应予以支持。

与上述被保险人对于建筑物使用的经济损失同理，如果合同明确约定工期违约导致发包人向第三人赔偿损失或违约金属于间接损失并不予赔偿的情况下，当然应当按约执行。但毕竟损失赔偿和违约金的功能首先是对当事人必然发生的损失予以补偿，因此裁判者可以通过评估等方式消除其他介入因素，如违约金中的惩罚性部分，对于必然发生的部分认定为直接损失更为合理。

第4.7条　【预付款保证保险如何确定预付款是否已返还或扣回】

保险人仅以发包人未足额支付进度款为由，主张差额部分系返还或扣回的预付款，并以此主张保险金额降低的，不予支持。

【条文主旨】

预付款保证保险的保险金额将随着预付款在工程款中逐期扣回而相应降低，因此，在实践中需要认定预付款是否已经扣回。虽然返还和扣回在法律上就其文义而言可能存在不同的请求权基础，但对于保险人而言，如果没有其他证据证明,则不能仅凭实际付款与进度款存在差额,而认为差额部分系返还或扣回的预付款。

【理解与适用】

一、发包人支付预付款的规定及支付后的处理

预付款保证保险,是以承包人为投保人,以发包人为被保险人,约定在保险期间内,发包人依据施工合同的约定向承包人支付工程项目的预付款,用于工程项目的营运和购买材料,而承包人未按约定返还该预付款全额或以该预付款冲抵工程款的,发包人可向保险人提出索赔,保险人依据保险合同的约定,在保险金额内承担损失赔偿责任的保险。

预付款是指在建设工程开工前,发包人按照合同约定预先支付给承包人用于采购施工所需材料、工程设备以及组织施工人员进场等的款项。当承包人获取工程价款时,预付款一般应当在进度款中扣回。《建设工程价款结算暂行办法》第 12 条规定:"工程预付款结算应符合下列规定:(一)包工包料工程的预付款按合同约定拨付,原则上预付比例不低于合同金额的 10%,不高于合同金额的 30%,对重大工程项目,按年度工程计划逐年预付。计价执行《建设工程工程量清单计价规范》(GB 50500—2003)的工程,实体性消耗和非实体性消耗部分应在合同中分别约定预付款比例。(二)在具备施工条件的前提下,发包人应在双方签订合同后的一个月内或不迟于约定的开工日期前的 7 天内预付工程款,发包人不按约定预付,承包人应在预付时间到期后 10 天内向发包人发出要求预付的通知,发包人收到通知后仍不按要求预付,承包人可在发出通知 14 天后停止施工,发包人应从约定应付之日起向承包人支付应付款的利息(利率按同期银行贷款利率计),并承担违约责任。(三)预付的工程款必须在合同中约定抵扣方式,并在工程进度款中进行抵扣。(四)凡是没有签订合同或不具备施工条件的工程,发包人不得预付工程款,不得以预付款为名转移资金。"

二、预付款是否已经扣回的认定

因预付款保证保险的保险责任针对的是承包人未返还或未以预付款冲抵其应得的工程款,而预付款的结算原则是随进度款的支付周期而逐期扣回,因此,在合同履行过程中,随着工程的进展及进度款的支付,承包人的预付款是在

逐步扣回的，即保险金额会逐步降低。

进度款并非全部的当期工程价款，一般其支付比例在当期工程价款的60% ~90%，《建设工程价款结算暂行办法》第13条规定："工程进度款结算与支付应当符合下列规定：……根据确定的工程计量结果，承包人向发包人提出支付工程进度款申请，14天内，发包人应按不低于工程价款的60%，不高于工程价款的90%向承包人支付工程进度款。按约定时间发包人应扣回的预付款，与工程进度款同期结算抵扣……"

《中国保险行业协会建设工程施工合同预付款保证保险示范条款》第10条第2款约定："本保险合同的保险金额将随下列情形而相应降低：（一）被保险人在工程款中逐期扣回预付款后；（二）投保人按《建设工程施工合同》约定返还预付款；（三）保险人的赔付。"特别需要注意的是，本款在预付款扣回的问题上，特别约定了两种不同的方式，即被保险人在工程款中逐期扣回和投保人按《建设工程施工合同》约定返还，这两种方式究竟有何区别？如果发包人未按合同约定的支付比例足额支付进度款，其差额部分是否应当直接认定为返还或扣回的预付款？保险人以此为由主张保险金额降低是否应当得到支持？

预付款从现行的规定来说，是发包人预付的一笔款项，该款项在支付时，相应的工程量还未发生。如果后续的工程量实际未发生，则发包人当然可以取回该款项，但发包人取回该款项，其请求权基础可分为两种：其一，如果合同中约定了承包人应返还预付款，发包人根据合同约定取得债权请求权；其二，如果合同中没有约定承包人应返还预付款，而只是约定在进度款中扣回，此时，假如工程量未发生，进度款债权本身就没有发生，则发包人当然无法依据合同直接主张在进度款中扣回。在此种情况下，发包人如要取回预付款，只能通过主张合同无效或解除，而取得恢复原状请求权。

区分上述两种请求权对于预付款扣回的意义在于，如果是合同约定的债权请求权，则发包人根据《民法典》第568条之规定，"当事人互负债务，该债务的标的物种类、品质相同的，任何一方可以将自己的债务与对方的到期债务抵销；但是，根据债务性质、按照当事人约定或者依照法律规定不得抵销的除外。当事人主张抵销的，应当通知对方。通知自到达对方时生效。抵销不得附条件或者附期限"，在这种情形下，无论后续工程是否发生，发包人都可以要求返还预付款，主张用承包人返还预付款的债务与发包人支付进度款的债务相抵销，预付款扣回实际上是发包人抵销权的行使。如果是恢复原状请求权，则在确认合同无效或合同解除之前,发包人是无法要求返还预付款的;在后续工程未发生的情况下,预付款的扣回是无法实现的。

当合同约定承包人应返还预付款时,如果发包人未按足额支付进度款,则差额部分,发包人是可以主张为其直接行使了抵销权,将进度款债务与返还预付款债务相抵销,此时,该差额部分可以认定为已经扣回的预付款。

当合同没有约定承包人返还预付款,而只是主张在进度款中扣回之时,除非双方在合同中或者在进度款结算过程中明确载明其中扣回预付款的金额或计算方法,否则无法认为该进度款中已经计算了扣回的预付款。此时如果发包人未足额支付进度款,因为其无法主张抵销,所以只可能是其支付进度款违约,而不能认为是一种预付款扣回的表现。

但上述分析一般而言,只在发包人与承包人之间发生争议之时才有区分的意义,因为发包人的抵销权也是需要主张才能形成的,保险人并不能代表发包人主张该形成权。对于保险人而言,如果发包人并没有明确地主张抵销权,又没有其他证据证明发包人行使了抵销权,就不能认为实际付款和进度款之间的差额就是扣回的进度款。因此,在没有其他证据证明之时,对于保险人来说,无论是约定返还,还是约定扣回,其都不能仅仅以实际付款和进度款之间存在差额而主张预付款已返还或扣回,并进一步主张保险金额的降低。

第4.8条　【支付保证保险的损失认定】

被保险人无正当理由向材料商、分包人、职工等支付款项,保险人主张不承担损失赔偿责任的,应予支持。

被保险人未按保险合同约定在提出索赔申请前按《建设工程施工合同》的约定向投保人或其担保人(如有)启动诉讼或仲裁索赔程序,保险人主张不承担损失赔偿责任的,应予支持。

【条文主旨】

支付保证保险的保险责任针对的是承包人未及时支付材料款、工程款、工资等,导致发包人被材料商、分包人、职工等要求予以直接支付,其保障的目的是使发包人避免因各种突破合同相对性的主张而致利益受损。但发包人向材料商、分包人、职工等直接支付款项,突破了合同相对性的要求,容易导致错误支付。且支付后发包人完全可以在对承包人的后续进度款支付中扣回,或是直接抵作工程价款,未必产生损失。因此,支付保证保险合同条款多要求发包人的支付应依据法律或法律文书,索赔则应当先行启动司法程序。

【理解与适用】

一、发包人向供应商、分包人、职工代付款项的依据

支付保证保险,是以承包人为投保人,以发包人为被保险人,约定在保险期间内,如承包人在施工合同履约过程中,未及时支付供应商材料款、分包人工程款或者职工工资,导致发包人根据相关法律、人力资源和社会保障局有关文书和其他有关法律文书(法院或仲裁机构裁决)要求发包人直接予以支付时,发包人可向保险人提出索赔,保险人依据本保险合同的约定,在保险金额内承担损失赔偿责任的保险。

一般而言,除非在法律有明确规定的前提下,发包人本不应突破合同相对性向承包人以外的主体支付款项。但在司法实践中,包括实际施工人在内的各种突破合同相对性付款的情形还是较为常见的。因此,就发包人而言,对于此类情况用支付保证保险予以保障是有其必要性的。

(一)供应商

材料供应商依据现行法律规定,并不能直接向发包人要求支付材料款,但在司法实践中,确实存在极个别材料商直接起诉发包人,或者要求发包人承担承包人赔偿材料商损失的案例。如最高院(2021)最高法民终417号案认为:"冠达公司作为案涉工程的发包人不及时支付工程款,是导致城乡一建公司赔偿福盛天公司钢材款损失、赔偿何某某利息等损失的原因之一。一审判决根据双方的过错程度酌定冠达公司承担赔偿福盛天公司、何某某损失的60%责任,并无不当。"因此,部分保险公司的支付保证保险条款中,将承包人未及时支付供应商材料款亦纳入保险责任中。如《长安责任保险股份有限公司建设工程施工合同支付保证保险条款》第5条约定:"在保险期间内,投保人在《建设工程施工合同》的履约过程中,因下列情形之一导致……保险人依据本保险合同的约定,在保险金额内承担损失赔偿责任:(一)投保人未及时支付供应商或分包人材料款、工程款、劳务款等费用……"

(二)分包人

多数意见认为,合法的分包人不能直接向发包人主张工程款。但有极少数意见认为,分包合同有效无效,违法合法不是决定是否保护农民工权益的标准。此外,举重以明轻,既然在分包合同违法的情况下,对分包合同的承包人的权利要特别保护,在分包合同合法的情况下,对分包合同的承包人的权利当然应当予以同等保护。①

在违法分包的情形下,违法分包人被称为实际施工人,可根据《建设工程合同司法解释(一)》第 43 条第 2 款"实际施工人以发包人为被告主张权利的,人民法院应当追加转包人或者违法分包人为本案第三人,在查明发包人欠付转包人或者违法分包人建设工程价款的数额后,判决发包人在欠付建设工程价款范围内对实际施工人承担责任"之规定,或第 44 条"实际施工人依据民法典第五百三十五条规定,以转包人或者违法分包人怠于向发包人行使到期债权或者与该债权有关的从权利,影响其到期债权实现,提起代位权诉讼的,人民法院应予支持"之规定,直接向发包人主张权利。

(三)职工

在建设工程领域,施工人员多以进城务工的农村居民为主,故施工企业的职工一般称为农民工。我国对于农民工,特别是建设领域的农民工,一直有特殊的保护政策,尤其是 2020 年 5 月 1 日起施行的《农民工工资条例》,将农民工工资的保护提高到了行政法规的级别,其中第 29 条第 2 款规定:"因建设单位未按照合同约定及时拨付工程款导致农民工工资拖欠的,建设单位应当以未结清的工程款为限先行垫付被拖欠的农民工工资。"实践中,发生农民工工资拖欠情形时,一般发包人很少与承包人进行决算,因此行政部门一般也无从判断发包人是否及时足额拨付工程款,故多会要求发包人先行代付农民工工资,之后再由发包人和承包人依法处理工程款纠纷。

二、发包人无正当理由向第三人支付款项,保险人不应承担赔偿责任

支付保证保险保障是发包人根据相关法律、人力资源和社会保障局有关文书和生效裁判文书所作出的合法给付,如果发包人错误给付材料商、分包人和

---

① 参见最高人民法院民事审判第一庭编著:《最高人民法院建设工程施工合同司法解释(二)理解与适用》,人民法院出版社 2019 年版,第 509 页。

职工,当然应自行处理。

保险公司一般会在其保证保险条款中对此加以明确约定,作为赔偿的范围,如《长安责任保险股份有限公司建设工程施工合同支付保证保险条款》第5条约定:“在保险期间内,投保人在《建设工程施工合同》的履约过程中,因下列情形之一导致供应商、分包人或者职工根据相关法律、人力资源和社会保障局有关文书和其他有关法律文书(法院或仲裁机构裁决)要求被保险人直接予以支付时,被保险人可向保险人提出索赔,保险人依据本保险合同的约定,在保险金额内承担损失赔偿责任……”从条文文义来看,反言之,如果被保险人未根据相关法律、人力资源和社会保障局有关文书和其他有关法律文书而支付,即无正当理由予以支付,保险人对此不承担赔偿责任。

如果发包人无正当理由进行支付,在施工合同司法实践领域,也是要求发包人自行处理。如北京高院《关于审理建设工程施工合同纠纷案件若干疑难问题的解答》第21条规定:“发包人主张将其已向合法分包人、实际施工人支付的工程款予以抵扣的,如何处理?承包人依据建设工程施工合同要求发包人支付工程款,发包人主张将其已向合法分包人、实际施工人支付的工程款予以抵扣的,不予支持,但当事人另有约定、生效判决、仲裁裁决予以确认或发包人有证据证明其有正当理由向合法分包人、实际施工人支付的除外。”

三、合同如约定被保险人在提出索赔申请前需启动诉讼或仲裁索赔程序,则从其约定

(一)发包人支付给第三人的款项一般会在进度款或结算款中抵扣

发包人对材料商、分包人、实际施工人等付款后,如果发包人尚存在欠付款项,一般会在进度款或结算款中抵扣代付的材料款、工程款、农民工工资等。如江苏高院《关于审理建设工程施工合同纠纷案件若干问题的意见》(已失效)第14条规定:“承包人根据建设工程施工合同要求发包人支付工程款,发包人要求对已经向实际施工人支付的部分进行抵扣的,人民法院应予支持,但承包人有证据证明发包人与实际施工人恶意串通的除外。”《重庆市高级人民法院民一庭关于当前民事审判疑难问题的解答》第19条规定:“发包人未经承包人同意将工程价款直接支付给第三人,并主张抵扣承包人工程价款的,如何处理?答:根据合同相对性原则,发包人与承包人之间签订的合同对双方具有拘束力,合同效力一般不能及于第三人。发包人未经承包人同意将工程价款直接支付给第

三人,并主张抵扣承包人的工程价款的,人民法院不予支持。但是,有下列情形的除外:(1)发包人、承包人之间另有约定的;(2)人民法院、仲裁委员会的生效判决书、裁决书判令发包人向第三人支付工程价款的;(3)第三人是承包人任命或承认的讼争工程项目负责人或者项目经理;(4)承包人欠付民工工资、材料款等,进而发生严重阻工等群体性事件,经政府主管部门协调并决定由发包人直接支付的。"

(二)发包人向第三人付款未必构成损失

支付保证保险属于财产保险,而财产保险的性质是以对特定危险所致的具体损失给予填补,赔偿的前提是保险事故的发生使被保险人受有损失,无损失即无保险。如果虽有保险事故的发生,但并未因此给被保险人造成任何损失,则保险人无须履行给付保险金的义务。

即便发包人在有正当理由的情况下向第三人支付款项,也只能认为发生了合同约定的保险事故,但未必就造成损失,因为发包人欠付工程款时,其一般可以直接在欠付工程款中主张抵扣代付款项。但在存在支付保证保险的情况下,发包人可能会不积极履行抵扣的权利而直接选择向保险人主张赔付,故现行的支付保证保险条款中,均要求发包人在索赔之前,应向承包人启动诉讼程序,以确定损失金额。如《汇友相互建设工程施工合同支付保证保险条款》第32条约定:"被保险人向保险人提出索赔申请前,应按《建设工程施工合同》的约定向投保人或其担保人(如有)启动诉讼或仲裁索赔程序,保险人根据司法机关(或仲裁机构)认定的被保险人损失金额在保险单列明的保险金额内负责赔偿。但保险人和投保人、被保险人达成赔偿协议的除外。"如果合同明确约定了被保险人必须先启动诉讼或仲裁程序而被保险人未启动,则保险人可以根据合同约定拒绝赔付。

第4.9条 【质量保证保险的保险期间】

质量保证保险合同约定保险期间对应施工合同缺陷责任期的,保险人以施工合同无效或解除为由主张超出保险期间并不承担质量保证保险责任,如质量保证保险合同对此没有明确约定的,不予支持。

【条文主旨】

目前,质量保证保险的内容并未形成一致意见,不同保险公司的保险条款对于质量保证保险的保险期间的约定并不一致。有部分质量保证保险的合同文本关于保险期间对应约定为质量缺陷责任期,也有部分质量保证保险的合同文本关于保险期间的约定对应于不同的保修期。如果质量保证保险的保险期间与施工合同的缺陷责任期相对应,在施工合同无效或解除的情况下,质量保证保险合同的条款对此没有特别约定,则应以施工合同约定的缺陷责任期为保险期间。

【理解与适用】

一、质量保证保险的保险期间

质量保证保险,多认为保证责任针对的是承包人未按照与发包人签订的施工合同的约定履行建设工程质量缺陷维修义务,给发包人造成的直接损失。因此,关于质量保证保险的保险期间,多认为与缺陷责任期相同。如《中国保险行业协会建设工程施工合同质量保证保险示范条款》第 11 条第 1 款约定:"本保险合同保险期间与《建设工程施工合同》中约定的缺陷责任期一致,以保险单载明的起讫日期为准,最长不超过两年。"《人保财险公司建设工程质量保证保险条款》第 10 条约定:"本保险合同的保险期间与建设工程施工合同中约定的缺陷责任期一致,最长不超过两年,并在保险单中载明。缺陷责任期从工程通过竣工验收之日起计。由于投保人原因导致工程无法按规定期限进行竣工验收的,缺陷责任期从实际通过竣工验收之日起计。由于被保险人原因导致工程无法按规定期限进行竣工验收的,在投保人提交竣工验收报告 90 天后,工程自动进入缺陷责任期。"

但也有观点认为质量保证保险的保险期间不完全对应缺陷责任期。原建设部、原保监会《关于推进建设工程质量保险工作的意见》规定:"二、建设工程质量保险是一种转移在工程建设和使用期间由可能的质量缺陷引起的经济责任的方式,它由能够转移工程技术风险、落实质量责任的一系列保险产品组成,包括建筑工程一切险、安装工程一切险、工程质量保证保险和相关职业责任保险等。其中,工程质量保证保险主要为工程竣工后一定期限内出现的主体结构问题和渗漏问题等提供风险保障。"从该规定看,这个"一定期限"并没有明确限定为缺陷责任期的两年,而且在该规定发布时,《建设工程质量保证金管理暂行办法》[①]已经施行。《中华联合财险公司工程质量保证保险条款》第12条约定:"对于本条款保险责任第四条的第(一)至(四)款所述质量事故的保险期间为5年,自建筑工程竣工并验收合格之日起计算;对于保险责任第四条的第(五)款所述质量事故的保险期间为2年,自建筑工程竣工并验收合格之日起计算。"《安信农业保险股份有限公司建筑工程(住宅类)质量保证保险条款》第9条约定:"本保险的保险期间自建筑竣工验收合格之日满一年算起,并按下列予以确定:(一)保险责任第一、二、三、四款所述的质量事故,保险期间分为五年和十年,具体保险期间由保险双方协商确定,并在保险单上载明;(二)保险责任第五款所述的质量事故,保险期间为五年;(三)保险责任第六、七、八款所述的质量事故,保险期间为二年。"

二、质量保证保险保险期间的确定

缺陷责任期,根据《建设工程质量保证金管理办法》第2条第3款之规定,"一般为1年,最长不超过2年,由发、承包双方在合同中约定"。质量保证保险的保险期间存在对应缺陷责任期和不对应缺陷责任期不同的观点。因此,对于质量保证保险的保险期间,需要区分不同的情况加以确定。

1. 如果质量保证保险合同的保险期间不对应缺陷责任期,则保险期间按照质量保证保险合同自行约定的期间计算即可。此点不存在争议。

2. 如果质量保证保险合同的保险期间约定为对应缺陷责任期,但所依据的施工合同中却没有约定缺陷责任期,应如何处理?

根据《建设工程质量保证金管理办法》,缺陷责任期应该在合同中加以约定,目前较为常用的《建设工程施工合同(示范文本)》(GF-2017-0201),其中通用合同条款15.2.1约定:"缺陷责任期从工程通过竣工验收之日起计算,合同当事人应在专用合同条款约定缺陷责任期的具体期限,但该期限最长不超过24个月。"在实践中,相当部分的合同在专用条款部分根本没有约定,通常裁判者是根据付款进度中关于预留质量保证金的时间来推论双方关于缺陷责任期的约定;如果关于预留质量保证金的时间也没有约定,则多数裁判者会认为缺

① 2016年12月已失效。

陷责任期就是最长的 24 个月。

但没有约定缺陷责任期这一问题,在承包人投保质量保证保险的情况下一般不出现争议,因为除保险合同的约定外,关于保险期间,还需在保单中载明起止时间,如果施工合同中没有关于缺陷责任期的约定,与缺陷责任期相对应的保单是无法开具的。因此,在订立质量保证保险合同时,在施工合同中应约定缺陷责任期。

3. 如果质量保证保险合同的保险期间约定为对应缺陷责任期,但所依据的施工合同发生无效或解除的情形,此时保险期间是否发生变化?

部分质量保证保险的合同文本会明确约定施工合同无效或解除的情况下保险人免责,有约定则应当从其约定,认定保险期间已截止。如《中国保险行业协会建设工程施工合同质量保证保险示范条款》第 6 条约定,“出现下列任一情形时,保险人不承担赔偿保险金的责任:(一)非因投保人原因,投保人与被保险人订立的《建设工程施工合同》或交易基础不成立、不生效、无效、被撤销或在保险事故发生前被解除的”;《中国人民财产保险股份有限公司建设工程质量保证保险条款》第6 条约定,“存在下列情况之一的,保险人不负责赔偿:(一)投保人与被保险人签订的建设工程施工合同或交易基础不成立、不生效、无效、被撤销或在保险事故发生前被解除的”。

但也有部分质量保证保险的合同文本中没有类似的免责条款,如《中华联合财产保险股份有限公司工程质量保证保险条款》和《安信农业保险股份有限公司建筑工程(住宅类)质量保证保险条款》。

如果质量保证保险的合同没有约定施工合同无效或解除的情形,而保险期间又与施工合同缺陷责任期相对应,则需要讨论在施工合同无效或解除的情况下,缺陷责任期是否还需要遵循的问题。对于保修期,目前通说认为,工程的保修责任是法定责任,即便合同无效或解除,承包人亦应当承担。对于缺陷责任期,则存在一定的争议,司法实践中,缺陷责任期的意义在于返还质量保证金,在合同解除或无效的情况下,既有观点认为仍然应当根据合同条款认为发包人可以扣留质量保证金,也有观点认为扣留质量保证的约定不应再执行。从保险合同的一般合同解释原则来看,在存在争议之时,如果保险人在保险合同中没有明确将合同无效或解除作为免责条款,宜认为保险人应当继续承担保险责任,保险期间应当以质量保证保险合同和施工合同的约定为准。

第 4.10 条 【质量保证保险和质量保证金同时存在的情况下如何处理】

质量保证保险合同保险责任范围概括性约定为质量缺陷维修义务的，发包人主张预留工程质量保证金并从中扣除维修费用的，不予支持。

质量保证保险合同保险责任范围列明具体质量缺陷项目的，发包人主张针对所列明的具体质量缺陷项目之外的工程质量缺陷预留工程质量保证金并从中扣除维修费用的，应予支持。

【条文主旨】

质量保证保险的责任范围并未形成一致意见，不同的保险条款的约定并不一致。有部分质量保证保险的合同文本关于保险责任的约定系概括性约定为质量缺陷维修义务，也有部分质量保证保险的合同文本关于保险责任的约定系列明具体的质量缺陷项目。在质量保证保险和质量保证金同时存在的情况下，针对不同的约定，应采用不同的处理原则。承包人已经投保质量保证保险的质量缺陷，发包人不应再预留工程质量保证金；承包人未投保的质量缺陷，则应当允许发包人预留相应的工程质量保证金。

【理解与适用】

一、质量保证保险的保险责任范围

质量保证保险的保险责任范围，多认为是承包人未按照与发包人签订的施工合同的约定履行建设工程质量缺陷维修义务，给发包人造成的直接损失。所谓工程质量缺陷，系指建设工程质量不符合工程建设强制性标准、设计文件，以及承包合同的约定所造成的所有质量问题。《中国保险行业协会建设工程施工合同质量保证保险示范条款》第 5 条约定：“在保险期间内，投保人未按照与被保险人签订的《建设工程施工合同》有关约定履行建设工程质量缺陷维修义务，给被保险人造成直接损失的，保险人依据本保险合同的约定，以保险单所载的保险金额为限，对被保险人的上述损失承担赔偿责任。”《人保财险公司建设工程质量保证保险条款》第 4 条约定：“在保险期间内，投保人未按照与被保险人签订的建设工程施工合同有关约定履行建设工程质量缺陷维修义务，给被保险人造成直接经济损失的，视为保险事故发生。保险人依据本保险合同的约定，向被保险人承担赔偿责任。”

但部分质量保证保险合同的约定并不概括性地约定为所有的工程缺陷维修义务，而是在保险合同中列明了具体的项目。如《中华联合财险公司工程质量保证保险条款》第4条约定：“在本保险期间内，本保险单明细表中列明的、由投保人开发的并经国家或地方政府建设行政主管部门验收通过的建筑工程，在正常使用条件下，因竣工验收时未能发现的勘察缺陷、设计缺陷、施工缺陷或建筑材料缺陷，造成下列质量事故而导致建筑工程损坏的，经被保险人向保险人提出索赔申请时，保险人负责赔偿修理、加固或重新购置的费用：（一）整体或局部倾斜、倒塌；（二）地基产生超出设计规范允许的不均匀沉降；（三）主体承重结构，包括承重墙、梁、柱、板、基础等结构部位，出现影响结构安全的裂缝、变形、破损、断裂；（四）阳台、雨蓬、挑檐等悬挑构件坍塌或出现影响使用安全的拱起、剥离、变形、破损、断裂；（五）电气管线破损。”《安信农业保险股份有限公司建筑工程（住宅类）质量保证保险条款》第3条约定：“在保险期间内，清单列明的投保建筑在正常使用条件下，因潜在缺陷发生下列质量事故造成住宅的损坏，保险人负责赔偿修理、加固或重新购置的费用：（一）地基产生超出设计标准允许的不均匀沉降；（二）主体结构整体或局部发生倾斜、倒塌；（三）主体承重结构变形、裂缝、破损、断裂；（四）雨蓬、阳台、挑檐等悬挑结构塌落或出现变形、裂缝、破损、断裂；（五）屋面、外墙面、窗户渗漏，或卫生间、厨房下水道的渗漏；（六）进户户门翘裂；（七）电气管线损坏，或给排水管道破损；（八）供水供热管道破损。”

二、质量保证保险与质量保证金是否具有替代关系

质量保证金，根据《建设工程质量保证金管理办法》第2条第1款之规定，是指“发包人与承包人在建设工程承包合同中约定，从应付的工程款中预留，用以保证承包人在缺陷责任期内对建设工程出现的缺陷进行维修的资金”。

基于上述对质量保证保险不同的保险责任范围的理解，质量保证保险和质量保证金之间是否具有替代关系也存在一定的分歧。多数观点认为，质量保证保险与质量保证金之间具有替代关系，已经办理质量保证保险的情况下，不能再预留质量保证金。如《建设工程质量保证金管理办法》第6条第2款规定：“采用工程质量保证担保、工程质量保险等其他保证方式的，发包人不得再预留

保证金。"《关于开展房屋建筑和市政工程施工质量保证保险工作的意见(试行)》规定:"一、房屋建筑和市政工程施工质量保证保险(以下简称'工程质量保证保险')是指由保险机构向发包人提供的保证工程项目承包人在缺陷责任期内对建设工程质量缺陷维修义务的保险。本保证保险的投保人为承包人,被保险人为发包人。在工程项目竣工前,承包人提交与保险公司签订建设工程质量保证保险合同或保单的,视同已经提交工程质量保证金。"宁波市江北区法院(2021)浙0205民初363号案认为:"欣捷公司在本案审理期间已于2021年3月14日向晶海公司出具了建设工程质量保证保险保单,因此,本案欣捷公司主张晶海公司支付全部工程款的条件已经成就。"

但也有少数观点并不将质量保证保险完全对应于质量保证金,而是对应于保修范围和保修期限,如《上海市住宅物业保修金管理暂行办法》第6条规定,新建住宅及同一物业管理区域内其他建筑物,其建设单位按照建筑安装总造价的3%交纳保修金。建设单位已投保的工程质量保证保险符合国家和本市规定的保修范围和保修期限的,经房屋管理部门审核同意,可以免予交纳物业保修金。

三、质量保证保险与质量保修金同时存在的情形下,发生质量缺陷后如何处理

目前在各保险公司的合同版本中,对于质量保证保险的具体内容约定的并不一致,因此,并不排除质量保证保险和质量保证金可能会同时存在的问题。比如,质量保证保险仅仅明确对部分质量缺陷承担保险责任,而发包人要求承包人预留质量保证金用于其他不含在保险合同条款中的质量缺陷作为维修的保证。

如果承包人投保的质量保证保险已经概括性地囊括了所有工程质量缺陷的维修义务,则根据《建设工程质量保证金管理办法》的规定,发包人不应再预留质量保证金。因此,即便双方同时约定了预留质量保证金,也不宜认为发包人可以根据《建设工程质量保证金管理办法》在发生质量问题后扣除质量保证金,而应当通过承包人投保的质量保证保险来主张权利。

如果承包人投保的质量保证保险只是具体约定了部分工程质量缺陷,而非对所有的质量缺陷承担保险责任,应当允许发包人针对不在保险范围内的工程质量缺陷预留质量保证金;在发生非质量保证保险约定范围内的质量缺陷时,

可以根据质量保证金的相关规定主张权利。需要说明的是，在这种情况下，预留及扣除质量保证金的金额，不宜再以《建设工程质量保证金管理办法》所规定的工程价款结算总额的3%为上限，而应当根据已经投保了质量保证保险和未投保质量保证保险的项目所占的比例，由裁判者酌定。

第4.11条　【擅自使用标的工程是否影响质量保证保险责任的承担】

投保人以被保险人未经竣工验收擅自使用标的工程为由主张变更或解除质量保证保险合同的，不予支持。

【条文主旨】

质量保证保险合同签订后，如果被保险人即发包人未经竣工验收擅自使用标的工程，投保人即承包人可以对于发包人要求其履行质量维修义务取得合法的抗辩权，但投保人取得抗辩权并不代表其质量维修义务的消灭，保险利益未变化或消失，因此投保人以被保险人擅自使用标的工程为由主张解除或变更质量保证保险合同的，不予支持。

【理解与适用】

一、擅自使用在工程领域的后果分析

建设工程施工合同质量保证保险是以承包人为投保人，发包人为被保险人，约定在保险期间内，投保人未按照与被保险人签订的《建设工程施工合同》有关约定履行建设工程质量缺陷维修义务，给被保险人造成直接损失的，保险人依据本保险合同的约定，以保险单所载的保险金额为限，对被保险人的上述损失承担赔偿责任。

《建设工程合同司法解释（一）》第14条沿袭了《建设工程合同司法解释》第13条，规定："建设工程未经竣工验收，发包人擅自使用后，又以使用部分质量不符合约定为由主张权利的，人民法院不予支持；但是承包人应当在建设工程的合理使用寿命内对地基基础工程和主体结构质量承担民事责任。"由此引发一个思考，既然发包人擅自使用之后不能再要求承包人进行质量维修，那么发包人的保险利益是否还存在？

关于擅自使用的后果，最高院认为，在建设工程未经过竣工验收或者验收未通过的情况下，发包人违反法律规定，擅自或强行使用，即可视为发包人对建筑工程质量是认可的，或者即使工程质量不合格其自愿承担质量责任。①

在司法实践中，还有一种常见的说法，即擅自使用后“视为验收合格”。如辽宁高院(2019)辽民终1721号案认为：“现天达1号公馆项目因久兴公司原因未经竣工验收，但已经交由久兴公司使用，一审法院依据《建设工程纠纷的解释》第十三条，认定涉案工程视为验收合格并无不当。”

有观点认为，当事人未经验收使用工程这个行为属于事实行为，而非法律行为，因此无法推导出发包人存在认可工程质量、自愿承担责任的意思表示。其导致的后果实际上是，使案涉工程脱离承包人的控制，并使案涉工程的客观状态可能发生变化，从而使在出现质量问题时，可能出现无法证明到底是承包人施工原因造成，还是发包人擅自使用原因造成的状况。其法律上的后果属于证明妨碍，需要裁判者合理分配及调整举证责任。

二、擅自使用后，被保险人的保险利益是否丧失或发生变化

当发包人擅自使用标的工程后，承包人多会依据司法解释之规定主张不再承担质量缺陷维修义务，如果质量缺陷维修义务都不再承担，那么对此进行保障的质量保证保险是否还有存在的必要？合法有效的保险合同的前提是必须存在保险利益，如果被保险人擅自使用标的工程，保险利益是否会发生变化？如果发生变化，投保人是否可以主张变更或解除合同？

《保险法》第12条第6款规定：“保险利益是指投保人或者被保险人对保险标的具有的法律上承认的利益。”《建筑法》第58条第1款规定：“建筑施工企业对工程的施工质量负责。”《民法典》第801条规定：“因施工人的原因致使建设工程质量不符合约定的，发包人有权请求施工人在合理期限内无偿修理或者返工、改建。经过修理或者返工、改建后，造成逾期交付的，施工人应当承担违约责任。”所以被保险人对保险合同项下工程项目均享有要求施工单位即投保人对缺陷进行修复的权利，这种权利就是“建设工程施工合同质量保证保险合同”项下被保险人对保险标的的保险利益。

---

① 参见最高人民法院民事审判第一庭编著：《最高人民法院建设工程施工合同司法解释的理解和适用》，人民法院出版社2004年版，第92页。

反观建设工程法律领域对于擅自使用的各种观点，不论是视为认可、视为验收合格还是证明妨碍说，实际上都没有发生承包人的质量缺陷维修义务消灭的后果，发包人的擅自使用行为只是赋予了承包人一个抗辩的权利。

《民法典》第 176 条规定："民事主体依照法律规定或者按照当事人约定，履行民事义务，承担民事责任。"第 557 条第 2 款规定："合同解除的，该合同的权利义务关系终止。"承包人的工程质量维修义务即便在合同中没有约定也是法定义务；义务设立的依据是法定或约定，义务的变更或终止同样必须依据法定或约定。擅自使用本身是个没有意思表示在内的事实行为，不可能构成对义务的变更或终止的意思表示。因此，擅自使用并不能推论出承包人质量维修义务的不承担，即使是按照《建设工程合同司法解释（一）》第 14 条的描述，也至多只能认为承包人获得一个可以拒绝履行维修义务的抗辩权。

三、投保人即便依据擅自使用条款取得抗辩权，也不能主张解除或变更合同

（一）投保人能否根据《保险法》第 15 条之规定主张解除

《保险法》第 15 条规定："除本法另有规定或者保险合同另有约定外，保险合同成立后，投保人可以解除合同，保险人不得解除合同。"但工程质量保证保险关乎被保险人即发包人的利益，如果标的物是商品房，可能还关乎小业主的利益。因此，在工程质量保证保险条款中目前都约定了投保人解除合同必须被保险人同意。如《中国保险行业协会建设工程施工合同质量保证保险示范条款》第 37 条约定："本保险责任开始后，经被保险人书面同意，投保人申请合同解除时，应提供以下材料：（一）合同解除申请书；（二）保险单正本；（三）被保险人出具的解除保险合同无异议书面证明。"因此，投保人基本不可能依据《保险法》第 15 条主张解除合同。

（二）投保人能否根据《民法典》第 563 条之规定主张解除

《民法典》第 563 条规定："有下列情形之一的，当事人可以解除合同：（一）因不可抗力致使不能实现合同目的；（二）在履行期限届满前，当事人一方明确表示或者以自己的行为表明不履行主要债务；（三）当事人一方迟延履行主要债务，经催告后在合理期限内仍未履行；（四）当事人一方迟延履行债务或者有其他违约行为致使不能实现合同目的；（五）法律规定的其他情形。以持续履行的债务为内容的不定期合同，当事人可以随时解除合同，但是应当在合理期

限之前通知对方。”该规定除了不可抗力和不定期合同外，主要是违约解除。但发包人擅自使用的情形即便算作违约，至多也只是违反了发承包人之间施工合同的约定，而不是违反质量保证保险合同的约定，因此，投保人无法依据《民法典》第563条之规定解除合同。

（三）投保人能否根据《民法典》第533条之规定主张变更或解除

《民法典》第533条规定：“合同成立后，合同的基础条件发生了当事人在订立合同时无法预见的、不属于商业风险的重大变化，继续履行合同对于当事人一方明显不公平的，受不利影响的当事人可以与对方重新协商；在合理期限内协商不成的，当事人可以请求人民法院或者仲裁机构变更或者解除合同。人民法院或者仲裁机构应当结合案件的实际情况，根据公平原则变更或者解除合同。”发包人擅自使用的情形，在工程领域还是较为常见的，很难说是无法预见的风险。对投保人来说，其在投保时对于其应当承担的质量维修义务是明知的，并且据此投保了工程质量保证保险，即便后期因被保险人擅自使用标的工程导致投保人无须再承担相应的质量维修义务，也难说对投保人构成明显不公。

第4.12条 【农民工工资支付履约保证保险的被保险人界定】

实际施工人主张其系农民工工资支付履约保证保险被保险人的，不予支持。

【条文主旨】

实际施工人作为建设工程领域中实际履行承包人义务的人，《建设工程合同司法解释（一）》中对其权利进行了规定。实际施工人与农民工是两个法律概念。能够主张农民工工资支付履约保证保险的被保险人是农民工或称施工工人，实际施工人不能对此进行主张。准确界定农民工工资支付履约保证保险下所称的农民工，对于正确使用农民工工资支付履约保证保险制度无疑具有重要意义。

【理解与适用】

一、农民工认定标准

农民工工资支付履约保证保险是以用工单位为投保人，当流动性资金紧缩、破产清算等原因导致无法及时给付农民工工资时,由保险公司在保险金额范围内进行赔付,保障农民工拿到工资的险种。

农民工是中国城镇化进程和户籍制度背景下形成的特殊群体,改革开放以来,农民工进城务工人员数量不断增加。与此同时,因为企业失信违法成本较低,政府监管方式有待改进等原因,农民工欠薪问题亟须解决。对于农民工占比相当高的建筑行业而言,保证保险制度对于化解、分散建筑企业的风险,更好保障农民工的工资发放,保护农民工的合法权益,维护社会稳定起到了很好的作用。

对于农民工的概念,学术界存在不少争议。其中张雨林教授最早对"农民工"的概念进行界定,他认为农民工是指脱离农村到城市去从事非农产业的农民。具体可以从以下四个方面来概括:一是职业,农民工进入城市后主要从事的是非农职业,也从非农职业活动中获取收入。二是身份,农民工进入城市后身份还是农民,身份与城市居民有显著区别。三是地域,农民工来自农村,在农村仍然有一定的耕地,与农村也保持一定的联系。四是劳动关系,农民工属于用人单位的员工,是与用人单位建立劳动关系的劳动者,而如果是个体工商户、自谋职业人员的话就不能称为农民工。中国社会科学院研究员认为,"农民工"现象是中国经济社会转型时期的特殊产物,"农民工"是指在户口上具有农村户籍、被人雇去从事非农活动的农村人口。根据国家统计局解释,农民工指户籍仍在农村,进城务工和在当地或异地从事非农产业劳动 6 个月及以上的劳动者。目前,比较主流的概念是从户籍和工作性质两个角度来加以界定,即"农民工"是指拥有农业户口,且从事非农工作的农村劳动力。

建筑领域属于农民工集中的行业,从劳动关系视域看,主要是指原有的农村劳动力流动在城镇从事建筑行业的被雇佣劳动群体。农民工工资是农民工为施工单位提供劳动后应得的劳动报酬。

二、农民工工资支付有关的制度探索概述

(一)法规及政策文件的出台

2020 年 5 月 1 日起正式施行的《农民工工资条例》是我国第一部保障农民工工资权益的专门性行政法规,该条例规定了建设单位对拖欠农民工工资的先行垫付和清偿责任、施工总承包单位对拖欠农民工工资的(先行)清偿责任及施工单位因出借资质拖欠农民工工资的清偿责任。

此外,国家也出台了解决农民工工资的政策性文件。2006 年,国务院《关于

解决农民工问题的若干意见》中提出，要建立工资支付监控制度和工资保证金制度，同时对发生过拖欠工资的用人单位，强制在开户银行按期预存工资保证金，对重点监控的建筑施工企业实行工资保证金制度。2010 年，国务院办公厅《关于切实解决企业拖欠农民工工资问题的紧急通知》中强调，要建立健全企业劳动保障守法诚信制度、工资支付监控制度，完善工资保证金制度。2014 年，国务院《关于进一步做好为农民工服务工作的意见》强调，在建设领域和其他容易发生欠薪的行业推行工资保证金制度。2016 年，国务院办公厅《关于清理规范工程建设领域保证金的通知》中进一步强调，实行农民工工资保证金差异化缴存办法，对一定时期内未发生工资拖欠的企业实行减免措施；对发生工资拖欠的企业适当提高缴存比例等。2021 年 7 月，人力资源和社会保障部等十部门发布了《工程建设领域农民工工资专用账户管理暂行办法》（人社部发〔2021〕53 号），围绕农民工工资专户的开立和撤销、人工费用的拨付、农民工工资的支付、监控监督等方面进行了规定，旨在根治工程建设领域拖欠农民工工资问题，规范农民工工资专用账户管理，切实维护农民工劳动报酬权益。

（二）工程担保制度的实践

为了基本保证农民工薪资的发放，规范工程承发包交易行为，我国先后推出了三种工程担保制度，即保证金制度、银行保函制度、保证保险制度。

保证金制度，即要求建筑企业在注册分支机构或工程开工时，向指定银行缴纳农民工工资保证金，工程结束或退出市场时退还。保证金制度是我国最早的企业用工风险管理制度，但存在明显问题：一是由于缴付没有明确标准，透明度不高，资金运用较为混乱；二是需缴纳保证金种类繁多、数额巨大，给建筑企业带来了很高的流动性风险。

银行保函是由商业银行根据商务合同开出的，当农民工在保函项下合理索赔时，银行就必须承担付款责任，而不论建筑企业是否同意付款。尽管银行保函相较于保证金制度能更有效地释放流动性，但仍存在问题：一是建筑企业在向银行提出申请办理银行保函时，需缴纳一定保证金，流动性问题依然存在；二是在银行办理保函申请后，一旦发生违约，会大幅降低企业的银行信用额度，融资将遇到阻碍；三是保函内容规范困难，建筑企业与银行签订保函后，对于合同内整个施工期间的实际操作细节都不得更改。

在工资保证金制度中引入保险力量来化解农民工工资风险，是工程担保新时代的必然进程。2016 年 1 月，国务院办公厅发布《关于全面治理拖欠农民工工资问题的意见》,首次提出"积极引入商业保险机制,保障农民工工资支付"。2016年10月,经原保监会备案同意,农民工工资支付履约保证保险这一农民工专属保险条款正式设立。与前两种担保制度相比,保证保险在风险转移机制上是集众多投保人之力分散风险,而非将风险转移回风险源本身;在业务目的上不再是债权实现,而是化解、分散、转移风险,对于建筑企业而言利大于弊;同时在法律关系上,保险具有独立性,保险人独立承担赔偿责任,更好地保障了农民工工资的发放。2021年8月17日,人力资源和社会保障部等七部门联合发布《工程建设领域农民工工资保证金规定》,提出:针对工资保证金的替代形式,支持有条件的地区探索引入工程担保公司保函或工程保证保险。

各地对农民工工资支付履约保证保险有一定的试点,湖南省住房和城乡建设厅、湖南省人力资源和社会保障厅、中国银行保险监督管理委员会湖南监管局《关于在房屋建筑和市政基础设施工程领域开展建设工程保证保险试点的通知》规定:"(四)农民工工资支付履约保证保险。农民工工资支付履约保证保险是指建设单位在项目开工前,向建设工程所在地人力资源和社会保障部门提交由保险公司出具的担保其履行农民工工资支付义务的保险履约保证。推行农民工工资支付履约保证保险,应按照湖南省人力资源和社会保障厅等六个部门联合印发的《关于印发〈湖南省工程建设领域农民工工资保证金管理办法〉的通知》(湘人社发〔2019〕53号)有关要求实施。"《安徽省工程建设领域农民工工资保证金实施办法》第8条规定:"经办工资保证金的保险公司依法办理农民工工资支付履约保证保险的承保、查询、理赔及出具保单和保险凭证等业务,应具备以下条件……"

需要指出的是,目前在各类政策性文件中,通常采用的措辞都是"农民工工资支付履约保证保险",但在具体的保险实践中,采用的措辞则是"建设工程施工工人工资支付保证保险",其被保险人也不是"农民工",而是"施工工人"。如《阳光财产保险股份有限公司建设工程施工工人工资支付保证保险条款》规定:"被保险人是指依法与建设工程施工企业形成劳动关系(包括事实劳动关系,下同)的施工工人,即从事建设工程项目的施工现场作业人员。"因此,实践中的农民工工资支付履约保证保险,保障的对象并不会限于农村户籍的建筑工人。

三、实际施工人并非农民工工资支付履约保证保险的被保险人

由于我国建筑市场的特点,实际施工人是必然存在的一类主体,而农民工

为受承包人雇佣从事施工劳务的人员,二者有相似之处,也有不同。如何界定农民工工资支付履约保证保险下的被保险人,是审理此类案件必须要解决的首要问题。

实际施工人最初的概念可能是与农民工存在重合的。冯小光在《回顾与展望——写在〈最高人民法院关于审理建设工程施工合同纠纷案件适用法律问题的解释〉颁布实施三周年之际》一文中认为:"《解释》第26条第2款的立法目的主要在于解决由农民工组成的实际施工人……此表述为《解释》创设的新概念,意在表达无效合同中实际干活的单位或者个人为实际施工人,实际施工人可能是法人、非法人团体、个人合伙、自然人等。"也就是说,实际施工人既可以是农民工个人,也可以是班组等。

但实际施工人制度在适用过程中,实际施工人的指向逐步变化为无效合同的承包人,而真正的农民工却不再能够适用实际施工人制度,被要求按照工资支付的法律规定处理。如北京高院《关于审理建设工程施工合同纠纷案件若干疑难问题的解答》第18条规定:"《解释》中'实际施工人'的范围如何确定?《解释》中的'实际施工人'是指无效建设工程施工合同的承包人,即违法的专业工程分包和劳务作业分包合同的承包人、转承包人、借用资质的施工人(挂靠施工人);建设工程经数次转包的,实际施工人应当是最终实际投入资金、材料和劳力进行工程施工的法人、非法人企业、个人合伙、包工头等民事主体。法院应当严格实际施工人的认定标准,不得随意扩大《解释》第二十六条第二款的适用范围。对于不属于前述范围的当事人依据该规定以发包人为被告主张欠付工程款的,应当不予受理,已经受理的,应当裁定驳回起诉。建筑工人追索欠付工资或劳务报酬的,按照工资支付的相关法律、法规规定及《北京市高级人民法院关于依法快速处理建设领域拖欠农民工工资相关案件的意见》妥善处理。"

在《最高人民法院新建设工程施工合同司法解释(一)理解与适用》一书中,最高院认为:"所谓'实际'施工人,须以'名义'施工人的存在为前提。因此,将借用资质订立施工合同、转包以及违法分包合同中实际完成工程建设的三类主体认定为实际施工人,更加符合规范内部统一性的要求。"

根据最新的观点,从事建筑业劳务作业的农民工不属于实际施工人范畴。实际施工人是指建设工程施工合同无效情形下实际完成建设工程施工、实际投入资金、材料和劳动力违法承包的单位和个人,具体包括违法的专业工程分包和劳务作业分包合同的承包人、转承包人、借用资质的承包人(挂靠承包人)以及多次转(分)包的承包人。从事建筑业劳务作业的农民工不属于实际施工人,其追索欠付工资或劳务报酬,按照工资支付的相关规定处理,这在北京高院《关于审理建设工程施工合同纠纷案件若干疑难问题的解答》第18条等均有规定。河南高院在关于实际施工人相关问题的会议纪要中明确提出:(1)农民工是为用工单位提供劳动的农村居民,农民工工资是农民工为用工单位提供劳动后应得的劳动报酬。(2)《建设工程合同司法解释》是通过对实际施工人的特殊保护间接保护农民工合法权益。(3)建设工程领域的农民工工资纠纷严格意义上属于农民工追索劳动报酬的劳务合同纠纷,不属于建设工程合同纠纷。

综上,通过比较发现,维护实际施工人合法权益的路径与保护农民工的路径不一致,结合设立农民工工资支付履约保证保险的初衷,我们可以得出结论,农民工工资支付履约保证保险的被保险人并非实际施工人,而是明确为农民工,在保险实践中则指施工工人;保障的对象也非实际施工人的工程款,而是农民工或施工工人的劳动报酬。我们认为,在审判实践中应当严格对两者作出区分。

附录 1

中国人民财产保险股份有限公司
建筑工程一切险条款(2009 版)

总　　则

第一条　本保险合同由保险条款、投保单、保险单以及批单组成。凡涉及本保险合同的约定,均应采用书面形式。

第一部分　物质损失保险部分

保险标的

第二条　本保险合同的保险标的为:

本保险合同明细表中分项列明的在列明工地范围内的与实施工程合同相关的财产或费用,属于本保险合同的保险标的。

第三条　下列财产未经保险合同双方特别约定并在保险合同中载明保险金额的,不属于本保险合同的保险标的:

(一)施工用机具、设备、机械装置;

(二)在保险工程开始以前已经存在或形成的位于工地范围内或其周围的属于被保险人的财产;

(三)在本保险合同保险期间终止前,已经投入商业运行或业主已经接受、实际占有的财产或其中的任何一部分财产,或已经签发工程竣工证书或工程承包人已经正式提出申请验收并经业主代表验收合格的财产或其中任何一部分财产;

(四)清除残骸费用。该费用指发生保险事故后,被保险人为修复保险标的而清理施工现场所发生的必要、合理的费用。

第四条　下列财产不属于本保险合同的保险标的:

(一)文件、账册、图表、技术资料、计算机软件、计算机数据资料等无法鉴定价值的财产;

(二)便携式通讯装置、便携式计算机设备、便携式照相摄像器材以及其他便携式装置、设备;

(三)土地、海床、矿藏、水资源、动物、植物、农作物;

(四)领有公共运输行驶执照的,或已由其他保险予以保障的车辆、船舶、航空器;

(五)违章建筑、危险建筑、非法占用的财产。

保险责任

第五条　在保险期间内,本保险合同分项列明的保险财产在列明的工地范围内,因本保险合同责任免除以外的任何自然灾害或意外事故造成的物质损坏或灭失(以下简称"损失"),保险人按本保险合同的约定负责赔偿。

第六条 在保险期间内,由于第五条保险责任事故发生造成保险标的的损失所产生的以下费用,保险人按照本保险合同的约定负责赔偿:

(一)保险事故发生后,被保险人为防止或减少保险标的的损失所支付的必要的、合理的费用,保险人按照本保险合同的约定也负责赔偿。

(二)对经本保险合同列明的因发生上述损失所产生的其他有关费用,保险人按本保险合同约定负责赔偿。

责任免除

第七条 下列原因造成的损失、费用,保险人不负责赔偿:

(一)设计错误引起的损失和费用;

(二)自然磨损、内在或潜在缺陷、物质本身变化、自燃、自热、氧化、锈蚀、渗漏、鼠咬、虫蛀、大气(气候或气温)变化、正常水位变化或其他渐变原因造成的保险财产自身的损失和费用;

(三)因原材料缺陷或工艺不善引起的保险财产本身的损失以及为换置、修理或矫正这些缺点错误所支付的费用;

(四)非外力引起的机械或电气装置的本身损失,或施工用机具、设备、机械装置失灵造成的本身损失。

第八条 下列损失、费用,保险人也不负责赔偿:

(一)维修保养或正常检修的费用;

(二)档案、文件、账簿、票据、现金、各种有价证券、图表资料及包装物料的损失;

(三)盘点时发现的短缺;

(四)领有公共运输行驶执照的,或已由其他保险予以保障的车辆、船舶和飞机的损失;

(五)除非另有约定,在保险工程开始以前已经存在或形成的位于工地范围内或其周围的属于被保险人的财产的损失;

(六)除非另有约定,在本保险合同保险期间终止以前,保险财产中已由工程所有人签发完工验收证书或验收合格或实际占有或使用或接收部分的损失。

保险金额与免赔额(率)

第九条 (一)本保险合同中列明的保险金额应不低于:

1. 建筑工程——保险工程建筑完成时的总价值,包括原材料费用、设备费用、建造费、安装费、运保费、关税、其他税项和费用,以及由工程所有人提供的原材料和设备的费用;

2. 其他保险项目——由投保人与保险人商定的金额。

(二)若投保人是以保险工程合同规定的工程概算总造价投保,投保人或被保险人应:

1. 在本保险项下工程造价中包括的各项费用因涨价或升值原因而超出保险工程造价时,必须尽快以书面通知保险人,保险人据此调整保险金额;

2. 在保险期间内对相应的工程细节作出精确记录,并允许保险人在合理的时候对该项记录进行查验；

3. 若保险工程的建造期超过三年，必须从本保险合同生效日起每隔十二个月向保险人申报当时的工程实际投入金额及调整后的工程总造价，保险人将据此调整保险费；

4. 在本保险合同列明的保险期间届满后三个月内向保险人申报最终的工程总价值，保险人据此以多退少补的方式对预收保险费进行调整。

第十条 免赔额（率）由投保人与保险人在订立保险合同时协商确定，并在保险合同中载明。

赔偿处理

第十一条 对保险标的遭受的损失，保险人可选择以支付赔款或以修复、重置受损项目的方式予以赔偿，对保险标的在修复或替换过程中，被保险人进行的任何变更、性能增加或改进所产生的额外费用，保险人不负责赔偿。

第十二条 在发生本保险单项下的损失后，保险人按下列方式确定损失金额：

（一）可以修复的部分损失：以将保险财产修复至其基本恢复受损前状态的费用考虑本保险合同第四十六条约定的残值处理方式后确定的赔偿金额为准。但若修复费用等于或超过保险财产损失前的价值时，则按下列第（二）款的规定处理；

（二）全部损失或推定全损：以保险财产损失前的实际价值考虑本保险合同第四十六条约定的残值处理方式后确定的赔偿金额为准。

第十三条 保险标的发生保险责任范围内的损失，保险人按以下方式计算赔偿：

（一）保险金额等于或高于应保险金额时，按实际损失计算赔偿，最高不超过应保险金额；

（二）保险金额低于应保险金额时，按保险金额与应保险金额的比例乘以实际损失计算赔偿，最高不超过保险金额。

第十四条 每次事故保险人的赔偿金额为根据第十三条约定计算的金额扣除每次事故免赔额后的金额，或者为根据第十三条约定计算的金额扣除该金额与免赔率乘积后的金额。

保险标的在连续 72 小时内遭受暴雨、台风、洪水或其它连续发生的自然灾害所致损失视为一次单独事件，在计算赔偿时视为一次保险事故，并扣减一个相应的免赔额（率）。被保险人可自行决定 72 小时的起始时间，但若在连续数个 72 小时时间内发生损失，任何两个或两个以上 72 小时期限不得重叠。

第十五条 若本保险合同所列标的不止一项时，应分项计算赔偿，保险人对每一保险项目的赔偿责任均不得超过本保险合同明细表对应列明的分项保险金额，以及本保险合同特别条款或批单中规定的其他适用的赔偿限额。在任何情况下，保险人在本保险合同下承担的对物质损失的最高赔偿金额不得超过保险合同明细表中列明的总保险金额。

第十六条 保险标的的保险金额大于或等于其应保险金额时，被保险人为防止或减少保险标的的损失所支付的必要的、合理的费用，在保险标的损失赔偿金额之外另行计算，最高不超过被施救标的的应保险金额。

保险标的的保险金额小于其应保险金额时，上述费用按被施救标的的保险金额与其应保险金额的比例在保险标的损失赔偿金额之外另行计算,最高不超过被施救标的的保险金额。

被施救的财产中,含有本保险合同未承保财产的,按被施救保险标的的应保险金额与全部被施救财产价值的比例分摊施救费用。

第十七条　保险标的发生部分损失,保险人履行赔偿义务后,本保险合同的保险金额自损失发生之日起按保险人的赔偿金额相应减少,保险人不退还保险金额减少部分的保险费。如投保人请求恢复至原保险金额,应按原约定的保险费率另行支付恢复部分从投保人请求的恢复日期起至保险期间届满之日止按日比例计算的保险费。

第二部分　第三者责任保险部分

保险责任

第十八条　在保险期间内,因发生与本保险合同所承保工程直接相关的意外事故引起工地内及邻近区域的第三者人身伤亡、疾病或财产损失,依法应由被保险人承担的经济赔偿责任,保险人按照本保险合同约定负责赔偿。

第十九条　本项保险事故发生后,被保险人因保险事故而被提起仲裁或者诉讼的,对应由被保险人支付的仲裁或诉讼费用以及其他必要的、合理的费用(以下简称"法律费用"),经保险人书面同意,保险人按照本保险合同约定也负责赔偿。

责任免除

第二十条　下列原因造成的损失、费用,保险人不负责赔偿:

(一)由于震动、移动或减弱支撑而造成的任何财产、土地、建筑物的损失及由此造成的任何人身伤害和物质损失;

(二)领有公共运输行驶执照的车辆、船舶、航空器造成的事故。

第二十一条　下列损失、费用,保险人也不负责赔偿:

(一)本保险合同物质损失项下或本应在该项下予以负责的损失及各种费用;

(二)工程所有人、承包人或其他关系方或其所雇用的在工地现场从事与工程有关工作的职员、工人及上述人员的家庭成员的人身伤亡或疾病;

(三)工程所有人、承包人或其他关系方或其所雇用的职员、工人所有的或由上述人员所照管、控制的财产发生的损失;

(四)被保险人应该承担的合同责任,但无合同存在时仍然应由被保险人承担的法律责任不在此限。

责任限额与免赔额(率)

第二十二条　责任限额包括每次事故责任限额、每人人身伤亡责任限额、累计责任限额,由投保人与保险人协商确定,并在保险合同中载明。

第二十三条　每次事故免赔额(率)由投保人与保险人在订立保险合同时协商确定,并在保险合同中载明。

赔偿处理

第二十四条　保险人的赔偿以下列方式之一确定的被保险人的赔偿责任为基础:

（一）被保险人和向其提出损害赔偿请求的索赔方协商并经保险人确认；

（二）仲裁机构裁决；

（三）人民法院判决；

（四）保险人认可的其他方式。

第二十五条 在保险期间内发生保险责任范围内的损失，保险人按以下方式计算赔偿：

（一）对于每次事故造成的损失，保险人在每次事故责任限额内计算赔偿，其中对每人人身伤亡的赔偿金额不得超过每人人身伤亡责任限额；

（二）1. 在依据本条第（一）项计算的基础上，保险人在扣除本保险合同载明的每次事故免赔额后进行赔偿，但对于人身伤亡的赔偿不扣除每次事故免赔额；

2. 在依据本条第（一）项计算的基础上，保险人在扣除按本保险合同载明的每次事故免赔率计算的每次事故免赔额后进行赔偿，但对于人身伤亡的赔偿不扣除每次事故免赔额；

（三）保险人对多次事故损失的累计赔偿金额不超过本保险合同列明的累计赔偿限额。

第二十六条 对每次事故法律费用的赔偿金额，保险人在第二十五条计算的赔偿金额以外按本保险合同的约定另行计算。

第二十七条 保险人对被保险人给第三者造成的损害，可以依照法律的规定或者本保险合同的约定，直接向该第三者赔偿保险金。

被保险人给第三者造成损害，被保险人对第三者应负的赔偿责任确定的，根据被保险人的请求，保险人应当直接向该第三者赔偿保险金。被保险人怠于请求的，第三者有权就其应获赔偿部分直接向保险人请求赔偿保险金。被保险人给第三者造成损害，被保险人未向该第三者赔偿的，保险人不得向被保险人赔偿保险金。

第三部分 通 用 条 款

责任免除

第二十八条 下列原因造成的损失、费用，保险人不负责赔偿：

（一）战争、类似战争行为、敌对行为、武装冲突、恐怖活动、谋反、政变；

（二）行政行为或司法行为；

（三）罢工、暴动、民众骚乱；

（四）被保险人及其代表的故意行为或重大过失行为；

（五）核裂变、核聚变、核武器、核材料、核辐射、核爆炸、核污染及其他放射性污染；

（六）大气污染、土地污染、水污染及其他各种污染。

第二十九条 下列损失、费用，保险人也不负责赔偿：

（一）工程部分停工或全部停工引起的任何损失、费用和责任。

（二）罚金、延误、丧失合同及其他后果损失。

（三）1. 本保险合同中载明的免赔额；

2. 按本保险合同中载明的免赔率计算的免赔额。

保险期间

第三十条　本保险合同保险期间遵循如下约定：

(一)保险人的保险责任自保险工程在工地动工或用于保险工程的材料、设备运抵工地之时起始,至工程所有人对部分或全部工程签发完工验收证书或验收合格,或工程所有人实际占有或使用或接收该部分或全部工程之时终止,以先发生者为准。但在任何情况下,建筑期保险责任的起始或终止不得超出本保险单载明的建筑保险期间范围。

(二)不论有关合同中对试车和考核期如何规定,保险人仅在本保险合同明细表中列明的试车和考核期间内对试车和考核所引发的损失、费用和责任负责赔偿;若保险设备本身是在本次安装前已被使用过的设备或转手设备,则自其试车之时起,保险人对该项设备的保险责任即行终止。

(三)上述保险期间的展延,投保人须事先获得保险人的书面同意,否则,从本保险合同明细表中列明的建筑期保险期间终止日之后发生的任何损失、费用和责任,保险人不负责赔偿。

保险人义务

第三十一条　订立保险合同时,采用保险人提供的格式条款的,保险人向投保人提供的投保单应当附格式条款,保险人应当向投保人说明保险合同的内容。对保险合同中免除保险人责任的条款,保险人在订立合同时应当在投保单、保险单或者批单上作出足以引起投保人注意的提示,并对该条款的内容以书面或者口头形式向投保人作出明确说明;未作提示或者明确说明的,该条款不产生效力。

第三十二条　本保险合同成立后,保险人应当及时向投保人签发保险单或批单。

第三十三条　保险人依据第三十七条所取得的保险合同解除权,自保险人知道有解除事由之日起,超过三十日不行使而消灭。自保险合同成立之日起超过二年的,保险人不得解除合同;发生保险事故的,保险人承担赔偿责任。

保险人在合同订立时已经知道投保人未如实告知的情况的,保险人不得解除合同;发生保险事故的,保险人应当承担赔偿责任。

第三十四条　保险人按照第四十三条的约定,认为被保险人提供的有关索赔的证明和资料不完整的,应当及时一次性通知投保人、被保险人补充提供。

第三十五条　保险人收到被保险人的赔偿保险金的请求后,应当及时作出是否属于保险责任的核定;情形复杂的,应当在三十日内作出核定,但保险合同另有约定的除外。

保险人应当将核定结果通知被保险人;对属于保险责任的,在与被保险人达成赔偿保险金的协议后十日内,履行赔偿保险金义务。保险合同对赔偿保险金的期限有约定的,保险人应当按照约定履行赔偿保险金的义务。保险人依照前款约定作出核定后,对不属于保险责任的,应当自作出核定之日起三日内向被保险人发出拒绝赔偿保险金通知书,并说明理由。

第三十六条　保险人自收到赔偿保险金的请求和有关证明、资料之日起六十日内,对其赔偿保险金的数额不能确定的,应当根据已有证明和资料可以确定的数额先予支付;保险人最终确定赔偿的数额后,应当支付相应的差额。

投保人、被保险人义务

第三十七条 订立保险合同，保险人就保险标的或者被保险人的有关情况提出询问的，投保人应当如实告知。

投保人故意或者因重大过失未履行前款规定的如实告知义务，足以影响保险人决定是否同意承保或者提高保险费率的，保险人有权解除保险合同。

投保人故意不履行如实告知义务的，保险人对于合同解除前发生的保险事故，不承担赔偿责任，并不退还保险费。

投保人因重大过失未履行如实告知义务，对保险事故的发生有严重影响的，保险人对于合同解除前发生的保险事故，不承担赔偿责任，但应当退还保险费。

第三十八条 投保人应按约定交付保险费。

约定一次性交付保险费的，投保人在约定交费日后交付保险费的，保险人对交费之前发生的保险事故不承担保险责任。

约定分期交付保险费的，保险人按照保险事故发生前保险人实际收取保险费总额与投保人应当交付的保险费的比例承担保险责任，投保人应当交付的保险费是指截至保险事故发生时投保人按约定分期应该缴纳的保费总额。

第三十九条 被保险人应当遵守国家有关消防、安全、生产操作等方面的相关法律、法规及规定，谨慎选用施工人员，遵守一切与施工有关的法规、技术规程和安全操作规程，维护保险标的的安全。

保险人及其代表有权在适当的时候对保险标的的风险情况进行现场查验。被保险人应提供一切便利及保险人要求的用以评估有关风险的详情和资料，但上述查验并不构成保险人对被保险人的任何承诺。保险人向投保人、被保险人提出消除不安全因素和隐患的书面建议，投保人、被保险人应该认真付诸实施。

投保人、被保险人未按照约定履行其对保险标的的安全应尽责任的，保险人有权要求增加保险费或者解除合同。

第四十条 保险标的转让的，被保险人或者受让人应当及时通知保险人。

因保险标的转让导致危险程度显著增加的，保险人自收到前款规定的通知之日起三十日内，可以按照合同约定增加保险费或者解除合同。保险人解除合同的，应当将已收取的保险费，按照合同约定扣除自保险责任开始之日起至合同解除之日止应收的部分后，退还投保人。

被保险人、受让人未履行本条规定的通知义务的，因转让导致保险标的危险程度显著增加而发生的保险事故，保险人不承担赔偿责任。

第四十一条 在保险期间内，被保险人在工程设计、施工方式、工艺、技术手段等方面发生改变致使保险工程风险程度显著增加或其他足以影响保险人决定是否继续承保或是否增加保险费的保险合同重要事项变更，被保险人应及时书面通知保险人，保险人有权要求增加保险费或者解除合同。保险人解除合同的，应当将已收取的保险费，按照合同约定扣除自保险责任开始之日起至合同解除之日止应收的部分后，退还投保人。

被保险人未履行通知义务,因上述保险合同重要事项变更而导致保险事故发生的,保险人不承担赔偿责任。

第四十二条　投保人、被保险人知道保险事故发生后,被保险人应该:

(一)尽力采取必要、合理的措施,防止或减少损失,否则,对因此扩大的损失,保险人不承担赔偿责任;

(二)立即通知保险人,并书面说明事故发生的原因、经过和损失情况;故意或者因重大过失未及时通知,致使保险事故的性质、原因、损失程度等难以确定的,保险人对无法确定的部分,不承担赔偿责任,但保险人通过其他途径已经及时知道或者应当及时知道保险事故发生的除外;

(三)保护事故现场,允许并且协助保险人进行事故调查,对于拒绝或者妨碍保险人进行事故调查导致无法认定事故原因或核实损失情况的,保险人对无法核实的部分不承担赔偿责任;

(四)在保险财产遭受盗窃或恶意破坏时,立即向公安部门报案;

(五)在预知可能引起第三者责任险项下的诉讼时,立即以书面形式通知保险人,并在接到法院传票或其他法律文件后,立即将其送交保险人。

第四十三条　被保险人向保险人请求赔偿时,应向保险人提交保险单、索赔申请、财产损失清单、有关部门的损失证明以及其他投保人、被保险人所能提供的与确认保险事故的性质、原因、损失程度等有关的证明和资料。

投保人、被保险人未履行前款约定的索赔材料提供义务,导致保险人无法核实损失情况的,保险人对无法核实的部分不承担赔偿责任。

第四十四条　若在某一保险财产中发现的缺陷表明或预示类似缺陷亦存在于其他保险财产中时,被保险人应立即自付费用进行调查并纠正该缺陷。否则,由该缺陷或类似缺陷造成的损失保险人不承担赔偿责任。

赔偿处理

第四十五条　保险事故发生时,被保险人对保险标的不具有保险利益的,不得向保险人请求赔偿保险金。

第四十六条　保险标的遭受损失后,如果有残余价值,应由双方协商处理。若协商残值归被保险人所有,应在赔偿金额中扣减残值。

第四十七条　保险事故发生时,如果存在重复保险,保险人按照本保险合同的相应保险金额与其他保险合同及本保险合同相应保险金额总和的比例承担赔偿责任。

其他保险人应承担的赔偿金额,本保险人不负责垫付。若被保险人未如实告知导致保险人多支付赔偿金的,保险人有权向被保险人追回多支付的部分。

第四十八条　发生保险责任范围内的损失,应由有关责任方负责赔偿的,保险人自向被保险人赔偿保险金之日起,在赔偿金额范围内代位行使被保险人对有关责任方请求赔偿的权利,被保险人应当向保险人提供必要的文件和所知道的有关情况。

被保险人已经从有关责任方取得赔偿的,保险人赔偿保险金时,可以相应扣减被保险人已从有关责任方取得的赔偿金额。

保险事故发生后,在保险人未赔偿保险金之前,被保险人放弃对有关责任方请求赔偿权利的,保险人不承担赔偿责任;保险人向被保险人赔偿保险金后,被保险人未经保险人同意放弃对有关责任方请求赔偿权利的,该行为无效;由于被保险人故意或者因重大过失致使保险人不能行使代位请求赔偿的权利的,保险人可以扣减或者要求返还相应的保险金。

第四十九条 被保险人向保险人请求赔偿的诉讼时效期间为二年,自其知道或者应当知道保险事故发生之日起计算。

争议处理

第五十条 因履行本保险合同发生的争议,由当事人协商解决。协商不成的,提交保险单载明的仲裁机构仲裁;保险单未载明仲裁机构且争议发生后未达成仲裁协议的,依法向人民法院起诉。

第五十一条 与本保险合同有关的以及履行本保险合同产生的一切争议,适用中华人民共和国法律(不包括港澳台地区法律)。

其他事项

第五十二条 保险标的发生部分损失的,自保险人赔偿之日起三十日内,投保人可以解除合同;除合同另有约定外,保险人也可以解除合同,但应当提前十五日通知投保人。

保险合同依据前款规定解除的,保险人应当将保险标的未受损失部分的保险费,按照合同约定扣除自保险责任开始之日起至合同解除之日止应收的部分后,退还投保人。

第五十三条 保险责任开始前,投保人要求解除保险合同的,应当按本保险合同的约定向保险人支付手续费,保险人应当退还保险费。保险人要求解除保险合同的,不得向投保人收取手续费并应退还已收取的保险费。

保险责任开始后,投保人要求解除保险合同的,自通知保险人之日起,保险合同解除,保险人按照保险责任开始之日起至合同解除之日止期间与保险期间的日比例计收保险费,并退还剩余部分保险费;保险人要求解除保险合同的,应提前十五日向投保人发出解约通知书,保险人按照保险责任开始之日起至合同解除之日止期间与保险期间的日比例计收保险费,并退还剩余部分保险费。

第五十四条 保险标的发生全部损失,属于保险责任的,保险人在履行赔偿义务后,本保险合同终止;不属于保险责任的,本保险合同终止,保险人按照保险责任开始之日起至合同解除之日止期间与保险期间的日比例计收保险费,并退还剩余部分保险费。

释　义

第五十五条 本保险合同涉及下列术语时,适用下列释义:

(一)自然灾害:指地震、海啸、雷击、暴雨、洪水、暴风、龙卷风、冰雹、台风、飓风、沙尘暴、暴雪、冰凌、突发性滑坡、崩塌、泥石流、地面突然下陷下沉及其他人力不可抗拒的破坏力强大的自然现象。

1. 地震:指地下岩石的构造活动或火山爆发产生的地面震动。由于地震的强度不同,其破坏力也存在很大的区别,一般保险针对的是破坏性地震,根据国家地震局的有关规定,震级在4.75级以上且烈度在6级以上的地震为破坏性地震。

2. 海啸:指由于地震或风暴而造成的海面巨大涨落现象,按成因分为地震海啸和风暴海啸两种。地震海啸是伴随地震而形成的,即海底地壳发生断裂,引起剧烈的震动,产生巨大的波浪。风暴海啸是强大低气压在通过时,海面异常升起的现象。

3. 雷击指由雷电造成的灾害。雷电为积雨云中、云间或云地之间产生的放电现象。雷击的破坏形式分直接雷击与感应雷击两种。

(1)直接雷击:由于雷电直接击中保险标的造成损失,属直接雷击责任。

(2)感应雷击:由于雷击产生的静电感应或电磁感应使屋内对地绝缘金属物体产生高电位放出火花引起的火灾,导致电器本身的损毁,或因雷电的高电压感应,致使电器部件的损毁,属感应雷击责任。

4. 暴雨:指每小时降雨量达16毫米以上,或连续12小时降雨量达30毫米以上,或连续24小时降雨量达50毫米以上的降雨。

5. 洪水:指山洪暴发、江河泛滥、潮水上岸及倒灌。但规律性的涨潮、自动灭火设施漏水以及在常年水位以下或地下渗水、水管暴裂不属于洪水责任。

6. 暴风:指风力达8级、风速在17.2米/秒以上的自然风。

7. 龙卷风:指一种范围小而时间短的猛烈旋风,陆地上平均最大风速在79米/秒-103米/秒,极端最大风速在100米/秒以上。

8. 冰雹:指从强烈对流的积雨云中降落到地面的冰块或冰球,直径大于5毫米,核心坚硬的固体降水。

9. 台风、飓风:台风指中心附近最大平均风力12级或以上,即风速在32.6米/秒以上的热带气旋;飓风是一种与台风性质相同、但出现的位置区域不同的热带气旋,台风出现在西北太平洋海域,而飓风出现在印度洋、大西洋海域。

10. 沙尘暴:指强风将地面大量尘沙吹起,使空气很混浊,水平能见度小于1公里的天气现象。

11. 暴雪:指连续12小时的降雪量大于或等于10毫米的降雪现象。

12. 冰凌:指春季江河解冻期时冰块飘浮遇阻,堆积成坝,堵塞江道,造成水位急剧上升,以致江水溢出江道,漫延成灾。

陆上有些地区,如山谷风口或酷寒致使雨雪在物体上结成冰块,成下垂形状,越结越厚,重量增加,由于下垂的拉力致使物体毁坏,也属冰凌责任。

13. 突发性滑坡:斜坡上不稳的岩土体或人为堆积物在重力作用下突然整体向下滑动的现象。

14. 崩塌:石崖、土崖、岩石受自然风化、雨蚀造成崩溃下塌,以及大量积雪在重力作用下从高处突然崩塌滚落。

15. 泥石流:由于雨水、冰雪融化等水源激发的、含有大量泥沙石块的特殊洪流。

16. 地面突然下陷下沉:地壳因为自然变异,地层收缩而发生突然塌陷。对于因海潮、河流、大雨侵蚀或在建筑房屋前没有掌握地层情况，地下有孔穴、矿穴，以致地面突然塌陷，也属地面突然下陷下沉。但未按建筑施工要求导致建筑地基下沉、裂缝、倒塌等，不在此列。

（二）意外事故：指不可预料的以及被保险人无法控制并造成物质损失或人身伤亡的突发性事件，包括火灾和爆炸。

1. 火灾

在时间或空间上失去控制的燃烧所造成的灾害。构成本保险的火灾责任必须同时具备以下三个条件：

（1）有燃烧现象，即有热有光有火焰；

（2）偶然、意外发生的燃烧；

（3）燃烧失去控制并有蔓延扩大的趋势。

因此，仅有燃烧现象并不等于构成本保险中的火灾责任。在生产、生活中有目的用火，如为了防疫而焚毁站污的衣物，点火烧荒等属正常燃烧，不同于火灾责任。

因烘、烤、烫、烙造成焦糊变质等损失，既无燃烧现象，又无蔓延扩大趋势，也不属于火灾责任。

电机、电器、电气设备因使用过度、超电压、碰线、孤花、漏电、自身发热所造成的本身损毁，不属于火灾责任。但如果发生了燃烧并失去控制蔓延扩大，才构成火灾责任，并对电机、电器、电气设备本身的损失负责赔偿。

2. 爆炸

爆炸分物理性爆炸和化学性爆炸。

（1）物理性爆炸：由于液体变为蒸汽或气体膨胀，压力急剧增加并大大超过容器所能承受的极限压力，因而发生爆炸。如锅炉、空气压缩机、压缩气体钢瓶、液化气罐爆炸等。关于锅炉、压力容器爆炸的定义是：锅炉或区力容器在使用中或试压时发生破裂，使压力瞬时降到等于外界大气压力的事故，称为“爆炸事故”。

（2）化学性爆炸：物体在瞬息分解或燃烧时放出大量的热和气体，并以很大的压力向四周扩散的现象。如火药爆炸、可燃性粉尘纤维爆炸、可燃气体爆炸及各种化学物品的爆炸等。

因物体本身的瑕疵，使用损耗或产品质量低劣以及由于容器内部承受“负压”（内压比外压小）造成的损失，不属于爆炸责任。

（三）应保险金额：根据本保险合同第九条（一）、（二）款确定的保险金额。

附录 2

中国人民财产保险股份有限公司
工程险附加险条款

本条款是中国人民财产保险股份有限公司建筑工程一切险（2009 版）、安装工程一切险（2009 版）及建筑、安装工程保险（2009 版）、道路工程建筑工程一切险（2009 版）、地铁工程建筑工程一切险（2009 版）、地铁工程安装工程一切险（2009 版）的附加险条款，只有在投保了上述保险的基础上，方可投保下列附加险。本附加险合同未约定事项，以主险合同为准；主险合同与本附加险合同相抵触之处，以本附加险合同为准。投保人可以选择其中的某一个、某几个或全部附加险投保。

一、扩展类

K01 罢工、暴乱及民众骚动扩展条款

K02 交叉责任扩展条款

K03 有限责任保证期扩展条款

K04 扩展责任保证期扩展条款

K05 特别费用扩展条款

K06 空运费扩展条款

K07 地下电缆、管道及设施特别条款

K08 原有建筑物及周围财产扩展条款

K09 震动、移动或减弱支撑扩展条款

K10 内陆运输扩展条款

K11 设计师风险扩展条款

K12 工程完工部分扩展条款

K13 保证期特别扩展条款

K14 建筑、安装施工机具、设备扩展条款

K15 清除污染费用扩展条款

K16 埋管查漏费用特别条款

K17 契约责任扩展条款

K18 清除残骸费用扩展条款

K19 专业费用特别条款

K20 工程图纸、文件特别条款

K21 工地外储存财产扩展条款

K22 制造商风险扩展条款
K23 机器设备测试特别条款
K24 地下管道钻探特别条款
K25 被保险人控制财产扩展条款
K26 安装试车条款
K27 保证期内第三者责任扩展条款
K28 场外装配扩展条款
K29 车辆责任条款
K30 车辆装卸责任条款
K31 地上建筑开裂责任条款
K32 第三者定义扩展条款
K33 董事及管理人员第三者责任条款
K34 地下文物责任扩展特别条款
K35 电气设备损坏条款
K36 盾构设备特别条款
K37 个人财产及工具条款
K38 工地外修理或修改条款
K39 社会活动责任条款
K40 品牌和商标条款
K41 自燃、鼠咬、虫蛀扩展条款
K42 完工延迟条款
K43 突然及意外渗漏、污染、玷污条款
K44 意外污染责任特别条款
K45 未受损地基条款
K46 业主雇员在工地意外伤害扩展条款
K47 制造商风险扩展条款 A
K48 “暗河”特别条款
K49 保额自动增加条款
K50 不作比例赔付处理条款
K51 重新安装费用条款
K52 测试、重新测试、试验条款
K53 查漏费用条款
K54 沉降备忘录条款
K55 地面下陷条款
K56 调查、谈判和辩护费用条款
K57 额外赔偿条款

K58 妨碍、扰乱行为扩展条款

K59 工地访问条款

K60 工地外预制结构条款

K61 广告及装饰装置责任条款

K62 干扰与阻塞条款

K63 管理费用条款

K64 滑坡责任特别条款

K65 滑坡及地陷责任条款

K66 货车装载条款

K67 建筑、安装施工机具、设备扩展条款 A

K68 临时修理扩展条款

K69 临保护措施条款

K70 试车期电力意外中断条款

K71 实损实赔保险条款

K72 停工损失扩展条款

K73 文件和计算机记录扩展条款

K74 新增项目特别条款

K75 震动、移动或减弱支撑扩展条款 A

K76 自动升值条款

K77 租赁费用条款

K78 自动承保竣工工程条款

K79 自动承保条款

K80 建筑物变动条款

二、限制类

X01 地震除外条款

X02 洪水除外条款

X03 隧道工程特别除外条款

X04 农作物、森林除外条款

X05 大坝、水库工程除外特别条款

X06 清除滑坡土石方特别除外条款

X07 旧设备除外条款

X08 风暴除外条款

X09 隧道、坑道、临时或永久地下建筑安装工程特别条款

X10 打桩及挡土墙除外条款

X11 水平钻探损失除外条款

X12 打桩特别条款

X13 沉降特别条款
X14 地下服务设施条款
X15 涵洞、溶洞工程除外责任条款
X16 打桩工程和挡土墙保护工程的特别条款
X17 地基不牢引发陆地下沉的除外条款
三、规范类
G01 地震地区建筑物特别条款
G02 建筑、安装工程时间进度特别条款
G03 工棚、库房特别条款
G04 施工用机具特别条款
G05 建筑材料特别条款
G06 防火设施特别条款
G07 铺设水、污水管特别条款
G08 钻井工程特别条款
G09 碳氢化合物生产业特别条款 1
G10 碳氢化合物生产业特别条款 2
G11 核燃料组件条款
G12 压力反应堆特别扩展条款
G13 铺设管道、电缆特别条款
G14 工地外储存物特别条款
G15 时间调整特别条款
G16 地下炸弹特别条款
G17 运输险、工程险责任分摊条款
G18 分期付费条款
G19 连续损失特别条款
G20 预防降雨、洪水等安全措施特别条款
G21 分段施工特别条款
G22 工地内消防设施和防火措施特别条款
G23 币种特别条款
G24 违反义务特别条款
G25 自动恢复保额特别条款
G26 试车特别条款
G27 诉讼及劳务费用特别条款
G28 被保险人保证特别条款
G29 临时通道特别条款
G30 弃井特别条款

G31 保护现场条款
G32 保险金额及保险费调整条款
G33 财产指定条款
G34 打桩工程条款
G35 地下工程条款
G36 地下工程条款A
G37 地下工程条款B
G38 地域调整特别条款
G39 放弃评估条款
G40 钢结构施工责任界定特别条款
G41 工地安全和火警安全条款
G42 共同被保险人条款
G43 关税条款
G44 工程中断条款
G45 工程承包合同申报条款
G46 合同期自动延期条款
G47 汇率条款
G48 急救费用条款
G49 建筑、安装期限延长条款
G50 基础托换特别条款
G51 跨线施工扩展条款
G52 免检条款
G53 免费物料条款
G54 赔偿基础条款
G55 赔偿处理特别约定
G56 批单效力条款
G57 全额赔偿扩展条款
G58 损失的处理和修理标准条款
G59 隧道工程、长廊、临时或永久的水下建筑或安装工程特别条款
G60 隧道工程特别条款
G61 停工期间保费计算条款
G62 完好财产损坏条款
G63 无过失条款
G64 围堤特别条款
G65 岩溶洞穴路基特别条款
G66 "岩爆"特别条款

G67“涌水(泥)、突水(泥)”特别条款
G68 业主提供的材料或设备条款
G69 预防措施条款
G70 预付赔款条款
G71 使用一前一后起重机保证条款
G72 意外事故特别条款
G73 仲裁条款
G74 转移至安全地点特别条款
G75 资产自动增加条款(限额:保险金额的 %)
G76 再保理赔合作条款
G77 装修、改造免通知条款
G78 注册商标条款
G79 责任限额和恢复原状条款
G80 转移至安全地点特别条款
G81 渗漏和污染条款
G82 被保险人权益丧失条款

一、扩展类

K01 罢工、暴乱及民众骚动扩展条款

兹经双方同意,鉴于被保险人已缴付了附加的保险费,本保险合同扩展承保由于罢工、暴乱及民众骚动引起的损失。但本扩展条款仅负责由下列原因直接引起的保险财产的损失:

(一)任何个人参与他人进行社会骚乱的活动(无论是否与罢工有关);

(二)任何合法当局对该骚乱进行平息,或试图平息,或为减轻该骚乱造成的后果所采取的行动;

(三)任何罢工者为扩大罢工规模,或抵制厂方关闭工厂而采取的故意行为;

(四)任何合法当局为预防,或试图预防该故意行为,或为减轻该故意行为造成的后果所采取的行动。

双方进一步同意:

(一)除下述特别条件另有规定外,本保险合同所有条款,除外责任及条件等均适用于本扩展条款。本保险合同的责任范围亦将包括本扩展条款承保的损失。

(二)下述特别条件仅适用于本扩展条款特别条件。

1. 本保险合同对以下原因造成的损失不予负责:

(1)全部停工或部分停工,或工程实施过程中的延迟、中断、停止;

(2)任何合法当局没收、征用保险财产造成被保险人永久或临时的权益丧失;

(3)任何人非法占有建筑物造成被保险人对该建筑物永久或临时的权益丧失;但保险人

对上述(2)及(3)项下被保险人的权益丧失之前,或临时丧失期间的保险财产的物质损失负责赔偿。

2. 本保险对下列原因引起的直接或间接损失不予负责:

(1)战争、入侵、外敌行为、敌对行为、类似战争行为(无论宣战与否)、内乱;

(2)兵变、民众骚动导致的全民起义、军队起义、暴动、叛乱、革命、军事行动或篡权行动;

(3)代表任何组织,或与之有关联的任何个人采取的旨在动用武力推翻或用恐怖及暴力行为影响政府的行动(合法的或事实上的),一旦发生诉讼,且保险人根据本特别条件申明损失不属本保险责任范围时,被保险人如有异议,则举证之责应由其承担。

3. 保险人可随时注销本保险条款,并将该注销通知以挂号信寄至被保险人最近提供的地址。届时,保险人按比例退还未到期部分的附加保费。

本保险合同所载其它条件不变。

每次事故赔偿限额:____________________

附加保险费:____________________

K02 交叉责任扩展条款

兹经双方同意,鉴于被保险人已缴付了附加的保险费,本保险合同第三者责任项下的保障范围将适用于本保险合同明细表列明的所有被保险人,就如同每一被保险人均持有一份独立的保险合同,但保险人对被保险人不承担以下赔偿责任:

(一)已在或可在本保险合同物质损失部分投保的财产损失,包括因免赔额,或赔偿限额规定不予赔偿的损失;

(二)已在或应在劳工保险或雇主责任保险项下投保的被保险人的雇员的疾病或人身伤亡。

保险人对所有被保险人由一次事故或同一事故引起的数次事故承担的全部责任不得超过保险合同明细表中列明的每次事故赔偿限额。

本保险合同所载其它条件不变。

附加保险费:____________________

K03 有限责任保证期扩展条款

兹经双方同意,鉴于被保险人已缴付了附加的保险费,本保险合同扩展承保以下列明的保证期内因被保险的承包人为履行工程合同在进行维修保养的过程中所造成的保险工程的损失。

本保险合同所载其它条件不变。

本保险合同保证期遵循如下约定:

保证期的保险期间与工程合同中规定的保证期一致,从工程所有人对部分或全部工程签发完工验收证书或验收合格,或工程所有人实际占有或使用或接收该部分或全部工程时起算,以先发生者为准。但在任何情况下,保证期的保险期限不得超出本保险单明细表中列明的保证期。

保证期限:____个月　　附加保险费:____________________

K04 扩展责任保证期扩展条款

兹经双方同意,鉴于被保险人已缴付了附加的保险费,本保险合同扩展承保以下列明的保证期内因被保险的承包人为履行工程合同在进行维修保养的过程中所造成的保险工程的损失,以及在完工证书签出前的建筑或安装期内由于施工原因导致保证期内发生的保险工程的损失。

本保险合同保证期遵循如下约定:

保证期的保险期间与工程合同中规定的保证期一致,从工程所有人对部分或全部工程签发完工验收证书或验收合格,或工程所有人实际占有或使用或接收该部分或全部工程时起算,以先发生者为准。但在任何情况下,保证期的保险期限不得超出本保险单明细表中列明的保证期。

本保险合同所载其它条件不变。

保证期限:____个月

附加保险费:____________________

K05 特别费用扩展条款

兹经双方同意,鉴于被保险人已缴付了附加的保险费,本保险合同扩展承保下列特别费用,即:加班费、夜班费、节假日加班费以及快运费(不包括空运费)。但该特别费用须与本保险合同项下予以赔偿的保险财产的损失有关。且本条款项下特别费用的最高赔偿金额在保险期间内不超过以下列明限额。若保险财产的保额不足,本条款项下特别费用的赔偿金额按比例减少。

本保险合同所载其它条件不变。

最高赔偿限额:____________________

每次事故赔偿限额:____________________

附加保险费:____________________

K06 空运费扩展条款

兹经双方同意,鉴于被保险人已缴付了附加的保险费,本保险合同扩展承保空运费。但该空运费须与本保险合同项下予以赔偿的保险财产的损失有关。且本条款项下的空运费的最高赔偿金额在保险期间内不得超过以下列明限额。若保险财产的保额不足,本条款项下空运费的赔偿金额按比例减少。

本保险合同所载其它条件不变。

最高赔偿限额:____________________

每次事故赔偿限额:____________________

附加保险费:____________________

K07 地下电缆、管道及设施特别条款

兹经双方同意,保险人负责赔偿被保险人对原有的地下电缆、管道或其它地下设施造成的损失。但被保险人须在工程开工前,向有关当局了解这些电缆,管道及其它地下设施的确切位置,并采取必要措施防止损失发生。对图纸上正确标明位置的地下设施的损失赔偿应先扣除以下列明的免赔额：

（一）对图纸上错误标明位置的地下设施的损失赔偿应先扣除以下列明的免赔额；

（二）任何损失赔偿仅限于电缆、管道及地下设施的修理费用，任何后果损失及罚金均不负责。

本保险合同所载其它条件不变。

每次事故免赔额 1：________或损失金额的 20%，以高者为准。

每次事故免赔额 2：________或损失金额的 20%，以高者为准。

K08 原有建筑物及周围财产扩展条款

兹经双方同意，鉴于被保险人已缴付了附加的保险费，本保险合同明细表物质损失项下根据本扩展条款规定承保被保险财产在建筑、安装过程中由于震动、移动或减弱支撑、地下水位降低、基础加固、隧道挖掘，以及其它涉及支撑因素或地下土的施工而造成以下列明的建筑物突然的、不可预料的物质损失。

作为保险人承担赔偿责任的先决条件，被保险人在工程开工前应向保险人提供书面报告以证实被保险工程开工前原有建筑及周围财产的状况良好，并已采取了必要的安全措施。

保险人不负责赔偿因工程设计错误造成下述建筑物的损失，以及既不损害建筑物的稳固又不危及使用者安全的裂缝损失。

工程建设期间，若需要采取进一步的安全措施，该项费用由被保险人自己承担。

本条款承保的建筑物（或后附清单）：

本保险合同所载其它条件不变。

最高赔偿限额：________________

每次事故赔偿限额：________________

每次事故免赔额：________或损失金额的 20%，以高者为准。

附加保险费：________________

K09 震动、移动或减弱支撑扩展条款

兹经双方同意，鉴于被保险人已缴付了附加的保险费，本保险合同第三者责任项下扩展承保由于震动、移动或减弱支撑而造成的第三者财产损失和人身伤亡责任，但以下列条件为限：

（一）第三者的财产、土地或建筑全部或部分倒塌；

（二）被保险人在施工开始之前，第三者的财产、土地或建筑物处于完好状态并采取了必要的防护措施；

（三）如经保险人要求，被保险人在施工开始之前应自负费用向保险人提供书面报告说明任何受到危及的第三者财产、土地或建筑物的情况。

保险人不负责赔偿被保险人：

（一）因工程性质和施工方式而导致的可预知的第三者财产损失和人身伤亡责任；

（二）既不影响第三者财产、土地或建筑物的稳定性，又不危及其拥有人的表面损坏；

(三)在保险期内,被保险人为防止损失发生而采取预防或减少损失的费用。

本保险合同所载其他条件不变。

每次事故赔偿限额:____________________

每次事故免赔额:____________________

附加保险费:____________________

K10 内陆运输扩展条款

兹经双方同意,鉴于被保险人已缴付了附加的保险费,保险人负责赔偿被保险人的保险财产在中华人民共和国境内供货地点到本保险合同中列明的工地除水运和空运以外的内陆运输途中因自然灾害或意外事故引起的损失。但被保险财产在运输时必须有合格的包装及装载。

本保险合同所载其他条件不变。

保险财产总价值:____________________

每次运输最高保险金额:____________________

每次事故免赔额:____________________

附加保险费:____________________

K11 设计师风险扩展条款

兹经双方同意,鉴于被保险人已缴付了附加的保险费,本保险合同扩展承保被保险财产因设计错误或原材料缺陷或工艺不善原因引起意外事故并导致其它保险财产的损失而发生的重置、修理及矫正费用,但由于上述原因导致的保险财产本身的损失除外。

本保险合同所载其它条件不变。

附加保险费:____________________

K12 工程完工部分扩展条款

兹经双方同意,鉴于被保险人已缴付了附加的保险费,本保险合同扩展承保本保险合同明细表中物质损失项下被保险财产在保险期间内施工过程中造成已交付使用的部分的损失。

本保险合同所载其它条件不变。

附加保险费:____________________

K13 保证期特别扩展条款

兹经双方同意,鉴于被保险人已缴付了附加的保险费,本保险合同特别扩展承保以下列明的保证期限内由于安装错误、设计错误、原材料或铸件缺陷以及工艺不善引起被保险财产的损失,但对被保险人在损失发生前即已发现错误并应予以矫正的费用除外。

本特别扩展条款既不承保直接或间接由于火灾、爆炸以及任何人力不可抗拒的自然灾害造成的损失,也不承保任何第三者责任。

本保险合同保证期遵循如下约定:

保证期的保险期间与工程合同中规定的保证期一致,从工程所有人对部分或全部工程签发完工验收证书或验收合格,或工程所有人实际占有或使用或接收该部分或全部工程时起算，以先发生者为准。但在任何情况下，保证期的保险期限不得超出本保险单明细表中列明的保证期。

本保险合同所载其它条件不变。

保证期：____个月

每次事故免赔额：________，或损失金额的20%，以高者为准。

附加保险费：____________________

K14 建筑、安装施工机具、设备扩展条款

兹经双方同意，鉴于被保险人已缴付了附加的保险费，本保险合同扩展承保所附清单列明的建筑或安装施工机具、设备的损失，但不负责赔偿建筑或安装施工机具、设备由于内在的机械及电气故障引起的损失，以及领有公共运输行驶执照的车、船及飞机的损失。建筑、安装施工机具、设备应以该机具、设备的重置价投保，该重置价是指重置同型号，同负载的新设备所需费用。

本保险合同所载其它条件不变。

总保险金额：____________________

年费率：________________________

保险期间：自________至________

附加保险费：____________________

每次事故免赔额：________，或损失金额的20%，以高者为准。

K15 清除污染费用扩展条款

兹经双方同意，鉴于被保险人已缴付了附加的保险费，本保险合同扩展承保在正常操作过程中受到放射性污染及本保险合同项下予以赔偿的损失造成污染的保险财产进行清除的特别费用。

清除污染费用包括：

（一）为修理受损物件必需发生的清除污染费用，例如：对在正常操作过程中暴露于离子辐射的部件进行清除污染的费用；

（二）为接触受损物件而发生的费用，例如：卸去及重新放置护罩和防护墙的费用；

（三）为防护受损物件的人员而发生的费用，例如：防护服，为避免辐射而设置阻隔物的费用；

（四）受损物件因正常操作过程中无法修理，只能重置所发生的额外费用；

（五）受损物件修理后，根据有关规定必须进行试验、检查、验收而发生的费用；

（六）转移和处置放射性残骸的费用。

本条款项下每次事故最高赔偿金额不得超过以下列明的限额，但本保险合同物质损失项下承保的财产，其通常的修理费用不受该限额的限制。

本保险合同所载其它条件不变。

每次事故最高赔偿限额：____________________

附加保险费：______________________________

K16 埋管查漏费用特别条款

兹经双方同意，保险人在本保险合同项下负责赔偿被保险人下列项目：

（一）流体静力试验后的查漏费用（包括特殊设备的租用费、运输费和操作费）；

（二）为查寻及修补漏点而产生必要的土方工程费用。例如，对未受损壕沟的开挖，管道覆盖层的剥离和复原。但上述泄漏必须系本保险合同项下予以赔偿的事故，或由工地的施工错误所造成，并且____%的焊缝已经×光检查，且所有发现的缺陷均已排除。

本条款不负责赔偿焊缝的错误修理造成的费用。

本保险合同所载其它条件不变。

每一流体静力试验段的赔偿限额：__________________

保险期间最高赔偿限额：__________________________

K17 契约责任扩展条款

兹经双方同意，鉴于被保险人已缴付了附加的保险费，保险人负责赔偿被保险人因契约责任而应承担的对任何第三者人身伤亡及财产损失赔偿责任，但不得超过本保险合同第三者责任项下规定的赔偿限额。被保险人应将有关契约向保险人申报，并得到保险人的书面认可。

本保险合同所载其它条件不变。

附加保险费：__________________

K18 清除残骸费用扩展条款

兹经双方同意，保险人负责赔偿被保险人因本保险合同承保的风险造成保险财产损失而发生的清除、拆除及支撑受损财产的费用，但不得超过本保险合同明细表中列明的赔偿限额。

本保险合同所载其它条件不变。

K19 专业费用特别条款

兹经双方同意，保险人负责赔偿被保险人因本保险合同项下承保风险造成被保险工程损失后，在重置过程中发生的必要的设计师、检验师及工程咨询人费用，但被保险人为了准备索赔，或估损所发生的任何费用除外。上述赔偿费用应以损失当时适用的有关行业管理部门制订的收费标准为准，但不得超过本保险合同明细表中列明的赔偿限额。

本保险合同所载其它条件不变。

K20 工程图纸、文件特别条款

兹经双方同意，保险人负责赔偿被保险人因本保险合同项下承保风险造成工程图纸及文件的损失而产生的重新绘制、重新制作的费用。

本保险合同所载其它条件不变。

每次事故赔偿限额：__________________

K21 工地外储存财产扩展条款

兹经双方同意，鉴于投保人已经交付了附加保险费，在工地以外列明的本扩展条款约定区域范围内储存的保险财产遭受的损失或损坏，保险人也负责赔偿，但对在制造商、经销商和供货商仓库内正在制造、加工或储存的财产除外。

保险人对仓库或储存地点由于缺乏基本的防护措施而导致的损失或损坏不负责赔偿。基本防护措施包括：

（一）保险财产存放于建筑物内或有其他有效的保护性隔离，保安措施、防火设施均符合该地点和储存财产的存放要求；

（二）不同储存仓库之间需有防火墙隔离或至少50米的间隔；

（三）按预防当地20年一遇的暴雨或洪水造成水浸或积水的标准选择和设计库房；

（四）每一库房的存放金额不得高于下列最高存放金额。

区域范围：____________________

每一库房最高存放金额：____________________

赔偿限额（每次事故）：____________________

免赔额：每次事故损失金额的____%

附加保险费：____________________

本保险合同所载其他条件不变。

K22 制造商风险扩展条款

兹经双方同意，鉴于投保人已交付了附加的保险费，因设计错误、铸造或原材料缺陷或工艺不善原因造成保险财产的损失，保险人负责赔偿，但安装错误造成的损失和费用除外。

附加保险费：____________________

本保险合同所载其他条件不变。

K23 机器设备测试特别条款

兹经双方同意，鉴于投保人已经交付了附加保险费，保险人在本保险期间内扩展承保机器设备因运行检测或负载测试所致的损失，测试期限自测试开始起不超过28天。

如果一台设备或一部分设备测试完毕或者已投入使用或者交接完毕，则保险人对该台设备或该部分设备的保险责任即告终止，对其余未完工部分的保险责任仍然有效。但该保险责任不包括由于设计错误、铸造或原材料缺陷或制造工艺不善直接或间接引起的任何损失、费用和责任。

若保险机器设备在本次安装测试之前已被使用过，则自其测试之时起保险责任即告终止。

附加保险费：____________________

本保险合同所载其他条件不变。

K24 地下管道钻探特别条款

兹经双方同意，鉴于投保人已经交付了附加保险费，保险人对在河流、铁路路基、公路等下方水平钻探作业时遭受的损坏，在以下列明的保险金额或赔偿限额内负责赔偿，但作为被保险人的承包商必须具有相关的施工资质，并且在开工之前必须根据最新的技术对地质状况进行分析，并采取合适的钻探方法。

保险人对以下原因造成的损失或损坏不负责赔偿：

(一)未达到钻探目标位,偏离预定方向;

(二)钻探泥浆的损失;

(三)水平钻探作业区管道外部绝缘材料的损坏。

保险金额(钻探费用 + 铺设管道的材料价值 + 钻探设备价值):____________________

每次钻探赔偿限额:____________________

附加保险费:____________________ 费率:________

免赔额:每次事故损失金额的 20%,每次事故至少________。

发生保险损失并经保险人赔偿后,上述保险金额相应减少。

本保险合同所载其他条件不变。

K25 被保险人控制财产扩展条款

兹经双方同意,鉴于投保人或被保险人已交付了附加保险费,本保险合同物质损失部分项下扩展承保工地内现有财产或被保险人所有、照看、照管或控制的工地内财产由于本保险合同项下承保的工程施工所造成的损失或损坏。

保险财产:____________________

保险金额:____________________

本保险合同仅对在施工之前完好的并采取了必要保护措施的财产的损失或损坏负责赔偿。

如因震动、移动或减弱支撑造成保险财产的损失或损坏,保险人仅负责赔偿保险财产由于全部或部分倒塌造成的损失,而对既不会影响建筑稳固也不会对其使用者造成危险的保险财产的表面损失,保险人不负责赔偿。

保险人不负责赔偿下列损失:

——根据工程性质和挖掘方法,本可以预见到的损失;

——在保险期间内采取必要的防损措施所支付的费用。

免赔额:________________________

附加保险费:____________________

本保险合同所载其他条件不变。

K26 安装试车条款

兹经双方同意,本保险合同扩展承保本工程项目中安装工程部分在安装试车过程中因超负荷、超电压、碰线、电弧、漏电、短路、大气放电等电气或机械故障原因而造成保险标的本身及其它被保险财产的损失。

本保险合同所载其它条件不变。

K27 保证期内第三者责任扩展条款

兹经双方同意并约定,本保险合同扩展承保保险合同中列明的保证期内引起的第三者责任。

本保险合同所载其它条件不变。

K28 场外装配扩展条款

兹经双方同意,本保险合同扩展承保保险财产在场外、临近现场区域装配、修理期间因本保险合同承保风险发生导致的物质损失和损坏。

本保险合同所载其它条件不变。

K29 车辆责任条款

本保险合同扩展承保在被保险工程施工过程中，由于被保险人雇员使用非被保险人所有的任何机动车辆而引起的法律赔偿责任。

本条款不适用于：

1）上述车辆或其所载运的财产所受的损失；

2）被保险人可以在其他保险合同项下获得的赔偿；

3）在中华人民共和国境外发生的赔偿责任。

每次事故及累计赔偿限额：

本保险合同所载其他条件不变。

K30 车辆装卸责任条款

本保险合同扩展承保被保险人因其拥有的车辆在本保险合同列明工地范围内进行与工程建设有关的装卸过程中发生意外事故造成的第三者人身伤亡或财产损失时应负的赔偿责任。

每次事故赔偿限额：＊＊＊万元

本保险合同所载其它条件不变。

K31 地上建筑开裂责任条款

兹经双方同意并约定：

（一）因被保险工程施工而造成的第三方建筑物的开裂，依法应负赔偿责任而受到索赔时，除下列除外责任以外，保险人对被保险人所负第三者建筑物的开裂赔偿责任为修复至其基本恢复受损前状态的费用为准。

上述“开裂”指房屋发生裂缝且未达倒塌程度。

（二）每次事故赔偿限额：____万元

（三）除外责任：

1. 拆除中的房屋，倾、朽、坏或无人居住或使用的房屋，已申请重建或改建或于六个月内重建或改建的房屋，或保险合同所保工程施工前已为建筑主管机关通知为危险房屋的损失。

2. 被保险人为防止本工程沿线临近区域第三者建筑物开裂、原开裂程度扩大所采取的安全改进加强措施所需费用。

3. 任何间接损失，包括房屋贬值、不能使用、营业或租金收入的减少等。

4. 道路、花木、园林、围墙及房屋外地面、水沟、管线设施的损失。

5. 家具、衣物、器具、设备或任何其他动产的损失。

6. 本保险生效前已经存在的开裂。

7. 已经为政府机关公告征收的房屋。

（四）被保险人应提前对沿线第三者建筑物进行事先勘查，必须采取一切必要的安全预防措施以防止本工程沿线临近区域第三者建筑物开裂，发现临近房屋出现开裂，或安全设施移动、软弱或其他异常状况，可能导致本特约条款的赔偿责任时，应立即通知保险人，并依情况需要对建筑工程本身及临近建筑物采取必要的安全加强措施，以防止损失的发生或扩大，所发生的一切事先勘查、安全预防和安全加强措施费用应由被保险人自行负担。

（五）本条款赔偿前提是被保险人确实依照原设计的安全支撑、防护设施、施工方法、材料、尺寸及规范施工。任何设计变更，被保险人均应于14日内通知保险人。

本保险合同所载其他条件不变。

K32 第三者定义扩展条款

兹经双方同意并约定，参与工程项目或与工程项目有关的被保险人的顾问及其授权的代表、雇员以及政府官员都被视为第三者。

本保险合同所载其它条件不变。

K33 董事及管理人员第三者责任条款

兹经双方同意，本保险合同扩展承保被保险人董事和管理人员在出差或商务旅行过程中因意外导致的第三者责任，并在保险期间内以保险合同规定的责任为限额。赔偿责任每次事故不得超过保险合同列明的责任限额。

本保险合同所载其他条件不变。

K34 地下文物责任扩展特别条款

兹经双方同意，本条款负责被保险人如在施工过程中遭遇地下文物，应承担的文物管理部门要求的维护、照管等费用，并相应顺延保险期间。

本保险合同所载其它条件不变。

K35 电气设备损坏条款

兹经双方同意，本保险合同扩展承保电气设备在安装和调试等过程中因超负荷、超电压、碰线、电弧、漏电、短路、大气放电及其它电气原因造成电气设备或电气用具本身的损失。

本保险合同所载其他条件不变。

K36 盾构设备特别条款

保险责任范围：

1. 在____盾构设备工程列明的施工期限和隧道区间范围内，因本保险合同除外责任以外的下列列明的自然灾害或意外事故造成盾构设备全部损失或推定全部损失，保险人按本保险合同的规定负责赔偿。

2. 自然灾害是指地震、水灾、地面下陷下沉以及其他人力不可抗拒的破坏力强大的自然现象造成盾构设备在掘进施工过程中的全部损失或推定全部损失。

3. 意外事故是指盾构设备在掘进施工过程中因不可预料的以及被保险人无法控制的突发性事件（包括火灾、爆炸）造成盾构设备的损坏，致使盾构设备在隧道中无法修复掘进而引起的推定全部损失。

定义

1. 全部损失：盾构设备的全部灭失或整体损毁、或受损严重失去修复价值为全部损失。

2. 推定全部损失：在隧道中的每一台盾构设备因上述列明的自然灾害或意外事故造成

为施救盾构机和修复盾构机的费用合计超过本保险合同明细表中对应列明盾构设备的实际投保金额的____%为推定全部损失。

3. 盾构设备掘进施工过程:是指盾构设备在隧道中掘进的施工过程。

下列原因造成保险财产的损失和费用,保险人均不负责:

1. 可替换之零件或配件如转、锥、刀具或其他切割刀面、锯条、模具、压磨面或压碎面、筛、皮带、绳索、钢缆、链条、输送带、电池、轮胎、电线、电缆、软管、按期更换之接头或衬垫等之毁损或灭失,但与本体同时所受的毁损或灭失不在此限。

2. 燃料、触媒、冷却剂及润滑油料的毁损和灭失。

3. 因锅炉或压力容器内部蒸气或流体压力发生爆炸及内燃机爆炸所致的毁损或灭失。

4. 除经特别约定载明于本保险合同者外,保险标的物于运输中所发生的毁损或灭失。

5. 保险标的物的磨损、腐蚀、氧化、锈垢、锅垢、变质及其他耗损。

6. 保险标的物从事任何试验或与保险合同所载工作项目无关之使用时发生的毁损或灭失。

7. 要保人、被保险人或其受雇人明知或可得而知保险标的物的瑕疵、缺陷或其所致之毁损或灭失。

8. 保险标的物制造或供货厂商依法或依约应负责赔偿的毁损或灭失。

9. 任何维护或保养费用。

10. 清点或盘存时或例行检时发现的损失。

11. 任何附带损失、包括贬值、不能使用、违约金、罚款、延滞完工、撤销合约、或不履行合约等的损失。

赔偿处理

在发生本保险合同责任范围内的全部损失或推定全部损失后,保险人按下列方式确定赔偿:

1. 保险合同明细表中对应列明的盾构设备发生全部损失或推定全损,最高物质损失金额等于或大于该盾构设备投保的保险金额时,该盾购设备的保险责任即行终止。

2. 全部损失或推定全部损失:

盾构设备的最高赔偿金额不超过本保险合同明细表中对应列明的盾构设备投保金额。本保险合同承保的标的物的折旧,依其重置价格,按耐用年数八年以平均法计算。

3. 推定全部损失的盾构机,其施救盾构机的费用的最高赔偿金额不得超过该盾构机投保金额的____%;盾构机的修复费用最高赔偿金额不得超过施救盾构机费用后该盾构机投保金额的余额。

一般事项

1. 被保险人应遵守法令规定及制造厂之装配使用规范、采取一切必要合理之安全措施,保持保险标的物之有效使用状况以防止意外事故发生,其所需费用由被保险人自行负担。

2. 保险人应随时派员勘察保险标的物,被保险人应提供保险人所要求的任何有关资料及书面证件。

本保险合同所载其他条件不变。

K37 个人财产及工具条款

兹经双方同意并约定,本保险合同扩展承保与本项目有关的雇员的个人物品,但不应超过以下列明的赔偿限额,本保险合同不承保:

1. 每次事故____元之内的损失;

2. 不发生在工地现场的损失;

3. 摩托车、金银首饰或现金的损失。

赔偿限额:____________

本保险合同所载其它条件不变。

K38 工地外修理或修改条款

当已运至工地的保险财产需要修理或修改,此修理或修改工作需要在工地外或地域限制外的其它地方进行时,本保险将自动扩展承保保险财产在这些修理或修改所发生的地点的损失。这些损失造成的原因是:火灾、雷电、爆炸、风暴、台风、冰雹、水灾、飞行物和其它飞行部件或飞行物体的坠落、地震、海啸、罢工、暴乱和民变。

为了避免混淆,本保险承保保险财产运送至上述地区的运输过程中遭受的损失。

如未事先征得保险人的同意,本保险不承担被保险财产在运输途中或在修理或修改地点进行装卸时所遭受的损失。

本保险合同所载其他条件不变。

K39 社会活动责任条款

兹经双方同意,本保险合同扩展承保,在保险期间内,被保险人及其代表在保险合同所涉地点举行活动时(例如:论证会,招标会,答疑会,开工典礼,竣工仪式等),因发生与业务有关的意外事故导致人身伤害或财产损失时,被保险人应负的赔偿责任。但是:

①不能在其它保险合同下得到赔偿,否则本保险合同只负责超出其它保险合同赔偿金额的部分。

②被保险人及其代表,遵守并履行被适用的保险合同条款、除外责任及条件。

本保险合同所载其他条件不变。

K40 品牌和商标条款

兹经双方同意,如果本保险合同承保的贴有商标或标签的商品受损,被保险人有权处理受损的商品,但其残值应从受损商品的理赔金额中扣除;如被保险人同意由保险人以协商或估价全部或部分接收上述商品,在不造成商品物质损失及影响被保险人品牌声誉的前提下,保险人得自付费用在商品或其容器上加盖"残品"字样,或去除商标或标签,自行处理该残余物。

本保险合同所载其它条件不变。

K41 自燃、鼠咬、虫蛀扩展条款

经双方同意,由于自燃、鼠咬、虫蛀造成保险标的的损失,保险人按照本保险合同的约定负责赔偿。

每次事故免赔额为____或不得低于损失金额的____%。

本保险合同所载其他条件不变。

K42 完工延迟条款

兹经双方同意,在所保延迟期间(即赔偿期,应不短于____个月),扩展承保由建筑安装工程一切险项下可获赔偿的损失或损坏所造成的完工延迟而发生的利息、附加利息和规定的常规费用(包括但不限于因完工延迟而产生的工资费用、设备租金等相关费用)损失。

本保险合同所载其它条件不变。

每次事故免赔:____天

K43 突然及意外渗漏、污染、玷污条款

本保险合同扩展承保被保险人以下责任:

1. 由于泄漏、污染直接或间接导致的死亡、伤害、疾病、财产损失;

2. 清除、清理泄漏物、污染物的费用。

但上述泄漏、污染必须是在保险期间内由于突然、意外、无意和不期望而发生的

本保险合同所载其他条件不变。

K44 意外污染责任特别条款

保险人对被保险人在设计和施工中采取了必要的安全防范措施前提下造成环境污染而导致损失及清理费用承担赔偿责任及第三者人身伤亡及/或财产损失。在本条款中,安全防范意味着在保险期内的任何时候,被保险人对可能造成污染的物品采取了符合国家安全要求的保管措施。

本保险合同所载其他条件不变。

K45 未受损地基条款

本保险合同项下发生损失时,如果被保建筑物或工厂的地基未受损或部分受损,那么:

A. 如果由于政策、法令和行政机构的行为或要求,重置不能在同一地点进行;或

B. 如果由于其他被保财产的损失,该地基被认为不合适或不坚固或不再有价值,则其损失将被认为是全损而被保险人将获得相应的赔偿。

被保险人清除地基所花费的必要费用也可以获得赔偿。如果废弃地基的存在增加了原建筑物地址的重新销售价值,那么这种重新销售的价值被视为残值,这笔费用相应的由被保险人支付给保险人。

本保险合同所载其它条件不变。

K46 业主雇员在工地意外伤害扩展条款

兹经双方同意,如业主方人员(不记名)在保险工程施工工地内,因意外事故造成人身伤残或事故,保险人将根据不同伤害程度,按下列赔偿金额表所订百分率给予赔偿,具体赔偿限额如下:

1)业主方高级管理人员(限____人)

a. 工期内意外伤害责任:

b. 每次意外事故医疗费:

2)业主方其他职员

a. 工期内意外伤害责任:

b. 每次意外事故医疗费:

本保险合同所载其他条件不变。

K47 制造商风险扩展条款 A

兹经双方同意,本保险合同"第一部分物质损失部分的除外责任"第一款项下的措辞修改为:"如果在损失发生前就发现由于设计错误、原材料缺陷、工艺不善(不包括安装错误)直接引起而需要被保险人对该错误进行矫正的所用的部件修理以及重置的费用;"本措辞的修改不适用于土建部分项目。

本保险合同所载其他条件不变。

K48 "暗河"特别条款

在工程施工过程中,由于出现地勘报告中未定量描述的暗河,而导致的保险财产的损失以及设计变更的费用也由保险人承担。

K49 保额自动增加条款

兹经双方同意,如在保险期间内工程总造价超过预计数值,则保险金额应自动增加,但增加部分不得超过明细表中载明的保险金额的____%,且应根据本保险合同的规定向保险人申报实际工程造价。

本保险合同所载其他条件不变。

K50 不作比例赔付处理条款

本保险合同是一张第一赔偿限额保险合同,当最后工程造价超过原预估总工程造价的____%时,所有赔款会按照理算后总数全额赔付,不作比例赔付处理。

本保险合同所载其他条件不变。

K51 重新安装费用条款

本保险合同扩展承保发生本保险合同责任范围的事故后,对机器设备进行重新安装、装配所产生的费用。

本保险合同所载其他条件不变。

K52 测试、重新测试、试验条款

若本保险合同项下承保风险造成保险财产损失而导致需要进行任何测试、重新测试、试验或需对修理过程中或修理、修复后发生损失的财产进行重新测试和试验,保险人将负责承担这些测试和/或重新试验的费用。

每次事故赔偿限额:________________

本保险合同所载其他条件不变。

K53 查漏费用条款

若被保险人认为本保险合同承保的任何保险财产存在泄漏,而且这种泄漏实际已经发生,则保险人应负责赔偿被保险人为查漏而产生的费用,包括对未受损的壕沟的开挖费用和修理泄漏的费用。但本赔偿责任的前提条件是所有焊缝经过 X 射线或类似检查。

本扩展条款的赔偿限额为每次事故和累计均为____。

本保险合同所载其他条件不变。

K54 沉降备忘录条款

兹经双方同意,保险财产发生保险合同责任项下的意外事故造成超出原设计沉降值的沉降引起的保险财产物质损失由保险人负责赔偿。但由于原设计范围内的地基沉降导致的该保险财产本身的沉降所造成的损失,保险人不负责赔偿。

本保险合同所载其他条件不变。

K55 地面下陷条款

兹经双方同意,本保险合同的保障扩展包括,本部分项下所保工程或临时工程发生损失,造成无论工地内或工地外的工程周围地面或地表下陷或塌落,恢复原状或进行加固的费用,且并不影响本保险合同第三者责任部分对于造成第三者财产损失有关法律责任的保障。

本保险合同所载其它条件不变。

K56 调查、谈判和辩护费用条款

对下列损失或费用,保险人将在明细表规定的赔偿限额外另行支付,但每次事故的赔偿限额为______元整,在整个保险期间内事故的次数为____次。

(1)对属于本保险合同赔偿范围内的任何索赔人向被保险人追索为索赔而发生的调查、谈判和辩护费用。

(2)经保险人事先书面同意而支付的所有的调查、谈判和辩护费用。

(3)经保险人事先书面同意对于可能属于本保险合同责任范围内的事故情况进行如调查、审理、处置或其他类似的司法调查等活动所发生的费用。

本保险合同所载其它条件不变。

K57 额外赔偿条款

兹经双方同意,本保险合同扩展承保工程所有人的雇员在工地现场从事与工程有关的工作时遭受的意外伤害,每人最高赔偿限额为人民币 万元。死亡及伤残的赔偿标准按人身意外险的赔偿等级,伤残鉴定需由国家认可的伤残鉴定机构执行。

本保险合同所载其他条件不变。

K58 妨碍、扰乱行为扩展条款

本保险合同的保障将扩展赔偿被保险人由于妨碍、失去舒适、非法侵害或干扰道路、灯、空中、水中的使用权而引起的法律责任或任何原因引起干扰第三者的财产或工作或使用或价值,除非是由于工作性质不可避免的、合理的、可预见的。

本保险合同所载其他条件不变。

K59 工地访问条款

兹经双方同意,工程访问者、参观者、检查者,或参加奠基、揭礼或类似典礼的,或任何其它没有直接参与工程建造的(含技术顾问等),但经工程所有人以及工程总承包商同意在保险合同列明工地范围内的活动的人员,皆属于本保险合同"第三者责任险"所指的第三者范畴。

本保险合同所载其它条件不变。

K60 工地外预制结构条款

兹经双方同意，本保险合同第一部分扩展承保在工地外任何场地处于加工或预制过程中的被保险财产。

本保险合同所载其他条件不变。

K61 广告及装饰装置责任条款

兹经双方同意，本保险合同扩展承保被保险人因在本保险合同明细表中列明的工程地址内、周边场所或其他列明的场所布置的广告、霓红灯、装饰物发生意外事故造成第三者人身伤亡或财产损失时应负的赔偿责任。

被保险人应保证指派合格人员对上述装置定期进行检查和维护。

本保险合同所载其他条件不变。

K62 干扰与阻塞条款

本保险合同的保障将扩展赔偿被保险人由于妨碍、失去舒适、非法侵害或干扰道路、灯、空中、水中的使用权而引起的法律责任或任何原因引起干扰第三者的财产或工作或使用或价值，除非是由于工作性质不可避免的、合理的、可预见的。

本保险合同所载其他条件不变。

K63 管理费用条款

兹经双方同意并约定，保险人负责赔偿被保险标的物发生保险责任范围内的损失需予以修复时，被保险人除修复费用外，业主为修复工作所发生的合理的管理费用，但施工合同金额内的管理费不属本条款赔偿范围。

本保险合同所载其他条件不变。

K64 滑坡责任特别条款

兹经双方同意，保险人负责赔偿由于危岩、孤石、岩体裂隙、雨水浸润、挖掘或爆破引起的局部山体滑坡所造成的损失和被保险人清除滑坡土石方的费用，其中清理土石方费用列入明细表保险项目中的清理残骸费用中计算。

本保险合同所载其他条件不变。

K65 滑坡及地陷责任条款

兹经双方同意，保险人负责赔偿由于危岩、孤石、岩体裂隙、雨水浸润、挖掘或爆破引起的局部山体滑坡或地陷所造成的损失和被保险人清除滑坡或下陷后的土石方费用、收复工地和削坡的合理费用，其中清理土石方费用列入明细表保险项目中的清理残骸费用中计算。

不论保险合同明细表内的保险财产是否遭受损失，上述费用亦应视作本保险合同的保障范围。

但下列责任除外：

(1)由于工艺不善或使有缺陷材料而造成的直接损失；

(2)因滑波和沉陷引起的其它后果损失。

本保险合同所载其它条件不变。

K66 货车装载条款

兹经双方同意,装载保险标的物的车辆或货柜暂时置于保险合同所载明的处所内时,保险人对该保险标的物于保险期间内,因本保险承保的风险所导致的毁损或灭失,亦负赔偿责任。

本保险合同所载其它条件不变。

K67 建筑、安装施工机具、设备扩展条款A

兹经双方同意,鉴于被保险人已缴付了附加的保险费,本保险合同扩展承保所附清单列明的建筑或安装施工机具、设备在安装、运行、拆除过程中的损失,但不负责赔偿建筑或安装施工机具、设备由于内在的机械及电气故障引起的损失,以及领有公共运输行驶执照的车辆的损失。

建筑、安装施工机具、设备应以该机具、设备的重置价投保,该重置价是指重置同型号,同负载的新设备所需费用。保险人同意以出险时施工机具、设备的重置价值作为应保险金额计算赔偿。

施工机具、设备进场前,必须向保险人申报设备的类型、数量、入场时间、保险金额。未及时申报,发生事故保险人不负责赔偿。

保险期间:自施工机具、设备进场日0时起,至施工完毕离场日24时结束

年费率:____%;

保险费率:保险费率=年费率×(保险期间/365);

保险费:保险费=保险金额×保险费率;

本保险合同所载其它条件不变。

K68 临时修理扩展条款

经保险人事先同意,本保险合同扩展承保被保险人为确保发生保险事故后工程能够继续进行而对受损工程实施的临时修理所发生的一切合理费用。

本保险合同所载其它条件不变。

K69 临保护措施条款

兹经双方同意,鉴于被保险人已支付了附加的保险费,如果保险财产的任何部分遭受承保范围内的损失,本保险合同扩展承保为进行合理的临时或永久性的修理而产生的必要费用,但仅限于为防止财产遭受进一步损失所进行的修理,且被保险人应保留上述修理支出的详细记录。

本保险合同所载其它条件不变。

K70 试车期电力意外中断条款

兹经双方同意,本保险合同扩展承保试车期间因任何外来原因导致的电力意外中断造成保险财产直接的物质损失或损坏。

本保险合同所载其他条件不变。

K71 实损实赔保险条款

兹经双方同意,本保险合同承保之保险标的物,其保险金额系以实损实赔为基础,保险

期间内每一次保险事故发生时，以实际损失赔付，不受其本保险合同他有关条款比例分摊之限制，但保险期内累计之赔偿金仍以保险金额限。若本条款与本保险合同内其他条款内容相冲突，以本条款所在内容为准。

本保险合同所载其他条件不变。

K72 停工损失扩展条款

兹经双方同意，本保险合同扩展承保被保险工程全部或部分停工期间发生本保险合同项下的保险责任范围内的事故导致的损失。但仅限于连续停工不超过3个月的工程部分，并且被保险人：

（1）在发生停工时，必须及时书面通知保险人，并向保险人提交由本工程总监理工程师签发的停工令或复工令；

（2）停工期间，必须对停工部分工程采取合理的防损措施。

本保险合同所载其他条件不变。

K73 文件和计算机记录扩展条款

本保险合同偿付被保险人用于工程建设的文件、手稿、图样、计划书和计算机系统的记录的费用和/或用于复制这些文件或记录而花费的费用（包括输入这些记录的费用），但不包括那些资料对被保险人的价值。

损失包括对含有材料的数据记录偶然的或蓄意地删除、破坏或曲解，及对设备的损坏，但以下列为条件：

a. 对恶意或意外删除文件导致的损失，本保险不负责赔偿事故发生后超过或持续超过12个公历月所造成的损失费用。

b. 被保险人应保存足够的所有计算机系统记录的备用复制件，并且应采取任何合理的预防措施来保持并贮存这些复制件。

c. 只要是合理可行的，被保险人应遵循生产商和/或供货商对计算机系统记录及资料进行安全保护的建议。

本保险合同所载其他条件不变。

K74 新增项目特别条款

兹经双方同意，本保险合同明细表保险项目土建工程中的新增项目将根据工程期间施工及设计修改的实际情况进行调整，该调整的部分全部列入本保险合同承保范围，新增项目的合同金额应计入本保险合同明细表中物质损失的预计总保险金额，但不得超过预计总保险金额的____%，对于超出部分，应支付相应的保险费。

本保险合同所载其他条件不变。

K75 震动、移动或减弱支撑扩展条款 A

本保险合同扩展负责赔偿被保险人因震动、移动或减弱支撑而引致建筑物结构（或构筑物）受损或危害占用者的安全（经有关部门鉴定为危房或危险建筑物）而所致的赔偿责任。

被保险人应注意以下列条件为限：

（1）事故发生前，该建筑物（或构筑物）应是完好安全的，并且被保险人对施工可能产生影响的建筑物(或构筑物)做好经该建筑物(或构筑物)业主确认的详细文字图片记录,并且已采取一切必需安全预防措施。

(2)当获知损坏后,而损坏程度未能影响建筑物(或构筑物)的安全性能、且该损坏是因为或认为是因与从事工程有关的震动、移动或减弱支撑而引致的结果,被保险人应立即停止施工并自负费用采取必需的安全措施加以防护加固。

(3)已被有关当局宣布为危楼(或构筑物)或已被命令拆除的建筑物,保险人对于该楼(或构筑物)因震动、移动或减弱支撑而引起的损失,不负赔偿责任。

保险人不负责赔偿被保险人:

既不影响第三者财产、土地或建筑物的稳定性,又不危及其拥有人的表面损坏;

在保险期间内,被保险人为防止损失发生而采取预防或减少损失的费用。

本保险合同所载其它条件不变。

K76 自动升值条款

兹经双方同意并约定,保险人同意本保险合同明细表所列各项目的保险金额应在本保险期间内按其比例部分增加百分之____,如增值超出这个比例,对超出部分应支付相应的保险费。

除非保险合同另有规定,本条款只对保险合同生效之日后的保险金额有效。

本保险合同所载其它条件不变。

K77 租赁费用条款

兹经双方同意,本保险合同扩展承保对于不再适合使用的受损保险建筑物或其任何部分进行重置期间所必须另行花费的租金。每次事故的最高赔偿限额为受损保险财产保险金额的____%或____万元,以高者为准。

本保险合同所载其他条件不变。

K78 自动承保竣工工程条款

兹经双方同意,如在保险人签发之____险第[____]号保险合同项下承保的任何工程,因工程所有人对部分或全部工程签发完工验收证书或验收合格,或工程所有人实际占有或使用或接收该部分或全部工程而导致上述之建筑工程一切险保险合同终止承保,则本保险即自动承保该部份或全部工程(财产),但规定被保险人一旦知悉上述保险终止情况时,应在____天内向保险人申报该部份或全部工程(财产)的保险金额并缴付按天数比例计算的附加保险费。

本保险合同所载其它内容不变。

K79 自动承保条款

兹经双方同意,本保险合同的赔偿将自明细表中描述的新置、新增财产完全建成或获得,或其转移至被保险人名下,或被保险人开始对其负责(除非另有其它保险)时起自动适用于所有这些新置、新增财产。但保险人在本扩展项下的责任不得超过总保险金额的____%。双方同意,被保险人应在获得上述财产的____天内书面通知保险人,并按日比例支付附加保险费。

本保险合同所载其他条件不变。

K80 建筑物变动条款

兹经双方同意，鉴于被保险人已缴付了附加的保险费，本保险合同扩展承保保险财产在进行扩建、改建、维修、装修过程中发生的本保险责任范围内的物质损失，但被保险人须以书面形式提前通知保险人并克尽职责防止损失发生。

本扩展条款项下总合同价不得超过：________________

本保险合同所载其它条件不变。

附加保险费：________________

二、限制类

X01 地震除外条款

兹经双方同意，保险人对被保险人直接或间接因地震引起的损失和责任不负责赔偿。

本保险合同所载其它条件不变。

X02 洪水除外条款

兹经双方同意，保险人对被保险人直接或间接因洪水引起的损失和责任不负责赔偿。

本保险合同所载其它条件不变。

X03 隧道工程特别除外条款

兹经双方同意，保险人对被保险人在工程建设中发生的下列损失和费用不负责赔偿。

（一）对软石地域灌浆或采取其他必要的安全措施；

（二）超过图纸规定的开挖以及因此而增加的回填费用；

（三）排水费用，即使水量远远超过原来的估计；

（四）排水系统的故障、损坏引起的，且若有充足的备用设备则可以避免的损失；

（五）因增加防水隔离措施，以及增加排放流水和地下水设备发生的费用。

本保险合同所载其它条件不变。

X04 农作物、森林除外条款

兹经双方同意，保险人对被保险人在工程施工期间直接或间接造成农作物、森林以及其它养殖类的损失或责任不负责赔偿。

本保险合同所载其它条件不变。

X05 大坝、水库工程除外特别条款

兹经双方同意，保险人对被保险人在工程建设中发生的下列损失和费用不负责赔偿：

（一）对软石地域灌浆或采取其它必要的安全措施；

（二）排水费用，即使水量远远超过原来的估计；

（三）排水系统的故障、损坏引起的，且若有充足的备用设备则可以避免的损失；

（四）因增加防水隔离措施，以及增加排放流水和地下水的设备而发生的费用；

（五）基础不实造成地陷引起的损失；

（六）裂缝和渗漏。

本保险合同所载其它条件不变。

X06 清除滑坡土石方特别除外条款

兹经双方同意,保险人不负责赔偿被保险人清除滑坡土石方的费用,但对滑坡造成工程地区重新开挖的费用在不超过原开挖费用的范围内负责赔偿。对被保险人未采取或未及时采取必要的措施而导致斜坡腐蚀的修补费用不负责赔偿。

本保险合同所载其它条件不变。

X07 旧设备除外条款

兹经双方同意,保险人对被保险的旧设备的下列损失不负责赔偿。

(一)可归因于该设备在本次安装之前的运行;

(二)可归因于该设备的拆卸(若本保险合同未承保该拆卸工程);

(三)任何非金属部分。

本保险合同所载其它条件不变。

X08 风暴除外条款

兹经双方同意,保险人对由于风速达到或超过(蒲福)8级(平均风速超过62千米/小时)的风暴直接或间接导致的损失、损坏或责任不负责赔偿。

本保险合同所载其他条件不变。

X09 隧道、坑道、临时或永久地下建筑安装工程特别条款

兹经双方同意,保险人对被保险人由于下列各项不负责赔偿:

(一)改变施工方法或地质条件不可预见的变化或地质障碍所增加的费用;

(二)为改善或稳定地质条件,或封闭入水口而采取的必要措施所发生的费用,但为修复受损保险财产所必须采取的措施不在此限;

(三)清除挖掘物,或者清除超挖物及由此产生的回填费用;

(四)排水费用,但为修复受损保险财产所必须采取的排水措施所发生的费用不在此限;

(五)使用备用设施本可以避免的排水系统损坏;

(六)放弃或恢复隧道挖掘设备;

(七)为挖掘进行支撑或加固地面所需的膨润土等任何媒介物。

保险人依照本保险合同应赔偿金额以将保险财产恢复至受损前技术标准所规定的费用为限,但不超过损失发生区域原挖掘费用的百分之____(____%)。

本保险合同所载其他条件不变。

X10 打桩及挡土墙除外条款

兹经双方同意,保险人对以下费用不负责赔偿:

(一)由于以下原因更换、矫正桩柱或挡土墙:

1. 在施工中错误放置、错误连接或挤压;

2. 在打桩或抽取过程中丢失、放弃或损坏;

3. 打桩设备或套筒的故障或损坏导致阻塞。

(二)修复断开或分离的板桩。

(三)修复任何物质的渗漏或渗透。

（四）填充空隙或更换消耗掉的膨润土。

（五）由于桩基或地基工程不能通过负载测试或其它未达到设计承载能力。

（六）修复侧立面或结构。

本条款不适用于由于自然灾害造成的损失，证明损失属于保险责任的举证之责应由被保险人承担。

本保险合同所载其他条件不变。

X11 水平钻探损失除外条款

兹经双方同意，保险人对下列原因造成的损失、损坏或责任不负责赔偿：

——直接或间接由于水平钻探造成的损失；

——水平作业区内管道自身的损失。

本保险合同所载其他条件不变。

X12 打桩特别条款

兹经双方同意，保险人对被保险人在打桩过程中发生的下列损失和费用不负责赔偿：

（一）非自然灾害原因引起的吊运、移置所造成的桩折断、报废；

（二）因地质条件与原设计条件变化而引起的折断、弯曲、卡桩；

（三）不符合设计要求的桩位误差而引起的桩板报废或拔除；

（四）打桩过程中非自然灾害原因引起的掉锤脱落。

本保险合同所载其它条件不变。

X13 沉降特别条款

兹经双方同意，对于地基、道路、桥梁由于下列沉降引起的损失、费用或责任，保险人不负责赔偿：

（一）因未进行足够的加固或改良所引起的沉降；

（二）可预见的沉降；

（三）与所用的材料或施工方法有关的沉降。

本保险合同所载其它条件不变。

X14 地下服务设施条款

保险人不负责赔偿现有地下服务设施（如水、气或下水管，电线或电话线）损失或损坏，除非在挖掘开始之前，被保险人已向有关政府部门询问此种设施的确切位置，在有关政府部门指示设施存在于工地附近时，被保险人应在进行任何机械挖掘之前手工挖掘试坑，以确定设施位置，如果手工挖掘仍无法确定，被保险人应要求有关政府部门给予帮助。

保险人的责任限于对受损的地下服务设施进行修理、替换或重置的费用，并不扩展包括服务中断引起的后果损失。

每次事故免赔额为：____________________。

本保险合同所载其他条件不变。

X15 涵洞、溶洞工程除外责任条款

本条款规定：在保险合同其他承保条件、保障范围、除外责任不变的情况下，保险人对下列各项损失或费用不负赔偿责任：

（1）软石、溶洞地域灌水泥浆及采取的其他即便是工程所需的正常安全措施；

（2）排水费用（即便水量大大超过了预计量）和后果；

（3）排水系统的机器损坏所致损失（假如排水系统的机器损坏在有足够的备用设施情况下完全可以避免的）；

（4）防止流水、地下水渗漏的附加绝缘设施及其他装置的费用；

（5）由于被保险人能合理预见但未能及时采取措施而致的侵蚀坡面及其他斜坡地区的修理费用；

（6）基础不实引起的地面塌陷损失；

（7）裂口及渗漏；

（8）超过设计和规范要求挖掘量的挖掘费用及由此产生的额外填充费用。

本保险合同所载其它条件不变。

X16 打桩工程和挡土墙保护工程的特别条款

兹经双方同意，本保险合同所有条款、除外责任及条件均适用于本扩展条款，保险人不赔偿被保险人的下列责任：

1. 更换或矫正地桩或保护挡土墙的基础：

a）在工程期间发生的错误的更换或错误的调整或堵塞；

b）在操纵或取出时被丢失或抛弃或损坏；

c）打桩设备或包装被堵塞或损坏而造成的阻塞。

2. 为矫正桩的分离或停转；

3. 为调整任何种类材料的任何泄漏或渗透；

4. 为填补空隙或更换流失的斑脱；

5. 任何由于地桩或地基没有通过装载负担程度试验或没有达到设计装载度的容量而导致的后果；

6. 重新调整外形或规格；

7. 工程设计或其它施工规范所允许或预计的损耗。

本除外条款不适用于任何因自然灾害而引起的损失或损毁，被保险人有责任证明这样的损失或损毁是否适用于该保险。

X17 地基不牢引发陆地下沉的除外条款

如因基础夯压不实、天然基础改进不当、建筑工艺或材料缺陷等导致的可预见的地面下沉损失，而不能归因于不可预见事故的，本保险不负赔偿责任。

本保险合同所载其他条件不变。

三、规范类

G01 地震地区建筑物特别条款

兹经双方同意，若被保险人能证明工程的设计、材料、工艺以及建筑物结构均已符合有关当局对房屋建筑的抗震要求，保险人对被保险人由于地震引起的损失和责任予以赔偿。

本保险合同所载其它条件不变。

G02 建筑、安装工程时间进度特别条款

兹经双方同意,本条款规定,被保险人为获得本保险合同的保障,应向保险人提供建筑或安装工程时间进度表,包括其它书面材料及技术资料,上述资料作为本保险合同的组成部分。除非保险人在损失发生前已书面同意被保险人提出的时间进度偏差期限,保险人对建筑或安装工程时间进度偏差超过以下列明的期限所引起或扩大的损失不负责赔偿。

本保险合同所载其它条件不变。

时间进度偏差________星期

G03 工棚、库房特别条款

兹经双方同意,只有在被保险人将工棚、库房落址在工地周围高于最近20年记载中高水位的地方,并且每一工棚、库房或间隔50米,或由防火墙分隔的情况下,保险人对被保险人因火灾,洪水直接,或间接造成工棚、库房的损失和由此产生的责任负责赔偿。

本保险合同所载其它条件不变。

G04 施工用机具特别条款

兹经双方同意,只有在被保险人将施工结束后,或任何施工中断时的施工用机具放置在最近20年未遭受洪水或水灾侵害的地方的情况下,保险人对被保险人因洪水或水灾直接或间接造成施工用机具的损失及由此产生的责任负责赔偿。

本保险合同所载其它条件不变。

G05 建筑材料特别条款

兹经双方同意,只有在被保险人的建筑材料超过3天的用量,且超过此量的材料放置在最近10年未遭受洪水或水灾侵害的地方的情况下,保险人对被保险人因洪水或水灾直接或间接造成建筑材料的损失及由此产生的责任负责赔偿。

本保险合同所载其它条件不变。

G06 防火设施特别条款

兹经双方同意,保险人仅在被保险人做到并符合下列各条要求后对被保险人因火灾爆炸直接,或间接引起的损失负责赔偿:

(一)工地上应始终配备足够的和有效的消防设备以及充足容量的灭火用具。并使之处于随时可用的状态;

(二)保证足够数量的人员受到使用该消防设备的训练,并能随时进行灭火工作;

(三)若建筑、安装工程需设材料仓库,则库存物应分置若干库存点,每一库存点的材料不得超过以下列明的金额,每一库存点或间隔50米或由防火墙分隔;所有易燃物,尤其是所有易燃液体和气体的放置地应远离正进行建筑、安装的财产或任何明火作业区;

(四)易燃物附近动用明火,或进行烧焊,切割作业时必须至少有一名受到消防训练并配备灭火器材的人员在场;

(五)试车开始时,所有为设备运行而设计的消防设施必须安装就绪并能使用。

本保险合同所载其它条件不变。

每一库存点金额：____________________

G07 铺设水、污水管特别条款

兹经双方同意，保险人负责赔偿被保险人因作业井、沟、水管遭受水淹、淤塞引起的损失和责任。但每次开挖的长度，无论是部份或全部开挖均不得超过以下列明的长度。

保险人仅在下述情况下予以赔偿：

（一）水管铺设后，应保证立即填实，以避免沟壕水淹后水管移位；

（二）水管铺设后，应保证立即封闭管口，防止水、淤泥等渗透；

（三）一旦压力测试结束，水管测试部分的沟、壕应立即填实。

本保险合同所载其它条件不变。

每次开沟长度：____米

G08 钻井工程特别条款

兹经双方同意，钻井工程的责任范围将限制在下列风险引起的损失：

（一）地震、火山爆发、海啸；

（二）暴风雨、龙卷风、洪水、滑坡；

（三）井喷或形成坑状；

（四）火灾、爆炸；

（五）自涌水流；

（六）实践中无法克服的泥浆损失；

（七）实践中无法克服的洞孔塌方或由于异常，或页岩膨胀导致洞壁塌方。

保险人的赔偿以导致弃井后果的上述风险出现时已发生的钻井费用（含材料）为限。被保险人应承担以下列明的每次事故免赔额。特别除外条件：保险人不负责赔偿钻机及钻井设备的损失（钻井商可为此安排其它特殊的保险）、各种打捞费用以及为恢复钻井状态而进行修正、研究检查（包括酸处理、断面切除等促进工作）所发生的费用。

本保险合同所载其它条件不变。

每次事故免赔额：________，或损失金额的20%，以高者为准。

G09 碳氢化合物生产业特别条款1

兹经双方同意，以下条件适用于本保险条款

（一）一旦碳氢化合物进入机器设备，本保险合同明细表物质损失项下每次事故免赔额将为________，该免赔额也适用于因火灾及爆炸引起的损失；

（二）一旦碳氢化合物进入机器设备，保险人对下列各项不负责赔偿：

1. 催化剂的损失（除非经其它特别条款承保）；

2. 由于任何管道的过热或断裂引起的重整装置的损失；

3. 由于放热反应引起过热或断裂并导致机器设备的损失；

4. 由于故意未按技术规范操作，或切断安全装置引起的机器设备的损失；

本条款对因上述原因引起的任何第三者的损失不负责赔偿。

本保险合同所载其它条件不变。

G10 碳氢化合物生产业特别条款 2

兹经双方同意，鉴于被保险人已缴付了附加的保险费，本保险合同特别条款项下碳氢化合物生产业特别条款(二)下第 1 条“催化剂的损失(除非经其它特别条款承保)”的措词改为“催化剂的损失，除非该损失是由本保险合同予以赔偿的机器设备的损失造成的”。

本保险合同所载其它条件不变。

附加保险费：____________________

G11 核燃料组件条款

兹经双方同意，鉴于被保险人已缴付了附加的保险费，本保险合同根据以下条件扩展承保核燃料组件的损失。

(一)定义

核燃料组件包括：

1. 核燃料(可裂变的，或增殖的，或化合的，或合成的原料)；

2. 燃料包层；

3. 支撑结构。

(二)承保期限

在本保险合同有效期限内，本条款承保期限自燃料组件在安装工地卸下起，至每一燃料组件置入压力反应堆的位置后止。

若本条款承保的平均持续时间超过____个月，被保险人应向保险人申请延长期限。

(三)一旦发生损失，本条款负责赔偿扣除免赔额后的所有损失修理费用，该费用包括：

1. 从损坏的燃料组件中提取燃料，并对此检查和储存的费用；

2. 修理或重新放置燃料包层及支撑结构的费用；

3. 重新加工处理受损核燃料的费用；

4. 重新放置受损核燃料的费用；

5. 将核燃料、燃料包层及支撑结构组装成燃料组件的费用；

6. 运输和保险费用，包括为获得必要的进口和运输许可而支付的费用。任何受损燃料组件的赔偿金额都不超过该燃料组件在保额中所占的比例。

本保险合同所载其它条件不变。

每次事故免赔额：____________________

附加保险费：________(燃料组件的实际金额________ ×‰/年度)

燃料组件的实际金额：________日期：________燃料重量(吨)：________

实际金额：____________________

G12 压力反应堆特别扩展条款

兹经双方同意，鉴于被保险人已缴付了附加的保险费，本保险合同扩展承保压力反应堆及内部物体(燃料组件及吸收器成分除外)，对通常修理费用及清除污染费用不作区别，本条款项下每次事故赔偿金额不超过以下列明限额。

压力反应堆的外部范围根据附件第____号图纸所示确定。

本保险合同所载其它条件不变。

每次事故赔偿限额：____________________

附加保险费：____________________

燃料组件________核燃料（可裂变的、或增殖的、或化合的、或合成的原料），燃料包层及相关的支撑结构。

吸收器成分________关闭杆、控制棒及相关的结构材料。

G13 铺设管道、电缆特别条款

兹经双方同意，保险人负责赔偿被保险人在全部，或部份开挖时遭受暴风雨、雨水、洪水而引起泥沙淹没、淤塞、腐蚀、塌方及管道、电缆、埋设物的浮起导致的损失。但每次开挖长度不得超过以下列明的公里。

被保险人应保证管口处备有应急的封堵设备，并在任何停工期间诸如夜晚、假日等，封堵可能受到洪水侵害的管口。

本保险合同所载其它条件不变。

每次开沟长度________公里

G14 工地外储存物特别条款

兹经双方同意，本保险合同扩展承保本保险合同明细表中列明的工地以外的储存物，但该储存物的金额应包括在保险金额中。被保险人应根据保险人要求提供：

（一）工地外储存的地址：________________

（二）储存物的最高金额：________________

（三）储存期限。

被保险人应保证：

（一）上述工地外储存地点必须有安全警卫人员24小时值班；

（二）上述工地外储存地点必须符合储存物的存放要求。

本保险合同所载其它条件不变。

每一储存点每次事故赔偿限额：____________________

G15 时间调整特别条款

兹经双方同意，本保险合同项下被保险财产因在连续72小时内遭受暴风雨、台风、洪水或地震所致损失应视为一单独事件，并因此构成一次意外事故而扣除规定的免赔额。被保险人可自行决定72小时期限的起始时间，但若在连续数个72小时期限时间内发生损失，任何两个或两个以上72小时期限不得重叠。

本保险合同所载其它条件均不变。

G16 地下炸弹特别条款

兹经双方同意，本保险合同总除外责任（一）1.“战争、类似战争行为、敌对行为、恐怖行动、谋杀、政变。”不适用于工程开工前就已在地下或水下埋藏的炸弹、地雷、鱼雷、弹药及其它军火引起的损失。

本保险合同所载其它条件不变。

G17 运输险、工程险责任分摊条款

兹经双方同意,保险人要求:

(一)一旦原材料及设备运抵工地,被保险人应立即检验其运输途中可能发生的损失,若裸装货物损失明显,被保险人应在运输险保险合同下提出索赔。

(二)若包装的货物未立即开箱,需放置一段时间,则被保险人应观察检验外包装是否有货损迹象。若货损迹象明显,被保险人应在运输险保险合同下提出索赔。

(三)若货物外包装无货损迹象,并且货物仍处于包装状态,直至货物开箱时才发现损失,该损失将视作发生在运输期间,除非从损失的性质上有明显的证据表明损失确系发生在运输保险终止后。

(四)若无明显证据确定损失的发生时间,则该损失将由运输保险及本保险各分摊50%。

本保险合同所载其它条件不变。

G18 分期付费条款

兹经双方同意,本保险合同项下的保险费按下列条件分____期缴付:

分期数	缴付保险费金额	缴付日期
______	______________	________

若被保险人未按上述缴付日期缴付规定的保险费,从应付日起至实际缴付日止的期限内,若保险财产发生损失,保险人不负责赔偿。

被保险人在付清本保险合同项下全部保险费之前,如保险财产发生损失,保险人应支付的赔款数额超过被保险人已缴付的保险费时,保险人有权在赔款中扣除被保险人尚未缴付的保险费。

本保险合同所载其它条件不变。

G19 连续损失特别条款

兹经双方同意,鉴于投保人已交付了附加的保险费,本保险合同增加以下条款:

由于设计错误、铸造或原材料缺陷、工艺不善(安装错误除外)等原因中同一原因多次造成相同类型或型号的机器设备的损失或损坏,保险人对每次事故扣除保险合同约定的免赔额后,按下列比例赔偿:

第一次事故:100%;

第二次事故:100%;

第三次事故:80%;

第四次事故:60%;

第五次事故:50%;

以后同类事故不予赔偿。

附加保险费:____________________

本保险合同所载其他条件不变。

G20 预防降雨、洪水等安全措施特别条款

兹经双方同意，只有当保险工程在设计中已考虑并在建设中已采取了合理的安全保护措施的情况下，保险人才对工程因降雨、洪水原因直接或间接造成的损失、损坏或由此产生的责任负责赔偿。

合理的安全保护措施是指在整个保险期间内，根据气象部门提供的数据，被保险人在保险财产所在地点采取能够预防当地20年一遇的降雨、洪水的措施。

由于被保险人没有及时清除工地内沟渠中（无论是否有水）的障碍物保持水流畅通而造成的损失、损坏或由此而产生的责任，保险人不负责赔偿。

本保险合同所载其他条件不变。

G21 分段施工特别条款

兹经双方同意，不论保险工程施工进度如何，只有当修筑边坡、道路、开挖河道、沟渠工程中分段施工的总长度不超过以下列明的最大长度时，保险人才对因保险事故造成的保险工程的损失、损坏或引起的责任负责赔偿，且每次事故的赔偿限额不得超过该分段施工的修复费用。

每段施工的最大长度：________米。

本保险合同所载其他条件不变。

G22 工地内消防设施和防火措施特别条款

兹经双方同意，仅在被保险人做到下列要求后，保险人才负责赔偿被保险人由于火灾或爆炸造成的损失或损坏：

（一）工地上应按消防部门制定的有关防火规范配置消防器材以供随时使用；功能完善的消防水龙必须安装至最高施工层的下一层并用临时端盖密封。

（二）定期检查水龙带和便携式灭火器，每周至少两次。

（三）拆除模板后，应立即根据消防技术规范设立消防分隔墙；在安装工程开始前，应尽快暂时关闭升降梯井、施工通道及其他开口。

（四）废弃材料必须定期清除，安装楼层每天工作完毕后必须清扫易燃废弃物。

（五）所有从事下列明火或高温作业的承包商必须实施工作许可证制度：

1. 研磨、切割和焊接作业；

2. 使用喷灯、焊炬；

3. 使用高温沥青；

4. 其他明火操作。

明火作业必须至少有一名受过消防训练并配备灭火器材的人员在场情况下方能进行。

明火作业结束后一小时必须对该作业区进行检查。

（六）建筑安装材料必须分隔储存，每一储存点的材料库存不得超过下列限额，且各储存点之间至少要有50米间隔或用防火墙隔离。

所有易燃物品特别是易燃液体和气体的放置必须符合有关部门制定的安全规范要求。

（七）指定一名现场安全协调员。

现场安装可靠的火警系统,如有可能应与最近的消防队建立直接的通讯联系;制定防火规章和现场消防预案并定期更新;承包商的员工要进行灭火培训,每周进行消防训练;向最近的消防队提供现场情况并始终保持工地内消防通道畅通。

(八)现场必须用围墙封闭。

每一储存点的材料库存限额:____________________

本保险合同所载其他条件不变。

G23 币种特别条款

兹经双方同意,如发生本保险合同责任范围内的损失,赔款币种应与交付保险费的币种相一致。

本保险合同所载其他条件不变。

G24 违反义务特别条款

兹经双方同意,如被保险人或其代表在索赔时有任何欺诈行为、进行错误陈述,或采取欺诈手段或方式以图在本保险合同项下获取利益,保险人对其虚假的索赔不承担赔偿责任。

尽管如此,一个被保险人违反本保险合同约定的义务,并不影响其他被保险人在本保险合同项下的权益,但是,当其他被保险人获知违约行为后应立即以书面形式通知保险人并采取补救措施代为履行相应义务,否则,保险人依照合同拒绝赔偿的权利不受影响。

本保险合同所载其他条件不变。

G25 自动恢复保额特别条款

兹经双方同意,在保险人对保险财产的损失予以赔偿后,原保险金额自动恢复。但被保险人应按日比例补交自损失发生之日起至保险终止之日止恢复保险金额部分的保险费。否则,本条款无效。

本保险合同所载其他条件不变。

G26 试车特别条款

试车和启动指每台设备通过通电或者锅炉第一次点火进行运行测试或负载测试。

以上试车和启动不包括任何水压、气压、电气、机械测试或其他检测。

本保险合同所载其他条件不变。

G27 诉讼及劳务费用特别条款

如发生保险责任范围内的损失,被保险人为抗辩、保护或追讨保险财产而依法必须进行的诉讼,不应影响本保险合同条款的效力;同样,被保险人或保险人为追偿、保护或保存保险财产而采取的行动也不应视为放弃或接受受损保险财产残余部分的权利。

由此产生的费用按被保险人与保险人各自利益的比例分摊。

本保险合同所载其他条件不变。

G28 被保险人保证特别条款

被保险人同意严格按政府主管部门颁布的技术规范标准和相关操作规程进行施工管理和作业。否则保险人对由此导致的任何损失、费用和责任不负责赔偿。

本保险合同所载其它条件不变。

G29 临时通道特别条款

兹经双方同意，保险人负责赔偿承保的临时通道所遭受的不可预见的意外损失或损毁，但该项损失或损毁发生只有在该通道完工前或为承包商按其意图所使用之前，两种情况以较早的时间为准。

本保险合同所载其它条件不变。

G30 弃井特别条款

兹经双方同意，保险人对任何原因放弃竖井而导致的任何责任、损失或损毁不负责赔偿。

本保险合同所载其他条件不变。

G31 保护现场条款

兹经双方同意，发生本保险合同项下保险责任范围内风险事故时，被保险人应及时通知保险人，保险人在正常工作时间内，应在____小时内到达现场。4小时后，若保险人代表未赶到现场，被保险人可根据工程损失现状及检验需要，事故现场在拍照保留证据后不再保留。其他时间发生事故，现场尽量保留到次日，如工作急需，拍照后将不被保留。

但被保险人为进行施救或减少损失，在保险人代表未赶到现场前或未拍照前破坏了现场，由此产生的后果，不能作为保险人拒赔的理由。被保险人应做好对第一现场拍照或录像的工作。

本保险合同所载其他条件不变。

G32 保险金额及保险费调整条款

兹经双方同意，被保险人应在本保险合同列明的保险期间届满后____个月内向保险人申报最终的工程决算金额。

如本保险合同项下保险工程决算金额与保险金额相差不超过±_____%，则保险人同意在本保险期间结束后不再对保险费进行调整。

本保险合同所载其它条件不变。

G33 财产指定条款

兹经被保险人申请，保险人同意可以以被保险人的财务账册中的会计科目作为确定某项财产在哪一对应栏目项下投保的依据。

本保险合同所载其他条件不变。

G34 打桩工程条款

本保险对下列原因导致的基桩损失不负赔偿责任：

对受损基桩进行更换、矫正，包括：

抽取桩套时发生废桩或基桩受损；

由于打桩设备或桩套阻塞、损坏导致的桩基受损。

2. 矫正松脱的桩板；

3. 矫正基桩材料的渗漏；

4. 灌桩或更换流失的粘土（斑特土）；

5. 桩基未能通过设计荷载试验或者没有达到设计的荷载能力；

6. 恢复基桩的剖面或截面。

上述规定不适用于由地震、风暴、洪水、海啸、台风、飓风和滑坡导致的基桩损失。

本保险合同所载其他条件不变。

G35 地下工程条款

兹经双方同意，自本保险合同生效之日起，本保险合同特别条款中增加下列条件：

无论本条款是否与本保险合同其他内容相抵触，关于隧道、竖井、洞穴和其他类似的地下工程：

1. 保险人对下列情况不负责赔偿：

（1）开挖超出设计图纸规定的开挖范围或标高，由此引起的清除塌方和回填费用；

（2）为支撑、加固和稳定岩土而采取的安全措施的费用，无论这种损失已经发生或将要发生或尚未显现；

（3）膨润土、护壁泥浆和其他土质稳定添加剂的损失；

（4）由于隧道掘进机的废弃或修复引起的费用（包括隧道工程施工比原定施工方案增加的任何费用）；

（5）工程废弃或停工引起的损失（包括废弃工程本身的价值）。

2. 被保险人应持续勘查和监测岩土变形并保留相关勘测记录，并根据规范规定、设计要求和经批准的方案采取合理的防损措施。

3. 若发生全部或部分倒塌，根据赔偿处理条款和以上 1 条款的约定，保险人负责赔偿由物质损失直接引起的修理、重建、重置和其他为使工程完工而采取的合理措施的费用。但以下列条件为限：

（1）在损失发生前本应采取的防损减损措施的费用除外；

（2）地下工程发生损失后的施救费用以受损财产保险金额的 50% 为限；

（3）在隧道工程发生本保险合同责任范围内的损失时，本保险合同的最高赔偿限额（包括保险工程损失、施救费用和清除残骸费用的总和）将以受损财产恢复至受损前之状态或受损前之相应技术状态的费用为限，并且不超过受损区域平均每米的原始建造价的 125% 乘以实际受损区段长度（m）。

4. 每次事故免赔额：

本保险合同所载其它条件不变。本附加险条款未约定事项，以主险条款为准；主险条款与本附加险条款相抵触之处，以本附加险条款为准。

本保险合同所载其他条件不变。

G36 地下工程条款 A

兹经双方同意，自本保险合同生效之日起，本保险合同特别条款中增加下列条件：

关于隧道、竖井、洞穴和其他类似的地下工程，无论本条款是否与本保险合同其他内容相抵触，其约定以本条款为准：

1. 保险人对下列情况不负责赔偿：

开挖超出设计图纸规定的开挖范围或标高，由此引起的清除塌方和回填费用；

为支撑、加固和稳定岩土而采取的安全措施的费用，无论这种损失已经发生或将要发生或尚未显现；

膨润土，护壁泥浆，药液灌注和其他土质稳定添加剂的损失；

抽排水设备发生故障，倘使备用设备即可避免者，其所致之毁损或灭失；

为排除地面或地下水所需费用，包括水量超过预估数量所致者；

为排除地面或地下水增加之密封、防水或阻绝措施所需费用；

开挖面挤压变形致净空不足所需之修挖补救费用；

由于隧道掘进机的废弃或修复引起的费用；

修理、调整或校正施工用机具设备、推进管、环片或其他类似财务所需费用；

工程废弃或停工引起的任何损失、费用和责任；

2. 被保险人应持续勘查和检测岩土变形并保留相关勘测记录，并根据规范规定、设计要求和经批准的方案采取合理的防损措施。

3. 若发生全部或部分倒塌，根据理赔处理和以上 1 条款的约定，保险人负责赔偿由物质损失直接引起的修理、重建、重置和其他为使工程完工而采取的合理措施的费用。但以下列条件为限：

（1）在发生损失前本应采取的防损或减损措施的费用除外；

（2）在隧道工程发生本保险合同责任范围内的损失时，本保险合同的最高赔偿限额将以受损财产恢复至受损前之状态或受损前之相应技术状态的费用为限，但不超过以下列明的受损区域平均每米的原始建造的百分比上限。该最高赔偿限额包括施救费用及特别费用等所有费用。但清除残骸费用和专业费用不受此限。

百分比：____%

本保险合同所载其他条件不变。

G37 地下工程条款 B

兹经双方同意，自本保险合同生效之日起，本保险合同特别条款中增加下列条件：

无论本条款是否与本保险合同其他内容相抵触，关于隧道、竖井、洞穴和其他类似的地下工程：

1. 保险人对下列情况不负责赔偿：

（1）开挖超出设计图纸规定的开挖范围或标高，由此引起的清除塌方和回填费用；

（2）为支撑、加固和稳定岩土而采取的安全措施的费用，但损失发生后产生的该类费用除外；

（3）膨润土、护壁泥浆和其他土质稳定添加剂的损失；

（4）工程废弃引起的损失。

2. 被保险人应持续勘查和监测岩土变形并保留相关勘测记录，并根据规范规定、设计要求和经批准的方案采取合理的防损措施。

3. 若发生全部或部分倒塌，根据赔偿处理条款和以上 1 条款的约定，保险人负责赔偿由物质损失直接引起的修理、重建、重置和其他为使工程完工而采取的合理措施的费用。但以下列条件为限：

(1)在损失发生前本应采取的防损减损措施的费用除外；

(2)地下工程发生损失后的施救费用以受损财产保险金额为限；

(3)在隧道工程发生本保险合同责任范围内的损失时，本保险合同的最高赔偿限额(包括保险工程损失、施救费用和清除残骸费用的总和)将以受损财产恢复至受损前之状态或受损前之相应技术状态的费用为限，并且不超过受损区域平均每米的原始建造价的____%乘以实际受损区段长度(m)。

本保险合同所载其它条件不变。

G38 地域调整特别条款

兹经双方同意，本保险合同项下保险工程因在半径为50km的圆型地域范围内遭受暴风、暴雨、洪水或地震所致的损失视为一单独事件，并因此构成一次意外事故而扣除规定的免赔额。被保险人可自行决定圆心的位置，但若在连续数个圆形地域范围内发生损失，任何两个或两个以上圆形地域范围不得重叠或交叉。

本保险合同所载其它条件不变。

G39 放弃评估条款

兹经双方同意，如果被保险人的不动产遭受损失，总索赔金额不超过人民币____万元时，保险人不要求就未受损财产提供特别清单或进行评估。

本保险合同所载其他条件不变。

G40 钢结构施工责任界定特别条款

兹经双方同意，在钢结构施工时，无论是钢结构中的单构件，还是已拼装成整体的钢框架、钢屋架，无论是在业主指定的仓库、接货地点、区域(仅限于北京市行政管辖内)至工程所在地的运输途中，还是在堆放、吊装或安装时的支架垮塌所发生的碰撞、变形、坠落毁损造成的事故均属于保险责任。

但被保险人在钢结构施工时，必须按规范、设计要求及已批准的施工工艺进行操作，任何被保险人及其代表的故意行为或重大过失引起的损失均不构成保险责任。

本保险合同所载其他条件不变。

G41 工地安全和火警安全条款

被保险人应采取任何合理的措施来维持项目工地的安全水准和保险人所建议的救火设施，被保险人就保险人对保险财产的防灾防损的合理要求必须遵从。

本保险合同所载其他条件不变。

G42 共同被保险人条款

所有组成共同被保险人的各方当事人在本保险合同下的权益应被认为如同各方当事人拥有独立保险合同下的权利一样，每一被保险人在本保险合同下的正当权益不因其他被保险人的欺诈、错误告知、隐瞒或违反保险合同条件等违法或过错行为而受损害。但保险人对所有共同被保险人所承担的全部赔偿责任不超过保险合同中列明的保险金额或赔偿限额，以及批单或扩展条款中规定的分项限额。

双方同意保险人对共同被保险人中的一个或数个被保险人进行赔付后，本保险合同项下总计保险金额相应减少。

双方同意在发生损失时，所有共同被保险人总是保持和执行各种合约以及各自的合约赔偿。

双方同意保险人对任何被保险人的欺诈、错误告知、隐瞒、或违反保险合同条件等违法或过错行为造成其本身的损失不负赔偿责任。

本保险合同所载其他条件不变。

G43 关税条款

兹经双方同意，本保险合同之保险金额内已包含意外发生被保险财产损失后，被保险人需缴付的所有税项，包括进口关税。

本保险合同所载其他条件不变。

G44 工程中断条款

当由于任何原因项目工作或任一部分将要中断，并且被保险人提供相关通知的情况下，本保险合同提供可以继续不间断的提供保障。

被保险人应保持合理的审慎，以确保停工期间被保险财产得到经常检查和维护，被保险人应采取合适的步骤以确保被保险财产免受损失和损坏。

本保险合同所载其他条件不变。

G45 工程承包合同申报条款

兹经双方同意，本保险合同扩展承保本保险生效后被保险人在被保险地点新增加的工程项目。但被保险人须以书面形式提前申报增加的工程项目的合同及其价格，保险人据此向被保险人收取附加保险费。

本保险合同所载其他条件不变。

合同期自动延期条款

兹经双方同意并约定，在被保险人的事先通知的情况下，保险人将自动延长本保险合同保险期____天且不另收保费。

本保险合同所载其它条件不变。

G46 合同期自动延期条款

兹经双方同意并约定，在被保险人的事先通知的情况下，保险人将自动延长本保险合同保险期____天且不另收保费。

本保险合同所载其它条件不变。

G47 汇率条款

无论保险明细表的列明金额采用何种币种，在损失发生时，汇率的换算以损失发生当日的外汇牌价计算，汇率换算适用于损失发生时的支付和赔付金额。

本保险合同所载其他条件不变。

G48 急救费用条款

兹经双方同意，本保险合同扩展被保险人因本保险合同明细表中列明的施工场地及其邻近区域内发生意外事故造成第三者人身伤亡时应支付的合理急救和救护车的费用。但保险期间内，金额不得超过：____________

累计及每次事故赔偿限额：____________

本保险合同所载其他条件不变。

G49 建筑、安装期限延长条款

兹经双方同意，如被保险工程不能按期完工，延期在三个月以内的，本保险合同的保险期间自动随工期延长，保险人不加收保险费。对于延期在三个月以上的部分时间，被保险人缴纳本保险合同项下按日比例计算的保险费，保险期间可以继续延长。但对于延长期超过____个月以上部分，双方可以协商新的承保条件另行承保。

本条款适用于工程各个部分。

本保险合同所载其他条件不变。

G50 基础托换特别条款

兹经双方同意，保险人对被保险人在工程施工期间使用基础托换施工直接对被托换的原建筑物部位本身造成的损坏不负责赔偿，但保险人对由此施工引发的意外事故造成原建筑物其他部位财产的直接物质损失承担赔偿责任。

保险人对下列情况不负责赔偿：

（一）对原建筑物采取的安全预防措施的费用。

（二）被保险人因未进行地质详勘而违反设计文件和施工组织设计的规定及要求进行施工造成原建筑物本身的损失。

（三）因设计错误造成被托换的原建筑物损失，以及既不损害原建筑物的稳固又不危及使用者安全的裂缝损失。

本保险合同所载其它条件不变。

G51 跨线施工扩展条款

兹经双方同意，若在施工过程中需要跨线（包括铁路、公路及乡间道路）而非故意损坏沿线相邻的铁路、公路及乡间道路设施或机车，汽车等财产及人员伤亡，依法应由本工程施工方负责的第三者经济损失，保险人负责赔偿。

本保险合同所载其他条件不变。

G52 免检条款

兹经双方同意，第一部分项下的索赔如果预计金额不超过________（已扣减应适用的免赔额），在出险后____个小时内，如果保险人没有到现场进行出险后的查勘，即表示保险人同意对事故予以认可，无须再进行第一现场的查勘，同时表示同意被保险人无须事先同保险人协商即可着手修复，但应向保险人递交一份附有支持文件的全面的书面事故报告，并保留所有损失照片。尽管有前述规定，被保险人应在出险后第一时间内通知保险人，保险人保留检查损失现场的权利。

本保险合同所载其他条件不变。

G53 免费物料条款

本部分所指的材料包括业主免费提供的材料。此材料价值已包括在项目保险金额内。

本保险合同所载其他条件不变。

G54 赔偿基础条款

本保险合同第一部分的赔偿应根据本保险合同的条款和条件,赔付被保险人修理、重置或更换受损财产(包括额外营运测试、试运行,或额外可靠性测试或此保障范围内的损失所需要的额外性能测试的费用)所需的全部费用。此费用可能与原工程费用不同,及应包括所有税收、进口关税,即使它们与保险生效时不同,或在保险合同生效后征收。

在计算工程的复原或重置价值时,那些在计算保险金额时所包含的费用因素将被考虑。

对于任何赔款或索赔,当被保险人与保险人已达成赔偿金额一致的意见或协议时,保险人应从协议达成之日起 30 天内将同意的赔偿金额支付于被保险人。

本保险合同所载其他条件不变。

G55 赔偿处理特别约定

一、保险标的发生保险责任范围内的损失,保险人有权选择下列方式赔偿:

(一)货币赔偿:按照受损标的的实际损失程度和本保险合同的约定,以支付保险金的方式赔偿;

(二)实物赔偿:保险人以实物替换受损标的;

(三)实际修复:保险人自行或委托他人修理修复受损标的。

对保险标的在修复或替换过程中,被保险人进行的任何变更、性能增加或改进所产生的额外费用,保险人不负责赔偿。

二、被保险人因损失而发生的运费、关税(如需交纳)和其他应付款等,必须是已投保的。保险人对未投保的费用项目不承担赔偿责任。

三、保险标的遭受损失后,如果有残余价值,应由双方协商处理。

对于保险人采用实物赔偿或实际修复方式履行赔偿义务的,被替换的受损保险标的归保险人所有。

四、保险标的发生保险责任范围内的损失,保险人按以下方式计算赔偿:

(一)可以修复的部分损失:保险金额等于或高于应保险金额时,按实际损失计算赔偿;保险金额低于应保险金额时,按保险金额与应保险金额的比例乘以实际损失计算赔偿。实际损失为将保险设备修复至其基本恢复受损前的状态的费用扣除残值后的金额。如修复费用等于或超过保险设备损失前的价值时,参照以下第(二)条规定处理。

(二)全部损失或推定全损:保险标的发生部分损失,保险金额等于或高于应保险金额时,按实际损失计算赔偿;保险金额低于应保险金额时,按保险金额与应保险金额的比例乘以实际损失计算赔偿。实际损失为保险机器设备出险当时的实际价值扣除残值后的金额。保险机器设备出险当时的实际价值应按保险设备的使用时间扣除折旧后计算赔偿,月折旧率标准:

已使用月数 \ 月折旧率	国产、日本产设备		欧洲、美国产设备	
	自用	租赁	自用	租赁
1……12 个月(含)	2.5%/月	3.00%/月	1%/月	1.25%/月
12……36 个月(含)	1.25%/月	1.5%/月	1%/月	1.25%/月

备注：

(1)折旧金额=新机购置价×累计使用月数×月折旧率

(2)使用时间：如出厂时间与购机时间相差 6 个月内，使用时间自购机当月开始计算；如果超过 6 个月，出厂时间至购机时间按 50% 计算使用时间。不足 1 个月按 1 个月计算。

五、保险标的的保险金额大于或等于其应保险金额时，被保险人为防止或减少保险标的的损失所支付的必要的、合理的费用，在保险标的损失赔偿金额之外另行计算，最高不超过被施救标的的应保险金额。保险标的的保险金额小于其应保险金额时，上述费用按被施救标的的保险金额与其应保险金额的比例在保险标的损失赔偿金额之外另行计算，最高不超过被施救标的的保险金额。

G56 批单效力条款

根据本条款，上述保险人同意除按法律要求必须遵守的内容外，本保险合同附有的批单将替换保险合同基本条件中的相应内容。保险人在本保险合同项下的责任也以替换后批单所规定的内容条件为准。

双方同意本保险合同中的诸如各种条款/保险合同段落和任何批单的标题仅是为了措辞方便，而非某种限制或影响本保险合同相关部分的规定。

本保险合同所载其他条件不变。

G57 全额赔偿扩展条款

鉴于保险条款约定了被保险人的责任和义务，被保险人在工程竣工后，将按最终的工程结算金额，以合同规定的方式计算并补足保险费，因此，保险人在保险期间内任何时间赔偿损失时应按保险事故发生时受损部分的实际损失进行全额赔偿。

本保险合同所载其他条件不变。

G58 损失的处理和修理标准条款

兹经双方同意，发生此部分被保险财产的损失后，如果进行被保险财产的修理，该修理必须能够满足行业要求的质量标准及相关的法规要求，但不低于原合同标准。

本保险合同所载其它条件不变。

G59 隧道工程、长廊、临时或永久的水下建筑或安装工程特别条款

兹经双方同意，本保险合同的所有条款、除外责任及其他条件均适用于本扩展条款，对被保险人因下列原因产生的费用，保险人不负责赔偿：

(1)施工方法的改变或无法预料的地质状况；

(2)改善或稳定土壤状况的措施或封堵出水口的措施，除非上述措施对标的的恢复是必需的；

(3)移走因为挖掘或塌方而产生的超过设计范围的土壤或填充因上述原因产生的空穴;

(4)排水除非此项措施对标的的恢复是必需的;

(5)排水系统的失效造成的损失,而且这些损失是可以通过备用排水设施避免的;

(6)盾构机的废弃或恢复;

(7)黏土、泥浆或其他作为挖掘支撑或进行土壤改性的界质的损失。

本保险合同项下可能发生的最大赔偿金额以将被保险标的按事故发生时的标准恢复至受损前的状态为限,但单位造价不得超过事故发生地段原有的平均单位造价的____%。

本保险合同所载其他条件不变。

G60 隧道工程特别条款

兹经双方同意,保险人对被保险人在隧道施工中发生下列损失负责赔偿。

(1)突发性涌水、突泥造成的保险标的财产损失及工程抢险损失;

(2)突发性岩爆或危岩下坠造成的工程本身的损失。

但设计单位应按单项工程定测(含补充定测)所取得的地质资料和相关设计规范进行设计,且施工单位已按设计文件、施工规范的操作规程要求施工。

本保险合同所载其它条件不变。

G61 停工期间保费计算条款

兹经双方同意并约定,遇任何停工(书面向保险人提供),且连续停工超过二个月,则保险人同意保险期间按____%的停工期间(以工程停工指令和开工指令为准)自动延期。

本保险合同所载其它条件不变。

G62 完好财产损坏条款

兹经双方同意并约定,本保险合同项下被保财产发生全部损失时,如损坏完好财产是重置或恢复原建筑或结构所必需,在征得被保险人实现同意的情况下,损坏完好财产可以获得赔付。

本保险合同所载其它条件不变。

G63 无过失条款

双方同意:

本保险合同扩展承保因震动、移动或减弱支撑造成第三者财产损失时,业主和承包商应负的法律赔偿责任,并且本保险合同扩展承保业主因倒塌、地陷、震动、移动、减弱支撑或地下水下降造成工程以外的财产损坏而引起的损失及费用。

但是,一经发现造成财产损失的震动、移动或减弱支撑,系起因于或被认为系起因于被保险人或他人代表其进行的作业,则被保险人应立即暂停作业、进行修理,并对受损财产安装额外的支撑。如果被保险人未能遵守本特别规定,保险人对受损财产的有关索赔不予负责。

保险人对以下不负赔偿责任:

(一)造成拆除中或已为政府部门宣布为危险的建筑物损坏的有关索赔;

(二)为防止财产受损而采取安全措施所支付的费用;

（三）裂缝或其他原因造成建筑物或其他结构损失的有关索赔，除非建筑物或结构的稳定性或其使用者的安全已受损害。

保险人在本扩展项下对于所有及每一事故的赔偿责任不得超过________。

本保险合同所载其他条件不变。

G64 围堤特别条款

兹经双方同意，如围堤、防波堤或岸堤未进行围护，保险人对上述堤围的赔偿限额最长不超过受损部分的____米平均造价。

本保险合同所载其他条件不变。

G65 岩溶洞穴路基特别条款

兹经双方同意，保险人对被保险人在岩溶洞穴路段的路基施工中发生的下列损失负责赔偿：

（1）突发性的岩溶洞穴路段发生轴线方向连续100m以内的路基下陷造成的损失后，为修复该路基所发生的费用；

（2）当以上路基下陷长度超过连续100m时，最大赔付额按折合成100m路段的损失量进行比例赔付；

每次地陷最高赔偿限额：____元，单项免赔额为损失金额的____%；

本保险合同所载其他条件不变。

G66“岩爆”特别条款

被保险人及工程承包方在工程施工过程中，如果已经采取了合理的超前地质勘探预报和有效的防止岩爆的措施，仍未能阻止岩爆的发生而造成工程本身的损失也由保险人承担。

本保险合同所载其他条件不变。

G67“涌水（泥）、突水（泥）”特别条款

被保险人及工程承包方在工程施工过程中，如果已经采取了合理的超前地质勘察预报和有效的防止涌水（泥）、突水（泥）的措施，并按设计施工方案进行施工，但未能阻止涌水（泥）、突水（泥）的发生而造成工程本身的损失也由保险人承担。

本保险合同所载其他条件不变。

G68 业主提供的材料或设备条款

本保险合同扩展承保用于本项目某一部分的材料和设备，该材料和设备是由业主提供给承包商而需应用到工程中去的。但应保证设备或材料的价值包含在总的保险金额中。

本保险合同所载其他条件不变。

G69 预防措施条款

兹经双方同意，如果保险财产发生了实际损失（或即将发生损失，但需事先通知保险人并取得其认可），保险人将负责支付为了防止、降低或减少本可在本保险合同项下获得赔偿的此类损失而产生的必要的合理的费用。

本保险合同所载其它条件不变。

G70 预付赔款条款

当发生保险事故后，保险责任明确但又未及时结案的，保险人按被保险人要求预先支付赔款于被保险人，其比例为已确认损失赔偿金额的　　。待最终结案之后，按实际赔偿总数，多退少补。

本保险合同所载其他条件不变。

G71 使用一前一后起重机保证条款

被保险人保证在使用两台起重机或其他起重设备提升或放下同一重物的操作中，应遵守下列规程：

(a)确保操作经过仔细研究计划，并且整个过程有专人指导；

(b)确保两台起重机有同样的提升和回转速度；

(c)确保负载平均分布在两个吊臂上；

(d)确保在操作过程中，起重量最高不超过允许重量的75%。

本保险合同所载其他条件不变。

G72 意外事故特别条款

兹经双方同意，为避免歧义，因下列意外事故造成的损失属于本保险合同约定的保险责任范围：

1. 盗窃。指一切明显的偷窃行为或暴力抢劫造成的损失。但如果盗窃是有被保险人或其代表授意或默许，则保险人不予负责。每次事故免赔额：____。

2. 飞机坠毁、飞机部件或物件坠落。

3. 超负荷、超电压、碰线、电弧、走电、短路、大气放电及其他电气引起的事故。引起事故的有缺陷设备本身的损失不赔。

4. 工人、技术人员因缺乏经验、疏忽、过失、恶意行为对保险标的造成的损失。其中恶意行为必须是非被保险人授意、纵容或默许的，否则不予赔偿。

5. 安装技术不善引起的事故。由于安装方的责任，根据安装合同规定应当由安装方承担的赔偿责任，保险人不予负责。

6. 其他不可预料的意外事故。

本保险合同所载其他条件不变。

G73 仲裁条款

双方约定，在履行合同过程中双方产生争议且协商无效时，将申请向______仲裁解决。

本保险合同所载其他条件不变。

G74 转移至安全地点特别条款

兹经双方同意，被保险人为避免可能发生保险事故造成损失而将保险财产临时性转移至邻近的安全地点时的保险财产遭受的损失，保险人负责赔偿。

赔偿限额：____________

本保险合同所载其他条件不变。

G75 资产自动增加条款(限额:保险金额的____%)

兹经双方同意,本保险合同扩展承保本保险合同生效后被保险人在____境内所增加的资产,但不包括财产的自动升值,增加资产的金额以不超过相关项下类似财产保额的____%为限。被保险人须每个季度申报增加资产的价值。被保险人应及时通知保险人,并支付附加保费。

本保险合同所载其他条件不变。

G76 再保理赔合作条款

尽管与保险合同存在相反规定,再保应依据以下惯例:

1. 再保分出人基于其经验及对环境的了解,对于可能任何可能发生的损失,应再____小时内通知再保接受人。

2. 再保分出人应当与再保接受人或其指定代表在仲裁、公估、检验人员的选择及事故调查、定损等方面达成一致。

在没有得到再保接受人的认可之前,再保分出人不得作出最终结算。

本保险合同所载其他条件不变。

G77 装修、改造免通知条款

兹经双方同意,在投保标的地内进行改动、维修、粉饰及保养将不影响本保险合同的有效性,但每一工程之合同价格以不超过人民币________元为限,超出该限额应通知保险人。

本保险合同所载其他条件不变。

G78 注册商标条款

如果附有被保险人的注册商标或以某种方式附有或暗示被保险人承担保证或责任的保险财产遭受承保风险的损失时,该项财产的残值应当按习惯方式去除所有这些商标和特征后予以确定,去除商标的费用由保险人承担。当本保险合同项下发生任何损失时,被保险人有权占有并控制受损财产。被保险人应以合理的谨慎独自决定受损财产是否适合消费。如果被保险人认为不适合消费,则该项财产不应被出售或另行处置,除非由被保险人自行处置或经被保险人同意,但保险人应得到被保险人出售或处置该财产所获得的残值。

本保险合同所载其他条件不变。

G79 责任限额和恢复原状条款

保险人的责任将不超过明细表中写明的保险金额,除非下述提供的重新恢复例外:假若发生损坏或灭失,本保险在保险期内的保险金额维持不变。被保险人自损坏或灭失发生之日起至保险合同有效期结束止,负责对人民币________元以上的损失根据从损失发生之日起至现有保险合同有效期结束止的时间除去相应免赔额后按比率分摊的保险费率支付额外保险费,此额外保险费不得被认为是为了调整本保险合同的保费,也不能成为原始索赔的一部分。

本保险合同所载其他条件不变。

G80 转移至安全地点特别条款

兹经双方同意,被保险人为避免可能发生保险事故造成损失而将保险财产临时性转移至邻近的安全地点时的保险财产遭受的损失，保险人负责赔偿。

赔偿限额：____________________

本保险合同所载其他条件不变。

G81 渗漏和污染条款

本保险对以下责任不承担赔偿责任：

渗漏、污染所直接或间接引起的人身伤害或身体伤害或财产损失、损坏或丧失使用，但本规定并不适用于保险期间内突然发生的、非故意的和不可预料的渗漏、污染所引起的人身伤害或身体伤害或有形财产的损失、物质损坏或毁坏或被损坏或破坏财产的丧失适用的责任。

转移、消除或清理渗漏、污染物质的费用，除非该渗漏、污染是由于保险期间内突然发生的、非故意的、不可预料的事件引起的。

本保险合同所载其他条件不变。

G82 被保险人权益丧失条款

如果任何索赔带有欺诈性或被保险人或其代表为在本保险合同下获得利益而使用欺诈性手段，则其在本保险合同下的利益将全部丧失，但本款仅针对有此行为的被保险人。

被保险人的代表是指 个单位或公司的法人代表及其书面授权代表。

本保险合同所载其他条件不变。